U0330111

道体学引论

丁耘 著

华东师范大学出版社
上海

华东师范大学出版社六点分社　策划

目　　录

序　言

在当前的学术情境和精神状况下,此间呈现的这部著作也许在好几个方面是相对奇特的。故序言围绕此书之缘起、道体学之名目及全书之内容做一说明。

一、缘起:《道体学引论》与《生生与造作》

《生生与造作》①发表之后,不止一位师友建议将之拓展成书。《道体学引论》即在《生生与造作》的基础上写成。但此书与其说是"扩充",不如说是"推进"。因为此书的框架,早已不是《生生与造作》所能容纳的,虽然《道体学引论》的基本论题与主旨,仍然是从《生生与造作》,或更确切地说,"生生"问题出发的。《生生与造作》既要触及完整的西方哲学,又不能超越单篇

---

① 此文撰写于 2012 年。删节版以《哲学在中国思想中重新开始的可能性》为题刊登于《中国社会科学》2013 年第 4 期,页 4 - 27、页 204。原版以《生生与造作》为题收录于丁耘:《中道之国》,福州:福建教育出版社,2015 年,页 249 - 287,下同。

论文的容量,因此对西学的处理是抓住一条能贯通古今的重要线索,而不必牵涉广大。文章通过几个重要例子追溯到了亚里士多德的四因说。四因说之所以可用来论衡中西哲学,乃因它原就是针对"永恒运动"问题的一个集大成的学说传统,且支配了古今西学。西学的古今之变或仍不出四因说的范围,而只是改变了主次和权重。四因说的某些命意,和中国"哲学"关于永恒动变问题的思考也是相通的。但如不加检讨,这种相通性很可能就会越出界限,成为支配性。《生生与造作》指出了中国哲学史研究的一些基本框架,是如何仍然受制于四因说而不自知的。在这个问题上,牟宗三的贡献在于,他一方面对四因说及其所涉问题有清楚的自觉,另一方面试图将四因说与中国传统思想的基本学说相会通。而其局限在于,既没有对四因说自身的义理前提做任何分析与判断,也没有在会通中划定分际("判")和安顿位置("摄")。这更多地属于一般而言"中西会通"或"比较哲学"方法论的先天缺陷。会通或比较的前提一定是有共同问题。此共同问题之所在,才是"哲学"之所在。因此严格地说,哲学只有一个。但正因为这共同基本问题是先于"会通"或"比较"存在的,所以不可能通过"会通"等发现,但可以通过"会通"呈示和证实。而发现"共同"的基本问题,需要其他的方式。

　　这里无意否定"会通"或"比较"的意义。它们本是哲学工作的一种常用方式,且绝不仅运用于中西传统之间。只要有意识地建立思想传统(这种意识对于哲学的形成是不可或缺的),就会不可避免地运用这种方式。亚里士多德《形而上学》的第一卷和第四卷都显示了,西方哲学内部是如何以会通和比较的方式来建立思想传统的。亚里士多德通过梳理前人对相同问题的不同回应来引出他自己的学说。但他对这些共同的哲学问题的设定和显示，则完全是先于这种会通和比较的。不加解释地提出基本问题，是基源性哲学家的特权。对于基源性的哲学家而言，发现与提出问题是不需要论证的，回应与解决问题才需要论证。

非本源而拥有本源是后人的本质处境。所谓传统就是基源性的哲人存在、呈现与隐蔽的方式。传统非但是丰富的，而且具有无穷的创造力，所有的开新，都是传统自身的开新。传统就是斯宾诺莎式的实体，开新则是斯宾诺莎式的样式化。样式可以是无限的，甚至看起来是独立的——也就是说不再是样式，而是属性——但其真正的存在性就是实体。在这个意义上，传统之外的东西与其说是昙花一现，不如说是直接的虚无。对于后人而言，传统的无限性及行规定性不仅在于学说，而且在于问题。学说的行规定性是明显的，问题的行规定性是隐蔽的。学说存在于论证之中，可以检查、回应、否定或推进。问题存在于背景之中，每一次的检查、回应、推进甚至否定都是再次确认了问题、重新延续了问题。学说存在于论证之中，问题就只能存在于论证的"前提"之中。但不是"逻辑"的前提，不是那种论证性的前提，而是"经验"的前提，即一切论证由之发源与最终指向的东西。它们不是论证的内容，而是论证的"旨趣"。进入论证的方式是广义上的"逻辑"，进入问题经验或论证旨趣的方式只能是广义上的"诠释学"，或曰哲学史诠释学。亚里士多德关于"形式"还是"质料"是第一本体（ousia）的论证是可以"逻辑"地检验的（当然并非形式逻辑，而是顺着亚里士多德的论证去检验其道理，可以概括为"哲学的逻辑"，或者讲哲学道理的方式）；

但关于第一本体的各种学说所由出、所欲应的问题,则亚里士多德本人也只能解释,无法论证。而后人也只能理解、体会,而无法检验。亚里士多德之所以提出这个问题,绝非孤明独发或一时兴起,而是基于他通过哲学史诠释对基本问题经验的参与、继承和整合才得以完成的。就哲学而言,毋宁说,哲学本身通过亚里士多德正面地呈现了这个问题。就提出了第一哲学的基本问题而言,亚里士多德哲学就是西方哲学本身。柏拉图哲学可以说有许多注脚,但它最重要的那个,当然正是亚里士多德哲学。进入亚里士多德哲学的方式,也就是进入哲学史本身的方式。在这个意义上,进入哲学史总是具有双重性,一重是进入其学说的义理脉络,例如进入《形而上学》或《物理学》某一卷的论证,或不进入论证的细节而是直接把握亚里士多德的学说精髓(受惠于亚里士多德的真正的哲学家们往往这么做),这是“哲学的逻辑”的任务;另一重则是进入其问题脉络,把握其问题,体会其问题而非学说的意蕴,这是“哲学史的诠释学”的效果。这种意义上的诠释学和逻辑一起构成了哲学史研究的整体。哲学研究必定具有“历史性”,或更确切地说“哲学史性”。一方面,哲学研究的基本概念是哲学史的沉积物,概念本身和前人的典范性的基本论证归根结底是无法分割的。无视哲学概念的哲学史性,终会遭到哲学史本身的惩罚。另一方面,哲学研究所处理的不言而喻的问题本身,更是哲学史的河床。贴切地体会一个问题,比回应这个问题,或检视关于这一问题的一系列回应更加本源与艰难。因此,“哲学史的诠释学”与“哲学的逻辑”同样是健全的哲学研究本身的前提。

综上,在笔者看来,哲学史研究无非显示了这样一个三重性：揭示问题、把握义理与重建论证。这里对这个三重性是按其重要性，也是按其隐蔽性排序的。今人或将"重建论证"视为哲学史研究中唯一重要的，甚至唯一可见的方式。上文将后二重维度合为"哲学的逻辑"。但仍需区分论证的逻辑与义理的逻辑。论证是阐明义理的，重建论证只是为了把握义理。如果没有这层关切，单纯的重建论证在义理上的迟钝与笨拙将使人误入歧途。这些重建越是苛刻繁琐，它们在义理上就越是无足轻重。黑格尔对康德、海德格尔对亚里士多德的解释比亦步亦趋、不分主次、有形无神的"重建论证"要准确得多。哲学真正需要的，仅仅是义理的准确性，而非步骤的精确性。这体现在哲学史上，有时反而是批评者比墨守者更准确地把握了义理，尤其是精髓。当然，一般而言的论证或阐述是哲学典籍首先呈现的东西。只有通过这些，才能把握义理。对哲学史研究而言，把握义理并非排斥论证，而是真正成全了论证。只有把握了义理，才能依其精义而非步骤真正地"重建论证"。

在这个三重性中，最重要的，同时也是最隐蔽的，乃是揭示问题旨趣。柏拉图的"理念论"或亚里士多德的"形质论"是西方形而上学根深蒂固的学说传统，它们发挥威力的方式却未必完全遵循柏亚二氏字面上的论证，固然以这些方式之高明广大，亦仍不出二氏范围。然而，比"形质论"等更重要的，是它们所欲回答的"存在"（to on）的问题。此问题在柏拉图与亚里士多德的论著中固然都有呈示，①然而均不是论证，也不可能是论

---

① 　例如柏拉图《斐多》之论"苏格拉底的次航"，《理想国》第五卷、第六卷、第七卷末之"哲学"论，亚里士多德《形而上学》之第四卷。

证,而是使论证得以可能的东西。对这种"问题呈示"之诠释,比对此问题所激发的不绝如缕的义理及论证本身的阐释,当更具其本源性,却也更具隐蔽性。换言之,哲学研究的问题在于,"问题"(problem)自身是不成问题的。20世纪的哲学研究是有其明确的反身性的,无论现象学还是分析哲学传统,都致力于将哲学问题自身"问题化",乃至将哲学自身"问题化"。但分析哲学拿来使哲学问题化的"工具",本身就是为了解决那些恒提恒新的、明确的哲学问题而产生的,本身依据了在分析哲学那里不可能加以反省的哲学义理,例如主词、谓词、概念、对象、形式等等。换言之,分析哲学为了把它所认知的"形而上学"问题化,反而把其他一些真正的"形而上学"因素"去问题化"、"教条化"了。它们把函项、变项、值、辖域、实存(existence),以及各种逻辑常项,或一言以蔽之,把这些具有形式科学纯洁性的方法论因素变成前提性的东西,而不知道它们本出自某种不那么纯洁的、本也应该在检讨之列的哲学义理。与此对比,现象学传统,或更确切地说从现象学出发从头阐释西方哲学史的马丁·海德格尔,则更为明晰一贯地把"存在"以及"逻辑"、"真理"等一组构成西方哲学之根的问题全都问题化了。可以说马丁·海德格尔的最大贡献就是把"问题"而非"义理"问题化了。这正是他基于现象学或诠释学,而非任何广义上的"哲学的逻辑"进行工作的原因。对于问题经验和历史阐述,所需要的唯一方法就是描述、引领和敞开,而不是论证。哲学发问(Fragen)本身植根于哲学所研究的基本问题(Probleme)所包含的一种殊胜的存在者之中,这就是海德格尔前期哲学在义理上的出发点。对于存在者之存在的方式及结构的呈现与描述就是他的"现象学"。在这个意义上,具体的现象学描述可能不彻底,甚至不准确,但"现象学"本身是不会"过时"的。那种认为现象学没有"用处"的看法,无非是缺乏看到问题地平线的能力罢了。

如果说,海德格尔的功绩在于呈现了"问题"经验这个哲学史三重性中最隐蔽的问题维度,那么他的局限在于,在这个维度上仅仅聚焦于"存在";或者说,在这个维度上,他过于亚里士多德化了,虽然他的阐述本身与亚里士多德渐行渐远。《生生与造作》对海德格尔的批评不止一处,但最重要的就是这个地方。《道体学引论》试图推进《生生与造作》的这种批判性诠释学的工作。这就是说,首先既不是去考察建立本体论的可能性,也不是去询问本体论本身对于理智的可能性,也不是去描述本体之问如何植根于存在者,而是追问本体论这个总问题的哲学史形成条件。《生生与造作》主要考察的四因说在亚里士多德那里主要是围绕存在而发的,虽然也包含了动变,但动变最终可以归于存在。这决不是说亚里士多德或海德格尔在存在与变化之间做了肤浅的对立。西方哲学的殊胜之处是先以存在为义理线索解释变化问题,然后以存在为问题线索取代了变化问题,再以概念或名理(logos)为义理线索回应存在问题。而《生生与造作》实际上将动变问题保持为基本问题,复以生生与四因为义理线索,以《易》、《庸》及亚里士多德著作为所依之典进入此问题。《道体学引论》仍以动变问题为基本问题动机,故以《生生与造作》为引;复以道体论为义理线索,以《庄》、《易》、《庸》及理学诸家为所依之典进入此问题。最后试图以道体学囊括中西学之问题传统与义理脉络,就西学整体而判摄之。

二、道体学与本体论

一切哲学史研究不外乎问题、义理与论证三重。基本问题之所在,即哲学之所在。义理脉络之所在,即哲学分野之所在。哲学内部或有大宗派之分,而哲学最大之分野,无过于中、外。此分野之巨大,甚至不无可能将"中国哲学"排除出"哲学"。上文已示,哲学之为哲学,决定于问题传统而非义理脉络。只要问题相通,义理的剧烈冲突便会发生交涉、相互反驳。而反驳其他的学说,实已承认对方是某种哲学学说,与己共享问题,唯应答有误。故哲学反驳某种学说,就是承认这种学说也是哲学,尽管也许是错误或低级的哲学。一切在中国思想中发现哲学的努力,都是基于关于某种共通问题的义理回应。西方哲学家对中国哲学或低或高的评价往往基于他们自己的最高义理。例如耶稣会士基于"上帝"、①黑格尔基于"精神"、海德格尔基于"道路"。其背后的基本共通问题,是本体论(ontology),或本体-神-学(onto-theo-logy)。② 中国哲学家自己的哲学史整理,所围绕着的归根结底也是本体论。那种以为中国哲学史有一种从宇宙论到本体论转向的说法流传甚广,这种说法虽然不无对本体论的误解,③但

① 参见丁耘:《论西方哲学中国化的三个阶段》,载于《天津社会科学》,2017年第5期,页17,下同。

② 参见同上文。

③ "本体论"这个术语出现于莱布尼兹-沃尔夫学派。按照这个学派的划分,宇宙论和本体论不是完全对立的,宇宙论和神学、灵魂论等一同属于特殊形而上学,而探讨存在一般的,是普遍形而上学而已。中国哲学史研究者其实想说的是从某种特殊形而上学到普遍形而上学的转向。

很清楚地表示了以本体论为中心整理中国思想的意图。然而所有这些把存在问题或本体论视为哲学最后的共通问题,并以之梳理中国哲学的做法会面临这样几种麻烦:

首先,西方哲学并非在其发源处就提出了存在问题,这个问题和这个概念是逐渐形成的,哪怕海德格尔大费周章地把前苏格拉底的"自然"(physis)解释为存在的涌现,他也无法抹杀巴门尼德依据"存在"概念激烈批评那些不依"存在"沉思"自然"的哲人的事实;

其次,西方哲学的"存在"概念,源于联系动词(希腊文不定式为 einai,德文为 Sein),而其意义,又兼含"是"与"存在"(或"有")之义,且此二义并未穷尽此词要义。[①] 这些意义并不象一些天真的分析哲学家所认为的那样,偶然并存于此词之中,[②]而是有深刻的内在渊源。分析哲学家们区分"是"与"存在"的灵感是被康德著名的"存在论题"[③]所激发的。而黑格尔与海德格尔的批评早已使得那种单纯的"列举歧义"失去了效力。[④] 西方

---

① 例如"真"也是极重要的一重意义。参见《形而上学》第五卷 1017a31 - 1017b。亚里士多德那里没有直截了当的"存在"之意,但通过对"是"之实现之义的解释,可以引申出这重意思。

② 蒯因的本体论承诺,"存在就是成为约束变项的值"。Quine W. V. O. *Methods of Logic*, London: Harvard University Press, 1982, p. 282. "存在"(existence)被归为量词辖域之值,联系动词"是"则消除于函项-函目的结构之中,而本质性的"是"(如"苏格拉底是人"的"是"),与偶性的"是"(如"苏格拉底是小个子")的范畴区别,在此结构中亦消失不见矣。

③ "存在不是一个实在的谓词",康德,《纯粹理性批判》,B626。

④ 参见黑格尔就上帝存在的本体论证明对康德的反批评。此批评即紧扣康德那里概念与存在,或思维与存在的分离而发。参见黑格尔著,贺麟、王太庆译:《哲学史讲演录》第四卷,北京:商务印书馆,1978 年,页 283 - 286,下同。复参海德格尔就上帝存在之本体论证明对"知觉问题与存在领悟"的讨论,参见海德格尔著,丁耘译:《现象学之基本问题》,上海:上海译文出版社,2008 年,页 31 - 93,下同。

哲学中"是"与"有"或"真"、"实"这些意义并存在一个词里，既源于巴门尼德的"思有同一性"，也源于苏格拉底次航所谓通过 logos 研究"存在"（to on），①集大成于亚里士多德的存在学说。序言无法详细研究这个问题，可以确认的只是，西方哲学里的"是"与"有"一方面虽同词而异义；另一方面虽异义而同词，盖有更深刻的共源性。不同哲人对此有不同解释。一个也许比"是"与"存在"更重要的区分是黑格尔指出的有限事物的"存在"与上帝那样无限者的"存在"，或者是海德格尔所诉诸的不同"存在方式"。所有这些都为"本体论"或"本体-神学"的问题带来了纵深，也为以此梳理中国哲学带来了麻烦；所以：

最后，这个西方哲学的本体论大麻烦对于中国的哲学家们有不同的表现。对于中国的西方哲学翻译者来说，这个麻烦首先是最重要的译名无法统一，在于以"是"还是"存在"翻译同一个词。两派都有道理，也都有弱点。两派的真正致命的弱点并不是用中文无法把"是"与"存在"收到一个严肃的，能够孕育思想的大词之中，而是根本没有据此深思过这对于"中国哲学"本身来说意味着什么。如果说，这个麻烦对于中国的西学翻译家们表现为旷日持久、日趋无聊、本质上又无法终结的争论的话，那么它对于中国哲学家们的表现就是完全不存在麻烦，完全没有争论。中国哲学家们认为西方哲学和中国哲学一样在研究各种各样的"本体"或"存有"，而无视这个"本体"虽然在某种解

---

　　① 参见柏拉图《斐多》，99c-100a。中译文参见，柏拉图著，王太庆译：《柏拉图对话集·裴洞篇》，北京：商务印书馆，2004 年，页 264，下同。

释脉络里确有"载体"的意思,却在更重要的脉络里为"是其所是"的意思,①更不用说其他更复杂的意蕴了。换言之,在翻译家们还在为找一个合适的词去对应 ontology 争论不休的时候,中国哲学家早就出发去寻找中国自己的 ontology 了。熊十力以来,甚至近至李泽厚以来,我们已经有了各式各样的本体论,当代中国哲学已经完全有资格建一个本体论的万神庙了。哲学观有极大差别乃至冲突的中国哲学家们都一致认为中国的最高问题"道"谈的就是最高存在。② 把中国哲学的最高问题立为"本体论",却既不愿深究本体论与 ontology 的区别,也不知道 ontology 无论在问题上还是在义理上所牵涉的丰富与烦难,中国哲学这种在本体论上的素朴态度历史性地耽搁了对道体问题的体认与表述。有鉴于此,本书所致力的,就是在与本体论进行必要区分的前提下重新提出道体问题,探究道体学的不同义理传统,而后试图以道体学重新判摄本体论及全部西学。

　　正如本体论指示着问题而不意味着义理那样,道体学也仅仅指示问题。本体论据说是西方哲学之最高问题。虽然这个"最高"不无可疑,且其形成自有渊源,③但本体论确实能直接或间接地统御哲学所开出的其他学科。盖本体论发于"存在"("是")之问。其他一切学科所探究的,乃"是"的一种方式。唯本体论探究"是"之为"是",以及最基本、最优先的"是"之方式。④ 对此问题

---

①　陈来在《仁学本体论》里指出了西学之"本体论"源于"是"。但没有注意到 ousia 也可以有 hypokaimenon/substance 一系的解释。参见陈来:《仁学本体论》,北京:生活·读书·新知三联书店,2014 年,页 12-16,下同。

②　参见拙文《论西方哲学中国化的三个阶段》,前揭,页 20。

③　参见下篇末章。

④　参见亚里士多德,《形而上学》第四卷第一章(1003a21-a32)。

固可有差异极大乃至完全相反之回应，如或主形式、或主质料，或主殊特，或主普遍，但皆笼罩在本体论问题之下，以"存在"之探究自命。道体学亦然。无论主理、主气、主心、主物、主有、主无，主仁、主知、主玄同、主分殊，所探究者皆为道体。故道体学亦只是划定问题，而非标举宗旨。

　　周秦汉文献固多论"道"，然并无"道论"之名。即便如此，也不妨碍今世学人以"道论"名之。[①]"道体"更已出自古学之中。朱子编定《近思录》，集北宋儒学之大成，首卷便名为"道体"，辑周张二程论无极太极、理气、心性之语。则首卷所对应之一类学问，当可名之以"道体"之学或"道体学"。不宁唯是，宋儒以为道体之说，古已有之。朱子于《四书章句》之吃紧处，每标出"道体"二字。如于《论语·子罕》之"子在川上，曰：'逝者如斯夫！不舍昼夜'"。朱子自注为："天地之化，往者过，来者绪，无一息之停，乃道体之本然也。"又引程子："此道体也。天运而不已……是以君子法之，自强不息。及其至也，纯亦不已焉。"[②]程子之注，实已将《易》、《庸》之说并包入道体学中。故朱子注《庸》亦含"道体"。如"大本者，天命之性，天下之理皆由此出，道之体也。"[③]平素教学涉《庸》时，用"道体"之名更为频繁。尤其注重《庸》第十二章："问'鸢飞鱼跃'之说。曰：'盖是分明见得道体随时发见处……中庸只是借此两句形容道体'。"又：

---

　　① 参见张舜徽：《周秦道论发微》，北京：中华书局，1982 年，叙录，页 2，下同。
　　② 朱熹撰，徐德明校点：《四书章句集注》本，上海：上海古籍出版社，2001 年，页 132，下同。
　　③ 同上书，页 21。

鸢飞鱼跃,道体随处发见。谓道体发见者,犹是人见得
如此,若鸢鱼初不自知。察,只是著。天地明察,亦是著也。
君子之道,造端乎夫妇之细微,及其至也,著乎天地。至,谓
量之极至。①

在程朱,这都是儒门古籍中的"道体"之说。乃至异端,古
来亦不无"道体"之说。伊川云:"庄生形容道体之语,尽有好
处。"②朱子也跟着表彰了庄子的道体之说。③故道体一名,不限
于某家某派之义理,唯划定问题而已。此名今人也用,但较《近
思录》所示则有片面性,如冯友兰说:"总所有底流行,谓之道
体。"④本书用"道体"之名,但不用此偏义。流行固为道体之义,
凝成、存有亦无非其义也。道体学的基本任务之一,就是研究流
行与存有、凝成之间的关系。

从上引程朱语可看出两层意思。第一层,并异端可有道体
之说,则道体指示问题,而非标举义理明矣。虽程朱援庄,盖以
为其有所风闻于孔门,其实庄子说道体处,绝非仅程朱可认同的
寥寥数语。而周张二程之说,亦非彼此全同,故道体乃标出基本
问题,与宗旨不可混同矣。第二层意思,程朱所谓道体之本然,
实即生生之理,或天理之流行也。故道体学之一条道路,即生生

　　①　黎靖德编,王星贤点校:《朱子语类》第四册,北京:中华书局,1986 年,页
1534,下同。
　　②　程颢、程颐著,王孝鱼点校:《二程集》,北京:中华书局,2004 年,页 64,下
同。又参《朱子语类》,前揭,页 849。
　　③　参见陈来,《仁学本体论》,前揭,页 201－226。又参《朱子语类》,前揭,页
849。
　　④　冯友兰:《三松堂全集》第 5 卷,郑州:河南人民出版社,2000 年,页 130,下同。

之学也。以生生为问题,以道体标出此问题。则生生之问,归为道体之问。如希腊哲学以动变为问题,柏拉图、亚里士多德复以存在标出此问题,而动变之问,遂归为存在之问,而有本体论矣。唯本体论兴,动变之问遂渐隐渐消;道体学起,而生生之问转广大深沉。盖道体学可体认生生,见生生之体,而不夺生生之用,本体论则蕴否定动变之势,何也? 此正道体学与本体论之关系所在也。体用一如,生生固有之意蕴也,故生生之为道体,即诚体也。道体学固含"存有"之义,而并非唯从"思维"或"名理"解"存有"。本体论重"存有"固与道体学可通,唯本体论之传统,必依 logos 入存有。依 logos,则转"存有"为"是"。对"是"的主流见解,非不能通于"有",但需增益其他作为中介,而"是"则不转手即内蕴于思与名理之中。康德所谓"存在论题"涉及的,就是"是"与"有"之间的根本歧义。"是"之能通于"有",合于"有",归根结底据"思有相同";形式必定实现,与质料合一,归根结底据"隐德莱希"。只不过从思、形式出发,立此相同、合一、隐德莱希之理将有漫长而完整的演证。形式完全可以自居纯粹之域,居于平铺开来的、光洁纯净的理世界,何必定要与质料结合? 形式与质料结合为"有"之必然,如据本体论传统,无非或从"形式"辨证推演如柏拉图,或立"目的因"如亚里士多德,或将此二者结合如黑格尔。如稍突破或改造本体论传统,则或引入神学,或引入思维外之直观原理。此皆略破"思"、"名理"之道矣。故现象学必导致彻底悬置名理考察"存在",本体论即随之发生革命矣。本体论之所以必有如此周折,与它发端于"是",发端于"思"、"真"、"名理"有莫大干系。本体论所发者为"是",所求者为"一"。无论思有之间、形质之间,所求皆无非是"一"。然而"一"与"是"虽密切相关,仍了非一理。"是"之研究为本体论(ontology),"一"之研究则别开一支,有名之为"太一论"(henology)者。[①] 此名虽为柏拉图、亚里士多德、新柏拉图派等所无,但他们关于"一"与"是"之差异的思辨,是西方哲学史上最深刻精微的义理,而这些已非"本体论"所能笼罩了。太一论虽非本体论所能笼罩,却必因本体论而察之。本体论虽不能笼罩太一论,却必因太一论而造乎其极、超越自身。要之,西方哲学之问题传统有此二重,本体论为显,且必不可去。

而道体学也者,与其说近于本体论,不如说近于太一论。无论以何义理解道体,道之为一,不可掩也。[②] 而据道家者流,道与一又有差异。据有差异而又不能分离言,颇似西学"一"与"是"之关系。然道一之间,较一是之间近亦更近,盖道说出就是一;远亦更远,盖一无一有,一言一默。道一之际可谓较一是之际更为微妙。道体之为一,也可开"存有"之义,但并非出自联系动词之"是"。道体之为一,落入主谓屈折语中,即成为"是"。语言并非对哲学而言的先天之物,与其说语文导致如此,不如说道之为一,一之为是,乃语言现象本身之哲学解释。无论如何,道体学与本体论之区别,即对应于道与一、一与是的区别。故道体学与本体论之基本问题有区别,亦有关联。这些关联既通过问题,也通过义理彰显出来。

道体之学,依先秦儒家性理学脉络,当名心性之学(俱云心性天之学,说详下)。在佛学、周易之玄学注疏及道家传统影响

---

① 参见 Beierwaltes, Werner, *Denken des Einen*, *Studien zur neuplatonischen Philosophie und ihrer Wirkungsgeschichte*, Frankfurt/Main: Klostermann, 1985, S11.

② 参见本论上篇,尤见第二章。

下,儒家性理学渐为体用论所浸染。宋代之后,性理学之基本架构遂为体用论。即便有心排佛,亦不可去此构架。心性各有体用,以体摄用,合而言之,总名为道体学。体用论统绪,涵盖广大,发挥不断,转用益宏。宋儒发皇之,明儒益之以本体-工夫论,清儒据之判摄中西政教文明。晚清以降,西学典籍汉译颇丰,传统义理学名相整体渐生转变。本体一系名相,遂同西学Being/ousia/ontology 一系 metaphysics 基本概念相呼应。有此一机,民国新儒家如熊十力等遂以"体用论"再述道体,一则以之分判儒佛界限,一则以之会通中西哲学。其后学如牟宗三,则更先会通中西,再据之分判儒佛各系。以存有问题为中心之"形而上学"遂登堂入室,俨然成为体用-道体论之本意矣。①

　　道体论与本体论之分际,微妙而重大。极而言之,人类思想之基本分野可从中引出。即便分野或能会合,亦须以澄清此分野为前提。晚清之后以西格中之所有工作,其根底在于混同中西思想之基本问题,混同道体论与本体论。② 此混同本身,不是简单的错误解释。大势如此,非个人可造就,亦非个人可挽回。此混同本蕴于人类思想之天命中。存有一意,本不外于道体,而道体仍有越于存有。中国思想在某个时机以存有掩盖道体他意,其唯道体成之乎? 现在或者是挑破本体论、疏通道体论、一窥其全貌本意的时刻了。如不先疏通推阐道体论,则判摄佛儒中西界限,终究会落入以本体论-"形而上学"反格中国思想的结果。反反向格义、交互格义的关键在于建立道体学。但如不

---

　　① 　关于道体学,参见序言上文。关于体用与本体,参见本书附录一《哲学与体用》。
　　② 　参见拙文,《论西方哲学中国化的三个阶段》,前揭,页19-20。

先把握本体论及形而上学，则也未能应现代之机。作为本书背景的总研究应该是迂回的。当代思想的基本处境是多层面的，西学是首当其冲的一层。西学包含现代科学，也因之包含现代科学之所以可能的哲学前提。这些前提中最基本的是本体论，由之才有真理论、知识论等。西学当然也包含神学以及其他世俗学问。本体论以及存在诸义，是联系这些学问、划分这些学问的纽结。存在领会之变化、探究存在之方法的变革是西学古今之变的枢机。存在问题本身上与"一"之问题、下同诸存在方式与存在者之问题有极密切的关系。这些关系与其说是存在问题的投射，不如说就是存在问题本身的一部分。作为基本思想处境的西学，其根株就在形而上学尤其是作为其灵魂的本体论。形而上学属于人类思想的天命，虽然天之所命，决不仅是形而上学。形而上学之"外"的开示才是道体学的究竟旨趣所在。但道体学并非悍然不顾形而上学而思，而当首先穿透形而上学而听。因之道体学的研究与呈现应该是迂回的。此迂回的道路不可随意，必经形而上学。此道路本应就是道体学的一部分了。因之道体学真正的第一部分，应该是对本体论及整个形而上学的判摄，然后是对道体学本身的演证。但本书作为从《生生与造作》出发的引论，并没有全面呈现那种现在只是作为背景的迂回过程，而是仅利用《生生与造作》一文做一个小迂回，然后就直接摆出了对道体学的阐释性论证。换言之，主要通过阐释道体学的典籍摊开问题，指点义理。并在此基础上尝试整体判摄西学。这种不无结论性的判摄，如被读者当做引论性的背景首先寓目，也是本书可以接受的一种阅读策略——只要最后将之作为真正的终章再次阅读的话。

三、本书的进路与构成

　　基于以上考虑,本书拟采取的进路是,通过对道体学要籍的
贯通性阐释,开显基本的问题传统与义理脉络。而后以道体学
之问题与义理,判摄西学整体之问题与义理。文本阐释可有多
种方法,本书独重贯通性阐释。阐释可贯,表问题可通;亦唯问
题可通,义理脉络方判然可析而又浑不可离也。

　　道体学之基本文脉,备于先秦,逮乎西汉。见乎儒家典籍
者,有《论》、《孟》、《学》、《庸》、《易》等。《诗》、《书》、诸
《礼》他篇、《春秋》等亦无非其迹。百家之学,无非原于道之
一。① 即使后儒排佛老极烈之宋儒,也曾称许庄生善说“道
体”,②清儒亦随之肯定庄生之论道体。③ 故儒家及诸子之元
典,均属道体学之奠基性文献。汉魏以来之注疏,可谓道体学
之阐释性文献。本论于奠基性文献,经传诸子之典,皆采取贯
通性阐释之方法,解释不破本文。于后世阐释性文献,采取批
判性阐释之方法,尽力综合,必要时商榷而判摄之,可谓阐释
之阐释、再阐释。奠基性文献与阐释性文献,都是道体之呈
现,必有一贯之道理,而不能以一时之成见、一人之私智轻诋

　　① 　王先谦撰,沈啸寰点校:《庄子集解》(天下篇),北京:中华书局,1987 年,页
287,下同。

　　② 　参见上文。

　　③ 　如章实斋谓:“诸子之为书,其持之有故而言之成理者,必有得于道体之一
端,而后乃能恣肆其说,以成一家之言也。所谓一端者,无非六艺之所该,故推之而
皆得其所本;非谓诸子果能服六艺之教,而出辞必衷于是也。《老子》说本阴阳,
《庄》《列》寓言假象……”章学诚著,叶瑛校注:《文史通义校注》,北京:中华书局,
1985 年,页60,下同。

轻议也。对典籍的慎思是必要的。而对典籍的所谓"批判性思维",其本身是一种空洞的,自以为无历史前提的理智。这种理智首先应该批判的恰恰是自身。道体学对现时代的意义之一,就在于促进反省隐藏在诸学科建制之僵硬傲慢中的现代成见。

　　道体自不可裂,其学则进退有别。上文以源流略分道体学文献。于儒家典籍,道体学之要,无非在《四书》与《易》之经传。于此脉络,可复做另两重区分。一是起手,有天人或天心之别,二是进路,有义理工夫之别。五书中,工夫义理浑然化成一片。《孟》、《学》、《庸》都明白分说义理与工夫。唯《论语》不说心性义理,只随机显现、指点工夫,而义理全涵其中。《易》则以象、辞详说性理,而工夫自在其中。至于天人或天心之分,五书亦各有法度,大体始分说而终合论,以天人之学贯穿始终。《论》、《孟》、《学》三书均从人事始,然均结之以天、天命或天下。鲁《论》始于君子求学之乐,终于王者继替、"天之历数"。[①]《学》始于"人之所得乎天"之"明德",终于"平天下"、"明明德于天下"。《孟》始于人心之仁义,[②]终于"知天"、"事天"之篇。《中庸》虽以天起,以天结,均涵由天及人之意,与《大学》甚通款曲。"天命谓之性"即朱子注《大学》所谓"人之所得乎天"。"上天之载,无声无臭",即"予怀明德,不大声以色"、"笃恭而天下平"(朱子注)之本。《学》之为学次第,《庸》直以天德、天行之本注之耳。《易》直说天道,亦直

　　① 参见《论语·尧曰》,朱熹《四书章句集注》本,前揭,页227。
　　② 朱子注曰:"仁者,心之德,爱之理。义者,心之制,事之宜也。"参见《孟子集注·梁惠王章句上》,《四书章句集注》本,前揭,页234。

说人事。古注家或以为上经起于乾卦,是天道之始,下经起于咸卦,是人事之始。① 此论虽略滞(上经卦象、卦爻辞涉人事者比比皆是),然参《序卦传》,不为无据。要之可总论五书天人之序如下:《易》由天及人,《论》、《孟》、《学》由人及天,《庸》则正在天人之际,以天生人,以人成天。以性理学论,《易》由性体及心体,《论》、《孟》等由心体及性体。《庸》则心性周流。道体或可从天行悟,或可从心行悟。心体即性体。心体性体通一,是为道体。从天行所悟之道体本不在心外,从心行所悟之道体亦不在天外。

本书进路,既在以阐释道体学要典而引发道体学之问题,并据之判摄西学,则于道体学之典,当有次第、偏重。缘《生生》一文,从亚里士多德哲学起手,大致由天行论道体。故于典籍,颇重《易》、《庸》,旁参《庄子》等道书。上篇略示《易》、《庸》,于《庄子》则稍详。下篇详于《易》、《庸》,于西学判摄则略,唯提要而已。《易》、《庸》之释,上下篇两出,盖有所区分。上篇由西学引出,略示其要,为下篇之前驱。进路有别,道体不二。上篇疏通《易》、《庸》,导出道一。复藉《庄子》之学,揭虚静之义、彰太一之旨,皆道体之所蕴。上篇进路,无非通易诚,贯道一。前者要据儒典,后者旁涉道书。本论上篇,要在兼包儒道;本论下篇,有意平章儒道。盖判前已有会通,通中不无分际。全论之终,则依《庸》总说道体。本书依名相立知天知性之理,是为道体义理学。道体工夫论则暂付阙如。道体义理学可由性及心,

---

① “先儒皆以《上经》明天道,《下经》明人事。”王弼注,孔颖达疏:《周易正义》(十三经注疏标点本),北京:北京大学出版社,1999 年,页 139,下同。

是为性宗;亦可由心及性,是为心宗。本论因亚氏、海氏之机,取径性宗,参酌心宗。道体工夫论必纯从心说,然需见性,成其工夫。无论义理学或工夫论,均重中西分际、儒道同异。前者所辨,在道体、太一与存有。后者所辨,在寂感、有无、一空、天人、觉理。本论以前者为主。

本书持论所主,在道体歧义之统一、道学与西学各自的问题传统与义理传统之关系。两者相合,即道体学之大义。

道体之基本歧义,在虚静、活动、存有。儒家较重后二项,道家较重前二项。本书依经立玄义。所立道体大义,为即虚静即活动即存有。据三演二,义理之分也;三即一贯,道体之全也。"即"既含体用一如之义,"虚静"亦含体之超然义。万物不离道体,道体可超万物,可成万物。故并包"无为"、"无不为"之义。此义之立,当据万物之用逆现,复依道一之体顺演。本书作为引论,不取二法,唯阐发之。

上文立哲学史之三重性,尤重基本问题与义理脉络。问题与义理均有传统。哲学史就内容而言,归根结底即此二重传统。唯对于本书而言,问题传统与义理传统需明确区别。区别不是分离。当然义理传统、具体学说,自有其生产与再生产具体问题之机制。然而学说小传统属于义理之基本传统。而义理传统必激发于基本问题。基本问题与被义理再生之具体问题不可同日而语。为明确区分基本问题传统与基本义理传统,本书将前者称为"统",后者称为"宗"。故道体为统,以道体或为虚静,或为活动,或为存有则各各为宗;道一为统,以之为理、气、心则各各为宗。于西学言,太一论、本体论堪为统。柏拉图、亚里士多德之学则为宗。本体论为统,以形式还是质料，潜能还是实现，绽出还是目的为本体之究竟义，则为西学各宗。

　　道学、西学所具之各宗，学者向来熟稔，且颇据之判教。而各宗彼此之可圆转、贯通处，则非深思者不能悟。如形质论本即一理二面也。对立诸宗之所以可融，固然在于出于同一解析（如形质论、主客论等必出于同一解析），而更出于同一问题。如形质论皆出于问存在性（第一本体）。故本书作为引论，对于道学、西学诸宗之关系，未必全据义理演证，而尤重诸宗所拱之问题传统。尤其于西学中区分"一"之统、"是"之统，恐读者未必明其所以，尚冀循末章缓缓读之。固然此章本属大纲，更经草成，文字也远非晓畅。今后一段时期，著者将撰文弥补。当然，这部分任务的真正完成，正需要上文所谓取道西学、彻底检讨本体论的工作。此处仅是导引性的判摄。因为之前就中学所论，以摄"一"之理义。故顺理成章，讨论西学之"一"，据此显"一"、"是"之异，复彰西学统宗焉。

　　最后，应该说明，文体也是本书的阅读麻烦之一。开头部分原是学刊已经发表之文，从西学出发，故仍用语体文。随着讨论内容渐入中学，形式也一并随之"中国化"了。著者的经验，讨论古代思想，用浅显的文言较为顺手。这不单是文体问题，而且也关乎某种术语使用和论述风格上的准确性。这种文体一直保持到全书结束，甚至也波及末章的西学部分。全书已然如此，著者也无意改动。著者相信，如果确实存在着某种理解此书的障碍，那它也完全不在于文体。文体至多是带来一些麻烦，和预先的情感反应。但无论如何，著者仍将用语体文表述古学义理作为今后努力的方向。这只是出于一个考虑：古学的道理之所以在今天值得研究和阐述,完全因为它是贯穿古今的;既然它是贯穿古今的,那它也绝不会因为用今天的语文阐述而失去意义。它也许至多会失去一些"气韵"或"意味"。但焉知语体文不会带来其他的意味呢?

丁耘　谨序

2018 年 9 月 16 日

上篇　论道一

第一章　生生:易诚初说①

第一节　生生与造作

是否存在着严格意义上的"中国哲学",这是近十年前在中国学界引起热烈争辩的论题。这场讨论虽已沉寂多年,但由于缺乏一些前提性的反思,此问题并未得到彻底解决。在根本上,这个问题既取决于对中国传统的思想的理解与谋划,也取决于如何看待"哲学"自身。在某种处境下,后一方面也许更为重要。这或者是因为,在现代中国思想中,"哲学"及植根于它的整个学科体系以一种几乎勿远不届的力量影响着中国人对自己传统的体会与解释。如想避免对传统思想做出素朴与简单的最后解释,那么在理解传统之前,反思据以理解的整个框架与境

---

① 本章第一节全部,以及第二节、第三节的零星内容,曾合为一文,删节版以《哲学在中国思想中重新开始的可能性》为题刊登于《中国社会科学》2013 年第 4 期,页 4 - 27、页 204。原版以《生生与造作》为题收录于丁耘:《中道之国》,福州:福建教育出版社,2015 年,页 249 - 287。

域,应当是比较审慎稳妥的做法。换言之,在不可避免地把"中国思想"问题化之前,也应尝试着将"哲学"问题化。

　　哲学不是一个现成地摆在那里的标准。在大学兴起之后,某种变形了的亚里士多德式哲学给出了一个清晰、完整而稳固的知识与教育体系。但在该体系的根基处,哲学的自我反省几乎从未停顿。从笛卡尔到海德格尔的整个哲学史都在不断贡献对哲学的不同解释。这些理解虽各有别,但作为同一个知识体系所孕育的自我理解,它们之间仍有可贯通之处。或者说,在西方哲学内部的显得差异极大的这些理解,一旦面对例如中国传统思想之类的他者,便会显示处其不言自明的一致性。这个事实提醒我们,一方面不存在一种凝固不变的哲学观,可作为硬性的标准来判决中国思想,另一方面,又要在西方哲学的自我理解中抽取出那个隐然为哲学划出界限的一致性。

　　这就要求我们,当在哲学思潮不断兴衰的历史中,找到那个通常据以判决中国思想的哲学观,并将之变成追问的对象。而捕获这个哲学观的先行工作,在很大程度上,是尼采之后哲学史的主要贡献。20世纪的西方哲学,在其走得最远的地方,已经从自我解释推进为自我解构,并将这种解构当成哲学新生的主要道路。哲学的自我捍卫,在实质上也是回应这些拆毁的。如所周知,无论欧陆哲学还是英美哲学,哲学在拆毁时被刻画为"形而上学"或广义的"柏拉图主义",在被捍卫时被刻画为"科学的哲学"、"政治的哲学"乃至"语言批判"。所有这些不同的指称都可以追溯到苏格拉底-柏拉图-亚里士多德传统的不同面相。

　　哲学必须追溯到苏格拉底一系,这有其内在的必然性。黑格尔与海德格尔都说过,哲学就是希腊的。① 与这个提法相通,海德格尔也追随尼采说过,哲学就是柏拉图主义。② 柏拉图笔下的苏格拉底曾给哲学下过一个谨慎的定义:"爱凝视真理"而真理则是"存在者(on 或 einai)"或"一"。③ 亚里士多德则正式将研究存在之为存在以及探索第一本体(ousia,或译为实体)立为第一哲学之根本任务。如此说来,海德格尔的说法似乎可以成立:哲学探索存在;④而希腊哲学从起始直到亚里士多德形而上学是为哲学之第一开端。⑤ 顺着这个思路,海德格尔在 30 年代之后标志转向的重要手稿中,将以自己接着尼采做的工作概括为:从哲学的第一开端过渡或者跳跃到另一开端。⑥ 到公开发表的总结性作品中,则又放弃哲学另一开端的说法,径直谈论哲学本身之终结与"思"之任务。⑦

就中国思想与哲学之间的关系而言,海德格尔的探索尤其

①　"'哲学'本质上就是希腊的",参见,海德格尔著,孙周兴选编:《海德格尔选集(上)》,《什么是哲学?》,上海:上海三联书店,1996 年,页 591,下同。

②　"哲学就是形而上学……形而上学就是柏拉图主义。"参见海德格尔,《哲学之终结与思之任务》,载 Heidegger, *Zur Sache des Denkens*, Tuebingen: Max Niemeyer Verlag, 1969, S. 61、63。

③　参见柏拉图,《理想国》第五卷,475e4,476 – 480。参见 Burnet, J. (ed) *Platonis Opera*, Oxford: Clarendon Press,1930;也可参见 Slings, S. R. *Platonis Rempublicam recognovit brevique adnotatione critica instrvxit S. R. Slings.* Oxford: Oxford University press, 2003, pp. 212 – 219。并 Plato, *Complete Works*, ed by J. M. Cooper,Indianapolis: Hackett Publishing Company, 1997, pp. 1102 – 1107。下同。

④　参见海德格尔,《现象学之基本问题》,前揭,页 12。

⑤　"伟大的东西从伟大开端……希腊哲学就是如此,它以亚里士多德为伟大的终结。"海德格尔著,熊伟译:《形而上学导论》,北京:商务印书馆,1996 年,页 17,下同;关于"第一开端",参见下一条脚注。

⑥　参见 Heidegger, *Beitraege zur Philosophie*(*Vom Ereignis*), Frankfurt: Vittorio Klostermann Verlag, GA 65, 2003, SS. 176 – 180。一译《哲学论稿》。

⑦　参见 Heidegger, *Zur Sache des Denkens*, S. 61。

值得重视,其间隐含着值得推敲的这样几层意思。

首先,如尼采之后的整个西方哲学的探索确具意义,那么就不可无反思地运用属于第一开端的甚或已终结的"哲学"(柏拉图主义、亚里士多德式形而上学等)去强行解释甚至要求中国思想,相反要从这个传统的开端与终结的机理中回看中西思想的同异。

其次,哲学的另一开端或终结,绝非与哲学的第一开端毫不相干。恰恰相反,正如海德格尔的全部工作显示的那样,对哲学第一开端的透彻解释甚或激进解构才是通向另一开端的有效道路。开端意味着本源,只有彰显自身甚至比第一开端更为其本源,或以更原初的方式保持着本源,所谓另一"开端"才能成立。在这个意义上,海德格尔对从前苏格拉底到亚里士多德的哲学第一开端的检讨与阐发是尤其重要的。这非但决定他一生运思的成败,也彰显了发轫于尼采的整个20世纪欧洲哲学的最终意义。

因此,第三,对中国思想的解释既然当以哲学之问题化为前提,则尤须关注在其开端与终结处的西方哲学。因为这是西方哲学自我问题化的极端时刻。这意味着必须清理到亚里士多德集大成的古希腊哲学与海德格尔哲学。

本书试图即以哲学第一开端的破立所呈现的"哲学本身的问题化"为契机,进入对中国古典思想的重新解释。

亚里士多德哲学中最显白、影响最深远的是其四因说及其背后的存在-真理学说。本文因此择取亚里士多德哲学及其四因说为引导线索,首先以牟宗三为例,批判地考察以四因说为主干的哲学第一开端在解释中国思想时的效验与局限;其次以海德格尔为中心,批判地考察哲学第一开端在西方哲学终结时刻所遭遇的透彻解释及其致命的片面性；之后本文将通过重新阐发亚里士多德哲学的整体经验之前提，判定哲学第一开端的历史意涵，并参之以《周易》、《中庸》为典范的儒家义理学；最后期待解答这样一个问题：哲学能否在中国古典思想的重新解释中找到新的开端。正如海德格尔隐秘手稿的标题所显示的，描述并且再次找到开端，这就是"对哲学的奉献"[①]。

　　海德格尔本人对哲学之第一开端做了拓扑学式的多方描述。其中，在希腊文所谓 physis 与德文所谓 Machenschaft 之间进行对照，以表现出第一开端的内在张力与终结趋势，是比较重要的一种手法。Machenschaft 包摄了希腊文 poiesis（制作、创制）与 techne（技艺）之中的存在领悟与解释，本文翻译为"造作"。Physis 通译"自然"，但其本意为（植物的）生长。[②] 海德格尔发挥此意，不以德文 Natur，而以 Aufgehen 等译之，转为中文是为"涌现"等。在第一开端中，"造作"支配了存在领悟与解释，physis 被"造作"褫夺了权力。而"对哲学的奉献"必定包含了这样的工作——逼问"造作"的本质，破除对 physis 的造作性解释，彰显其原意，[③]跃向哲学之另一开端。本文以为，如先悬置一些微妙的差别——文末将回到这些差别上来——中文"生成"、"生生"等颇近于 physis 之原意。然则，对哲学开端之考量，以"生生与造作"为名，大略可以提示两个开端各自的源流及其间之摩荡往复。

[①]　Beitraege zur Philosophie 的字面意思是"向哲学的奉献"或"哲学文集"。
[②]　参见《形而上学》第五卷第四章，并《物理学》第二卷第一章末。
[③]　特别参见，Heidegger, GA 65, SS. 126 - 128。

一、依四因说的新中国哲学及其局限——以牟宗三为中心

"哲学"并非中国思想本有的部类,"中国哲学"的成立是依
"哲学"对中国思想的固有内容剪裁与解释的结果。这种解释
首先依赖的是对西方哲学本身的理解。西方哲学之第一开端是
以亚里士多德为终结的。亚里士多德及其所代表的第一开端对
哲学产生的深远影响一直未引起中国思想的哲学解释者们足够
的重视。

亚里士多德的幽灵不是那样容易被祛除的,他会从意想不
到的地方抓住任何想依靠哲学本身的人。即使西方哲学所亏欠
亚里士多德的,也远比那些时髦人物所承认的要多。自麦金太
尔之后,反省现代伦理前提的西方道德哲学自觉地从康德转回
到亚里士多德,以求回到古典思想的基本视野。[①] 本文在自己
的主题内,分析一个堪同麦金太尔的自觉性相对比的例子——
牟宗三的中国哲学史叙述。

牟氏主要试图将康德的基本问题与概念运用到中国哲学的
解释上:

"点出'性体'这一观念……故宋明儒所发展之儒家成德之
教,一所以实现康德所规划之'道德的形上学',一所以收摄融
化黑格尔之精神哲学也。"[②]

这段引文表明,宋明理学是康德道德形上学的推进,而黑格
尔较之康德离理学稍远;也暗示了贯彻到底的康德式哲学可以

---

① 参见麦金太尔著,宋继杰译:《追寻美德》,南京:译林出版社,2008 年,
下同。

② 牟宗三:《心体与性体》上册,上海:上海古籍出版社,1999 年,页34,下同。

涵摄黑格尔精神哲学——而这一切皆决定于牟对"性体"的哲学阐释与历史引导。

性体及心体固非西方哲学的概念,而牟氏处境已与乃师不同,故不得不借西方哲学名相以分疏之。按牟的论述,心性不一不二,"客观地言之曰性,主观地言心……性体本是'即存有即活动者',故能妙运用万物而起宇宙生化与道德创造之大用"。①揭橥这於穆不已的性体实为《周易》、《中庸》之主旨。而《论语》、《孟子》则随诸发心点拨仁体,所重为心体。心体则是"即活动即存有"者。②

牟氏一方面以存有、活动这对具有丰富历史内涵的西方哲学概念化去了乃师熊十力的体用概念,以通释所谓心性之体,另一方面又说西方哲学中虽谈存有、本体③者甚夥,其实并无即存有即活动之性体概念,只康德之道德的形上学以道德进路切入本体界,大略近之。④

这一理路显示了雄伟的魄力与才具,同时也面临了一些困难。

说西方哲学除康德外,皆昧于"即存有即活动"之理,显然于史不合。即从近于康德之德国观念论谱系观之,费希特之"本原行动"、黑格尔之"主体与实体"之统一,谢林推演之自然哲学系统,均较康德更近于"即存有即活动"之理。尤其黑格尔、谢林,已非从所谓"主观"的心体出发,而是从已被领会为

---

① 牟宗三:《心体与性体》上册,前揭,页36。
② 参见同上。
③ 牟以"存有"翻译 being,以"本体"翻译 substance。
④ 牟宗三,《心体与性体》上册,前揭,页33、34。

"即存有即活动"的"性体"出发的。反倒是康德之道德形上学，大体只能说以心体通摄性体，绝无性体系统所必涵有之"本体-宇宙论"。这就带来一个严重的麻烦——

将康德哲学树为西学典范，以梳理宋明理学乃至先秦儒家义理学诸系统，最大的凿枘不合在于：从心体上通性体的康德哲学决计无法融摄《易》《庸》，因而无法融摄明道一系的所谓"本体-宇宙-道德论"。盖康德之宇宙论属自然科学，全属于现象界。康德系统内唯一能突破此关的是目的论判断力学说，此则须以"假定"上帝存在为枢纽，与所谓关乎物自身的"智的直觉"无关。① 牟氏谓性体可起"宇宙生化与道德创造之大用"，此言至为谛当。然征诸《易》《庸》，儒家义理学的性体是并起宇宙与道德之大用的，进路虽可有别，但割裂即非儒家。康德之病非但在于没有性体论上的宇宙生化，而只有心体论上的道德创造，更在于割裂本体-宇宙-道德论之统一。牟从康德入手通《易》《庸》，正是所托非人，一生大误。② 在《心体与性体》中，牟实际已点出了这个麻烦，③但似未意识到这给他会通中西工作带来的致命困扰。然此究系典籍疏通上的障碍，最大的困难仍是义理架构上的，此即其用以儒家内部判教的"存有/活动"说。

---

① 可特别参见康德，《判断力批判》第84-87节。康德在那里对自然神学与道德神学的分辨，当然不利于进入《易》《庸》系统而言。中译本可见康德著，邓晓芒译：《判断力批判》，北京：人民出版社，2002年，下同。

② 劳思光先生尝力诋《易》《庸》混淆事实与价值。虽非儒门可接受，然其理路倒正是新康德主义余韵。欲依康德而辟劳氏，岂可得乎？参见劳思光：《新编中国哲学史》第二册，台北：三民书局，2004年，第一章，陆之三，柒之四，下同。

③ 例如他一方面明确区别《易》《庸》与《论》《孟》，谓前者是本体-宇宙-道德论的系统，一方面又在西学对应之宇宙论系统中列了亚里士多德与怀特海。参见同上书，页31-35。

在《心体与性体》中,牟完全依据这对概念会通中西、论衡儒学。然于此对概念的渊源,他却有意无意地不交代清楚。存有与活动这对概念的提出与深思,绝非始自德国观念论,而是源于哲学第一开端的完成者——亚里士多德。《心体与性体》一系著作的麻烦在于,在对亚里士多德这对概念运用到几近透支的同时,却对亚里士多德全部思想的讨论轻描淡写,如不是漫不经心的话。

不过,在《四因说讲演录》这部篇幅虽短小、气象却更宏伟的讲义中,牟宗三通盘调整了义理架构与解释进路。存有/活动概念让位给了四因,康德式进路被亚里士多德式进路所取代。亚里士多德四因说不仅比存有/活动更好地疏通了《易》、《庸》系统,甚至可以在人类所有的中西五教系统之间进行判教,非徒限于儒家之内而已。① 这样,在《心体与性体》写作二十余载之后,末年的牟宗三尝试了一个麦金太尔式的惊人转变,从康德转到了亚里士多德。

亚里士多德为牟宗三带来了圆熟、宏阔与超迈,如果说《心体与性体》还只是限于宋明理学之内,借助明道学脉上通《易》、《庸》的话,那么《四因说讲演录》则出一头地,直接疏通《易》、《庸》,下摄宋明。

四因说、特别是其简化形态(质料因与形式因)在解释不同哲学基本倾向中可以说发挥了奠基性的作用。第一开端传统下的西方哲学——以及仿照西方哲学进行的中国思想解释——可

———————————

① 　参见牟宗三:《四因说讲演录》,上海:上海古籍出版社,1998 年,页 225,下同。

以说完全处于四因说的笼罩之下。例如,所谓"唯物主义"vs"唯心主义"的史述论式即可追溯至对"质料因"和"形式因"的不同强调。①

然而,虽然"形式因"可以同"动力因"与"目的因"贯通,后两者仍然具有单纯"形式因"无法笼罩的深意。晚年牟宗三的一个极大贡献非但在于回到了亚里士多德,更在于独具只眼,于四因中拣选动力因与目的因作为疏解儒家义理学的概念架构。在此,这两重原因起到了原先"存有/活动"概念的支架性作用。

牟宗三是从"目的因"进入四因说的。在从康德的道德神学到儒家的"道德形上学"的推进中,作为"目的因"与"形上学"本身实际提出者的亚里士多德就起到了较之康德更为关键的作用。② 很明显,在康德、亚里士多德与儒家义理学之间的交涉枢纽就是"目的因"。

牟宗三看到,中国古典思想虽无"目的因"及"动力因"的概念,却保有其意涵。整个《周易》的经传系统中最重要的乾坤两卦即分别含有这两层意思。乾卦代表始生、创生原则。乾卦的《象》辞说"大哉乾元,万物资始"③即揭示了这个原则。而坤卦代表终成、保合原则。④ 而《中庸》的"诚"则是贯通了乾坤、始终,作为"成为过程(becoming process)"贯穿了动力因

---

① 这当然不是"中国哲学史"这个学科发明的。从康德开始,德国唯心论自己的哲学叙述与哲学史清理本来就在这对概念中兜圈子。马克思主义是针对德国唯心论的用语进行颠倒的。但颠倒改变的只是这对概念之间的权重,而非这对概念本身,更不是检讨这对概念的共同起源。

② 参见牟宗三,《四因说讲演录》,前揭,页16。

③ 《周易正义》,前揭,页7。

④ 参见牟宗三,《四因说讲演录》,前揭,页17f。牟氏甚至建议把"目的因"改译为"终成因"。

与目的因。①

牟据此认为,儒家形上学是目的论的系统,且是中国古典思想中唯一的目的论系统。② 唯儒家义理学是就宇宙万物总说目的因与动力因,而亚里士多德除此层次外,还有就各事物分别说的目的因,而这也同事物之分别的形式因或形构之理相契。③ 牟通过亚里士多德解决了康德哲学在疏通《易》、《庸》系统时的致命缺陷。《易》、《庸》与《论》、《孟》、《大学》取径有所不同,从天道下贯人道。正是目的因与动力因概念帮助达到了性体所涵的宇宙与道德之统一。

牟在以《易》、《庸》解释"四因"时,将动力因配"乾",释为"始生",将目的因配"坤",释为"终成"。此既确切又颇具深意。盖"动力因"是经院哲学传统翻译 arche 时的释义(译为 causa efficiens——效果因),此词字面意思就是"开始/本源",而"目的因"(telos)字面确有"终结"之意。然而,细究牟氏对四因说的运用,仍可发现如下义有未安之处。

首先,亚里士多德本人虽以目的之实现一致地贯穿在宇宙与道德两个领域中,但他既不像德国唯心论那样将道德所属的精神领域看得高于宇宙,也不像牟氏所解的《易》、《庸》传统中以天摄人,融贯天人。在亚里士多德那里,伦理的事情低于宇宙和本体的事情。而伦理的成立,却又并不需要宇宙作为"天命之谓性"那样的保证,而只需要人类灵魂中较高贵部分的德性而已。这反而接近于"心体",而不是与心体分离开的性体。这

---

① 参见牟宗三:《四因说讲演录》,前揭,页18。
② 参见同上,页16。这是对照道家与佛家所下之断语。
③ 参见同上,页39。

是牟的解释与亚里士多德哲学最终意趣上的差别。

其次，亚里士多德于四因中最重目的因。而牟宗三在处理儒家目的因与动力因关系时语多牴牾。他一方面判儒家为中国思想中唯一的目的因系统，另一方面追随宋明以来特别是熊十力的解释道路，渐将坤元从属甚至完全归并到乾元中去。也就是说，按照牟的自己的解释，《易》《庸》系统是顺着康德、亚里士多德一路推进下来的目的论系统，非此不能承担性体开出宇宙-道德之意蕴。然而按照牟进一步依靠的、以乾元为主的理学传统解释，则不得不将《易》《庸》系统最后归入动力因系统。此系统其实是"即活动即存有"系统的变种，即将活动归于动力，将存有归于目的，且更为强调活动一面。

因而，牟宗三的所有会通性诠释工作包含了自我瓦解的趋势。他直接依据四因说重新解释中国古典思想的伟大努力不可谓成功。除宋明理学以来对乾坤生成的安顿纠葛之外，牟运用四因说的最大问题在于未能做彻底的前提性反思。他似未能完全领会亚里士多德四因说的整个前提与意图。特别是目的因为何在四因中最终占据主导，目的因在解决他关心的存有/活动问题（也就是心体/性体）中的枢纽作用。在亚里士多德那里，目的因是对存有问题的最终回答，而动力因是对自然问题的最终回答，二者最终不一不异。这里首先应该检讨的其实是问题而非回答：西方哲学为何有"存有问题"，中国古典思想为何近乎提出了"自然问题"，却明显缺乏"存有问题"。

这些才是哲学第一开端运用于解释中国思想之前必须面对的真正问题——不是"哲学问题"，而是"关于哲学的问题"。以牟宗三为代表的中国思想的现代解释者——也不妨称为新的中国哲学的建立者——于此类问题几乎全然是盲目的。在我们去亲身探索之前,考察一下西方哲学传统自身如何检讨成于亚里士多德之手的第一开端,是很有助益的。

二、破四因说的新西方哲学及其局限——以海德格尔为中心

20世纪西方哲学对自身传统的周密检讨与自觉突破,首先体现在将自己的使命领会"解释西方哲学"的马丁·海德格尔那里。海德格尔一生运思围绕"存在问题",且将之视为西方哲学的第一问题,遂依此立下解释全部哲学传统的基准。然而对哲学史稍有了解即可知道,存在问题并未在哲学诞生之初即出现。几乎全部前苏格拉底哲学都在研究"自然"问题。苏格拉底主要通过对伦理事物本质的追问来研究"善",柏拉图亦顺之将"善"的理念视为"超越存在"的至高问题。[①] 唯独亚里士多德在其《形而上学》中明确将研究"存在之为存在"(to on hei on)作为第一哲学的最高任务。[②] 因之,毫不奇怪,亚里士多德在海德格尔的思想道路上扮演了最重要的发动者角色。[③]

在"转向"前后,海德格尔对亚里士多德的解读风格之间既有连贯性,也有断裂性。在后期,亚里士多德本人逐渐成为解构的对象,海德格尔更加倚重前苏格拉底的哲学资源。他的工作

---

① 参见柏拉图《理想国》509b6-10。

② 亚里士多德,《形而上学》1003a21,除特别说明外,《形而上学》中译据 Aristoteles, *Metaphysik*, Neubearbeitung der Üebesetzung von H. Bonitz, Hamburg: Felix Meiner Verlag, 1989,希德对照本译出,下同。

③ 参见 W. Brogan, the Place of Aristotle in the Development of Heidegger's Phenomenology , in *Reading Heidegger from the Start*: *Essays in His Earliest Thought*, ed By T. Kisiel and J. van Buren, New York:State University of New York Press,1994, p. 213。

更倾向于解构亚里士多德及柏拉图传统加于前苏格拉底哲人的
僵化理解。然而,正是这里出现了一个奇妙的悖论。一方面,他
借以推进到前苏格拉底解释的那些基本概念指引——其中最重
要的是真理与存在的多重含义——几乎完全是在前期的亚里士
多德解读那里阐发的。另一方面,海德格尔解释前苏格拉底哲
学的全部出发点是——前苏格拉底哲学说的是"存在"问题,
"自然"说的是"存在着性"(ousia)这个典型的亚里士多德概
念。这就是说,几乎不把"存在"作为主题的前苏格拉底自然哲
学,比亚里士多德更本源地回应着这个亚里士多德式的问题。

　　这个悖论的关键在于,从海德格尔被"存在"问题——或毋
宁说"存在之(多重)意义问题"抓住的那刻起,就注定无法摆脱
对亚里士多德的依赖。亚里士多德对存在问题的解决系统地依
赖于他的四因说。在《形而上学》导论性的第一卷,他就把智慧
界定为对"原因"的探索。在摆出"存在之为存在"主题的第四
卷,他更将第一哲学的使命做实为研究"存在之为存在"的"第
一原因"。① 通过第七、八、九诸卷的准备,他最终在第十二卷凭
借拓展了的目的因学说解决了这个问题。与此对应,海德格尔
的工作就是,一方面接过亚里士多德的存在问题以及对"存在"
与"存在者"概念的全部疏解,同时拒绝亚里士多德以四因说解
决存在问题。在亚里士多德那里,四因的主导最终就是目的因,
因此毫不奇怪,海德格尔对亚里士多德解读中的实质性偏离是
从削弱目的因开始的。

　　研究者们注意到了海德格尔对目的因的拆毁。舒曼(R.

---

① 参见亚里士多德,《形而上学》1003a30。

Schuermann)认为,海德格尔通过对亚里士多德"技艺"(techne)学说的分析,将四因追溯到手工制作活动包涵的存在领悟,揭示了作为传统哲学源头的"手工业的形而上学"。他据此认为,海氏的工作是揭示并且拆毁西方哲学传统的"目的论统治"(Teleocracy),阐发了此在在其本真存在中的无所本(Anarchy)含育的一种新的思想态度。① 此议不乏卓见,然而,舒曼认为海德格尔通过对亚里士多德的解构,揭示理论/实践都是系统地植根于制作(poiesis)。② 这个观点是站不住脚的。正如沃尔皮(F. Volpi)在海德格尔对《尼各马可伦理学》的解读中发现的,支配海氏"此在分析论"基本框架的最重要解读指涉的是亚里士多德的"明智"(Phronesis),而非制作概念。相比后者来说,前者更是亚里士多德目的因学说之渊薮。③ 但沃尔皮的分析也有其弱点。其一,他的视野中缺乏《存在与时间》之后海德格尔借助其亚里士多德解释试图展开的内容;其二,明智概念中包含的目的论不同于形而上学的目的论,不同于作为存在问题之正面解决的目的因学说。对于"明智"这个伦理学概念究竟如何被"存在论化"的,他完全没有深入。其三,他没有认真对待海德格尔解释时发生的偏离。实际上,没有这种偏离,指向《存在与时间》甚至晚期学说的那种去目的论的"存在论化"是根本不可能的。如把海氏前期对伦理学的解释和后期对理论哲学的解释连贯起

---

① 参见 R. Schuermann, *Heidegger on Being and Acting : From Principles to Anarchy* (Bloomington : Indiana University Press, 1990)之第二部分,特别是 13、14 节。

② 参见同上,p. 255。

③ 参见 F. Volpi, Being and Time : a 'Translation ' of the Nicomachean Ethics? in *Reading Heidegger from the Start : Essays in His Earliest Thought*, ed By T. Kisiel and J. van Buren, New York : State University of New York Press,1994, pp. 200 – 205。

来处理,就能清晰地看到海德格尔是如何依靠、转用、偏离乃至遮破亚里士多德四因说的。

海德格尔很少泛论四因整体。引人注目的例外是《论根据的本质》一文。在那里,他讨论了四因提出的先验条件。此文将一切"因"或"根据"的本质追溯到了此在之自身超越上。只有此在为其自身之故向着世界超逾,才有建立一切"根据"的"基本存在论"上的可能。而向着世界敞开与超逾就是"自由",自由属于此在这种存在方式本身。"作为超越的自由……是一般根据的本源。自由乃是向着根据的自由。"①自由之建立根据的诸基本方式中包含了"论证",或毋宁说包含了提出一切形态的"为什么"之可能。而在这种提问中已先行包含了对何所是、如何是以及存在一般之领悟。这就是说,没有此在之存在领悟,使得四因出现的那种追问是不可能出现的。正是此在之存在方式中包含着向某某追问。

这个"向着某某"问"为什么"的基本现象中包含了两个方面。一是此在出离自身向外绽出的这个基本结构,这就是此在之自身超越或曰自由。另一是在这个绽出中需要的是"原因"或者"根据"。两下相合就是向着根据的自由。不过,按照《论根据的本质》中所推进的《存在与时间》中的思路,对于最终根据的"缘何而在"的追问势必会落实到此在自身,而此在自身这个如此亲近者也只有通过对茫然遐远者之追问。②　不过,此在自身的基本存在方式又是出离自身。海德格尔据此总结说,自由固然是诸根据之根据。但作为出离,自由又是此在之"深渊"

---

① 参见海德格尔著,孙周兴译:《路标》,北京:商务印书馆,2000 年,页 191f,下同。

② 参见同上,页 204。

（Abgrund，字面意即"取消根据"）。①

看起来，海德格尔是将四因作为派生的东西吸纳到此在之求根据的自身超越中去了。但将此文放到海德格尔对亚里士多德的解释整体中看，就会发现情况并不如此简单。正如沃尔皮等揭示的，此在之存在方式本来就基于对亚里士多德"明智"的存在论式转译。而明智自身在亚里士多德那里又应当通过目的因及动力因加以确切的认识。这样看，海德格尔对四因整体的吸纳与消解其实是以对四因各自的具体转用为前提的。

可以在其他文本中看到海德格尔对四因的不同处理。对于形式和质料这对原因，正如舒曼等强调的，源于海德格尔对制作与技艺的现象学解释。在亚里士多德比较钟爱的那些例子里，一方面自然物与技艺产品的区别并不妨碍他在自然与技艺之间的高度类比，②另一方面具体存在物经常被比喻成技艺的制品。海氏据此在对"制作"（Herstellen）的现象学分析中，将形式、质料追溯到了制作的条件上。③ 注意，在这个主要讨论技艺-"制作"的场合，他并未涉及动力因与目的因。

海德格尔对动力因与目的因的探讨，则不得不更为复杂，既包含伦理学中的解读，也有形而上学上的相应解析。这是因为，亚里士多德在伦理学中提出的实践、行动以及技艺，最终是在形

---

① 同上，页202。

② 参见亚里士多德《物理学》第二卷第八章。原文参见 W. D. Ross. *Aristotle's Physics. A Revised Text with Introduction and Commentary*. Oxford：Clarendon press，1936。英译可参见 Aristotle，*The Complete Works of Aristotle. The Revised Oxford Translation*，Barnes，Jonathan（ed.），Princeton：Princeton University Press，1984（sixth printing with corrections 1995），pp. 339 - 341，下同。

③ 参见海德格尔，《现象学之基本问题》，前揭，页138 - 145。

而上学中以潜能/实现这对概念加以描述和认识的。这对概念本身，其实就是动力因/目的因的更深刻形态。在《形而上学》专论"潜能与实现"学说的第九卷，亚里士多德将动变范围内的潜能概念分为两类，一是受作用，另一就是动力因意义上的潜能。①而"实现（energeia）就是目的"②实现作为潜能发为事功（ergon），其完成就是"隐德来希"（entelecheia），后者字面直译就是"达到目的"或"达到终点"。在亚里士多德那里，实现在"定义"、"时间"尤其是"本体"三个方面均先于"潜能"。换言之，目的先于动力。动力是对目的之"趋向"，是为目的而在的。动力虽是"开始"，目的才是真正的开端。顺着这一思路，《形而上学》第十二卷用其"实现"学说解决了此书追寻第一本体的中心任务。

不惟宁是，亚里士多德同样以"潜能/实现"学说解决了描述实践这一与伦理学对应的问题。作为动变渊源的潜能亦存于灵魂的"有逻各斯的部分"③之内。与无逻各斯的潜能不同，该动力潜能可以造成对反的效果，两个对反只能发生一个，决定这点的不是动力潜能，而是"欲求或者选择"。④而"每种实践或者选择，都以某种善为目的。"⑤"每种欲求[也]少不了某种目的。"⑥非常

---

①　参见亚里士多德，《形而上学》第九卷第一章。

②　同上，第九卷，1050a9。

③　参见《形而上学》第九卷之第二、五章。又见《尼各马可伦理学》第一卷第十三章。本文所引版本为 Aristotle, *The Complete Works of Aristotle*, *The Revised Oxford Translation*, Barnes, Jonathan（ed.）, Princeton：Princeton University Press, 1984（sixth printing with corrections 1995）, pp. 1729-1867。灵魂之"有逻各斯的部分"及其与其他部分的关系才是实践与德性之渊薮。

④　《形而上学》，同上，1048a9-10。

⑤　亚里士多德，《尼各马可伦理学》第一卷，1094a3-4。

⑥　亚里士多德，《论灵魂》第三卷章十，432b15。本文所引版本为 Aristoteles, *Üeber die Seele*, Griechisch-Deutsch, Mit Einleitung, Üebesetzung（nach W. Theiler）und Kommentar herausgegeben von Horst Seidl, Griechischer Text in der Edition von Wilhelm Biehl u. Otto Apelt, Hamburg：Felix Meiner Verlag, 1995, 下同。

清楚,是目的或者某种善决定了有逻各斯的潜能之实现。考虑到善与目的在初次提出四因说的语境下曾被当作同义语使用,①似可确定,在亚里士多德那里,目的因是实践之主导原因。

然而,海德格尔在解读亚里士多德以上学说时,做了关键的偏转,削弱乃至颠覆了亚里士多德赋予目的因的主导地位。

在对《尼各马可伦理学》的疏解中,海德格尔极为重视第六卷中对灵魂把握真之五种方式——也就是亚里士多德所谓五种"理智德性"的讨论。② 这五种方式非但包含了知识、努斯以及智慧,也包含了明智(实践智慧)与技艺。海据此发挥出了此在"存在于真(理)之中"③的观点,并且获得了区分不同意义之真理与存在方式的起点。照沃尔皮的看法,海氏特别注重技艺与明智的区别,这一区别对应着《存在与时间》中非本真与本真两重存在方式。④ 明智概念的存在论化就是在《存在与时间》中起了突出作用的"此在"概念。

在亚里士多德那里,技艺的目的是产品,而技艺的始因(即动力因)则在技艺主体也就是人的灵魂之内。或者说,技艺活动本身不是技艺的目的,而技艺的目的因与动力因是有差别的。明智的目的则并非某个具体的产品,而是要"对一种好生活在总体上有益",而"实践的始因(动力因)就是实践的目的"。⑤

---

① 参见亚里士多德,《形而上学》第一卷章三,983a31。

② 参见亚里士多德,《尼各马可伦理学》第六卷;并 Heidegger, *Platon*: *Sophistes*. Frankfurt: Vittorio Klostermann Vertlag, GA19, 1992, SS. 4 - 9。

③ 参见 Heidegger, GA 19:*Platon*:*Sophistes*, S. 23。

④ 参见 F. Volpi, Being and Time: a ' Translation ' of the Nicomachean Ethics? p. 202f。

⑤ 《尼各马可伦理学》,1140b15。

海德格尔正是抓住了明智的这类特点加以发挥说,明智的对象就是此在自身。①"目的与明智具有相同的存在特性。"②这就是说,实践的目的既非某个具体的活动,亦非活动的效果或事功。为了颠覆通常对明智目的之理解,他强调说:明智中所思索的是人生整体,"而非实践在那里达到终限(Ende)的东西……对行动之在来说构成性的不是结果,而只是如何(Wie)。"③针对亚里士多德当作实践目的提出来的"做得好"或"活得好"(希腊文为 eu),海德格尔转释说,目的既然是"好",那就是"如何",而非某个"什么"、某个特定的世内存在者。

在这里可以发现海德格尔对亚里士多德精微的偏离。他首先像后者所批评的那样,把"好"脱离了"好东西"或"好事情",④变成一种不附于任何世内存在者上的"如何。"这也是海氏区分存在者方式之差异乃至存在论差异的意涵之一。其次,生命是"如何在",是一种不同于任何作为"何所是"的世内存在者的、我们一向所是那种存在者。这样一来,在"善好"被转为"如何在"的同时,"善"与"此在"乃至"生存"就开始了混同。明智的对象既然是生命自身,那么生命自身又是没有着落的绽出,那么善好作为"如何在"就无法落脚于任何目的,而只能成为一种殊特的存在方式。把"善"转为某种"存在"方式,这不是为了从存在出发去解决善的问题(就像亚里士多德对柏拉图所

―――――――――

① 参见 Heidegger,GA19,S.48。
② Ibid, S.49.
③ Ibid, S.51.
④ 参见《尼各马可伦理学》第一卷第六章亚里士多德对分离的善的理念之批评。

做的转化那样），而是为了让"存在问题"完全排挤掉善的问题。这，才是在"存在论"层面对目的因所做的根本性的消解。

如果说在对伦理学的解释中，海氏还顺着亚里士多德的文本，将实践的目的等同于实践的动力因的话，那么，在对《形而上学》第九卷的解释中，他就明确把目的因吸纳到动力因中去了。在那里，他将在伦理学解释那里获得的东西推进了一步，指出了这个目的作为"如何"其实是归属于动力（Kraft）的。① 而这个作为动变渊源（或翻译为始因、动力因）的潜能之本质中"仿佛包含了这样一个自在的要求：超克自身（sich zu übertreffen）"。②

动力，作为开端，起始，当然是通过离开自己才成就为自己的。但如将海氏对于《形而上学》同《尼各马可伦理学》的解释合勘，不难发现，后者中作为明智对象的此在自身，实践的"主体"，就是《形而上学》第九卷中的具有逻各斯的潜能。此在对作为目的的善的关系，就是潜能与决定实现的、所选择的善的关系。从中可以得到一个重要的结论：以自身超越为存在机制的此在，源于动力因的存在论化。这个基本机制，在海德格尔学说内部，固应归诸时间性时间化之"绽出"结构。但在哲学史渊源上，与其像沃尔皮那样归诸"明智之存在论化"，不如更透彻地交还给明智中所包含的实践动力因。或者说，存在论化了的明智正是作为动力因的有逻各斯的潜能。明智所与之相同的此在这个存在方式正是一切动因（开端）所蕴涵的自身超越机制。

---

① Heidegger, *Aristoteles, Metapysik, θ1－3 Vom Wesen und Wirklichkeit der Kraft*, Frankfurt: Vittorio Klostermann Vertlag, GA33, 1981, S99.

② Ibid, S101.

　　在亚里士多德那里,动力因在一般情形下确然只是开端,而非终极。用海德格尔的术语表述,它仅仅是"绽出",而没有达成。用牟宗三发挥的周易术语讲,这个动因也仅仅是"生",而不是"成"。但是,必须立刻指出,亚里士多德绝不曾用动力因吞没目的因。凡是在他指出目的因与动力因合一的场合,都是目的因起着动力因的作用,而非前者被后者吸纳不彰。用他钟爱的自然事例说,果实既是生长的目的,也是作为生长过程开端的种子之所从出的真正的开端。这就是实现先于潜能。① 换言之,终点(目的因)先于开端(动力因),而成为开端的开端,绝对的动因。宇宙生化与实践行事之目的-始因同一,不过如是而已。

　　那么,海德格尔是怎么看的呢?

　　　　作为果实,植物返回到它的种子里……任何一种生物随着其生长也已开始走向死亡,而且反过来讲,这种走向死亡也还是一种生长,因为只有生物才能走向死亡;其实,走向死亡可能是生命的最高行为。②

　　相反,亚里士多德认为,达到目的(完成、完善)这个意义上的终结是善的,必须和作为转语的终结也就是死亡区别开来。目的不是结束,不是死亡。目的必然包含善。③ 要之,在亚里士多德那里,不可能像海德格尔那样读出潜能、死亡与匮乏的优

---

　　① 参见亚里士多德,《形而上学》第十二卷,1072b35－1073a。
　　② 海德格尔,《路标》,前揭,页347f。
　　③ 参见亚里士多德,《形而上学》第五卷章16,1021b25－31。

先性。

由此可引出一个辩证的结论:海德格尔对四因的破斥恰恰依赖于他对四因之一的动力因之转化。从对伦理学的具体解读中看,海氏是把对人生整体的考虑夸大为明智的唯一对象,而将对世内事务的谋划全都打发给技艺。换言之,正是因为在伦理学中牺牲了亚里士多德实践概念包含"涉世性"在内的两重性,他才能在存在论上消除目的因,从而把动力因单独提炼为此在之自身超越的绽出机制。

这里出现了一个意味深长的局面,对于亚里士多德四因说,无论像牟宗三那样发挥,还是像海德格尔那样破斥,他们最终竟不谋而合地全都强调动力因、淡化目的因。差别仅仅在于,牟氏是受《易》、《庸》的理学解释传统的诱导不自觉地走到了这一步,而海氏完全是别有深意的。

但这样一来,依赖亚里士多德来重释中国思想,与超克亚里士多德来重建西方哲学,却落到同一窠臼里去了。无论依赖还是超克,全都缺乏他们自认的彻底性。为此,不得不重新回到四因说的起源,看看被两位20世纪哲人有意无意忽视的目的因学说究竟何以得到亚里士多德本人那么高的重视。

三、生成、造作与哲学的第一开端——四因说的起源与密意

对亚里士多德而言,四因说不仅是他个人的贡献,更是哲学本身所要求的。因而所有的哲学流派都在四因说的内部打转。[①]

---

① 参见亚里士多德,《形而上学》第一卷第三至第六章。又《物理学》第二卷章二,194a30－35。

这样说来,对于本文的基本任务——将哲学本身问题化——而言,没有比考察四因说的起源与深意更妥当的进路了。讯问哲学第一开端的前提,也就是讯问四因说及其所蕴问题意识之所从出的原初经验整体。

原因(aitia)概念在柏拉图笔下的苏格拉底那里就已出现,这对于确认理念论的起源有决定性的帮助。[①] 但柏拉图并未整理出一个系统的原因学说。把原因确立为哲学研究的中心概念,这是亚里士多德的贡献。

亚里士多德曾在两处地方郑重地提出四因说,一处是《形而上学》第一卷第三章,[②]另一处是《物理学》第二卷第七章。这两处的学说都是引导性的。没有它们,第一哲学与物理学的主干研究无从展开。从文脉看,前者关涉哲学一般,而后者关涉自然研究这个分支。所以不妨先就前者来考察。

在《形而上学》之首卷首章,亚里士多德就把智慧与经验特别是技艺区别开来。与经验相比,技艺包含了对于原因的知识,因此更富于智慧。但无外在实用目的的理论知识比制作-技艺知识包含了更彻底的对于本源与原因的认识。因此"明显地,智慧就是有关某些本源与原因的知识"。[③] 顺着这个结论,亚里士多德明确地将哲学的任务确定为探究原因。在首卷第三章,

---

① 参见,柏拉图《菲多》,例如99d。R. Hackforth, *Plato's Phaedo*. Translated, with Introduction and Commentary, Cambridge: Cambridge University Press, 1955。

② 在《形而上学》第五卷第二章,亚里士多德重新回到了四因说,其内容与《物理学》第二卷第七章基本相同,但在这里没有像后者那样发挥了对全书讨论的引导作用。

③ 参见《形而上学》982a。而按照第五卷第一章的讨论,"本源"这个概念可以被吸纳到"原因"概念中去。于是,早期希腊哲学探讨的"本源"都是四因中的特定原因而已。

他系统地提出了"本体意即何所是"、"质料或基底（主词）"、"运动之始因"及其相反者意即运动之"终极与本善"这四类原因。而早在前一章，亚里士多德已经说明了，理论中的最高门类在于认识目的——即事物各自的"本善"与全自然的"至善"。[①]

可以看到，四因是在智慧与技艺的差别中被引入的。但这不是亚里士多德就此差别所做的唯一发明。在某些方面更为系统和丰富的讨论见于《尼各马可伦理学》第六卷。在那里，智慧与技艺的首要差别并不是对原因的认识的彻底性与纯粹性，而在于，智慧是理观性的，关注的是永恒的、必然的、普遍的、不变的主题。这些主题高于人类的实践与器物。而技艺则是制作性的。它和明智一样，关涉的是暂时的、或然的、有生灭的、具体的人类事物。[②] 作为知识和努斯的统一，智慧所观照的崇高主题包括自然。这样一来，《形而上学》开篇引导出四因说的"智慧之超迈"，就被《伦理学》落实为例如自然物对制作物的超迈。而自然与技艺的差别正是《物理学》第二卷引导出四因说的基本进路。《伦理学》第六卷在四因说的两个出处那里架起了桥梁。如我们所见，这桥梁的中心是在三处文本里共同出现的概念——"技艺"。正是通过同技艺及制作不断区别开来，智慧与智慧所研究的自然才显示了重大与崇高。这就是说，技艺对于四因说似乎具有某种亲缘关系。

不过，这些亚里士多德式的清晰在其根基处却带有某种不可测的含混。

---

① 参见《形而上学》，982b6－7。
② 参见《尼各马可伦理学》第六卷第七章。

首先是对技艺的限定。亚里士多德在对技艺单独进行讨论的时候,没有忽略,除了"制作"之外,技艺中还包含了"使用"。制作技艺需要认识产物之质料,而使用技艺则要认识制作产物之形式。① 更有甚者,他暗示了使用技艺是主宰或统治着制作技艺的"主导性技艺"。② 此类内在区分明显和柏拉图在《理想国》第十卷做出的区分相通。③ 由于柏拉图没有明确区别技艺与实践,他以使用技艺来解释的东西恰是亚里士多德倾向于用实践或明智来解释的。④

然而,当亚里士多德试图用技艺与自然或实践、智慧等进行对照时,他就默默地将之限制为制作技艺。⑤ 正是这个限制支持着《物理学》的开端,乃至渗透到整个四因说的前提中去。

正如《形而上学》的开篇,亚里士多德必须把智慧与技艺区别开来以引导出四因说那样,《物理学》第二卷一开始,他也通过把自然与技艺区别开来,以证成对自然的四因式探究。自然与技艺的区别首先是"万有论"上的区别。存在着的一切事物,有的是"由于自然"而存在,有的则是作为技艺的制作产物而存在。正如亚里士多德不止一次指出的,⑥希腊文"自然"(physis)的原意是生、生长,其后意义拓展为向着结果的生长也就是生成。⑦作为所生成者,自然物与被造作出来的技艺产品的最大区别在

————————

① 参见《物理学》第二卷第二章。
② 参见《尼各马可伦理学》第一卷第一章。
③ 参见柏拉图,《理想国》第十卷601c－602b。
④ 关于柏拉图技艺观的复杂性,参见《政治家》中罗列的各种技艺。他将"政治"这个亚氏那里属于"明智"的活动同样置于"技艺"之下考察。
⑤ 参见《物理学》199a1－20,并《尼各马可伦理学》1140a。
⑥ 《形而上学》第五卷第四章,并《物理学》第二卷第一章末。
⑦ 参见《物理学》同上。

于,前者的始因在自身,①而后者的根源在自身之外——"人由人产生,而床却不是由床产生"。② 这就是说,自然物与制作物的主要区别在于动力因是否归属自身(是否由"自"而"然")。

不过,动力因归属的提出,仅限于将自然物与制作物区别开来。动力因既非唯一的、亦非首要的发问方向。整个《物理学》第二卷的唯一任务在于揭示全部四因——特别是目的因——适用于自然研究。为此,在把自然物与技艺产物区别开来之后,亚里士多德立刻反其道行之,在自然与技艺之间恢复了一系列决定性的类比,以便在自然研究中可以按照形式、质料特别是目的去发问。

亚里士多德首先区别了自然与自然物。自然相当于自然物之原因。自然物"按照自然"运动。而自然与自然物的关系,类似于技艺与制作物的关系。③ 自然物具有质料与动因是明显的,亚里士多德最需要论证的只是,自然物也有形式与目的。此时他不得不乞灵于自然与技艺的相似性。"如果技艺模仿自然,并且,在技艺中认识形式与质料是同一门知识的任务,那么……自然学也就该通晓形式与质料这两种意义上的自然。"④ "如果按照技术的东西有目的,那么显然,按照自然的东西也就有目的。"⑤

要之,四因说能够用于自然研究的理由在于:自然与技艺类

---

① 参见《物理学》192b14。此处指种类意义上的自身。

② 同上,193b9。

③ 参见《物理学》193a32－34。注意此时亚里士多德已开始偏离了上文的结论——自然是自然物同类的动因,而技艺则与制作物并不同类。

④ 同上,194a22－28。

⑤ 同上,199b18－20。

似(这个类似是由于技艺模仿自然);制作技艺具足四因;自然物因而具足四因。自然在最高的意义上,等同于自然物之"目的"与"形式"。① 然而,在《形而上学》《物理学》以及《伦理学》的引导性教诲中可以发现,对包括自然研究在内的智慧全部说明都在于先同技艺划清界限。据此矛盾,似可轻而易举地像海德格尔那样解构亚里士多德,②或干脆像舒曼那样宣布,亚里士多德实际上暗自依据"手工业"的造作经验缔造了全部西方形而上学传统。

从海德格尔等的批判可以看到,哲学第一开端的关键在于技艺与四因之关系。是否像亚里士多德的上述诸篇引论显示的那样,四因源于造作经验的先行领会,而又施之于自然之生成问题? 是否四因说的秘密就在于把自然也比拟为某种制作产物?

从表面看起来,由于在解决第一本体问题中占据很大比重③因而流传最远的两个原因(形式与质料)确实同制作技艺有密切的关系。但亚里士多德本人在四因中最重视的是目的因,而标志着亚氏哲学特点、将他同例如柏拉图区别开来的则是形式因、目的因与动力因的合一。换言之,形式因最终被整合到目的因中去,因而整个形式/质料这组原因全都被潜能/实现这对被目的因主导的概念重新赋予了含义。这样,要彻底了解上述问题,就得将之推进为,主导着四因的目的因是否源于技艺经验抑或其他经验?

无疑,在《物理学》第二卷中,亚里士多德确实借助与技艺的

①　参见《形而上学》1015a5－19。并《物理学》199b31－33。

②　参见海德格尔,《路标》,前揭,页341。

③　参见《形而上学》第七、八卷。

类比确认了,自然物同样具有目的。然而,技艺的目的究系何指呢? 对此,《物理学》中蕴含着两种不同的回答。按照第二卷第八章的论述,技艺的目的就是制作活动在那里终结的东西,也就是制作产物。① 另一方面,在同卷第二章,亚里士多德同样在讨论技艺的语境下指出:"我们所用的东西,全都是为了我们而存在的,因为在某种意义上,我们自己就是目的。"②据此,技艺的目的乃至一切"日的"被精细地区分为两种:一种是制作活动所指向的(towards which),即产物;一种则是制作活动所为的(for which),即使用该产物的人。③ 后者虽是使用技艺的直接目的,但同样也是制作技艺的最后目的。制作的产物不是别的,正是被使用的东西。制作是按照使用的需要去形塑质料的。亚里士多德随同柏拉图重新确认,使用技艺"主导着"制作技艺。④ 考虑到柏拉图有意将"技艺"的范围扩充到足以包含实践的地步,⑤似可确认,与被亚里士多德限制为"制作"的狭义"技艺"概念相比,以人为目的之"使用技艺"更接近于"实践"概念。"使用技艺"对

---

① 参见《物理学》,199a10-20。

② 同上,194a35-194b1。

③ 此两重目的据牛津本翻译为"所指向"与"所为",见 Aristotle, *The Complete Works of Aristotle. The Revised Oxford Translation*, Barnes, Jonathan (ed.), Princeton: Princeton University Press, 1984 (sixth printing with corrections 1995), p. 332. 又参见《形而上学》1072b2。

④ 合参《尼各马可伦理学》1094a10-15 并《物理学》194b1-9 以及《理想国》第十卷601c-602b。亚里士多德的推进在于,确认了使用技艺认识形式,制作技艺认识质料。这样技艺之间的主导-从属关系就转化成了形式认识与质料认识之间的关系。

⑤ 参见柏拉图,《政治家》,275E-301A。中译文参见柏拉图著,洪涛译:《政治家》,上海:上海人民出版社,2006年,页36-87,下同。政治家统治这种在亚里士多德那里最典型的"明智"或实践,柏拉图也归诸"技艺"。

"制作技艺"的主导,意味着"实践"对"技艺"的主导。

实践对技艺的主导,对于彻底勘察四因说的前提,进而重估作为哲学第一开端的亚氏形而上学来说,是极为关键的。本文不能同意被舒曼所激进化了的海德格尔式结论——四因说乃至整个形而上学均出自"造作经验"中包含的先行领会。我们的理由是,在《物理学》与《形而上学》关于宇宙的最终方案中,亚里士多德论证了,自然的动力因与目的因是合一的。而在制作技艺那里,动力因与目的因则是明显不同一的。亚里士多德诚然借助了与技艺的类比来引出自然之目的,但这一类比不足以引出自然的目的就是自然之动因。不惟宁是,亚里士多德把实践与制作技艺明确区别开来的论断正是:"实践的始因与目的是相同的。"①不存在自足的制作。实践主宰着制作。手工业制作总是嵌在实践的语境中的,谁如果试图像舒曼那样宣布有所谓"手工业的形而上学",那么他一定已不自觉地随之引入了"实践的形而上学"。

那么,标志着亚里士多德哲学最基本特征的"动力因与目的因之合一"确实来自"实践经验"吗?事情当然不会那么表面。核诸亚氏在各著中的多方论证,似可确认,亚里士多德不是简单地诉诸"实践",而是更重视"实践"本身的条件。对实践条件的分析,与对自然运动和理论沉思的分析殊途同归地揭示了"动力因与目的因之合一"。换言之,既非单纯的技艺,亦非单纯的实践,而是实践、自然与理论所共有的原因状况才是亚氏目的论的真正精髓。这个东西就是亚里士多德用他的哲学史概括

---

① 《尼各马可伦理学》,1140b15。

预先表述的东西——心(努斯)与善的关系。亚里士多德强调说,心就是动力因,善就是目的因。善又不离其他形式而在,而非超然于其他理念-形式之上的终极。这样就把三重原因的思考,与他先前的重要哲人联系起来了。实践、自然与理论沉思的最终的原因分析,都是以心与善的关系为哲学-历史的引导的。

阿那克萨哥拉提出了"心"(努斯),但却仅将之理解为动力因。① 苏格拉底-柏拉图看到,单纯的努斯只能解释宇宙产生,却无法解释宇宙为何以这个样子存在,换言之无法解释宇宙的秩序及其善好。由此,他们把讨论推进到,努斯必须按照善来决定选择什么秩序安排宇宙。② 按照四因说的术语,为弥补动力因的不足,柏拉图提出了目的因(善)和形式因(理念)以解决宇宙秩序的起源。但在这里,动因虽是为了善好、按照理念行事,三重原因却是有分别的。善与理及心可以分离,且超越于后两者之上。③ 柏拉图的神只是一个动力因,善高于它。没有理念,神亦无法成事。④ 柏拉图的创世论,四因具足而彼此分离,完全符合"制作技艺"的特点。亚里士多德则不然。其宇宙-本体-神论最后的模式固然也是宇宙因神而动,但亚氏的神不是单独的动力因,而是目的、动力、形式三因合一。

三因合一的论证,在实质上就是宇宙-本体-神论不同论证

---

① 这种强调动力因中根本没有与目的之本质联系,因此有宇宙游戏者含义的解释,可特别参见尼采著,李超杰译:《希腊悲剧时代的哲学》,北京:商务印书馆,2006年,页104、108,下同。海德格尔对动力因的此在式解释其实源于尼采。但尼采的这个解释本来就是亚里士多德的旧意,参见《形而上学》1075b5 - 10。

② 参见柏拉图,《菲多》,97b - 99d。

③ 参见柏拉图,《理想国》之日喻,505a - 509c。

④ 参见柏拉图,《蒂迈欧》28a - 30d,Plato, *Complete Works*, ed by J. M. Cooper, Indianapolis: Hackett Publishing Company, 1997, pp. 1234 - 1236。

道路的殊途同归。《物理学》与《形而上学》的旨归完全一致,无非一从动因、另一从目的因以及形式因揭示而已。亚氏在前著中从动因出发,将自然描述为"自己治愈自己的医生"。① 而在《形而上学》中,他则从目的因出发宣布,"其实健康自己才是医生"。②

　　但是,这个宇宙-本体-神论的归宿,最后赅摄三因的第一本体或究竟是什么呢? 这就是经过亚里士多德拓展的"努斯"概念。阿那克萨哥拉那里的努斯只是单纯的动力因,以至于苏格拉底必须为它补上"善"这个目的因。亚里士多德既将动力因与目的因合一,则称之为善或心,都无不可。但心这个名词,在亚氏之前的哲学史上已经出现了它的动词形态——"思想"或"心思",③已为亚氏准备好了讨论心的"存有与活动"的概念基础。因之亚里士多德主要用"心"及其动词化("思")支撑起《形而上学》里最崇高的那些段落:

　　　　心思(noesis,或译为"思")本身是关于那至善,至高无上者关于那至高无上者……心触及所思、把握所思,心与所思相同。凡能受致所思与本体(ousia)的,才是心。当心秉有所思时,它才是实现活动,故与其说心容受神性,不如说心秉有神性。所以理观(theoria)是至乐至善……并且生命

---

①　参见《物理学》199b30。
②　参见《形而上学》1075b10。
③　例如从巴门尼德开始,运用 noein(思维)这个概念。参见,H. Diels(ed.),revised by W. Kranz, *Die Fragmente der Vorsokratiker*, Vol. 1, Berlin:Weidmannsche Verlagsbuchhandlung. 1961, S. 238,下同。

也是属于神的。生命是心之实现活动,而神就是一种实现活动,神的实现活动自在地是至善的与永恒的生命。因之,我们说神就是一个至善而永生的存在者,以致生命、连续不已之永恒均归属于神。这就是神。①

　　因此如以心为至善,心就只能思神圣的自身,(则这种思)就是思思之思。②

　　这两个段落可说是整个亚里士多德哲学的顶峰。此间关涉的是对全部西方哲学来说至关重要的问题,其一为心之自足性。其二为心与神的关系(因而蕴涵着哲学与神学以及宗教的关系)。这两个问题也是彼此互为表里的。其三是神的存有之永恒性包摄了连续不已之永恒性。

　　在亚里士多德那里,三因合一的最彻底论证是从神(即善)之实现性与心之自足性出发的。前者是目的因下摄动力因。后者是动力因而上通目的因。前者类性体摄心体,后者近心体通性体。心之自足性的成立,端赖于作为心之活动的思想的特性。心贯穿天人。人灵魂中最高贵的部分是其本心。此心之高贵,端在于可参与宇宙之大心、神心、道心。《论灵魂》中对人心之思的考察结论,也适用于其所分享的、《形而上学》中关注的宇宙大心之神思。在《论灵魂》中,亚里士多德以心之所思(noema)与心(nous)为同一,或以心之所思与行思(noesis)为同一。亚氏认为,心与所思只在所思之当下一念才是同一的。无思无

———————

① 《形而上学》,1072b18－30。
② 同上,1074b33－35。

虑之时,心似白板,与所思只能为潜在地同一。而行思与所思在均是无质料之形式(eidos)的意义上合一。并且当前一念只是潜在地可分,在现实性上是不可分单统一者。①

在《形而上学》第十二卷第九章中,这几个观点都以某种方式得到了再现。只是,那里的主题是作为宇宙之始因的大心。大心及其行思、所思为一,就是之神及其思、所思合一。这样一来,宇宙之本,就是思想自身的思想。神,不外于心或者思。因此哲学思维是最神圣最虔敬的。这就严格论证了上文所引之段落。什么是神?心及其思就是神。心何故自足?心之存有不外乎其活动亦即思。而心之能思与所思现实地合一。

神、心、思三者,本无分别。唯因如此,宇宙方有其永恒运动,周行不殆。此观点虽是西方哲学史上被概括为本体-神-论的大传统,但亦因此概括,易生误解,须加说明。

柏拉图在一般理式之上高悬"一"或"善"这两个分离的超越理式,将此喻为日光,无之则心对理式的思想并不可能。从根本上说,正因善之理与心分离,柏拉图宇宙论才是制作模式。亚氏则以为,当前一念的思想,就是现实上的"一"。此单一体只在潜在意义上可分割为多。则所谓"一",不离形式而在。除形式外无所谓孤立之"一"。② 而柏拉图在日喻中归诸分离的"善"的"显明照亮"功用,亚氏亦归诸努斯之当下实现的思想。③ 然则所谓"善",亦不离心及形式而在。由此可见,亚里士

---

① 参见亚里士多德《论灵魂》第三卷第四章以及第六章。

② 参见《论灵魂》429b29-430a1。合参《形而上学》以"存有"("是")融摄"一"的论证,见1003b24-35。并所思之复合与单一问题,见1075a6-10。

③ 参见《论灵魂》430a15-19。

多德将"一"与"善"融摄于心-思之中。以心思吸纳理式,不立
分离之一与善,这才是自足学说的精义。唯此才能真正了结所
谓"手工业的形而上学"。

　　唯因无分离超越之"善"或"一",故虽不无斟酌犹疑之处,
然亚里士多德的神最终不外于心-思而在。故说形而上学为
"神学"在字面上固然并无不确。然而亚里士多德的神与柏拉
图-奥古斯丁-笛卡尔-斯宾诺莎一系超越于"心-思"的神大异
其趣,反而与宋明理学中某种天心合一的传统有可通之处。

　　由以上分疏可知:亚里士多德四因说的起源不单限于始因
终因有别的造作经验,而更多地体现在自然生成与实践智慧皆
有的、始终二因合一的自足活动。而四因说之密意在于,无论体
现为自然生成还是实践智慧,自足活动之精义要在于心之思虑,
无论是神心还是人心之思。因此,亚里士多德之自足学说,衡之
以中国思想特别是儒家义理学,可算某个形态的心性论。

四、结语:造作、生成与生生

　　至此,我们终获得一个基准,用以权衡 20 世纪中西哲学各
自的重建,并进而探究哲学另一开端之可能。

　　海德格尔以"造作"解哲学第一开端,盖有所见而未澈。亚
里士多德对柏拉图的推进、以及海德格尔本人的亚里士多德解释
表明,"造作"必隐含了"实践"。而实践中包含的动力因(生)与
目的因(成)之对待及其解决才是哲学第一开端之主导问题。换
言之,实践之理是"生成"的统一性,即与动力因合一的目的因之
自足性。追究"造作",当推至追究"生成"及其自足性。

　　海德格尔之破四因说,本意在以动力因破目的因,进而拆毁

自足学说。立动力因之超逾性,则有赖于遮破亚氏时间学说之当前性,以引出时间性之"绽出"。而当前性实系于思想形式之实现。故海氏工作之要害在于破实现、自足这些属于目的因及形式因的部分。由于遮破目的因,海德格尔之"此在"只有"生"之机,而终无"成"之理。由于遮破形式因,其存在一般终是笼统虚寂,只一个昭然明觉,而绝无万物自得、各安其位之理。由于遮破自足,此在与此存在一般,只是一个悬问、空等,亚氏之幸福终被茫然之"畏"取代。就存在问题本身看,存在者并不仅存在而已,且必定作为某物存在。而一旦探讨此物的内容,亚里士多德式的目的、形式诸因并生成活动,必重新涌入哲学。西方哲学欲绕过亚里士多德重新开端,除非消除"存在"问题。然囿于传统与语言,这是根本不可能的。

揆诸海德格尔的所有思想努力,跳离哲学之第一开端,无非就是从亚里士多德之"存在"返回前苏格拉底之 physis。其中蕴含了至少这样一条道路:以一种去存在中心的心性论重释 physis 经验。然则下一步的问题就是:消除存在追问之至上地位后,心性论可否仍以某种形态开展与转化?在"生成"-"造作"传统之后的 physis 之经验,可否哲学之另一开端?这就是中国哲学重新开端的发动性问题。它涉及两个环节,分述如次。

(一) 去存在中心的心性论

问题之前一环节可确然答之。中国传统思想中的所有心性论内容,都不是围绕存在问题建立,但又包摄了存有之理。中国心性论之伟大传统与西方哲学的会通交涉,是现代中国哲学建立的最重要契机。牟宗三的亚里士多德阐释,实已契入此机。

牟之宏伟努力有不可通之处，亦有可转进的方面。举其大者，不出以下两端。

其一曰混同体用论与存有论。中国思想与西方哲学最明显的差别在于不把系词转为义理问题，因之以存有/活动褫夺体用论架构，极易失却中国思想之真面目。体用论渊源有自，绝非西方哲学之逻各斯传统所能笼罩。中国思想如自身可取，恰恰在于以体用论融摄存有论，而非反其道而行。

其二曰不解四因说之旨归与理学正统有大异。亚氏恰恰以四因说——而非存有/活动——论证了心体性体不二。其枢机在于自足。自足性之建立，在于心思不二、神心不二。后者即心性天三者无别之意，前者即蕴所谓"即活动即存有"之意。然亚氏所重，素在目的因，于《周易》只当得坤元。而整个宋明儒学是合释乾元诚体而立。于理学看，亚里士多德哲学固亦近乎心性论，然却是以乾属坤之心性论。且其于心，只见用，未见体。其用只有思虑，未有感通也。

然而牟氏之努力，毕竟极值得推进。其最大贡献在于将亚里士多德哲学引至儒家义理学视野内。重建哲学必始于重解亚里士多德哲学，中西概莫能外。儒家义理学完全可以自己的传统解开、重构亚氏哲学，并进而回到儒家义理学的传统，开辟哲学的新道路。此则与上述中国哲学重新开端问题之第二环节有关。此间的工作，即参照亚氏"生成的心性论"之经验与理据，回看与重释中国古典思想。

（二）从生成到生生

亚里士多德《形而上学》第七卷规定，第一哲学的任务是探究"何为存在亦即何为本体"。① 于第十二卷则总结云,本体可分为三类:可感觉而永恒动变者,可感觉而可坏灭者,不可感觉而永恒者。② 此本体分类交错了动静、可感不可感、永恒灭坏这三重标准。《物理学》将永恒动变之原理确认为自身不动之致动者,《形而上学》则之间研究不可感而永恒者。而后者在《形而上学》结论性的一卷之被引入,实因借助"实现"原理解释永恒动变。③ 而此使宇宙永恒运动之第一本体,正是宇宙之神-心。

这是亚里士多德理论哲学中最主要的进路。这一进路意蕴有三,首先,在《物理学》到《形而上学》的理论哲学的大构架中,动静之标准起着首要作用。其次,运动者也是存在者,也是某类本体,不动而致动者则是第一本体,使运动自身存在之更优先的存在。换言之,动静标准,最终转为存在的优先性问题。最后,寂然不动而又使万物动者,唯心体而已。可据此将亚氏第一哲学概括为,以存在-本体问题所引导的、旨归为心性论的生成学说。

从这三层意蕴看,亚里士多德哲学的真正努力,即从永恒运动(其范例为永恒的圆周运动④)推演出作为第一本体的不动心体。而以《易》《庸》为典据的儒家义理学,亦无非从永恒的循环运动(反复其道、周行不殆),立寂然不动之心体性体而已。其明显的差别在于没有提出源于系词的存在问题。然而此问题

---

① 《形而上学》,1028b4。
② 同上,第十二卷第一章。
③ 参见《形而上学》第十二卷第六章。
④ 参见《物理学》第八卷第八、九章。合参《形而上学》1071b10-11。

所蕴之深意,则不可谓在中国思想中毫无端倪。

亚氏哲学是生成论进路的心性论。动力因即生,目的因即成。此进路有两个麻烦需要解决:

其一,一切生成论都会遇到的麻烦,生与成为二元(在中国思想中这叫"二本")。亚氏之学是二元归为一本,亦即动力因归为目的因,生归为成。他的麻烦在于,二元合一不彻底,而合一在目的因,又有混同心意、将未发归于已发之弊。

亚里士多德之四因中,形-质与生-成俱为二本。亚里士多德虽将动力因、形式因、目的因三者合一,仍与质料因对待为二本。但从第一哲学最重要的论证看,动力、目的之对峙显然同样致命。亚里士多德对二本的克服是以目的因发动力因之用,合二本为一。目的因与动力因合一,是为心体。心之所思不外于心,是以作为动力因之心,与作为目的因之所思相同。然而这一论断的最重要根据,仍在于所思是无质料的形式。① 因此质料与心之对峙,仍未消除,不得不纳入于潜能/实现之下。此对概念所共属一体,却仍是动力因/目的因对立的变形。

西方哲学传统中解决二元对立的努力,主要依靠亚里士多德的基本洞见,以目的因吸纳动力因,无非论证两者合一的方式不同。唯尼采之后学,多反其道行之,把动力因从目的因之下解放出来。用理学论太极的话头说,动力因只是个发生之理,目的因只是个成性之理。② 第一传统下的西方哲学向来重视成性,而海德格尔等则重视发生——海氏哲学转向的代表作不就是

---

① 参见《论灵魂》430a2-4,特别是430b6-23。合参《形而上学》1075a7。
② 参见朱熹,《朱子语类》第六册,前揭,页2388。

《论发生》(Ereignis)吗？在亚里士多德哲学的最微妙之处，生成关系无非是心与所思之关系，是以第一个麻烦势必引向关于心的麻烦。

其二，亚里士多德以宇宙之始因为自身不动的推动者。而此推动者即是心。那么问题是，心动否？心之思是否心之动？如心不动如枯槁，则无所谓思，亦无所谓自然生化。如心以思为动，则所思当是所动，致动与所动不可为一，则心与所思何能合一？此问题于亚氏哲学必不可解，因他将动静看得过窄，似只看做"可感界"的有潜能-质料之事。在物理运动与技艺生成中，潜能与质料含义可通，而未思之心(某种意义上的未发之中)虽不含质料，却纯是潜能，如同白板。① 如在此意义上理解宇宙之大心之体，就会产生"永恒运动的原理是潜能"之谬。这就必须引入本心(choristheis [nous])、习心(pathetikos nous)之分别。② 前者绝非白板似的潜能，而是思之整全的纯粹实现；是一念全观：既非对部分与片断之思维，亦非念念迁移之思维过程，而是不在时间之中(换言之处于永恒的当下之中)的体物而不遗之纯粹活动。

如是，宇宙之大心虽不能以物理运动言，但却是纯粹活动，不仅是"不被推动"那么简单。以动静论大心，须不落非此即彼之两边。对此，实际上埃利亚学派有其卓见。克塞诺芬尼以为神无外部，故不动，而以"思想"让世内事物运动。③ 此论与亚里士多德实同。而巴门尼德继而据"能被思的与能存在的是同一

---

① 参见《论灵魂》430a1 - 2。
② 通译为"分离的[努斯]"与"被动的努斯"。参见《论灵魂》430a22 - 25。
③ 参见 H. Diels(ed.), *Die Fragmente der Vorsokratiker*, S.135。

的"将存在者比喻为自身之内运动的圆球。①"在自身中运动"极好地阐述了心之思想的特性——即是运动，又不出其位，是思想自身的思想。这个比喻唯一的缺憾是暗示在这种自身运动之外可以有某种持存的东西。顺着埃利亚派的说法，亚里士多德的心思其实就是在自身中运动。除了这自身运动，它自身什么都不是。

从中我们可以体会到牟宗三所谓"即活动即存有"之心体与"即存有即活动"之性体合一之西学渊源——只是这个活动，在亚里士多德那里，就是思。思之外本无心，活动之外本无存有。在思那里所体现的自足生成，就是生之当下顿成。生与成的二元对峙的最终解决，是借助心与思之关系，了然自成者无非是生，即生即成。但这一点，是从亚里士多德论神心之思那里提炼出来的。他的宇宙论仍然是目的作为不动者先行存在，引发宇宙之永恒运动，最终仍落入存有先于活动、成先于生的进路。亚氏成立第一哲学的基本问题绝绕不开"存在"（是）或"本体"，即是所成先于能生之意。目的论的渊薮就在"存在"之中，海德格尔欲去目的而问存在，岂可得乎。

从根本上说，所谓哲学之第一开端，无非是在存在-本体问题的引导下建立成先于生、同于生的体系。而由海氏自觉开启的第二开端，则径行颠倒，在存有问题的引导下描述先于成、不居于成之发生（Ereignis）。在中国思想遭遇海德格尔并籍之重新发现亚里士多德及整个西方古典思想之后，从中国思想由以兴起的整全原初经验重新审视、权衡哲学开端的机缘已经成熟。

---

① Ibid, S. 238f.

动静、生成、天人、心、神、善、甚至形、质等等希腊哲学问题域的
若干地标式概念,在中国古典思想中非但一应具足,更同其他一
些名相一起,构成了儒家义理学的宏伟脉络与深邃意趣。亚里
士多德所总结的希腊哲学,有两条问题线索,其一是《物理学》
中的运动,其二是《形而上学》中的存在。彼终将运动归摄于存
在之下。正因存在必须融摄且解释永恒运动,故有自足实现、隐
德来希之本体解说。以《周易》、《中庸》代表的儒家义理学,固
非由存在问题所引导,但确乎同样以不息不殆之永恒运动为经
验上的基本问题线索,且将存有(是)之意摄入运动原理之下。①
如果说亚里士多德哲学的精义是存在性(本体)概念统治下的
活动原理,那么儒家义理学的精义则是去存在概念的活动原理。
这就是儒家阐释的生成-生生之道——易或诚。本章以下二节,
初说易、诚之道,点到为止,以为接引。盖详说易诚,则当于道体
有所窥矣,详参下篇之第二、三章。

第二节　乾坤与诚

儒家义理学之经验境域自限于天地之内。古之道术固游于
方外,亦非越出天地,而是与天为徒,②独与天地精神往来而已,③

---

① 参见丁耘:《是与易》,载《儒家与启蒙》,北京:生活·读书·新知三联书店,2011 年,页 278 – 281,下同。

② "内直者,与天为徒。与天为徒者,知天子之与己皆天之所子,而独以己言蕲乎而人善之,蕲乎而人不善之邪?"参见《庄子集解》,前揭,页 34;"其一也一,其不一也一。其一,与天为徒;其不一,与人为徒。"参见《庄子集解》,前揭,页 58。

③ "六合之外,圣人存而不论",《庄子集解》,前揭,页 20;"孔子曰:'彼游方之外者也,而丘游方之内者也'。"《庄子集解》,前揭,页 65。"独与天地精神往来……而不敖倪于万物……不谴是非,以与世俗处。",《庄子集解》,前揭,页 295。

人只能在天地之间方能得其正位。其成德之道，非与天地隔绝，道家往来乎天地，而儒家参赞乎天地。于是乎，即使仅为人之成德，也要弥纶天地之道。而于天地之间，则更重天道。即单提儒家，先儒有法天、知天、事天之教。[①] 宋儒更针对儒佛分际云："圣人本天，释氏本心"。[②] 天之为天，在于其不殆不息不已的"永恒"运动。凡言天，必合流行不已而称。此于儒家原典中毕露无遗。《周易》"乾"卦之《象》曰"天行健"，孔颖达《周易正义》云，"天行健者，谓天体之行，昼夜不息，周而复始，无时亏退。""复"卦之《象》云"反复其道，七日来复，天行也"。故《周易》所谓"行健"相当于《老子》所谓"周行而不殆"。[③]《中庸》则云诚者，天之道也。而至诚不息，是亦以不息描述天行，而以至诚阐释天道。这与《物理学》拿来做出发点的"永恒运动"本无二致。与《易》、《老》等强调周行、反复相同，亚里士多德认为运动之首为位移，而位移之永恒者为体现在天体运行中的圆周运动。圆周运动是永恒的。[④]

不过，永恒运动只是共通现象，其道、理为何，才是义理学之秘钥，此不独儒家为然。中国思想的贯通，是从同将永恒运动确立为首要现象线索开始的。而中西思想的分野，则是从对永恒运动的不同阐释开始的。在亚里士多德之前，赫拉克利特

---

① "孟子曰：尽其心者，知其性也。知其性，则知天矣。存其心，养其性，所以事天也。"《孟子集注·尽心章句上》，朱熹《四书章句集注》本，前揭，页413；

② 《二程集》，前揭，页274。

③ 王弼著，楼宇烈校释：《王弼集校释》（老子道德经注），北京：中华书局，1999年，页63，下同。

④ 参见亚里士多德，《物理学》第八卷6-9章。又参亚里士多德，《形而上学》第九卷1050b24。

之后的几乎所有希腊哲人,都把生灭、变化、运动作为意见追溯
到运动背后的某些永恒存在物(原子、努斯、四根等等)。亚里
士多德也正为探求永恒运动之理,才通过范畴学说将运动分
类,更凭借四因说提出了纯粹实现——即作为第一本体的心。
如果可这算作从语言之名理入手的"逻各斯道路",那么儒家
义理学则走着一条直面运动与事物本身,直接描述运动本身之
呈现的"现象学道路"。在《周易》系统中,天地是乾坤的
"形"、"象"、"用",而乾坤就是天地乃至范围全部天地之间的
"元"、"体"。这两个"元"不是任何存在者,而是某种"方式"
(就是海德格尔偏爱的那个 Wie),是径就其"德"所获之名。
乾就是"健",坤就是"顺",一音之转而已。按照《周易》的这
种指示方式,①无论主词还是显明意义上的"存在"无非也是某
种"德",或可表现为"贞成"或"大有",但无论如何不可算
"元",低于乾坤。按照《周易》的系统,永恒生成运动之理,正
是作为天地之道的乾坤。也正因乾坤是"德"不是"形器",所
以人不是天地,却能效法天地,亦即与它们分享乾坤,所谓"与
天地合其德"②是也。

初看起来,《周易》系统的乾坤或阴阳是两个"元"。在亚里
士多德那里遇到的"二本"问题似又重现了。不过,此二元亦有
主从。坤或阴居于从属的地位。汉代经学解释传统就同时强调

---

①　从形指示德,就是《繫辞传》所谓"形而上之谓道",详见丁耘,《儒家与启
蒙》,前揭,"是与易"中《易》中的形象指引问题"一节,页 285 – 294。

②　"夫'大人'者,与天地合其德,与日月合其明,与四时合其序,与鬼神合其
吉凶。"《周易正义》,前揭,页 23。这种效法的典型例子就是"天行健,君子以自强不
息"。天行健与君子自强不息都体现了乾德。

了这两方面,例如董仲舒就说,"阴阳无所独行。其始也不得专起,其终也不得分功"。① 但即令有主从,其始发仍是二本。董生也已认识到这个疑难。是以又说"天之常道,相反之物也,不得两起,故谓之一。一而不二者,天之行也。"②董为此诉诸《周易·繫辞》的"一阴一阳之谓道",将"一"归为"道",而"一阴一阳"是此道的必然"环节":"天之道,有一出一入,一休一伏,其度一也,然而不同意。"③这是融二元于一道之中,较之亚氏哲学更清楚明了地解决了二本问题。

此解虽不为无据,却也隐藏着一个更为深刻的疑难。《易繫》所云为"道",而董说则为"天道"。两造究竟有别。天道是常动的,纯是乾德,而道则并包乾坤阴阳,不唯有继善之乾德,且涵成性之坤德;既生生不息,又无思无为。换言之,据《易》之"乾"卦,天道所主在动,而易道则是贯穿动静的。董仲舒亦有静神养气、圣人保守之说,④然此从效法中和来,"中者,天地之所终始也;而和者,天地之所生成也。"⑤则其非独法天,而效法天地之共德。

"中"、"和"并举,显然出自《中庸》,已非《周易》之主调。而"保"、"和"并举,则出自《易·乾》之《象》:"保合太和,乃利贞"。这里出现了几层微妙的提示。首先,欲阐释天地之共德,如董生所示,势必贯穿《易》、《庸》。其次,为解决阴阳二本而天道必须

---

① 董仲舒、苏舆撰,锺哲点校:《春秋繁露义证》,北京:中华书局,1992 年,页351,下同。又作阴道无所独行。无论如何,生起必须阴阳并行,但阳尊阴卑,阴之功为阳所兼并,其终成属阳。

② 参见《春秋繁露义证》,前揭,页345。

③ 同上。

④ 参见同上,《春秋繁露义证》(循天之道)。

⑤ 参见《春秋繁露义证》,前揭,页444。

为一的矛盾,董生实际上已拓展了对天道的理解,把阴德的内容同样纳入天道。不过这其实如此《周易》本身表示天道的乾卦自身。乾卦六爻皆阳,却有保合太和之用,通天地之共德,蕴"一阴一阳之谓道"之精义。虽然如此,二元一本的紧张在经学解释传统中仍然存在。为避免将天道与一阴一阳之道混同,应当确立将阴阳、乾坤、天地之德的张力均体现于其中的"一本"概念。在中国义理学的历史上,符合这个条件的概念不止一种,且彼此有思想史上的联系。在道家及杂糅道家的诸家系统中,它无疑就是"道";在《周易》系统中,它就是"易";在《中庸》系统中,它就是"诚"。由贯穿《易》、《庸》开出的宋明理学史上,它也可以是"仁"、"理"、"气"、"心"、"性"等。熊十力以为乾元不同于乾,乾之元即坤之元,也是为了解决这个二本问题。①

《易经》六十四卦,分别言之,皆无所谓"易"。"易"是总摄贯通之理,——"夫'易'者,变化之总名"。② "易"是对乾坤咸三卦(立天地人三道)为首的六十四卦的总括。爻分阴阳,六十四卦,合三百八十四爻,无非是阴阳边事。何谓"一阴一阳之谓道"?"一阴一阳"就是三百八十四爻之流变,"道"就是"易"。即所谓"道有变动,故曰爻"。③

《周易正义·八论》引郑玄云,此总名俱有三义,曰易简,曰变易,曰不易。《繫辞》云:"生生之谓易"。此即变易之意。"不

---

① "《易》以乾元为万物之本体,坤元仍是乾元,非坤别有元也。"参见熊十力著,萧萐父主编:《熊十力全集》第三卷,《新唯识论》(语体本),武汉:湖北教育出版社,2001年,页398,下同;又见"《易》之乾元坤元,实是一元,非有二元。坤之元即乾之元也。"《熊十力全集》第四卷,十力语要,前揭,页38。

② 《周易正义》,"卷首"之"八论",前揭,页4。

③ 《周易正义》,前揭,页318。

易"者,或指主宰变易之常体,或从《乾凿度》指天地之常位。关于"易简",前人略有分歧。① 郑玄引《繫辞下传》云"夫乾,确然示人易矣。夫坤,隤然示人简矣。"《八论》以"易简"为难易之易,且引《乾凿度》语"不烦不扰、淡泊不失"以证之。《乾凿度》论"易简"又有"虚无感动……至诚专密"之语,郑玄征《繫辞》"寂然不动,感而遂通"之意注之。② 然则"易简"之意义,或与"不易"相通。本文以为,如依《繫辞》,以"乾坤"配注"易简",则可谓后者之意即通乾坤二元。正所谓"易简,而天下之理得矣"。③

贯诸家所说,"易"之三义似可融通归并为二,即变易与不易。亦有径直概括为有、无者。④ "易简"是从乾坤二元分说之变易,"变易"是从一本总说。而易有"不易"之义,征《繫辞》可明:

> "易"无思也,无为也,寂然不动,感而遂通天下之故。非天下之至神,其孰能与于此?……唯神也,故不疾而速,不行而至。⑤

---

① 参见《八论》与前贤之争论,《周易正义》,"卷首"之"第一论·易之三名",前揭,页5-6。

② 参见《易纬·乾凿度》。又参见本书下篇第二章第二节。

③ 《周易正义》,前揭,页260。

④ 按今人考辩语,"变易"与"不易",是"背出分训"(两义相违),而"易简"与"不易",则是"并行分训"(两义不同亦不背)。参见钱钟书:《管锥编》第一册,北京:生活·读书·新知·三联书店,2001年,页4,下同;以有、无概说"易"之三义并形而上、下之分,参见吕思勉:《吕思勉全集9》(吕思勉读史札记(上)),上海:上海古籍出版社,2005年,页430-431,下同。"易"之三义,本论终依道体三义一贯释之,详见下篇第二章。

⑤ 《周易正义》,前揭,页284-285。

不动、无为,非常而不易者云何?① 故无论将"易简"解为乾坤所示之"变易",还是乾坤所示之"难易之易",皆从"不易"来。

《周易》系统至深之处并不在于指出变易、不易、简易三者间的语义关系,而是它们之间的体用本末关系。揆诸上文,三者之间的体与本,就是"不易"。无论《乾凿度》所谓"虚无感动……至诚专密",还是《繫辞》所谓"寂然不动,感而遂通",都明确指出了,动变之本,是寂然不动。此寂然不动,因"感"致天下之动。这非常清楚地提示了与亚里士多德形而上学完全相同的枢要问题——不动者是运动的本因。难道儒家义理学也落到希腊形而上学的目的因窠臼中去了吗? 在更细致地辨析这个问题之前,我们还要在"二元"所归之"一本"那里再略做盘桓。

如上文所示,无论《乾凿度》之"至诚",或《春秋繁露》之"中和",皆已提示了《周易》与《中庸》之间的隐秘联络。而将《易》、《庸》之间的线索明朗精密起来,且示来者轨辙的,当属宋明理学的鼻祖周敦颐。② 其《通书》的阐释进路,即以《周易》的乾卦之德去解释《中庸》的"诚"。

"诚"既完全解决了二元一本的麻烦,又把"易"系统的主要问题——动静以及天人——全部接收了过来。可以说,"诚"的系统是"易"的系统的阐释性转化。

---

① 此处概括《乾凿度》之说,未全依之也。此处所概括之"不易",盖包"无为"与"天地设位"二者而言,于"变易"皆可曰"不易"。如依《乾凿度》之说,"易简"与"不易"固当有所别矣。依《乾凿度》而区别"易简"、"不易",本书亦有所发。详见下篇第二章第二节。

② 唐儒如李翱之《复性书》,亦不无贯通《易》、《庸》之意,然多散引《易》语,未涉根本,自不如周濂溪精密也。

在"易"的系统中,乾元指示着始生,坤元指示着终成。《象》曰:"大哉乾元,万物资始乃统天",①《繫辞》云:"乾知太始,坤作成物"。又云:"阖户谓之坤,辟户谓之乾"。他如"开物成务"、"原始反终"等等,不一而足。

《易传》非常明白二元一道之内在张力与偏至。故《繫辞》云:"一阴一阳之谓道,继之者善也,成之者性也。仁者见之谓之仁,知者见之谓之知"。②虞翻注曰"谓乾能统天生物,坤合乾性,养化成之"。李道平疏曰:"仁者偏于阳,见阳之息谓之仁,故仁者观道,谓道为仁。知者偏于阴,见阴之藏谓之知。故知者观道,谓道为知也。"③是仁者偏于乾之生,知者偏于坤之成。皆非一道之全体。故《繫辞》紧接着就感叹说:"故君子之道鲜矣"。仁知之偏,皆因从乾坤阴阳一元理会道体之全。仁者主始生,即重动力因。知者主终成,即重目的因。以此回看亚里士多德的目的因系统,是知者之学无疑。

二元一道既有专偏之惑,其解决之途有二,

或张大乾元,以纳坤德,以一道系于乾元之下。此即李道平所谓"一阴一阳,皆统于乾元。"④

或单提诚体,统摄乾坤。此即《中庸》之所以作。经过宋明理学在《易》、《庸》之间反复的发明推阐,清季易学家从《易》这方面已非常清楚,向前跨一步就是《中庸》。李道平在对"继善

---

①　《周易正义》,前揭,页7。

②　《周易正义》,前揭,页268－269。

③　李道平撰,潘雨廷点校:《周易集解纂疏》,北京:中华书局,1994 年,页 560,下同。

④　《周易集解纂疏》,前揭,页 560。

成性"章注疏的结论部分说"乾各正性命为'性'……人得乾善之统,资坤之化以成性,故曰'继之者善,成之者性',即《中庸》'天命之谓性,率性之谓道'是也。"①是《中庸》首句,即从张大之乾德来。乾德即天命。其变化正性,是以其"利贞"之德,通摄坤元。故"天命之谓性",一统乾坤、生成之语也。《中庸》纲领落在一个"诚"字上,盖"诚"即张大之乾元也。此即周濂溪《通书》之精义。会通《易》、《庸》,宋以前亦不乏其人。均不得此要领。易、诚虽云不二,毕竟偏重不同。诚本"信"德之天道化,实"忠信之道"②之精粹。大本乃由人及天,而通摄天人者也。易道则由天而人。天人无二道,由《易》入道可也,由《庸》入道亦可也。贯《易》《庸》、通儒道亦无所不可也。

《易》、《庸》实可由贯而相互发明者。据经名言,《易》主"变"而《庸》主"常"。而"易"有不易之意,故《易》之"变"隐含有"常"。"君子之中庸也,君子而时中",③故《庸》之常,曲通于"变"。要之常变一体,无非两造入路、显相不同。此《易》、《庸》之所以相成而不可互夺也。

《乾凿度》云,"不易也者,其位也。"《繋辞》劈头便道"天尊地卑,乾坤定矣。卑高已陈,贵贱位矣。动静有常,刚柔断矣。"则《易》之言常,从天地常位,动静之常体言。④ 而《中庸》则谓"致中和,天地位焉,万物育焉"。⑤ 所谓"喜怒哀乐之未发谓之

---

① 《周易集解纂疏》,前揭,页560。

② 参见郭店竹简之《忠信之道》。见李零:《郭店竹简校读记》(增订本),北京:中国人民大学出版社,2007年,页130-132,下同。

③ 《中庸》,第二章,朱子《四书章句集注》本,前揭,页22。

④ 可参《周易正义》之《八论》并《周易·繋辞上第七》。

⑤ 《中庸》,《四书章句集注》本,前揭,页21。

中,发而皆中节谓之和。"则中和分明是人心上事。天地之常位,由戒慎、恐惧、慎独以致中和之君子来。不能修道尽性,天地更不得其位。下文更云,"大哉圣人之道! 洋洋乎! 发育万物,峻极于天……待其人而后行。故曰:苟无至德,至道不凝焉",①"君子之道,造端乎夫妇,及其至也,察乎天地。"②"察乎天地",就是"天地位焉"。"发育万物",就是"万物育焉"。岂独天地有位?"君子素其位而行"③是君子之至德,显天地之常位。这正是《中庸》的论说背景。较之《周易》,《中庸》更明显地处于自觉的天-人、己-物的构架下。对人己之位的自觉,对人与天地并位为叁的明确期待,是《中庸》对《周易》所做的阐释性的转化。

但这种转化并未同《周易》断裂。君子之推现天地之位,与之并为叁并不是无条件的。如果说,首章所云"致中和"还有某些尽心的意思,那么后文阐发得更为清楚,"唯天下之至诚"方能自尽其性,继而尽人、物之性,"则可以赞天地之化育……则可以与天地叁矣。"④于是,以《中庸》内解,"致中和"可不必纠结于"心"学之名相工夫,而就是尽性。尽性则归于"诚"。

"诚者,天之道也。诚之者,人之道也。"⑤没有其他什么词句比这更明朗地显示了天人之际。因为它甚至不必独提"人法天",而用同一个字就展示了天道与人道之间的同与异,从而既全部保留了《周易》法天之旨,又比《周易》更为直接地将天人关

---

① 《中庸》,《四书章句集注》本,前揭,页41。
② 同上,页26。
③ 同上,页28。
④ 同上,页38。
⑤ 同上,页36。

系凝结在一个字眼里。《中庸》用《周易》自己的道理揭示了《周易》的前提——天地成位的前提就是法天之诚。

诚与乾坤是一个层级的概念。首先,它同健、顺一样,是一个从德目里借用的概念。从人德里借用的概念能指示天道吗?这引起了坚执价值/事实界限的哲学史家们的疑问,[1]好像希腊哲学从未用善、心、思、言、统治这些同样源于人类现象的概念解释自然本源似的。"诚"之殊胜绝不亚"思"、"言"之属。《说文》将"诚""信"互训。[2] 则"诚"即是所言成就,是意或者话实现了自己(诚意、修辞立其诚)。用西方哲学的方式考察,"诚"中当然凝结了元一、存在、真理、实现活动、语言等这些头等的哲学意蕴。[3] 用中文义理学的名相考察,它纳入自身之内的最重要意蕴就是"生"和"成"。就字面而言,"诚"即指所生之言意实现、达成——生而必成,即是诚。

就《中庸》而言,"诚"与"成"在字面上即安排了密切关联。就《易》、《庸》之内在关系而言,则"诚"将乾"生"、坤"成"之德合于一体,与张大之乾元相通,彻底解决了二元一道的难题。

从《中庸》的文本上看,诚比乾元更鲜明地强调了终成之德,且将其发扬光大、贯穿始终:

---

① 参见劳思光:《新编中国哲学史》第二卷,桂林:广西师范大学出版社,2005年,页56,下同。

② "诚,信也","信,诚也",见许慎撰,段玉裁注:《说文解字注》,上海:上海古籍出版社,1981年,页92,下同。

③ 诚与真实的关系,王夫之诚训实有,"诚也者实也,实之固有之也,无有弗然,而非他有耀也。"(参见王夫之撰,王孝鱼点校:《尚书引义》卷四,北京:中华书局,1962年,页100,下同。)此训有理。但实有不是一个现成的状态,而是"活动"。

　　诚者自成也……诚者物之终始，不诚无物……诚者非
自成己而已也，所以成物也。成己，仁也；成物，知也。性之
德也，合外内之道也……①

　　此句当与《繫辞》"继之者善也，成之者性也。仁者见之谓
之仁，知者见之谓之知"合勘。玩味原文。两者所言说者全同，
然意旨上有微妙差别。《易》《庸》均不主有偏。然《易》则以乾
仁属始生，坤智属终成。其道在始终之贯，其偏在始或在终。毕
竟以乾始摄坤终。以生摄成。而《庸》之道则在内外之合。其
偏在内或在外。据其文气，则成物之知更属不易。《易》大"继
善"，而《庸》重"成性"。后者在《易》的系统中属坤之终成。
《繫辞·上》又云，"成性存存，道义之门"。李道平以为即上文
"成之者性"之意。"存"，据《周易正义》"谓保其终也"。②"存
存"与"生生"同，不已之貌。唯生据始言，存据终言而已。③
《易》将生存、生成分于乾坤始终。而《庸》则以诚一贯之。这非
但回应了《易》系统的始终问题，且回应了《庸》系统自身的内外
问题。强调并光大终成，并将之转进为"成物"。是诚将坤德创
造性地转化并收入自身之明证。
　　另一方面，《庸》更主乾元"不息"之德，圣人法天之"不已"
之德，且将天人之乾德均绾合于"诚"：

　　故至诚无息。不息则久，久则徵，徵则悠远，悠远则博

---

①　《中庸》，《四书章句集注》本，前揭，页39。
②　《周易正义》，前揭，页274。
③　此盖初说也，详见本论下篇，第二章之第一、二节。

厚,博厚则高明。博厚,所以载物也;高明,所以覆物也;悠久,所以成物也。博厚配地,高明配天,悠久无疆。①

这是《中庸》的关键段落。其与《周易》有所异同,极堪玩味。《易·坤》之《象》云"坤厚载物"、"德合无疆"。② 则《庸》所谓"博厚载物"、"悠久无疆",显出于《易》之坤元。"大明终始"③之"高明"则属乾元。周家之《易》,繫乾于首。故曰乾"首出庶物",④"天尊地卑,乾坤定矣"。⑤《庸》此章却极重坤元之德。先"无疆"之"悠久"、"载物"之"博厚",而后才是"高明覆物之天"。看似颠倒了《周易》的乾坤天地之序。

然而,《庸》繫之于首的既非悠久亦非博厚,而是"至诚不息"。《易》之《象》曰"天行健,君子以自强不息",⑥《庸》则引《诗》云:"'维天之命,於穆不已',盖曰天之所以为天也。"⑦不息不已,显属乾元之天德。于是可知《中庸》分辨不息之天与高明之天。不息不已之天就是"至诚"。不息之天以其悠久"成物",高明之天"覆物"。成物于前,覆物于后。如无成物,地载个甚么,天又覆个甚么?所谓"无疆",《易》将之配坤。《庸》则单提之配悠久,直通于不息之天,转入乾元。⑧《易》之"无疆"属坤元,盖

---

① 《中庸》,《四书章句集注》本,前揭,页 39 - 40。
② 《周易正义》,前揭,页 25。
③ 同上,页 7。
④ 同上,页 9。
⑤ 同上,页 257。
⑥ 同上,页 10。
⑦ 《中庸》,《四书章句集注》本,前揭,页 40。
⑧ "可久则贤人之德,可大则贤人之业。"日新之谓盛德,富有之谓大业,可久即日新,属乾元。参见《周易正义》,前揭,页 259 - 260。

指地大无疆,即"直方大"之"大"。①《庸》转之通于"不息"之天,盖指贞下起元、生生不息,则转地极疆域之"大"为古今始终之"久"矣。而《庸》又未失《易》坤元之无疆义。《庸》云地之道"生物不测","不测"即坤元"广生"之意耳。唯《庸》将"无疆"之述脱离坤元,其用转宏。盖《周易》终卦为"未济"。《序卦传》释曰:"物不可穷也,故受之以《未济》。"②"无穷"即"无疆"。则《中庸》之意,盖以乾元不息之天德,贯通《周易》始终,而别名之曰"诚"。《周易》从阳生阴成入手,其表重天道之始终。《中庸》从性中情和入手,其表重人道之内外。《易》、《庸》互为表里而不二,故乾是贯通始终之诚。诚是合同内外之乾。乾有元亨利贞,诚有中和已未。元即未发之中、寂然不动。亨者,感通也,便是发。利者,"义之和"也。贞者,正也。则利贞便是发而中节,能得其正也。诚即张大之乾元。元亨利贞,诸德具备。元亨于四时配春夏,是生长之意。利贞于四时配秋冬,是成藏之意。故张大之乾元具足生成之德,非独不息不已,且能"品物流形"、"六位时成"、"各正性命"。乾因其"利贞"摄坤德,乃可以"成""性"。故李道平解释乾之"利贞"谓"坤来入乾,以成百物"。③

于是可知,虽《周易》之表为"乾坤二元论",其内则隐含"乾一元论"。《中庸》顺而张之为"诚一元论"。此即高明之天与不息之天之所以有别也。诚因张大之乾德,具足生成二义。故周濂溪《通书》全以"乾"元诸德合释"诚":"'大哉乾元,万物资始',诚之源也。'乾道变化,各正性命',诚斯立焉。纯粹至善

---

① 《周易正义》,前揭,页28。
② 同上,页339。
③ 《周易集解纂疏》,前揭,页28。

者也……元亨,诚之通;利贞,诚之复。"①

此间必须反复提醒,诚体不息不已,虽属天德,却能成物,绝非荡无所存之空洞生因,非熊十力等所谓一翕一辟之纯粹流行。②孤阴不生,独阳不长。诚体之能成物,易道所谓成性,统摄一阴一阳之故也。然《易》之系统,成物虽可属坤德,然而据乾元即有正性、利贞之德,成物终当繫于天德——于《庸》此则为"悠久"。要言之,《庸》所谓诚,疏通、调和、重述了《易》之乾坤关系。

岂独如此,《易》之天人关系,《庸》亦为之修润、调整、重述。《周易》虽云人之法天,其实天人仍有未合之处。此非《易》之缺憾,盖其畛域如此,天有"不测之神",人有"天之不违",各有其大,通必有止,未可混一也。据《周易》,乾之"上九,亢龙有悔",③"天德不可为首",④人不可一味法天。故君子不独法天,当并效天地之德,既"自强不息",又"厚德载物"。其三,乾"鼓万物而不与圣人同忧",⑤是天虽以其元善显诸仁,其体则未必可据仁测。其言虽绝不可澜于老氏"天地不仁,以万物为刍狗"语,然《易》之道体,不纯从心体言,斯可明矣。⑥拟诸亚氏哲学,"鼓万物而不与圣人同忧"者,是纯粹之动力因,与人所当止之至善(目的因)迥然不同。天既与圣人有异,则天人之别,未可抹杀也。《庸》则不然,将天人之道,壹合于"诚"。故既曰"诚

---

① 周敦颐著,陈克明点校:《周敦颐集》,北京:中华书局,1990 年,页 13,下同。
② 关于"一翕一辟"之说,参见本书附录一。
③ 《周易正义》,前揭,页 278。
④ 《周易正义》,前揭,页 12。《洪范》亦曰"沉潜刚克、高明柔克"。夫高明者,天之德也。
⑤ 《周易正义》,前揭,页 270。
⑥ 参见拙文《哲学与体用——评陈来教授〈仁学本体论〉》,此文原载于《哲学门》总第三十一辑(2015 年 6 月,北京:北京大学出版社,页 279－294)。即本书附录一。

者,天之道也。"。又曰:"诚者,不勉而中,不思而得,从容中道,圣人也。"①既以"於穆不已"为"天之所以为天",又以"文王纯亦不已"为"文王之所以为文也"。② 从究竟义上,毋宁说,文王之为圣人,非法天也,而是与天共现至诚无息之乾德。

至诚无息,在天则高明覆物,在地则博厚载物,在人则尽人物之性、成己物之有。不诚无物,是贯天地人而言者。圣人率性谓之道,因性而自诚明,故可致中和。而后天地位而万物育。正《繫辞》所谓"神而明之,存乎其人"、③"天地设位,圣人成能"。④未至于圣,贤人也,则修道谓之教,因教而自明诚,极高明而道中庸。先有天地之常位,万物之化育。所谓明者,"法象莫大乎天地……悬象著明莫大乎日月"⑤"日月之道,贞明者也"。⑥ "观天之神道,而四时不忒。圣人以神道设教,而天下服矣。"⑦"日月丽乎天……重明以丽乎正,乃化成天下。"⑧又,"文明以止,人文也。……观乎'人文',以化成天下"。⑨ 孔颖达《尚书正义》引郑玄疏曰"照临四方谓之明,经纬天地谓之文。"⑩《易》之卦象,先临而后观,上临而下观。⑪ 则日月大明在上,观日月之道,

---

① 《中庸》,《四书章句集注》本,前揭,页36。
② 同上书,页40-41。
③ 《周易正义》,前揭,页293,孔颖达正义谓此为圣人。
④ 同上书,页320。
⑤ 同上书,页289。
⑥ 同上书,页296。
⑦ 同上书,页97。
⑧ 同上书,页134。
⑨ 同上书,页105。
⑩ 孔安国撰,孔颖达疏,廖明春、陈明整理《尚书正义》(舜典)(十三经注疏标点本),北京:北京大学出版社,1999年,页26,下同。
⑪ "唯天下至圣,为能聪明睿知,足以有临也。"《中庸》,《四书章句集注》本,前揭,页44。

而后知四时不忒、天运不已之诚,遂以之设教。此即所谓《庸》所谓"自明诚谓之教也"。《繫辞》云"知崇礼卑,崇效天,卑法地。天地设位,而易行乎其中矣。"[1]《说文》训效为教。[2] 天尊地卑。居卑者方可效天,居崇者方可法地。此即所谓"上下察也"。必下学而后上达,上达制礼而后下达也。有崇知之观,而后有卑礼之临也。故效天者,即观日月之道,而后知天之神道,而后法此天、修此道而成教也。观日月知即明,知天之不已即诚,制礼化成即教。故观日月、法天行即自明诚。此即"修道之谓教",亦即"自明诚谓之教"也。诚者,圣人也。即乾之九五,"飞龙在天,利见大人",自出自现,自诚而明,神而明之,自然体天,非法天者。贤人,诚之者。诚之即法天也。《繫辞》所谓"默而成之,不言而信",即贤人也。[3]《易》所谓"成之"者,即《庸》所谓"诚之"也;所谓"信"者,据《说文》训即"诚"也。《庸》以诚、诚之分述天人关系如上。要之,诚者,圣人,率性体天。诚之者,贤人,修道法天。遂统合天人,无复《易》之悬隔。

　　通上所述,《中庸》之所以统乾坤、一天人、贯始终、合内外者,四维张开,壹绾于诚。

第三节　道体初说:诚之虚壹

　　如上所云,诚、易相通之道,固卓然不可掩,而其偏重自有不

---

① 《周易正义》,前揭,页274。

② 许慎撰,徐铉等校定:《说文解字》,北京:中华书局,1985年,页99,下同。

③ 据《周易正义》,王注孔疏,皆以"神而明之"为圣人,"默而成之"为贤人。盖即自诚明与自明诚之异也。

同。孔颖达《周易正义》卷首八论引郑玄云："易一名而含三义:易简,一也;变易,二也;不易,三也。"①又引崔觐、刘贞简,以为"不易者,言天地定位,不可相易。变易者,谓生生之道,变而相续",而"易简"之义,则是"无为之道"。②又乾元四德,元亨利贞,据孔疏可配仁义利信,"贞则信也"。按《说文》信,诚也。③《中庸》主诚,似仅乾德之一,未备易之诸义。故据《周易》,易道可摄诚体。然据《中庸》,诚体并非一曲之德,易之诸义,诚无不备。上节已详说之。此间唯引《中庸》第二十六章语:④"天地之道,可一言而尽也:其为物不贰,则其生物不测。"朱子注曰:"可一言而尽,不过曰'诚'而已。"⑤此"一言"其实已尽易之三义。一言而尽,易简也;为物不贰,不易也;生物不测,变易也。如以"无为"配"易简",则同出此章有"不见而章,不动而变,无为而成"。"不见"、"不动"、"无为"皆通"易简",变则通"变易",成则通"不易"。而《庸》之所重,与《易》有所出入。上引两处,已含两层体用,其一,既云"无为而成",又云"为物不贰"。无为乃为物之本。其二,"为物不贰"又为"生物不测"之本。"易"之三义,在郑玄原只并列,且变易先于不易。孔颖达以为"盖易之三义,唯在于有。然有从无出,理则包无"。⑥以"无"解"形而上者谓之道",虽已破字义,⑦然原孔之意,无非以为

---

① 《周易正义》,前揭,页5。郑语实出自《易纬》。

② "无为"非《易》语,是《庸》语。此解已援《庸》入《易》。

③ "诚,信也","信,诚也",见《说文解字注》,前揭,第92页。

④ 朱子尝云,《中庸》各章唯此章"最为繁杂",盖后儒辨析极细,歧说甚多。见《四书或问》,上海:上海古籍出版社,2001年,页95,下同。至船山时,诸说之繁杂,恐又非朱子所能想见者。王夫之,《读四书大全说》,前揭,页168-170。

⑤ 《四书章句集注》本,前揭,页40。

⑥ 《周易正义》,前揭,页5。

⑦ 王弼贵无,亦未见以"无"注"形而上者谓之道"。参见《周易正义》,前揭,页6,页292。

《易》当明体用，不可徒胪列其诸义而已。而以"无为"、"不见"、"不动"为本，在《庸》则亦明言矣；而更说"至诚不息"，为物不贰之诚体，是生生不息之本。此较"易之三义"，已下转语矣。易、诚不二，俱为道体之名。本节略为接引，依《中庸》第二十六章，粗说"不见"、"无为"、"不动"等；次论"为物不贰"等。详说《中庸》大义，见下篇之第三章。

　　"不见"，"幽深"也，朱子已发之。"不动"，静也，寂也；"无为"，无也，虚也。是亦有虚静之义，先儒多未发。"不贰"则有"一"、"壹"之理，先儒诸说纷纭。本节始引虚、壹，终当合其义于道体。

　　诚之所以有诸多精义，仍不出"永恒运动"之理，不出动静、生成之外，此与易道略同。无论《易》、《庸》，均主永恒运动。《周易》曰："生生之谓易"，《正义》疏曰："生生，不绝之辞。阴阳变转……是万物恒生……变化改易。"《中庸》亦云"至诚无息"、"於穆不已"。若此非永恒运动而何？然则永恒运动之理究竟何在？亚里士多德以为出自心-神。心-神是自身不动的使动者，通过思想自身使得宇宙永恒变化。分享此思者即哲人。《易》、《庸》之学，于变化之道更转微妙，与亚氏之学颇有可通之处。甚至于动静之际，亦有心、神之说。"复"卦之《彖》云"复，其见天地之心乎。"《正义》疏曰："天地养万物，以静为心，不为而物自为，不生而物自生，此天地之心也。"《繫辞》云："知变化之道者，其知神之所为乎？……易无思也，无为也，寂然不动，感而遂通天下之故，非天下之至神，其孰能与于此？……唯神也，故不疾而速，不行而至。"①《中庸》之"诚"亦然："故至诚无

———————————————————

① 《周易正义》，前揭，页283－285。

息……如此者,不见而章,不动而变,无为而成。"①故与诚同体之圣人"诚者,不勉而中,不思而得,从容中道,圣人也。"②周濂溪合《易》、《庸》之说云"诚无为……寂然不动者,诚也。感而遂通者,神也。动而未形,有无之间者,幾也。"③

总《易》、《庸》之意,可知儒家义理学宗主变化之道在静、在不动、无为、不思、不勉。可名之曰易与诚,亦可名之曰心与神。似乎其于动变机理的探索,与亚氏哲学大略相似者,不止一端。

首先,两者均可谓以静为动本。亚氏之不被推动的推动者并非运动者的静止,并非与运动相对待的静止——这个意义上的静止都是以运动为前提,包含运动之潜能的。④ 而亚氏之第一推动者是没有广延、没有体量的本体。儒家义理学那里作为变化之道的静亦然。周濂溪之分疏甚为精赅:"动而无静,静而无动,物也。动而无动,静而无静,神也……物则不通,神妙万物。"⑤其《太极图说》以阴阳配动静,谓"一动一静,互为其根",⑥这就是有所对待的物之静。而又云,"圣人……主静。立人极焉"。这就是作为阴阳动静之本的道体之静。刘宗周解释此两处"静"之不同说:

　　或曰:周子既以太极之动静生阴阳,而至于圣人立极处,偏著一静字,何也? 曰:阴阳动静,无处无之。如理气分

---

① 《中庸》,《四书章句集注》本,前揭,页39-40。
② 同上,页36。
③ 《周敦颐集》,前揭,页16-17。
④ 参见亚里士多德,《物理学》202a5。
⑤ 《周敦颐集》,前揭,页27。
⑥ 同上,页4。

看,则理属静,气属于动……故曰,循理为静,非动静对待之静。①

此解最为谛当。亚里士多德之不动的推动者,合动力因、目的因、形式因三者为一体,故亦可说为"理属静"。上引《中庸》论至诚说"不见而章,不动而变,无为而成"。三者可分别对应于形式因、动力因与目的因,②毋宁说是非形式的形式因、无动力的动力因、无目的的目的因,而又同属一诚体也。

其次,亚里士多德所云作为永恒运动究竟原因之第一本体,可名曰心或神。亚氏云,哲人分享大心之思,乃人之最高幸福。故所谓神,对哲人而言即是心。唯诗人为立教(nomos)之故,立此心为神也。《易》则言圣人"神而明之"、"天行健,君子以自强不息"、"以神道设教"。《庸》言圣人"诚者"、"纯之不已者"、"自诚明谓之性者"、"率性之谓道者"。两造圣人皆与天同,似哲人之通于神思、诗人之因神立教。而贤人则"自明诚谓之教"、"修道之谓教"、"诚之者,择善而固执之者也"。拟之亚氏传统,是被教化者、学习与实践者,能择善之"有逻各斯的潜能"。③

---

①　吴光主编:《刘宗周全集》第二册,杭州:浙江古籍出版社,2007 年,下同。

②　不见而章者。有质之物的出现是"见"(现),理则是章。章者,彰显也。君子之道费而隐,故致广大而尽精微。费即广大,隐即精微。广大即天地乾坤(大生广生),故致广大即中和而天地位万物育。精微即无声无息之天理,故戒慎恐惧以尽之。孟子所谓尽心尽性者也。《庸》末章云"故君子之道,闇然而日章……温而理……知微之显,可与入德矣。"道理是隐微而日章者,道问学是索隐其理者,以此尊德性。谓其"形式",盖有彰显、显明之义;谓其"动因",盖有变之义;唯其"目的因",盖有"成"之义。唯不见、不动、无为,则三因合一,同于亚氏。亚氏之说目的也多方,其究竟义,即不动而使动,无为而成也。唯"不见"而章,则此"目的",闇然而日章,隐而后现,非隐德莱希也。此已破亚氏潜能、实现之对峙。

③　《形而上学》第九卷第二章。

　　然而，会通中西，所贵者求异而非求同。盖同属显表，异入微妙。微妙处正是每一传统精义存处、卓然不可转代处。唯从微别小异处入手，方能知儒家变化道理之精妙。然无其大略相同处，此等精妙处亦无门可入，无由得显。故贯通中西哲学者，非汗漫混同，而必会通其大相似处，而后勘异入微也。

　　故此处讨论儒家道体学与亚里士多德哲学之差别，其意不在比较，而在彰显道体论之微妙卓异处。种种方便，本为正说。本节论虚静与不贰，要皆诚休之道蕴也，是为道体初说。

一、诚之虚

　　诚体之学与亚氏哲学之微妙分别有二，曰使动之由，曰动变之本。使动之由，亚氏哲学以为是"思"。而思之于心，究竟是动否，则亚氏未及深论。[①] 在儒家及道家的义理学、工夫论传统中，动静问题则有极丰富的探讨与体证。在此传统中，述为天、易、诚等的性体，并非以"思"使动，而是简、易、无思无为，以感动之。此即《易》所谓"寂然不动，感而遂通天下之故"，《乾凿度》所谓"虚无感动"，《庸》所谓"不动而变、无为而成"。率性体诚之圣也是"不勉而中，不思而得，从容中道"。

　　然此传统又不排斥思。只是思有正位。《洪范》有言"思曰睿……睿作圣。"《尚书正义》曰"睿，通也"。孔安国注"睿，必通于微。"是《易》以"感"通者，而《洪范》以"思"通。其致动似一。然据孔注，《洪范》之通，乃通于"微"。而《繫辞》之通，乃

---

　　①　思非运动，不在时间中，或唯在"现在"中。不是运动，然而是（实现）活动。

"通天下之故",即天下万事。

《中庸》语"微",不一而足。如"夫微之显,诚之不可掩如此夫"。① 又,"君子之道费而隐",②朱子注曰"费,用之广也。隐,体之微也。"是《中庸》以"微"则表诚体。由君子之道费而隐,方有"君子……致广大而尽精微"③、"广大配天地"。乾元大生,坤元广生。④ 则"致广大"犹"致中和,天地位焉,万物育焉"。然则,《繫辞》所通之天下之务,乃"致广大"事,而《洪范》所通之微,方是"尽精微"之事。即推扩乾坤二象而后明诚体也。"思曰睿"者,以思通诚体而已。此又可证之于《孟子》。孟子昌言"心之官则思",⑤又云"诚者,天之道也。思诚者,人之道也"。⑥ 故思诚者,即《中庸》所谓"诚之"、《洪范》所谓"思曰睿"也。朱子本《中庸》之义注云,思诚者,要以明善为本。⑦ 则思诚者,即所谓"自明诚"而已。"诚则明矣,明则诚矣"。天地不隔、圣贤可通,本是周流无碍的。故通于诚则作圣矣。即所谓曲能有诚。通于微,则证诚体而登圣位。故曰"睿作圣"。详玩《洪范》之语,必知"思曰睿"者尚未作圣,通于微乃为圣。作圣乃可不思而得、不勉而中、感而遂通矣。《大禹谟》所谓"道心惟微,惟精惟一",⑧亦即"尽精微"、"思诚"之意也。诚本通于一,

---

① 《中庸》,《四书章句集注》本,前揭,页29。
② 同上,页26。
③ 同上,页41。
④ 俱参见《繫辞上传》。
⑤ 《孟子》,《四书章句集注》本,页395。
⑥ 同上,页332。
⑦ 同上。
⑧ 《古文尚书》之"伪",不能证其言其理之伪也。盖其言于典册有本,其理于朱子有征也。

下详。

《尚书》之"微",于《中庸》当"诚",于《繫辞》当"幾"。《皋陶谟》云"一日二日万幾",孔安国注云"幾,微"也。《繫辞》云"幾者,动之微也",《周易正义》云"离无入有,在有无之际"。故《洪范》之"通于微",犹《繫辞》之"研幾",《中庸》之显微、明诚、明善,《孟子》之"思诚"。诚、幾、微,三者通一。故思曰睿乃通入诚体。而不思而得,乃感通天下。贤人面对诚体,此即思所欲通。圣人以同诚体,乃同天,化成天下,此即感通。《中庸》言"不诚无物",故《繫辞》云"唯幾也,可成天下之务"。诚者,圣人也。故思诚者是贤人,通微作圣后,乃至诚成己成物,唯幾成天下之务。故易、诚、天、圣人是感通天下者,而诚之者、贤人,是思通于诚、天、圣人者。即所谓"择善而固执之",而择善意即"明乎善"。① 这也是"自明诚谓之教"的"明"所蕴之意。同人诚体,天以感动之,圣以感化之。

由以上分疏,大略可得:在亚氏哲学,哲人与心神同思。在儒家义理学,圣人与诚体同感。寂感,无思无为,是性体、圣人事。思、思诚、诚之是心体、贤人事。是心体通于圣人。所谓明则诚矣。诚明是性体心体之间事。诚明是由性之体用。其体用皆诚。从体上说,为诚;从用上说,为诚之、诚身、诚意、思诚、反身而诚。而心之体用皆为明,故大学之道在明明德,在止于至善。善即明德,明明德即明善是也。前明是用,是工夫。后明是体,是本体。即本体即工夫,体用不二,明德之明即明"明德"之明也。

---

① 《中庸》,《四书章句集注》本,页36。

于是可知,在儒家义理学中,思不免为心之所动。思之境界仅属贤人。感而得正、①发而中节,心体寂然不动,一同性体,才是圣人与天同体境界。动静之转在于幾。寂然不动,无善无恶,幾则含善恶,意之所出。诚意即研幾也。故之于儒家,"动变之本"是为寂、感、幾。思是已动,而非动本。从儒家看亚氏哲学,其所谓不动者,仍是心动,是用边事,不免有尚未见体之憾。儒家义理学所谓动变之本,不可以实体或本体思之。较之亚氏本体,乃超越动静对待之真静者。唯因天极性体之静,人极心体方有主静之学、主静工夫。心性论与工夫论不致割裂。

亚氏哲学中,推动宇宙者是大心之思、纯粹现实之第一本体、第一推动者。三者殊途同归,可谓同出而异名。此第一推动者居宇宙之周边,有方所,无体量。② 亚氏哲学中,动本为实体、为心思、为神。而儒家义理学中"神无方而易无体",既无体量,亦并无方所可觅。盖天是高明清虚者,虽君子可察之,③而诚体、道心、易则是隐、微、幾,只即天行而在,非落在天上实处也。

寂静者虽为动变之本,却是实体否?亚氏哲学那里,偶性对待流转,实体无对唯静,是为主词、基底、偶性之基础。变化只是偶性之转,而实体作为变化前提则保持为一。④ 这是变化(be-

---

① 参见《周易正义》,前揭,页139－141。

② 参见亚里士多德,《物理学》,267b25。

③ 诗云:"鸢飞戾天,鱼跃于渊。"言其上下察也。朱子曰:"鸢,余专反。《诗·大雅·旱麓》之篇。鸢,鸱类。戾,至也。察,著也。子思引此诗以明化育流行,上下昭著,莫非此理之用,所谓费也。然其所以然者,则非见闻所及,所谓隐也"。故程子曰:"此一节,子思吃紧为人处,活泼泼地,读者其致思焉。"参见《中庸》,《四书章句集注》本,页26。

④ 参见亚里士多德,《范畴篇》第五章,尤其4a23－4b18。

coming)与存有(Being)大分别之范畴基础,意即主-谓逻辑基础。儒家义理学亦以动变之本为静,或以流行之主宰称之。如此看来,儒家义理学之动变之本或者即是亚里士多德意义上的实体?以此顺下,则体用、本体之类,都是表存有的概念,儒家义理学也是以存有问题为核心了吗?

此问关涉极大,当极慎重。牟宗三将熊十力的即用即体之学转为即活动即存有,已不无此意。即便如牟以活动摄存有,以破彼所谓朱子"静态"之理,其活动性之概念实亦出亚氏,为本体-存有多义之一而已。体用论与存有学之关系,对应于道体与存有之关系,是中西学分际根本所在。道体与本体、存有之衡,略见于下文,此间直据中学传统而论体用。

理学传统倾向于将"寂感"释之以"体用"。虽体用概念在中国思想史上有早于理学的更深渊源,且或与佛道二家共享此概念,以至于清代理学家不得不着手清理,但此对概念在理学传统中毕竟无法废除,只能阐释与转化。① 故关键在于,从动静关系出发,对体用做何理解。大抵程朱一派,以理为静,为体。以气为动,以杂于气之形象为用。如此,以理先于气,则是动静、体用断为两橛。② 然而,从《易》、《庸》一系言,此解释大有可议之处。《易》、《庸》之云寂然不动、无思无为者,只是按理学传统指之为体,转释为理。揆诸二典原文,未必可通。《繫辞》云易"寂然不动,感而遂通"者,《乾凿

---

① 参见本书附录一《哲学与体用》之有关论述。
② 刘蕺山云:"离器而道不可见,故道器可以上下言,不可以先后言。有物先天地,异端千差万错,从此句来"。见黄宗羲撰,沈芝盈点校:《明儒学案》(蕺山学案),北京:中华书局,2008 年,页 1522,下同。

度》转语为"虚无感动",即易三名之简易义。此语虽大有道家气味,①然实从《繫辞》"神无方而易无体"、"易……寂然不动,感而遂通"二语来。王、韩辈以虚无为体,当是参透《繫辞》此语。且"虚无"、"虚静"、"无为"等语,周秦之儒实已不避,下详。理学亦然。周子《通书》云"无欲,则静虚动直"。②《繫辞》明明说乾"其静也专,其动也直"。濂溪改为"静虚动直",岂非"虚无感动"之余蕴?③ 儒道之别,不在体之一端,而在体用之间。儒佛亦然。④

要之,儒家义理学中动变之本,非存有之"实体",而是"虚无"、"寂然"、"静虚"之体。此体涵摄心性、生起大用,非以"思"为第一要义,亦非仅可从"思"逆推、逆证此体。此儒家与希腊形而上学之大分别所在。以儒家视之,亚氏哲学于大心,实未能体证其虚静之体,而只是以范畴论、原因论推证、揣测其为"思"之主词、玄思能所、动之目的而已。

亚氏哲学第一本体之静,是不涉变化存有之静。理学转以实理为静,亦颇偏入哲学。盖虚寂是未发之静,实理是已发之止。此中缴绕纠结,唯明儒中回溯周濂溪者可解。

此体既云虚寂,何以有於穆不已、生生不息? 天运不息,岂容虚寂? 此种质问,如熊牟一系,将道体悟为一翕一辟之乾元性海,悟为"於穆不已"之即活动即存有。牟氏无相应工夫论,熊

---

① 《列子》中重出。此语较详之释,参见本书下篇第二章。

② 《周敦颐集》,前揭,页31。

③ 专者,壹也。荀子有言:"虚壹而静"(《解蔽》),周子改"静专"为"静虚",通荀子语。

④ 参见欧阳竟无:《欧阳竟无集》,《孔佛》,北京:中国社会科学出版社,1996年,页166,下同。

则于工夫论上昌言"推扩"，以配心性论之翕辟。① 如道体如此，濂溪为何主静？明道为何保任？念庵为何收摄？心性论可推工夫论。工夫论亦可逆推心性论。熊牟之解，皆由误认乾元性体，误认天行体用，是唯流行而无主宰之学，正念庵所谓"承领本体太易"，②其实与浙中王门暗通款曲。

　　熊牟之学，缘于从根本处不满宋儒言心性体用。此良有以也。周濂溪《通书》以乾元合诚以述道体，而其《太极图说》乃以动说乾，以静说坤。复以为人极则当主静。是天道为动，而人道主静，天人动静断为两橛。虽后学曲为辩护，以为人极之静，非动静对待之静。然《太极图说》以乾坤为两仪，动静对待，乾元非似太极之为道体，而《通书》则以乾元单配诚为道体，此又是乾元断为两橛。如欲居间调和，一途无非废人道主静之学，一途则重显乾元之静。前者以所谓纯之不已，推扩开去，配乾元道体之於穆不已。以心体回向性体。此即熊牟一系之心性-工夫论。然此与阳明后学至刘蕺山重主宰、归寂静之明儒宗旨不合，是以熊十力坚拒蕺山学，可谓首尾一贯。③ 而牟宗三背其师说，欲将蕺山学牵入自己体系，终究凿枘难合。④ 然则，欲弥缝濂溪学之矛盾，当从蕺山一脉，上溯先秦，从头考虑天行及乾元之动静问题。

---

① 参见熊十力，《答牟宗三问格物致知书》，参见《熊十力全集》第八卷，前揭，页 288－300。

② 黄宗羲，《明儒学案》，前揭，页 387。

③ 熊十力之判刘宗周，参见熊复牟宗三、唐君毅二书，尤见后者。参见《熊十力全集》第八卷，前揭，页 524，又见 526－554。

④ 参见牟宗三著：《从陆象山到刘蕺山》，《牟宗三先生全集》第八册，台北：联经出版事业有限公司，2003 年，页 365－438，下同。

细玩《易》、《庸》,当知其虽主乾之不息、天之不已,其实皆壹以静穆为体。动变之静,决非外于乾天者。两者言易、诚时,皆以无思无为,寂然不动为体,上已多引。然单从乾元天行,亦可显此静穆之体,此则不易明了。

熊十力昌言之翕辟,本《易》以之说坤元者。熊氏或难以周释,《易》言易体乾坤,何以仍言其静:

> 夫易,广矣大矣。以言乎远则不御;以言乎迩则静而正;以言乎天地之间,则备矣。夫乾,其静也专,其动也直。是以大生焉。夫坤,其静也翕,其动也辟,是以广生焉。①

则易之广大,因其在乾坤皆有动静。不可说乾元只是不息不殆。唯不息不殆可通于"不御"。而远近大小若一。其静也专者,主一也。则乾坤之备,必有其静,乃正其性。无此静,乾元无由大生。静专动直与寂然不动、感而遂通实同。如此,则周子之《太极图说》主静立极,与《通书》之以乾元通释诚体,始可调和。而《乐记》用天命谓之性之意,将乾元之静,下赋予人极:

> 人生而静,天之性也。感于物而动,性之欲也。……好恶无节于内,知诱于外,不能反躬,天理灭矣。夫物之感人无穷,而人之好恶无节,则是物至而人化物也。人化物也者,灭天理而穷人欲者也。②

---

① 《周易正义》,前揭,页272－273。
② 孙希旦撰,沈啸寰、王星贤点校:《礼记集解》(乐记),北京:中华书局,1989年,页984,下同。

　　《太极图说》所谓"无欲故静"，盖取《乐记》之意。而《通书》所谓"无欲，静虚动直"，是将此人极之道，复上溯至乾元天道。使天人于动静之机，互成互通而已。

　　《乐记》论礼乐，极似《繫辞》，[①]要亦《易》之余绪。《庸》于《易》之乾，配天，转为诚而论之。全篇主干论诚体，首尾则皆从天言。第二十六章引《诗》云："维天之命，於穆不已"。故文王纯亦不已。历来此章注疏皆以单说天行之不息不殆，多重在"不已"，而于"於穆"二字，并木深究。《毛诗》于《清庙》训"於穆"为"於，叹词也。穆，美"。朱子《中庸章句》及《诗集传》均注"穆"为"深远"。马瑞辰《毛诗传笺通释》引《广韵》曰"穆，清也。"又引贾逵《左传注》："肃然清静，谓之清庙。"遂定之曰："於穆，即状清庙之貌"。是"於穆"具清静之意。[②]《周颂》中，《清庙》后即《中庸》所引《维天之命》，注家多不另出"於穆"之注，盖同于《清庙》也。《经籍纂诂》亦列"静"、"默"于"穆"之诸意之下。[③] 又按此书训"静"为"无声"。[④] 则"於穆"之"穆"，兼具"美"、"深远"、"静默"诸义。然诸书大率以"美"为首义。

---

　　① 《乐记》云："天尊地卑，君臣定矣。卑高已陈，贵贱位矣。动静有常，小大殊矣。方以类聚，物以群分，则性命不同矣。在天成象，在地成形，如此，则礼者，天地之别也。地气上齐，天气下降，阴阳相摩，天地相荡，鼓之以雷霆，奋之以风雨，动之以四时，暖之以日月，而百化兴焉。如此，则乐者，天地之和也。"见《礼记正义》，北京：北京大学出版社，1999 年，页 1094－1096，下同。《繫辞上》云："天尊地卑，乾坤定矣。卑高以陈，贵贱位矣。动静有常，刚柔断矣。方以类聚，物以群分，吉凶生矣。在天成象，在地成形，变化见矣……鼓之以雷霆，润之以风雨。日月运行，一寒一暑，乾道成男，坤道成女。"参见《周易正义》，前揭，页 257－259。

　　② 马瑞辰撰，陈金生点校：《毛诗传笺通释》，北京：中华书局，1989 年，页1041，下同。

　　③ 阮元主编：《经籍纂诂》下册，上海：上海古籍出版社，1989 年，页 867，下同。

　　④ 同上，页 579。

误，当以"静默"、"清静"为本义，"美"为引义。朱子不从《毛诗》，径注为"深远"，盖有所见而未澈也。庄生云，"天地有大美而不言"，①正是本末兼顾之语。《毛诗》训"穆"为"美"，盖只言天地之"大美"，而未及其"不言"也。庄生语具引则为"天地有大美而不言，四时有明法而不议，万物有成理而不说"，②此尤可参《论语》"天何言哉，四时行焉，百物生焉，天何言哉?"③

　　孔庄所重，皆在天之无言，两语若合符节。天行不言，四时不忒而万物生成不已。此正"於穆不已"所蕴之意。单说"不已"，则静默深远之理未备。"不已"通"无为"，"於穆"表"无为"。《中庸》末章引《大雅·文王》诗曰"上天之载，无声无臭"，即提撕此静默之理矣。④

　　此意确与道家相通，不易撇清。《朱子语类》有两则问难。一曰：

　　　　公晦问："中庸末章说及本体微妙处，与老子所谓'玄之又玄'，庄子所谓'冥冥默默'之意同。不知老庄是否?"先生不答。良久，曰："此自分明，可且自看。某从前趂口答将去，诸公便更不思量。"临归，又请教。曰："开阔中又着细密，宽缓中又着谨严，这是人自去做。夜来所说'无声

---

　　①　郭象注，成玄英疏，曹础基、黄兰发点校：《南华真经注疏》(知北游)，北京：中华书局，1998年，页422，下同。
　　②　同上。
　　③　《论语·阳货》，《四书章句集注》本，前揭，页212。
　　④　详参本书下篇第三章。

无臭',亦不离这箇。自'不显维德'引至这上,岂特老庄说得恁地? 佛家也说得相似,只是他箇虚大……"①

另有:

> 公晦问:"'无声无臭',与老子所谓'玄之又玄',庄子所谓'冥冥默默'之意如何分别?"先生不答。良久,曰:"此自分明,可子细看。"广云:"此须看得那不显底与明着底一般,方可。"曰:"此须是自见得。"……曰:"也只说得到这里,由人自看。且如孔子说:'天何言哉? 四时行焉,百物生焉。'如今只看'天何言哉'一句耶? 唯复是看'四时行焉,百物生焉'两句耶?"又曰:"'天有四时,春夏秋冬;风雨霜露,无非教也。地载神气,神气风霆,风霆流形,庶物露生,无非教也。'圣人说得如是实。"②

两条相似,合勘可见,朱子亦未截然撇清,唯批评道家等只是个虚大。然而庄生既语"四时有明法而不议,万物有成理而不说",则必含"四时行焉,百物生焉"之意焉。弟子所问"冥冥默默",盖出《在宥》广成子答黄帝问:"至道之精,窈窈冥冥;至道之极,昏昏默默。……无视无听,抱神以静,形将自正。"下文不远处又有:"天地有官,阴阳有藏。但当任之。慎守汝身,物

---

① 《朱子语类》,前揭,页1601。
② 同上。

将自壮。"成玄英疏曰："阴阳二气,春夏秋冬,各有司存,如藏府也……汝但无为,慎守汝身,一切万物,自然昌盛。"①郭象更云："身不夭,乃能及物也。"②故所谓"冥冥默默",无非正形守身、"乃能及物"。朱子所谓四时百物,于冥冥默默之中"自然昌盛",岂只有一个"虚大"?故道家是以虚寂而及万物也,要之无非所谓"无为而成"之理。③ 此本《中庸》第二十六章语,宋明大儒似讳言之。以朱子传习之博赡、船山申论之警策,皆未及此。④ 此正难以撇清之据也。

宋明大儒之所以讳言,盖难以驱除"无为"之义。而此义之所以难以驱除,盖"无为"原为"不已"内蕴之义。

《礼记·中庸》二十六章有:

> 至诚无息……博厚,所以载物也;高明,所以覆物也;悠久,所以成物也。博厚配地,高明配天,悠久无疆。如此者,不见而章,不动而变,无为而成。

---

① 《南华真经注疏》(在宥第十一),前揭,页220、221。
② 同上,页221。
③ 参前文成玄英疏。
④ 朱子《中庸章句》于此匆匆带过。《语类》、《或问》等均不涉"无为而成"。船山批注《四书大全》,于援佛老入儒者极敏感,而《四书大全》有关注释极近道家,甚至有将"不见而章、不动而变、无为而成"皆归入"无为"的:"东阳许氏曰:不见不动,只是言圣人无为"。参见胡广撰修《四书大全》第一册,济南:山东友谊书社,1989年,页493、494,下同。船山于前章无甚紧要处批许东阳,此时竟不应一字,殊不可解。参见王夫之著,王孝鱼点校:《读四书大全说》上册,北京:中华书局,1975年,页167、168,下同。船山《礼记章句》则简注"无为":"谓其所成者不见其为也",是非真无为,而是不显、莫测。参见王夫之撰,船山全书编辑委员会编校:《船山全书》第四卷,长沙:岳麓书社,2011年,页1298,下同。

此语以高明之天为诚体大用之一,虽云诚体"无息",而未言天之"不已"。同章终处则引《周颂》"维天之命,於穆不已",云"盖曰天之所以为天也。"而文王"纯亦不已。"朱子注曰:纯,纯一不杂也。朱子概括本章"言天道",①则此章天道,在于不已,而不独在高明。天道之不已,又在诚一、纯一。②

约此章之论,大旨有三。其一为诚体既为不已不息之天道,则兼有乾德,实贯《易》、《庸》,已见上文。其二为天道之不已,乃在于"一",下节详述。其三为不已有无为、虚静之意。此虽为朱子、船山所隐,先儒则反是。《礼记·哀公问》有:

> 公曰:"敢问君子何贵乎天道也?"孔子对曰:"贵其不已。如日月东西相从而不已也,是天道也。不闭其久,是天道也。无为而物成,是天道也。已成而明,是天道也。"③

此与《中庸》第二十六章相似而略,④更明白道出"无为而成"即"不已"内蕴之旨。故《正义》疏云:"言春生夏长,无见天之作为,而万物得成,是天道。谓人君当则天道,以德潜化,无所营为而天下治理……"⑤

《荀子·解蔽》亦云"故仁者之行道也,无为也;圣人之行道

---

① 《四书章句集注》,前揭,页40、41。
② 朱子注曰:"言天地之道,诚一不贰。"(《中庸》第二十六章,《四书章句集注》本,前揭,页40)
③ 《礼记正义》,前揭,页1380。
④ 不闭其久,合悠久无疆义。不闭即无疆。
⑤ 《礼记正义》,前揭,页1380。

也，无疆也"，① 又云："昔者舜之治天下也，不以事诏而万物成"。② 亦无非"无为而物成"之意。此篇屡言"虚壹而静"之旨。如"心何以知？曰：虚壹而静"，③ 盖即《修身篇》所谓"治气养心之术"。④《不苟篇》则云："君子养心莫善于诚，致诚则无它事矣"⑤、"天地为大矣，不诚则不能化万物；圣人为知矣，不诚则不能化万民。"⑥ 是诚体通虚静，无为贯天人，与《礼记》诸篇《中庸》、《哀公问》实无二致。与《庄子》、《管子》略有出入，居敬、居简之别而已。⑦

　　周秦之典如此，宋儒亦不无发明虚静之义者。《通书》云，"无欲，则静虚动直。虚则明，明则通。动直则公，公则溥"此贯通《易》、《庸》语。是以"静虚"转《繫辞》之"静专"，"虚通"贯《繫辞》之"寂感"，而以《繫辞》之"动直"贯《中庸》之"溥博"。《中庸》第三十一章，"溥博渊泉，而时出之"，朱子注曰："溥博，周遍而广阔也。渊泉，静深而有本也"。《中庸》正以"渊泉"对《繫辞》之"静专"（"静虚"），而为动直、溥

---

　　① 王先谦撰，沈啸寰、王星贤点校：《荀子集解》（解蔽篇），北京：中华书局，1988 年，页404，下同。

　　② 《荀子集解》，前揭，页400。亦参《荀子》（大略篇）："主道知人，臣道知事……故舜之治天下，不以事诏而万物成"。《荀子集解》，前揭，页504。是所谓"无为"，主道也，不任事，唯知人而已。张舜徽以为《荀子》虚静、无为、精一等皆君人南面之术，参氏著，《周秦道论发微》，前揭，页24、40、41。此于荀子虽为的论，而亦不妨天道之虚静无为。且周秦道术，虽有南面之用，其体则非治术所能穷尽。

　　③ 《荀子集解》，前揭，页395、397。

　　④ 《荀子集解》，前揭，页25－27。

　　⑤ 同上书，第46页。

　　⑥ 同上书，第48页。

　　⑦ 《论语·雍也》，程子解"敬"，心中无物，非"虚静"而何？参见《四书章句集注》本，前揭，页97。盖居敬行简与居简行简。一以简为体，一以简为用。敬，诚也。敬，若有物焉，而实无一物，居简则心中执简也。

博之本。动直者,乾元之动也,非天行而何?溥博者,周遍广阔也,非天象而何?则静深之为天行之本,明矣。静深一本,则朱子注"穆"为"深远",其意自现,乃谓天行不已,唯其"静深有本"而已。静深、无言、无思、无为、寂然不动,均状此动变之静本。天无思、无为、无言,是其体寂然。唯其无思、无为、无言,方不已、不息、不殆。生生不息,而其本寂然不动。此正《庸》所谓"其为物不贰,则其生物不测"。有此一"则"字,体用、本末判然。故儒家义埋学,于道体亦颇窥其虚寂。《庸》有"无为"、"虚静"之义,《易》有"寂然"、"简易"之义。荀子所谓"虚壹而静"的是状诚体之妙语。故此处既论其虚静,复论其"壹"。

二、诚之壹

《中庸》所谓诚体,有虚义,有壹义。[①] 于《庸》,虚义隐,而壹义显。虚义虽隐,于诸子则显豁。壹义虽显,于诸儒则歧乱。

《荀子》曰"壹",曰"不贰",[②]《中庸》则仅曰"不贰":"天地之道,可一言而尽也。其为物不贰,则其生物不测"。朱子解之为"诚一不贰"。"不贰,所以诚也。诚故不息,而生物之多,有莫知其所以然者。"[③]诚一是万物生生不息之本,亦是天"於穆不已"之本,亦是文王"纯之不已"之本。朱子注曰:"纯,纯一不杂也。"[④]在朱子,天道、圣人之道,诚与诚之,无非是一。后儒宗朱

---

① 虚壹非两,而是一体二端,表法入路有别,下详。

② 参见《荀子集解》,前揭,页395-399。

③ 《四书章句集注》本,前揭,页40。

④ 同上书,页41。

子,径将"不贰"、"诚"、"一"等量齐观:"新安陈氏曰:不贰者,一也。一即诚也。"①

王船山驳之曰:

> 无息也,不贰也,不已也,其义一也。《章句》云"诚故不息",明以"不息"代"不贰"……陈氏不察,乃混不贰与诚为一,而以一与不贰为对,则甚矣其惑也!②

斥"一"而主"壹",排虚而重实,是船山中庸学之卓异殊胜处。此间先论其"一"、"壹"。下文复论其"虚"、"实":

> 一二者数也,壹贰者非数也。壹,专壹也。贰,间贰也。游氏得一之说,不特意犯异端,而字义亦失。老氏云:"天得一以清,地得一以宁。"其所谓一者,生二生三之一,即道失而后有德、德失而后有仁义之旨。"玄之又玄"、"冲而不盈"者曰一。有德,则与道为二矣。有仁义,则终二而不一矣。得一者,无二之谓。必无仁无义,而后其一不失也……是岂非邪说之宗耶? 若《中庸》之言"不贰"也……固无所不诚,而岂但二哉? 二亦不贰,三亦不贰,即千万无算而亦不贰也。③

---

① 《中庸章句大全》,《四书大全》第一册,前揭,页494。
② 王夫之,《读四书大全说》第一册,前揭,页169。
③ 同上书,页168。于游酢"得一"之说,朱子虽有微词,而未尝切责之,只说:"亦假借之类也,字虽密而意则疏矣。"见《四书或问》,前揭,页95。是船山"字义亦失"之评,较朱子尤严。

　　船山批释极精，虽不无可议之处，然揭橥"壹"理，于道体、诚体之学贡献则巨。此地先略议船山批释之瑕疵，而后用其精义，广说道体"一""壹"之理。

　　船山之释，于朱子有误解（"以不息代不贰"）。或是回护，亦未可知。朱子之注，断不以为"无息也，不贰也，不已也，其义一也。"①《中庸章句》云："不贰，所以诚也。诚故不息……"②《或问》云："盖天道圣人之所以不息，皆实理之自然。"③且驳吕氏"不已其命，不已其德"之说：

　　　　若如吕氏之说，则是因无息然后至于诚，由不已然后纯
　　于天道也。失其旨矣……至谓天之所以为天，文王之所以
　　为文，皆原于不已，则亦犹吕氏之失也。大抵圣贤之言，内
　　外精粗，各有攸当，而无非极致。④

　　此间朱子所主，"不贰"乃"之所以不息"，而非与不息、不已等量齐观。朱子已经将一与诚合论（"诚一不贰"）。而此间朱子之所驳，即径直以天道为不已、不息，而非"之所以不息"，是混淆"内外"本末，恰是船山之所主。⑤ 此是宗气与宗理之别，气宗以气为道、为形而上者，故无所谓"之所以不息

───────────

　　① 游、杨分辨"无息、不息"，朱子、船山皆不以为然。见《四书或问》，前揭，页95。
　　② 《四书章句集注》本，前揭，页40。
　　③ 《四书或问》，前揭，页95。
　　④ 《四书或问》，前揭，页96。
　　⑤ 船山于《礼记章句》中辞气有缓，以为至诚与不息（不贰）"……无截然先后之别，可互以体用功效言之。"《船山全书》第四卷，前揭，页1298。

者"。而朱子之所谓诚一，实理而已，理一而已。朱子与船山
与此有异，明矣。此天理之一与不已之一之别耳，各有所会，
朱子未必是，船山未必非。然船山引朱子证己则非矣。此即
船山释之瑕疵。

船山驳后儒混同壹与一，其义甚精。而此混同实自程朱始，
后儒非始作俑者。而区分壹一，船山亦非始作俑者，盖始于荀
子。以为宗"一"者袭取老子，盖船山为游酢解所误。先秦诸子
多将道、一混同，岂独老子？儒家亦有一与太一之说，而道家释
道以一，亦为气宗之本，儒门气宗亦不外在于此。要之，"壹"、
"一"虽不无分别，一之通义，仍可涵摄"壹"义；而道虽与一通，
实则有越于一。此间先辨"壹"、"一"，复析"道"、"一"。限于
篇幅，略征诸典而已。

"壹"、"一"其字多同义异文，可彼此代换。如《中庸》第二
十六章言天地之道，朱子《四书章句》本作"一言而尽"，[①]《礼记
正义》惠栋校宋本、石经本等作"壹言而尽"，南宋石经、宋监本
等多本作"一言而尽"。[②] 字义虽通，然仍有可辨析者。荦荦大
者，见诸《荀子·解蔽》，此篇与《中庸》颇可相参，[③]故于上引船
山之论，实为先声，而复有船山未尽之意。《解蔽》论心之所以
知道，在"虚壹而静"。荀卿论"壹"谓：

---

① 《四书章句集注》本，前揭，页40。
② 参见《礼记正义》下册，前揭，页1451校注。
③ 蒙文通以为《荀子》引《易》多，甚是。参见蒙文通：《古学甄微》，《蒙文通文
集》第一册，成都：巴蜀书社，1987年，页73－77，下同。然而《庸》与《荀子》可对勘
处，其实不逊于《易》。

心生而有知，知而有异。异也者，同时兼知之。同时兼知之，两也，然而有所谓一，不以夫一害此一谓之壹。①

王先谦解云"知虽有两，不以彼一害此一"，②荀卿之意，知必有了别。了别之基源，即彼此之别。彼此各各为一，即所谓"两"，而心既为了别，故"同时"知两，此为"兼"。在此"同时兼知"中，此一彼一，俱起而不相夺（不相"害"），故为"壹"。谓之"壹"也者，正为表此亦是"一"，而须与彼此之"一"区别，谓之"壹"。所谓"壹"，正是康德所谓综合的统一性，且康德亦明白将之与"同时"相联系。③ 统一性（Einheit）与量范畴之单一性（Einheit）实同词也，康德为将此统一性与量范畴之一相区别，有时不惜将 eine 大写为 Eine 以强调之。④ 故荀子之"壹"，实相当于"一"之"大写"。"一"为单一，彼此对待为两，复之为多。"壹"则为其中含"两"、含多之大一耳。此的是船山所云，"一二者数也，壹贰者非数也。壹，专壹也。贰，间贰也"。⑤ 盖《中庸》未明言"壹"，只说其为"不贰"。而《解蔽》既表其为"壹"，亦遮其为"不贰"。⑥ 荀子只说两中有壹，而船山拓之为"二亦不贰，三亦不贰，即千万无算而亦不贰也"。船山说极是，然千万无算

---

① 《荀子集解》，前揭，页396。
② 同上。
③ "因为每个表象作为包含在一瞬间的东西，永远不能是别的东西，只能是绝对的统一性。"见康德，《纯粹理性批判》，A99。又参见拙文，《论海德格尔对康德时间学说的现象学阐释》，载于王庆节、张任之编，《海德格尔·翻译、解释与理解》，北京：生活·读书·新知三联书店，2017 年，页 116-169，下同。即本书附录二。
④ 参见康德，同上书，B143
⑤ 王夫之，《读四书大全说》，第一册，前揭，页 168。
⑥ 《荀子集解》（解蔽篇），前揭，页 398。

之"多",无非"两"(彼此之别)之反复其道。故船山之"不贰",未能出荀子之"壹"也。

船山、荀卿论"壹"固可通,其申之所以为"壹"则似有异。船山尤无意于"不贰"之上别立一诚体。彼以不贰、无息、不已与诚义皆同。① 即用即体,至诚即无息,无非一就表里说,一就始终说。"至诚者,以其表里皆实言也。无息者,以其初终不间言也。表里皆实者,抑以初终无间,故曰'至诚无息',而不曰至诚则不息。"②是船山释"壹"以实。

荀子则以虚静与"壹"并举。虚静云云,颇有似于《管子》之《心术》、《白心》诸篇,然亦未可遽然混之,判荀子近道法家,未臻大醇也。《解蔽》云:"人生而有知,知而有志。志也者,臧也。然而有所谓虚,不以所已臧害所将受谓之虚。"③盖臧即心之所志,"虚"非空无一念,而是不为既有之志所主,方能朝向其"所将受"。又,"心,卧则梦,偷则自行,使之则谋。故心未尝不动也,然而有所谓静,不以梦剧乱知谓之静。"故"静"非心之不动,而是不放逸散乱,此正专壹之谓也。此《荀子》之所谓"虚"、"静"也。至于《管子》之"虚"、"静",《心术上》云,"心……嗜欲充益……虚其欲,神将入舍。扫除不洁,神乃留处。人皆欲智,而莫索其所以智乎? ……夫正人无求之也,故能虚无。虚无无形谓之道"④、"虚者,万物之始也";⑤"上离其道,下失其

---

① "无息也,不贰也,不已也,其义一也。",王夫之,《读四书大全说》,上册,前揭,页169。

② 同上书,页170。

③ 《荀子集解》(解蔽篇),前揭,页395。

④ 黎翔凤撰,梁运华整理:《管子校注》(心术上),北京:中华书局,2004年,页759,下同。

⑤ 《管子校注》,前揭,页776。

事……毋先物动,以观其则。动则失位,静乃自得"。① 又:"毋
先物动者,摇者不定,躁者不静,言动之不可以观也……人主立
于阴,阴者静,故曰动则失位。阴则能制阳矣,静则能制动矣,故
曰静乃自得。"按,《管子》所谓虚也,所虚者欲也、求也,其中之
大者,智也;而复推至无形、万物之始。《管子》所谓"静"也,与
"定"相通,谓不先物动、不代物动,而以观物则。

故《荀》、《管》之所谓"虚"、"静",字形虽一,理义则异,意
趣亦异。然理义虽异,实亦可通。

所谓理义异者,盖《管子》虚一切意向,《荀子》则虚已有之
意向;②《管子》虚欲,《荀子》虚志;《管子》不求智,《荀子》求知
求道;③《管子》之虚,无形而大始也,《荀子》之虚,无过往而有
待乎将来也。《管子》之静为制动,毋先物动,不代物动,而不失
正位,以观通则,人君之术业也。《荀子》之静,非不动也,唯专
壹而能致知,非谓心处君位而御物,人臣之道也。以上皆字同而
义异处,二者之大异,在《荀子》唯胪列并说虚、壹、静三者,而
《管子》则贯通虚、静,兼摄诚、一。《心术上》云:

> 天之道虚,地之道静。虚则不屈,静则不变,不变则无
> 过,故曰不伐。……洁其宫,阙其门。宫者,谓心也。心也
> 者,智之舍也……门者,谓耳目也……无为之道,因也。④

---

① 《管子校注》,前揭,页776。
② 《解蔽》之心知说,有"所已臧"、"所将受"之别。故其有能所之分,更有时
间性,实者已成,虚者未来也。
③ "未得道而求道者,谓之虚壹而静",《荀子集解》,前揭,页396。
④ 《管子校注》,前揭,页770－771。

　　而繇此虚静无为之道，则能"执一"，故《心术下》云："专于意，一于心……执一之君子。执一而不失，能君万物……圣人裁物，不为物使。"①而《七法》一篇，又有"实也、诚也、厚也、施也、度也、恕也，谓之心术"。② 黎翔凤以为，"不知虚静其体，而实诚厚施度恕其用，未有不虚静而能实诚厚施度恕者也"。③ 黎说是，唯复可增益。盖《心术下》所谓"一"，贯通体用之言。其体虚静，故曰无为，不落万物；其用诚实，故曰专一，能有万物。《管子》不辨一、"壹"。"一"与"专"并举，是兼有"壹"义。故《荀子》唯言"虚静而壹"，《管子》则能贯通虚静诚壹。《管》、《荀》言虚静虽有异，可合入体用。《荀》说人臣之虚静，《管》说人君之虚静也。人君得体，人臣得用，而《中庸》所表彰之文王、虞舜，乃至周孔，实兼君臣言者，故合其虚静诚壹。④《庸》云天於穆不已，文王纯亦不已。《管子》言天"虚则不屈"，黎翔凤注"虚则不屈"，"屈，竭也"。⑤ 上文已考，於穆有虚寂义。故"虚则不屈"与"於穆不已"若合符节。

　　故荀子之虚壹而静，皆是并列，未别体用。语虽近《管子》，义实近船山。然语义近船山，未必理义不近《管子》。《管子》首重虚静，次云专壹，船山昌言专壹，不言虚静，而《荀子》兼言之。

---

　　① 《管子校注》，前揭，页780。

　　② 同上，页106。

　　③ 同上，页758。

　　④ 《庄子·天道》云，"夫虚静恬淡，寂寞无为者，万物之本也。明此以南向，尧之为君也。明此以北面，舜之为臣也。以此处上，帝王天子之德也；以此处下，玄圣素王之道也。"《庄子集解》，前揭，页114。又"下必有为为天下用，此不易之道也。"《庄子集解》，前揭，页115。

　　⑤ 《管子校注》，前揭，页770。此言出于《老子》第五章："虚而不屈"《老子道德经注》第五章，《王弼集校释》，前揭，页14。

《管子》虚静实诚之间，有体用①之别。船山固排之。而据荀子之说，则可兼通《管子》、船山。故一壹字义，虽有分别，考其理义，未必隔绝。一之通义，可涵"壹"义。即在船山，亦不必拒。

《礼运》云：

> 是故夫礼必本于大一，分而为天地，转而为阴阳，变而为四时，列而为鬼神。其降曰命，其官于天也。②

船山注曰：

> "大"，至也。至一者，理无不函、富有万殊而极乎纯者也。语其实则谓之诚，无所感而固存、四应而不倚，则谓之中；其存于人而为万善之所自生，则谓之仁；其行焉皆得而不相悖害，则谓之顺。天之德，人之性而礼之缊也。③

此间，船山以为"大一"同仁、中、诚、顺等相通。而《礼运》下文又有"仁者，义之本也，顺之体也，得之者强"。④ 船山注曰："盖仁者大一之蕴，天地阴阳之和，人情大顺之则，而为礼之所自运，此一篇之枢要也。"⑤故船山固然以为"大一"与仁、中、诚

---

① 《管子》之体用，不同于老、庄之本末。体用唯不二，本末有抑扬。盖老庄亦以虚静为体，而轻仁义礼法，此尤非《管》《荀》之意也。参见王叔岷：《先秦道法思想讲稿》，北京：中华书局，2007 年，页 163－166，下同。

② 《礼记正义》，前揭，页 706－707。

③ 《礼记章句》，《船山全书》第四卷，前揭，页 569。

④ 《礼记正义》，前揭，页 709。

⑤ 《礼记章句》，《船山全书》第四卷，前揭，页 573。

等相通,然就礼而言,要在定之于仁。故《礼运》全篇,枢要在
"大一",而"大一"当释之以仁。

　　船山此解,可与他注相参。虽小有出入,然亦无不可通。
"礼必本之于大一"云云,孔颖达《正义》疏曰:"大一者,谓天地
未分,混沌之元气也。极大曰大,未分曰一。"①陈澔《礼记集
说》、朱彬《礼记训纂》皆采此说。② 唯孙希旦《礼记集解》稍有
微妙。其曰:

　　　大者,极至之名;一者,不贰之意。大一者,上天之载,
　　纯一不贰,而为理之至极也……其降曰命者,言天理之流行
　　而赋予物者,则谓之命,所谓"天命之谓性也"……其官于
　　天者,言此所降之命,莫非天之所主,所谓"道之大原出于
　　天"也。③

　　孙注"大一","大"从孔疏,"一"则不以"未分",乃以"不
贰"解。故此章孙概以《中庸》之意通之。船山所重之"仁者义
之本"章,孙注以为"本以全体言",又引吴澄曰:"由全体之中,
发而为中节之和。全体之中,仁也。"④是仍以《中庸》贯之。

　　对勘以上"大一"之注,"大"义多同;"一"则有三解,其一
曰"未分"(孔颖达、陈澔、朱彬);其二曰大全而纯(船山);其三

----

① 《礼记正义》,前揭,页707。
② 参见陈澔撰,《礼记集说》,铜版《四书五经》,上海:世界书局,民国二十五
年,页128,下同;朱彬撰,《礼记训纂》,北京:中华书局,1996年,页352,下同。
③ 《礼记集解》,前揭,页616。
④ 《礼记集解》,前揭,页619。

曰"不贰"(孙希旦)。三解语有别,义可通。盖分则有对,贰则有间,皆不全不纯矣。一分则为二,故贰即有分。船山以无间、不息、不已等解"不贰",是以为天理流行、纯之不已、"连续不断"为"壹"。而孔颖达则以天地、两仪混沌未分为"一"。孔之"一"为未分之气,船山之"壹"为不已之理。理一分殊,气则流行。故未分即是理,不已即是气。在孔固无涉理,在王则必涉气。船山学之精义,正在"一"通理气。流行息止,凝乃成质。故已则气分矣。未分从内外大全说,不贰从始终流行说,要皆诚之义也。[①] 在船山,大全何尝不流行,流行何尝非大全。故孔之经学注与船山之理学注,实无二致。

船山《礼运》注虽主之以"仁",[②]然亦与"诚"实异名同指。其于《中庸》解诚以"壹",于《礼运》解仁以"大一之蕴",而仁、诚其实不异,则大一与壹虽有分别,在船山亦不必坚执,明矣。而孙希旦更径以《庸》之不贰解"一"。故《礼运》之一、《中庸》之壹,实可以通。船山于《中庸》分辨一、壹,本因分辨道、儒。故云:

> 一二者数也,壹贰者非数也……游氏得一之说,不特意犯异端,而字义亦失。老氏云"天得一以清,地得一以宁。"

---

① 故《庸》之于诚,既云"诚者物之始终",又云"合外内之道也"。见《中庸·第二十五章》,朱熹撰,《四书章句集注》,前揭,页39。

② 船山《礼记章句》全书其实皆主解礼以仁。《礼记章句序》开宗明义即有:"……缘仁制礼,则仁体也,礼用也;仁以行礼,则礼体也,仁用也。体用之错行而仁义之互藏,其宅固矣。人之所以异于禽兽,仁而已矣;中国之所以异于夷狄,仁而已矣;君子之所以异于小人,仁而已矣。而禽狄之微明,小人之夜气,仁未尝不存焉;唯其无礼也,故虽有存焉者而不能显,虽有显焉者而无所藏。故子曰:'复礼为仁'。"王夫之,《船山全书》第四卷,前揭,页9。

其所谓一者,生二生三之一。①

而其所主之壹,则与二、三乃至千万无对。"而岂但二哉?二亦不贰,三亦不贰,即千万无算而亦不贰也。"②而船山自注《老子衍》,于"天得一以清,地得一以宁"章则谓:"'一'含万,入万而不与万为对。"③此亦无非船山"壹"之义。则老氏之"一",亦可据此释与"壹"通。

综上所论,"一"之专义,与"壹"有别,荀子、船山辨之甚确。而"一"之通义,可兼摄"壹"。

---

① 王夫之,《读四书大全说》,第一册,前揭,页168。
② 同上。
③ 王夫之著,王孝鱼点校:《老子衍·庄子通》,北京:中华书局,1988年,页24,下同。

第二章　道而一

第一节　道与一(上):道气辨①

一壹既辨,复析道、一。一壹既然可通,则诚体虚静外,复有"一"义。不已、不息、不贰,即诚体之为一也。道、一之辨,要在据一摄诚于道体之中。上文已示,《管子》已有所谓虚静为体、实诚为用之意。唯偶出注疏,未涉道一,虽堪做例,不可持论。然道一之际,窅然难言,唯略示论域之涯涘而已。

道、一之涉,近人已有所论及。顾颉刚《三皇考》考释太一,分辨道家之一或太一、楚辞及汉唐官方神话之泰皇(泰一)及后世道教之太一。②据顾氏,后二为"神话"。道家之一,顾氏以为与"道"义同。顾考史虽勤,论道则疏,仅对堪《老子》

<hr/>

① 本节主要内容,曾以《道、一、气学——以刘咸炘之庄学为中心》之名发表于《古典学研究》第一辑,上海:华东师范大学出版社,2018 年,下同。
② 参见童书业序,此序概括了《三皇考》主要内容。顾颉刚:《古史论文集》第三册,北京:中华书局,1996 年,页 4—6,下同。

与《韩非子》，即将"道"、"一"等量齐观。① 至于道、一何以异名同谓，则付阙如。张舜微《周秦道论发微》广考周秦道术诸家，下及西汉，以为"'一'即'道'之别名。"，非唯周秦学者主术者同宗道德，"西汉诸儒皆深识'道德'之要。"②其义丰旨远，较顾氏为精。唯好从《管子》、《韩非子》、《淮南》诸书解道儒诸家，遂将此"一"定于"君道"，道术定于"君人南面之术"。③ 以为老庄乃至仲尼之学，皆不外此。④ 此解极有见地，然略有偏。《老子》第三十九章云："昔之得一者：天得一以清，地得一以宁，神得一以灵，谷得一以盈，万物得一以生，侯王得一以为天下贞。"⑤盖张所说，唯见侯王所得之一，未及天地万物之一也。又，《庄子·天下篇》云："圣有所生，王有所成，皆原于一。"⑥则张所说之"一"，原之唯见"王有所成"，未见"圣有所生"。亦唯解尧舜以下事，不能解天人、神人之迹也。张将西汉儒书与周秦道书同观，甚是，唯儒书中之"一"及"道"所涉未全，亦是其短处。然其论毕竟贡献良多，就张说恰可询问，"道""一"是否可等？道何解，是否唯超然百官庶务之上之侯王之"一"？

混同道一之说，由来有自，非始自近人也。然时有异说，亦非无据。汉以降，《淮南子》主"道始自一"，⑦严君平、王辅嗣则

① 参见同上书，页55－56。
② 参见张舜徽，《周秦道论发微》，前揭，页34－40。
③ 参见同上，页36、37。
④ 参见同上，页37。
⑤ 《老子道德经注》第三十九章，见《王弼集校释》上册，前揭，页106。
⑥ 《庄子集解》，前揭，页287。
⑦ 原文为"道曰规，始于一。"据王念孙改定为"道始于一"，见刘文典撰：《淮南鸿烈集解》，北京：中华书局，1989年，页112，下同。

以无训道。① 推其缘故,皆可追溯至先秦道籍。《庄》、《老》之中,以"一"代"道"者可谓夥矣,《庄》较《老》犹密。张舜徽所举义例,虽较顾颉刚为广,亦只挂一漏万。《老子》之中,除前引"得一"之三十九章外,张亦引第二十二章,"是以圣人抱一,为天下式。"②而《老子》第四十二章有"道生一,一生二,二生三,三生万物"之说。③ 第四十章又有"天下万物生于有,有生于无"。④ 此严君平、王辅嗣分别道、一之所出也。第四十二章之道与一非同名甚明。此非不可辩。其辩虽必曲折,亦非全然无故,⑤然无视此章,以为略引诸子文献,即能表明道一之同名毫无疑义,则误甚。此章即王辅嗣以无训道之本源。⑥ 故曰道、一有别,于《老子》亦不可谓全然无据。

至于《庄子》,诸篇及"一"者尤繁。混同道一之文,在《庄子》及其历代注疏中皆有所本,但分别道一,于《庄子》中更有其据。盖《庄》于道与一,皆有申论,且不一而足。如执此拒彼,则陷一曲。

《庄子》诸篇之中,一指代道之文,举其荦荦大者有《天下》:"天下之治方术者多矣,皆以其有为不可加矣! 古之所谓道术者,果恶乎在? 曰:'无乎不在。'曰:'神何由降? 明何由出?''圣有所生,王有所成,皆原于一。'"⑦此"一",诸本皆注为

---

① 参见严尊:《老子指归》,北京:中华书局,1994 年,页 17,下同。又见王弼所注《老子道德经注》第四十二章,参见《王弼集校释》,前揭,页 117,下同。

② 《老子道德经注》第二十二章,见《王弼集校释》,前揭,页 56。

③ 同上书,页 117。

④ 同上书,页 110。

⑤ 参见刘咸炘,《内书·气道》,见刘咸炘:《推十书》甲辑(贰),上海:上海科学技术文献出版社,2009 年,页 725-730,下同。

⑥ 参见《老子道德经注》第二十二章,见《王弼集校释》,前揭,页 117。王弼此注,玄悟妙解,然本于《齐物论》,参见《庄子集解》,前揭,页 20。

⑦ 《庄子集解》,前揭,页 287。

"道"、"道之本体"或"道之根"。① 又"关尹、老聃闻其风而悦之，建之以常无有，主之以太一，以濡弱谦下为表，以空虚不毁万物为实。"②李学勤尝据出土文献考证，老子言"一"，不言"太一"，故主之以太一者实为关尹之学，老子唯主一而已。而太一之学，有气论、水论等走向，后世则以气论为主。③ 此论在此不必细究，唯《天下》之述，不别关、老，则庄子学派固以为老子之"一"，与"太一"无甚区别。盖《庄子》诸篇之中，称引一处固多，而外杂篇亦有称太一或大一处。④ 或太一乃庄子后学所益欤？此本无关宏旨。要之，《庄子》诸篇，于老、关"博大真人"之学，与庄子本人之学，皆不辨"一"与"太一"。故太一与一，其名在《庄》实可混同，而道与一则未必。本论所关切者，不在太一与一名称之别，而在道与一意旨之别。道一之间，可就名理、言默辨之，可就气论述之。后者清通，前者精微。本节且就气论略探道一之间。以下数节通论庄学，兼摄名理。宋儒排庄，而伊川尚以为："庄生形容道体之语，尽有好处。"⑤故本章及下章因道、一之间，综论《庄子》，以探其道体之学。

　　持《庄子》之道、一等同说者，一概释之为气。此于《庄子》

----

　　① 参见王叔岷撰：《庄子校诠》，北京：中华书局，2007 年，页1295，下同。复参方勇撰：《庄子纂要》第陆册，北京：学苑出版社，2012 年，页824－828，下同。

　　② 《庄子集解》，前揭，页294。

　　③ 参见李学勤：《荆门郭店楚简所见关尹遗说》，收于《郭店楚简研究》（《中国哲学》第二十辑），沈阳：辽宁教育出版社，1999 年，页160－164。又参裘锡圭，《说"建之以常无有"》，《复旦学报》，2009 年第 1 期，页1－3，页11。李说以为太一生水说为关尹一派所解老氏"道生一"，道为太一，水为太一所生之一。裘解"常无有"为"亘先"，似亦主太一为气论。

　　④ 如"徐无鬼"、"列御寇"等，见《庄子集解》，前揭，页223、281。

　　⑤ 《二程集》，前揭，页64。

中固有所本,亦为《管子》、《淮南子》等之所发挥者。《知北游》云:"人之生,气之聚也;聚则为生,散则为死……故万物一也……臭腐复化为神奇,神奇复化为臭腐。故曰:通天下一气耳。"①《人间世》有:"一若志,无听之于耳,而听之以心;无听之以心,而听之于气,听止于耳,心止于符。气也者,虚而待物者也。唯道集虚。虚者,心斋也。"②近人刘咸炘(宥斋)判《庄子》诸篇甚精。据其科判,前所引《知北游》文,为"形容道体";《人间世》文,为"指示道术"。③ 两者同归于气。刘氏可谓吾国气论传统之殿军,④其学宏肆精密,其识高远明澈,其论精察有力,近世罕匹。其论通达精微处,几侔于船山、蕺山。刘氏于老庄之学,不别道一,统归于气,谓之道体。其崇一也极是,发千古之覆。⑤ 发明太一之说,亦本篇之所以立。唯不别道一、解一唯气,则非至论。此处且就刘氏之论,考道一之别,兼衡气本得失。

宥斋道体论大旨云:"盖道家言形上唯主一气,即此一气亦无亦有,无乎不在,是谓道体。"⑥又云,"道体有二义,一曰超物,二曰周物。故非有非无……无内无外"⑦、"道体浑一无外,故谓之独"⑧、"夫道也者,周万物而超万物者也。周物则一物不足以

---

① 《庄子集解》,前揭,页186。

② 《庄子集解》,前揭,页35。

③ 刘咸炘,《子疏定本》,参见黄曙辉编校:《刘咸炘学术论集(子学编)》,桂林:广西师范大学出版社,2007年,页55-56,下同。

④ 今人有极重视气学,以之疏通船山学者,颇采刘氏之说。当世能知宥斋之学者罕矣,而治船山学者宗之,盖刘学集气学一脉之大成也。参见王夫之撰,严寿澂导读:《船山思问录导读》,上海:上海古籍出版社,2000年,页12-22,下同。

⑤ 《内书·理要》,《推十书》,前揭,页653、654。

⑥ 同上书,页56。刘咸炘,《子疏定本》,前揭,页56。

⑦ 同上书,页55。

⑧ 《庄子释滞》,同上书,页256。

尽道,故超万物。庄子曰:物物而不物于物,此超物之义也。又曰:道无不在,此周物之义也。"①而"一气不过一切现象之总体,非别有一物",②气论即中国唯一的本体论,不问现象之后之主宰与原因,"其视现象惟曰即是如此、本来如此而已,此即所谓自然……"③

　　混同道、一,于道经中非全然无碍,如前所引,《老子》第四十二章云"道生一,一生二……",第四十章"天下万物生于有,有生于无……"其分别道、一,示道于无,不可掩也。故道家流亚,乃至老庄注者,分别道一,以道为虚、为无者,不乏其人。今人持气论者,或据新见简帛,以为此章为后窜入。④ 此论似健,亦不无遁词之嫌。盖不釜底抽薪,即无力解《老子》传世本中之矛盾也。传统气论则不然,船山《老子衍》解"道生一",以"一"为"冲气为和"。"一生二"为"既为和矣,遂以有阴阳。冲气与阴阳为二。"道则为"超于'和'生和者"、"得'一'者无一"、"致'和'者无致"。⑤ 又引赵志坚曰:"天地万物从一气而生,一气从道而生"。⑥ 是虽解一以气,而未拒超一之无,不如其《正蒙》注之坚悍也。刘咸炘则持周圆之气论,混同道一,贯通老庄。宋初气论复兴,旋为二程理学所伏,朱子集其大成,乃有"理先于气",乃至"理生气"之说。明儒气学再兴,于天地间唯主一气。

----

① 见《内书·气道》,见刘咸炘,《推十书》甲辑(贰),前揭,页730。
② 《庄子释滞》,同上书,页228。
③ 同上。
④ 参见李存山:《庄子思想中的道、一、气——比照郭店楚简〈老子〉和〈太一生水〉》,见《中国哲学史》第四辑,2001年,页35－39。
⑤ 王夫之,《老子衍·庄子通》,前揭,页24。
⑥ 同上书,页22。

以为先于气、生其气之说,皆老庄异端。刘学之要,在于道宗明儒,学摄老庄。既驳程朱理先于气之说,又辩老庄有无道一之说,只是一气衍化,其理与儒门气宗毫无二致。宥斋解庄,大本不离郭注,而因参酌宋学,旁及西学,正大畅达处,乃过子玄。①且以《庄子》郭注之精义,回释《老子》而遮辅嗣之义。故其精卓,不让魏晋宋明也。

宥斋之所力辩,在老庄不主"无中生有",其"道生一"非"无中生有"之谓。宥斋亦不否认,《淮南》乃至《庄子》固有"无中生有"之义,且引郭注驳之。② 于《老子》彼则分毫不让,着力回护其"道生一"、"有出于无"诸说。其论大要为,③一,老子实主有无相生之说,其无有待于有,如器之空、毂之无,非果一无所有;二,老子本无虚生气说(此驳张载);三,道纯而不杂为一,聚而未散为朴。朴是素材,"若止概念,何以名为朴"。④ 故道"不止指理而并指气"。如止是一理,"苟止概念,何以能生";⑤三,道为天地万物之总名,非实有一物在天地万物之外。"其所以有此总名也,正以有此总体耳。"⑥老子此意与刘蕺山实同,"曾谓老子而不如明儒耶?";四,道实与太极同,"道生一"之生,如

---

① 参见刘咸炘《庄子释滞》全篇,前揭,尤其参见页229–231。

② "《庄子·庚桑楚》曰:'万物出于无有,有不能以有为必有,必出于无有'。郭注曰:'夫有之未生,以何为生乎? 故必自有耳。岂有之所能有乎? 此所以明有之不能为有而自有耳,非谓无能为有也。若无能为有,何谓无乎?'此辨甚明。无能生有,固非理也。然《老子》此言〔丁按,即"道生一"章〕则不受驳。"刘咸炘,《内书·气道》,前揭,页728。刘氏亦以道气论解《庄子》全书,大要宗郭。然《庄子》此类文句,崇无抑有,不可掩也。故郭、刘之注,实已破经。

③ 参见刘咸炘,《气道》,前揭,尤其页725–730。

④ 同上,页726。

⑤ 同上,页725。

⑥ 同上,页730。

太极生两仪、两仪生四象,而非母之生子。宋儒驳老子道生一之说,而又主太极生两仪,是自相抵牾;五,《老子》中"无"字,实皆为气。"不独老子,凡道家言原始之无,皆谓是气。"①六,道、一不二,

> 道本统名,一则有指……道惟大气,一则一形也……且即以一为一气,而于其上更加一道,亦复有何不可。盖盈天地间虽一气,而气有清有浊,有灵有滞。修养家每于气上更言神,神上更言虚,彼固据所验而言,非故为幻也。②

综宥斋之说而约之,道一不二,实为一气;既为万物之总名,又为化生万物之本原;③化生非"一个生一个",而是一而二,二而四之分化展开,故拒"无中生有"。究其宗旨,实主气论,而又参名理。其化生说固为气论,而其一多、有无、超物周物之说,实是名理。宥斋并而举之,盖以为气论与名理无抵牾也,以名理说气,亦无不可也。故其说之要在三,其一曰道体为一,即为总体、整全,即道体大全说;其二曰道体大全与化生之原可并举相通说,即用名理立气论说。其三曰道即为气,即道气说或气本说。此三说乃中国道体学大宗之所在,刘氏得其精髓焉,允为"气宗"之殿军焉。然虽宏通雄辩,推究至极,实不可立。此间试破

---

① 同上,页728。
② 同上,页728。
③ 《内书·理要》引刘蕺山"天者,万物之总名,非与物为君也。道者,万器之总名,非与器为体也"。见《推十书》,前揭,页663。又参见《气道》篇终。同上书,页730。

之。非仅破宥斋学也，乃以宥斋学破道体学之大宗，即道一大全说、道即为气说也。宥斋之学自有百尺竿头、更进一步之说，然已非气论、道一大全论所能笼罩，且其并无自觉，下详。

　　道体为一说，即宥斋所谓道体超物、周物说。超、周云云，本来甚精，其实超物即无，周物即一。即无即一，正是道体（详参下文）。而宥斋之解则不然："周物则一物不足以尽道，故超万物。庄子曰：物物而不物于物，此超物之义也。又曰：道无不在，此周物之义也。"①则其超物云云，盖指大全超于局部，故亦周物之义也。宥斋此解，不为无病。其一，上文已引，彼用刘蕺山说，道即万物总体，非与物为君。道即万物，何有超万物之说？真超万物者，即非万物。非但非万物之一，亦非万物总和。其二，庄子云，道无不在。此尤非周物大全之义。如道为一、为全。道无不在，即云道在此亦在彼，在瓦釜亦在矢溺。试问，道为全，其全体在此耶？其局部在此耶？如其全体在此，彼此有隔，瓦釜非矢溺，则道必不在彼，盖全体无两也。如其局部在此，因道为全，故在此者非道也。如道为全，则道非无不在，而一无所在也。一无所在者，不在也，无也。盖"所在"即分，即非大全之道也。云"道在某某"，其意即道在非道也。故道如是一，即是无，即非一也。物物者非物，万物犹一物也。故物物者非万物总体，明矣。只此即可明道、一有别，不可遽然同之。

　　其次，为道体大全与化生之原并举说，即用大全之名理立化生之气论。上文之破，纯用名理，似不涉气论。然气本非论，论气必用名理，非但一多、有无、全分是名，"气"、"物"非名耶？

———————————

①　参见《气道》，《推十书》，前揭，页730。

"无名"非名耶？一落言诠，无往而非名也。气论之名理，非但刘氏自用，在《老子》、《庄子》亦不免矣。刘与老庄之别，在并无自觉，以为气论可役使名理如主人，可使可不使，而自身可毫发无损也。气论一脉，皆有此病，而老庄之玄解，正为克此病耳。此处试略为玄辩。道体既为大全，则化生万物之原云云与之不可两立。何也？试问万物在大全之内抑或之外？如在大全之外，则此"大全"有外部，明非真大全也。如万物在大全之内，则"生"之说无从谈起。凡"生"，必由无而有。由有而有，则必非生矣。刘氏思辨甚精，故不含混谓之"生"，而谓之"化生"，即从大全中化现万物，而非如母生子。万物则由无而有，大全则由有而有，刘谓之"恒常"也。[①] 然此仍不可立。试问万物化生之前，大全含此万物否？如含，则万物已有，实无化生。如不含，则此大全有所欠缺，实非大全也。或问：万物化现前，即潜在于大全之中，非现有，非果无。故含潜在万物之大全，无所欠缺也。答之曰：周物之大全不可变，变则必有前后。前后两者必有一非大全。潜在实现前后，混沌分、万物现，由一而多，孰能不变？故大全之道与化生之道，实不可遽然两立。化生之道，气论也。大全之道，名理也。道之名理与道之气论，不可不加辩证、遽然两立。两立则有矛盾。矛盾亦可以立，然需申论。此非刘生之过也，盖老、庄之书，已有此矛盾。此又非《老》、《庄》文义之矛盾也，实道自身之矛盾。因由此矛盾，仅释道为一，唯以一为气者，皆误。

　　道一、理气、有无，实道体内蕴之矛盾也。然此必待名理发之。纯由气论，以为通天下一气，而气又化生万物，则气生物，一

---

　　① 参见《内书·恒常》篇，《推十书》，前揭，页711 以下。

生多,通天下唯一气已不可立矣。故先立气论,然后述之以名理,必有抵牾而不可立。纯由气论,不可通名理。由名理,或可通气论。宥斋之误,在以气论为主,辅之以名理,故彼此相取消。王辅嗣乃纯以名理解"道生一"等,或可立气论,而辅嗣《老子注》未涉,《周易注》或有志焉。郭子玄注《庄》,则纯以名理拒无崇有主气,非如张横渠赤手空拳、凭空断定太虚即气也。后世或因横渠坚拒异端而嘉许之。然异端之理,不因尔坚拒即可摧毁也。

明名埋之不能去,即可以明道气说之不能立。解道为气,于《老》、《庄》文中固有大碍,于儒家之典亦非全然可通,唯儒家不甚论"道"而已。倘凭空立气本,则固非于道经有所据,然必于道体有所见。气不在道外,然云道即是气,则有所偏。此间略示其理。

解道为气、合同道一,于《老》、《庄》文义,不能尽合。《大宗师》云:"夫道,有情有信,无为无形……伏戏氏得之,以袭气母。"成《疏》云:"袭,合也。气母者,元气之母,应道也。"①故道非气,乃气由之所生者。《至乐》云:

　　察其始而本无生,非徒无生也,而本无形;非徒无形,也而本无气。杂乎芒芴之间,变而有气,气变而有形,形变而有生。②

"芒芴",王叔岷《庄子校诠》引前人说,以为即"恍惚"。③

---

① 《南华真经注疏》,前揭,页146。
② 同上书,页359。
③ 王叔岷撰,《庄子校诠》,前揭,页642,下同。

成玄英疏曰:"大道在恍惚之内,造化芒昧之中,和杂清浊,变成阴阳二气。"①而《老子》第二十一章云:"道之为物,惟恍惟惚。……恍兮惚兮,其中有象;恍兮惚兮,其中有物。"②王弼注曰:"恍惚,无形不系之叹。"③河上公注曰:"道唯恍惚无形,其中独有万物法象。道唯恍惚,其中有一,经营生化,因气立质。"④顾欢曰:"欲言定有,而无色无声。言其定无,而有信有精。以其体不可定,故惟恍惟惚。"⑤折中以上各家注疏,芒芴为无形无体、有无之间。《老子》之恍惚未必不可解为气,然河上公虽以一通气,其分别道一则确然,⑥故解一为气者,未以道为气也,其所主非气本也明矣。至于《至乐》经文,其始无生、无形、无气也明矣,恍惚之内、有无之间,方始有气。而宥斋则谓"芒芴即气也,否则何以变而有气耶?"⑦更谓庄子言"未始有无者、未始有夫未始有无者"之类为"空举名理",⑧又以为《老子》一上言道,与修养家言神、虚者同,实皆一气也。是以老庄皆立空头名理,叠床架屋、头上安头矣。且芒芴即恍惚,形容之语,状无形无体、有无之间也,而宥斋则以之为实指之词。故道气论与《老》、《庄》之文不能全合。道家者流,由周秦入两汉,有导气之术,乃

---

①　《南华真经注疏》,前揭,页360。

②　《王弼集校释》,前揭,页52。

③　同上页。

④　王卡点校:《老子道德经河上公章句》,北京:中华书局,1997年,页86,下同。

⑤　蒙文通辑:《晋唐〈老子〉古注四十家辑存》,载《蒙文通文集》第六卷,《道书辑校十种》,成都:巴蜀书社,2001年,页174,下同。

⑥　河上公注"昔之得一者"章曰:"一,无为,道之子也。"见《老子道德经河上公章句》,前揭,页168。

⑦　《气道》篇,见《推十书》,前揭,页728。

⑧　同上。

有主气之说,固也。然《老》、《庄》之气学,仍容余地。虚静无有玄妙之说,不能尽收气学中。魏晋唐注,以玄言名理解之,良有以也。是道非惟立一,亦示无超一也;而一非独有气之蕴,亦有理之蕴焉。说在下。

盖周秦两汉之学,虽崇气而未概以之为一本也。一气为本之说,盖有所激焉。大抵宋儒激于内学,明儒激于王学。宋儒气学为破唯空,明儒气学为破唯心。宋儒破无立虚,以气解虚。明儒则归心于气。虽然,气本之说,于儒门经典中,亦不可无疑。儒典中《孟子》言气之处甚精甚确,有"存夜气"、"养浩然之气"之说。然《孟子》亦已凿然明示,不可以气为尊。《公孙丑上》有:

> 告子曰:"不得于言,勿求于心,不得于心,勿求于气。"不得于心,勿求于气,可;不得于言,勿求于心,不可。夫志,气之帅也;气,体之充也。夫志至焉,气次焉。故曰持其志,无暴其气。

又:"志壹则动气,气壹则动志也。今夫蹶者趋者,是气也,而反动其心。"[1]朱子曰:"心之所之谓之志。"[2]孟子认可"不得于心,勿求于气",更主"志至气次",虽其解异说纷纭,孟子主心志帅气则确然不移也。志乃心之所之,故其心非虚寂无向者。孟子解"浩然之气"云:

---

① 《孟子集注》,《四书章句集注》本,前揭,页269。
② 《论语集注》,《四书章句集注》本,前揭,页63。

其为气也，至大至刚。以直养而无害，则塞于天地之间。其为气也，配义与道；无是，馁也。是集义之所生者，非义袭而取之也。行有不慊于心，则馁矣。①

故以志帅气者，非泛泛谓以心帅气也，惟慊直之心帅气也。持其志即存其心也，②存其心即集其义也。《孟子·告子上》曰："故理义之悦我心，犹刍豢之悦我口。"③故道义即理义也，慊直之心，即得理之心也。孟子之以志帅气，乃得理之心帅气，存于心之理义帅气也。故孟子实主人心天理一体，皆较气为尊，而不可离气也。充体之气与充塞天地之气非二。心、理、气亦为天地言也，非徒为一身言也。何故宋明诸儒，于理、心、气三者聚讼不休耶？重气而不以气为本者，非独孟子为然。《荀子·修身》有云：

治气养心之术：血气刚强，则柔之以调和；知虑渐深，则一之以易良；勇胆猛戾，则辅之以道顺；齐给便利，则节之以动止；狭隘褊小，则廓之以广大；卑湿、重迟、贪利，则抗之以高志；庸众、驽散，则劫之以师友；怠慢、僄弃，则炤之以祸灾；愚款、端悫，则合之以礼乐，通之以思索。凡治气养心之术，莫径由礼，莫要得师，莫神一好。夫是之谓治气养心之术也。志意修则骄富贵，道义重则轻王公，内省而外物轻矣。④

---

① 《孟子集注》，《四书章句集注》本，前揭，页 269－271。
② 《孟子》云："存其心，养其性，所以事天也。"同上书，页 413。
③ 同上书，页 389。
④ 《荀子集解》，前揭，页 25－27。

其论心气之间,高明简要不及孟子,然圆转互济或过之。"血气刚强,则柔之以调和"、"卑湿、重迟、贪利,则抗之以高志。"是养心以治气。"狭隘褊小,则廓之以广大"、"知虑渐深,则一之以易良"则是治气以养心。而如有所偏重,则仍在心。"志意修"、"道义重"、"内省"均为养心。盖孟重理义,荀重礼乐。礼义虽近,[1]理义不在外,存乎一心。礼乐不在内,诉诸一气。其他如《礼记·孔子闲居》等皆有气志之辨,[2]兹不复赘。要之,儒家原典,心志与气固不同,然亦不离。虽不离,混之为一气则非也。故宥斋立气为一本,非独于道经之中,于儒经之中,亦难尽合。

第二节 道与一(中):大一与成物

儒经中自重气,亦自重一,亦非不可解一为气,然周秦西汉儒经,于宋明之气宗不同,非唯主一气也。气者通也,然儒经非一味主通,故亦非一味主一,亦尊二。盖道经素重道、一之际。儒典则重一、二之际。

儒道皆崇一。道家所共,在一之向上一机,通天下一气而优入无为冲漠之境。而道家诸派,所别者恰不在向上,而在"每下愈况",在对万物之态度。盖《天下》一篇,宋钘、尹文子以下皆道家也,所别者先在物,由此方有别于道。[3]

儒之所崇则一而二。举一而不废二,立二而不遗一也。一者,通也,仁也;二者,别也,礼也。儒家各派所共在礼义,在二不

---

① "乐记"篇云:"仁近于乐,义近于礼"。见《礼记正义》,前揭,页1095。

② 参见《礼记正义》,前揭,页1397。

③ 详见下节。

在一,在一向下之机。而儒家各派之别,恰在礼之所以为礼,在礼之本也。故道儒之别,在儒家下学而道家上达。道家诸派之别,在如何向下;儒家诸派之别,恰在如何向上也。先儒、有汉、宋明、乃至今日皆无非如此。此间略阐《礼运》"礼本大一"之蕴,以明其儒家通理。次发《庄子》之微,以贯道儒,总论道、一。下篇乃论理学,以明儒家诸派之别。

《论语·八佾》有:"林放问礼之本。子曰:'大哉问!礼,与其奢也,宁俭;丧,与其易也,宁戚。'"①朱子注为:"则质乃礼之本也。"②《礼运》论礼之本,要在"本于太一"一说。船山解大一为"仁"。质对文言,仁对礼言。两者无违,皆能得夫子之意也。③ 然《礼运》之大一及船山之解,皆不限于人、德,必涉天、道,一如《易繫》所谓"知崇礼卑"云尔。

唯《礼运》述礼之所本,不一而足。仅一处言"必本于大一",它处皆云"礼必本于天"。后者非船山所措意者,需综贯简别也。"本于大一"与"本于天"决不可混同,而天之于大一又有表象、袭取之义。则礼之所本,在一、天之同异,此尤涉"一"之意蕴也。

> 是故夫礼,必本于大一,分而为天地,转而为阴阳,变而为四时,列而为鬼神。其降曰命,其官于天也。④

---

① 《四书章句集注》本,前揭,页72。

② 同上。

③ "(《礼运》)反复推原圣王修德以行礼之本而极之于仁。盖仁者大一之缊,天地阴阳之和,人情大顺之则,而为礼之所自运,此一篇之枢要也。子曰:'人而不仁,如礼何!'明乎此,则三代之英所以治政安君,而后世习其仪者之流于倍逆僭窃,其得失皆缘于此,所谓'道二,仁与不仁而已'也。"《礼记章句》,《船山全书》第四卷,前揭,页573。

④ 《礼记正义》,前揭,页706-707。

孔颖达疏曰：

　　"必本于大一者"，谓天地未分，混沌之元气也。极大曰大，未分曰一……礼理既与大一而齐，故制礼者用至善之大理以为教本，是本于大一也。"分而为天地"者，混沌元气既分，轻清为天在上，重浊为地在下，而制礼者法之，以立尊卑之位也……①

　　"大一"之名，或出惠子，而增益其义焉。《天下》引惠施十事，其第一事有："至大无外，谓之大一。"②《说文》训"一"为"惟初大极，道立於一，造分天地，化成万物"③孔颖达盖综合《天下》、《说文》之说。"极大"之说，即"至大无外"者也。无外者无对，故无双，即韩非子所谓一也。④　至大者实即未分，已分则必有双有对、各自有外也。惠子纯依名理，故大一必不可分。

　　而《说文》之一则分为天地、化生万物。孔之"极大未分"盖从惠子，然解名理之"大一"为元气之"混沌"，以便分天地、生万物，则从《说文》焉。然此疏之意，格于经文，或以为礼之大本唯在未分之一，此解则偏矣。故孔氏再三致意："圣人制礼，皆仰法'大一'以下之事……"。⑤　即非但取法未分之"大一"，且取

---

　　① 《礼记正义》，前揭，页707。
　　② 《庄子集解》，前揭，页296。
　　③ 《说文解字注》，前揭，页1。
　　④ "道无双，故曰一。"王先慎撰，钟哲点校：《韩非子集解》，北京：中华书局，1998年，页46，下同。
　　⑤ 《礼记正义》，前揭，页707。

法"分而为天地,转而为阴阳,变而为四时,列而为鬼神"诸事
也。于礼而言,尊卑重于未分,故《礼运》他处,皆不云礼本于
"大一",而云本于天:

> "夫礼必本于天,动而之地,列而之事,变而从时,协于
> 分艺。"①
> "夫礼。先王以承天之道,以治人之情。故失之者死,
> 得之者生。诗曰:'相鼠有体,人而无礼;人而无礼,胡不遄
> 死。'是故夫礼必本于天,肴于地,列于鬼神,达于丧、祭、
> 射。御,冠、昏、朝、聘。"②

岂止于礼,乃至于"政",莫不如此:

> 是故礼者,君之大柄也,所以别嫌明微,傧鬼神,考制
> 度,别仁义,所以治政安君也……故政者,君之所以藏身也。
> 是故夫政必本于天,肴以降命。命降于社之谓肴地,降于祖
> 庙之谓仁义,降于山川之谓兴作,降于五祀之谓制度,此圣
> 人所以藏身之固也。③

礼在分别,故其本于既分之天也,尤切于未分之一。此在
《乐记》及其注疏者尤明。其经文曰:"乐者为同,礼者为异",④

---

① 《礼记正义》,前揭,页707。
② 同上书,页662。
③ 同上书,页682－683。
④ 同上书,页1085。

而《乐记》主其彬彬，故曰："同则相亲，异则相敬。乐胜则流，礼胜则离。"①后又有："天高地下，万物散殊。而礼制行焉。流而不息，合同而化，而乐兴焉。"郑玄注曰："礼为异也，乐为同也。"②此注虽引前经，然此处经文论礼之本于异，已诉诸天地万物之常理。下文之经更直言焉：

> 天尊地卑，君臣定矣。卑高已陈，贵贱位矣。动静有常，小大殊矣。方以类聚，物以群分，则性命不同矣。在天成象，在地成形。如此，则礼者，天地之别也。③

斯言盖出《易繫》篇首，而稍加变化，以明《乐记》之意。《繫辞上》曰：

> 天尊地卑，乾坤定矣。卑高以陈，贵贱位矣。动静有常，刚柔断矣。方以类聚，物以群分，吉凶生矣。在天成象，在地成形，变化见矣。④

文气虽近，义旨则远。《繫辞》结在变化，《乐记》结在分别。后者之所改益者，皆在"小大之殊"、"性命不同"。《繫辞》此处是由上而下，曰天地万物之总象可明变化之道。《乐记》此处则是由下而上。礼主分别，前文已明，此处之意，在于礼之分别，盖

① 《礼记正义》，前揭，页1085。
② 同上书，页1093。
③ 同上书，页1094—1095。
④ 《周易正义》，前揭，页257—258。

本于天地万物之象也。故孔颖达疏曰："圣人制礼有殊别,是从天地之分别也。"①

由《乐记》回参《礼运》,则可明论礼之所本在既分之"天地",尤重于未分之大一。且此非泛泛之分别,唯其尊卑之别也。然则,何以《礼记》经文又大书"礼本于大一",②而船山等尤重此一,且释之为仁。《乐记》云:"仁近于乐,义近于礼。"③仁通礼别,一通二别。则礼之所本究系在一,抑或在二? 此尤当申论。

礼乃五常之一,礼非独于乐,且于仁可成对。《论语》说之详矣。仁之于礼、义、知皆可成对。礼与知亦有相通处。

《乐记》云:"乐著大始,而礼居成物。"④而《中庸》第二十五章有云:

> 诚者自成也,而道自道也。诚者物之终始,不诚无物。是故君子诚之为贵。诚者非自成己而已也,所以成物也。成己,仁也;成物,知也。性之德也,合外内之道也,故时措之宜也。⑤

---

① 《礼记正义》,前揭,页1095。

② 亦可参荀子,《礼论》,见王先谦撰,《荀子集解》,前揭,页352、355。

③ 《礼记正义》,前揭,页1093。亦可参罗钦顺所谓"性之理,一而已矣。名其德,则有四焉:以其浑然无间也,名之曰仁;以其灿然有条也,名之曰礼;以其截然有止也,名之曰义;以其判然有别也,名之曰智。凡其灿然截然判然者,皆出于浑然之中,此仁之所以包四德,而为性之全体也"。见罗钦顺著,阎韬点校:《困知记》(续卷上),北京:中华书局,2013年,页92-93,下同。"皆出于浑然之中",原文为"皆不出于浑然之中"。据上下文义校定。整庵之说,礼义智皆非浑然,盖有分别也。而必出于浑然。此与《乐记》义合。

④ 《礼记正义》,前揭,页1097。

⑤ 《四书章句集注》本,前揭,页39。

是以成己为内、成物为外，仁为内、知为外。诚则合外内之道。而《乐记》亦有："乐由中出，礼自外作。"①是知与礼，皆自外而成物者也。

《乐记》又云："春作夏长，仁也。秋敛冬藏，义也。仁近于乐，义近于礼。"郑玄注曰："言乐法阳而生，礼法阴而成。"②是礼、乐对应阴阳、生成。上文已引，《繫辞》则云："一阴一阳之谓道，继之者善也，成之者性也。仁者见之谓之仁，知者见之谓之知。"③虞翻注曰"谓乾能统天生物，坤……养化成之。"李道平疏曰，"仁者偏于阳，见阳之息谓之仁，故仁者观道，谓道为仁。知者偏于阴，见阴之藏谓之知。故知者观道，谓道为知也。"④是仁、知对应阴阳、生成。知、礼于两处，皆应阴、成也。故仁礼一似仁知、礼乐，皆应乎生成、己物、内外，而归根于一二、阴阳也。于道经则一、二，于儒经则阴阳。道经亦云阴阳，儒经亦云一二，其义可曲通也。礼乐彬彬者，犹曰一阴一阳、一二彬彬也。盖即前文所谓，儒家重一、二之际也。而船山以为礼本大一，即以为礼本于仁，合于《论语》。一之本非二，二之本乃一。故天地之别为礼之本，而天地之本，仍本于大一也。虽然，仍有可申之处。盖大一之分，乃分为天地。天，《说文解字》卷一曰："颠也。至高无上，从一大……。"⑤段玉裁注曰："至高无上。从一大。至高无上。是其大无有二也。故从一大。"既分之后，天仍保有混

①　《礼记正义》，前揭，页1086。
②　同上书，页1093。
③　《周易正义》，前揭，页268－269。
④　《周易集解纂疏》，前揭，页560。
⑤　《说文解字注》，前揭，页2。

沌元气之德,有一有大。故天如大一之子也,而地等皆无此之德。天清虚广大,是太一之象也。①

老氏则云:"天得一以清,地得一以宁,神得一以灵,谷得一以盈,万物得一以生,侯王得一以为天下贞。"②此一分为二之谓,万物由元气分化而生。分而为阴阳。天地一大阴阳也,而万物各自有阴阳,只未如天地之分耳。则万物之为万物,虽"负阴而抱阳",然仍"冲气以为和",③乃自身阴阳未判然分离者。不分者无内,无内即一,即"至小无内,谓之小一"④者也。故老氏之一,"数之始,而物之极也。"⑤亦即所谓"一物之主",⑥乃天地万物之所以贞定者也。⑦ 夫《礼运》则不然,唯天为一,未及万物。故《礼运》谓礼"本于大一"处唯一,而谓礼及政"本于天"处乃三。⑧《乐记》及其注疏未直言本于天,乃曰"从天地之分别。"本于大一,固无分别。本于天,则天地之分别不言而喻也。

故礼之所本,在于大一、在于既分之一、在于既分之二。有大一,未必有既分之一二。而有既分之一,即有既分之二。故礼之所本,如有"二本"之惑,在大一与天之间也。而大一与天非截然两

---

① 黑格尔引亚里士多德谓:"'但塞诺芬尼(Xenophanes)在他们之中首先说出太一的命题……但没有明白的陈述',关于太一也没有进一步的规定,'并且没有讨论到这些规定;而只是凝视着整个天空,'——(像我们说的,漫无目的地望着)——'说,神是太一'。"见黑格尔著,贺麟、王玖兴译:《哲学史讲演录》第一卷,前揭,页254。又参亚里士多德,《形而上学》,986b21-24。

② 《老子》第三十九章,见《王弼集校释》,前揭,页106。

③ 《老子》第四十二章,见《王弼集校释》,前揭,页117。

④ 《庄子集解》,前揭,页296。

⑤ 《老子》第三十九章王弼注,见《王弼集校释》,前揭,页105。

⑥ 同上书,页107。

⑦ 王弼《周易略例》云:"制天下之动者,贞夫一者也。"同上书,页591。

⑧ 参荀子《礼论》"礼有三本"之说。参见《荀子集解》,前揭,页349。

判,是皆有"一"之德也。此一非《老子》物极物主贞定之德,乃船山大书之"仁"德。① 仁乃通而一者也。故明道曰:"医书言手足痿痹为不仁,此言最善名状。仁者,以天地万物为一体,莫非己也。……如手足不仁,气已不贯。"② 伊川径直曰"仁则一,不仁则二。"③ 故礼之所本,非贞定之一,而是贯通之一,即仁也。在德即生,在气则阳也。然则何必有大一与天之二说? 按此即仁之二说也,其实则一也。仁有专义,即仁义礼智信之仁,与四常有所对待。仁亦有通义,即明道《识仁》所谓"仁者,浑然与物同体。义礼智信皆仁也。"④ 而礼义乃仁之节文。⑤ 仁者通也,同也。礼者止也,异也。通必有止。⑥ 然止非原于外,乃一气自然止其所当止。故仁为礼之大本。⑦ 大一为仁,仁而节之,通而止之为礼。此礼之所以为礼也。亦二之所以为二也。二不外于一,一必自分为二,自限为有对之一也。儒家重一二之际,非云二与一敌也。二本于一也。然而二不可去,之所以成物也。儒经论成物之理者,其精莫过于《易·乾·彖》所谓:

> 大哉乾元! 万物资始,乃统天。云行雨施,品物流形,大明始终,六位时成,时乘六龙,以御天。乾道变化,各正性命……首出庶物,万国咸宁。⑧

---

① 参见《船山全书》第四卷,《礼记章句》,前揭,页 573。

② 《二程集》,前揭,页 15。此非以觉言仁,而以通言仁也。

③ 《二程集》,前揭,页 63。

④ 《二程集》,前揭,页 16。

⑤ 参见《礼记章句》,《船山全书》第四卷,页 572、573。

⑥ 程子曰:"艮之为义,终万物,始万物,此理最妙。"见《二程集》,前揭,页 39。

⑦ 此即船山注《礼运》之精义,参见王夫之,《礼记章句》,《船山全书》第四卷,前揭,页 573。

⑧ 《周易正义》,前揭,页 7-9。

首出者,乾元也,大一也。万物始于乾道之变化也。大一非空虚自守者,唯其有一,故有万物性命之正、天地之别。故曰此儒经所重在二与成物,儒家各派所别在成物之理也。

第三节　道与一(下):齐物辩①

道家诸派,素重道、一,而彼此相别于处物之道。此于《天下》一篇,历历有征,而人多忽之。盖道家论道一之恢诡精微,莫过于《庄子》。而其论道、一、气、天地、万物等,语繁义丰。尤于外、杂诸篇,不无出入。后世注家,歧见蜂起,良有以也。《天下》虽固非成于庄生之手,而其述庄之所以为庄者尤精,此则无可置疑也。然述庄之所以为庄,必述庄之所以有别于百家,有宗于道术,而卓然超然者。故《天下》者,庄学之要略也。以之为揆度,当能粗定内外杂诸篇之要义也。此节及以下,略析《天下》,旁及他篇,呈惑献疑,遂因之勘正庄学大旨,以发道体学之微意云尔。

《庄子》内七篇,庄学精义所在。而纯乎其纯、庄之为庄者,当在《逍遥》、《齐物》二篇。盖《逍遥》,庄之境界;《齐物》,庄之见地。《养生主》以下,则曼而衍之、大而化之,糅道术、玄言、外王于一。《齐物》之说,尤为庄学之要。阐之者固据此表彰,排之者亦以此非议也。② 而《天下》则曰:"彭蒙、田骈、慎到……齐万

---

① 此节部分内容,以《〈庄子・天下〉中的"齐物"问题》之名发表于《思想与文化》辑刊(2019 年,总第 23 辑)。

② "故物之不齐,物之情也。而庄周强要齐物,然而物终不齐也。"《二程集》,前揭,页 32 - 33。

物以为首"。①《吕览》《不二》篇亦曰："陈骈（丁按，即田骈）贵
齐。"②而《天下》径直谓彭、田、慎"不知道"。虽概乎尝有所闻，
于道则实不知也。此篇各家判辞，未有如此严峻者。傅斯年尝
据此揣测，《齐物论》为慎到之作，今人多不从。③ 然则庄生之齐
物，与彭田慎之齐物，必有所异。其语似是，其旨则非。恶紫夺
朱，故判辞尤严也。齐物必有其方。齐物之别，即方术之别也。
盖《天下》所议者，自墨子、禽滑釐以至惠施，凡六家十一子，俱有
其方术，而应物之道各异。④ 由诸家之应物，反察诸家之道术，非
独能定庄生陈骈齐物之别，尤能定道家诸派之别也。非独能定
道家诸派之别也，尤能定道墨之别、庄惠之别也。道术虽裂，其
意所在，无非天地万物、神明百姓。⑤ 然则道、物之间，理蕴之所
在，道体之大用也。本节以此明道家，下文亦以此明儒道之别。

《天下》曰，古之所谓道术者，皆原于一。而天下大乱，道术
乃裂。百家各有所明，而不能相通。不赅不遍，皆一曲之士也。
《天下》以为百家之曲，在"判天地之美，析万物之理，察古人之
全"。⑥ 此处"察"与判、析义近，犹"散"也。⑦ 一即全也，曲则隔
也。古人全，而百家曲也。百家之曲，在以判、析之术以散其全

---

① 《庄子集解》，前揭，页292。
② 吕不韦编，许维遹集释，梁运华整理：《吕氏春秋集释》（不二），北京：中华
书局，2009年，页467，下同。
③ 傅斯年：《谁是〈齐物论〉之作者？》，《傅斯年全集》第三卷，长沙：湖南教育
出版社，2000年，页263–275，下同。
④ 陈少明：《〈齐物论〉及其影响》，北京：北京大学出版社，2004年，页8，下
同。天下篇对百家态度，在于对物之态度。其说甚是。然《天下》之于儒家、惠施，
则与判百家者稍异也。
⑤ 《庄子集解》，前揭，页287。
⑥ 同上，页288。
⑦ 《庄子校诠》，前揭，页1302。

也。此于惠施,固昭昭可见。然而陈骈齐物、宋尹均平。其于万物,似等量齐观,何尝判析？则《天下》之意,以为包而不辨、等量齐观,非真全也。《天下》又云:百家既判析天地万物,分散古人之全,故:

> 寡能备于天地之美,称神明之容。是故内圣外王之道,暗而不明,郁而不发,天下之人各为其所欲焉以自为方。悲夫！百家往而不反,必不合矣！后世之学者,不幸不见天地之纯,古人之大体。道术将为天下裂。①

"纯"犹全也。② 百家原出于一,各得一偏。然而往而不反,则愈行愈远。天地、古人之全必失于后世。然则《天下》一篇,即反百家之学,原道术之一。然则反即合矣。《天下》篇末,慨叹惠施"散于万物而不厌……逐万物而不反。"③反即能合。反万物,乃能见道之一也。盖"惠施多方……其道舛驳……历物之意"。④ 遍说万物之意义,⑤然道不能一,驳杂多方而已。庄惠之辨,庄子皆就惠施之事,反万物、原道一也。反则合,判惠施与判百家同。于百家,即其学而反也。于惠施,即万物而反也。即其学而反,庄子门人亦可。即万物而反,非庄不办。故《天下》必置惠施于庄子之后。盖惠施唯析万物之理,无一贯之道,乃至

---

① 《庄子集解》,前揭,页288。
② 《庄子校诠》,前揭,页1303。
③ 《庄子集解》,前揭,页299。
④ 同上,页296。
⑤ 《庄子校诠》前揭,页1352。

不能原之以古人道术，唯有救之以庄学。百家则各有其方，虽仅得古道术之一隅，然不为无根。是百家之学，有道有物，各有所曲。就其偏，反其学则可。惠施之学，析万物、判天地，故不见道之一矣。庄生之学，即万物，而见道一者也。唯庄生能破惠施，亦唯惠施之名理，能为庄生之"质"。①

　　故《天下》之精微处，唯在道与万物之关系，以此别诸家同异，明诸家得失。《齐物论》云："六合之外，圣人存而不论；六合之内，圣人论而不议；春秋经世，先王之志，圣人议而不辩。"②此说后世注家每不得解，其实论即伦也，赋伦类也。议即义也，断所宜也。③《天下》于邹鲁缙绅之士，盖论而不议也。于惠施，盖议而不论也。他篇于惠施亦颇有辩。于百家，则有论有议而不辩也。惠施以外，《天下》所议者，有墨子及禽滑釐，宋钘与尹文，彭蒙与田骈、慎到，关尹与老聃，庄周，凡五家十子。后世定诸子百家之名，多从《论六家要指》《汉书·艺文志》等。据此，墨禽固为墨家，关尹老庄固为道家。至于宋尹、彭田慎则有歧说。非但学者之间有异说，传世分类，与《天下》大相径庭。汉《志》以尹入名家，宋则入小说家。田骈入道家，慎到则入法家。近人则又有异说。郭沫若则以宋尹为《白心》等《管子》四篇著者，又归入道家。④冯友兰先从郭说，遂以宋尹、彭田慎、关老及庄周并为"道家发展之四阶段"。⑤后又以

---

①　参见《庄子集解》，前揭，页215－216。

②　《庄子集解》，前揭，页20。

③　详见下文第三章第一节。

④　郭沫若：《十批判书》，《郭沫若全集》历史编第二卷，北京：人民出版社，1982年，页157，下同。

⑤　冯友兰：《先秦道家三派的自然观的异同》，《三松堂全集》第12卷，前揭，页428－429，下同。仍以管子四篇为宋尹学派内容，同郭沫若、侯外庐。

宋尹为墨家分支,然仍置彭田慎于道家。① 蒙文通则反是,先以田骈等仅邻于道家,然与老庄终有别。后则将宋尹彭蒙田骈皆归诸黄老。② 今人虽亦持宋钘为墨家别派论,然仍强调余子皆有黄老背景,唯不宜合论。非但宋尹固然不可合论,田慎亦有分别云云。③ 要之,后世之说虽歧说纷纷,两处则全同。一,以入汉之后百家之名绳墨《天下》诸家;二,于《天下》之并类,实不赞同。此两处实一处耳,即未以《天下》之说议论百家也。此于后世文献分类固有益处,然实非读《天下》之法。《论六家要指》以下,皆以有助乎治、有出于王官为百家分类之准,此仅《天下》之末端耳。《天下》固无名家、法家,实亦并无所谓道家、墨家。故当以《天下》论《天下》,而不可以《要指》、《汉志》论《天下》也。以其同者观之,非但宋尹近道,即墨禽亦有所存乎古之道术也。以其异者观之,关老与庄,亦当有辨也。《天下》固有自身之脉络伦类,绝不同于马班。此即古人道术之全而一,今人方术之曲而多。而道术之广大而精微者,唯道与天地万物之关系耳。《天下》所述六家,即以此为论、议之则。

　　《天下》之议百家,以墨子及禽滑釐繋首。《吕览》《不二》

---

① 冯友兰关于宋尹学派之见虽有变动,然仍以为杨朱、彭田慎、老、庄是道家思想发展的四个阶段,参见《论先秦早期道家哲学思想》,《三松堂全集》第12卷,前揭,页447。仍以宋尹为墨家支流(同上,页450)。但仍坚持彭田等是道家(同上,页455-456)。

② 蒙文通《杨朱学派考》以为田骈,接予等是北方邻于道家,然不绌仁义,终与老庄有别。蒙文通,《古学甄微》,前揭,页247-248。而其《略论黄老学》云,田、接艺文志列为道家,蒙本人则以田、接为北方道家,或更确切地列为“黄老派”,参见蒙文通,同上书,前揭,页269-274。

③ 参见白奚:《稷下学研究:中国古代的思想自由与百家争鸣》,北京:生活·读书·新知·三联书店,1998年,页138、196、202,下同。

云："墨子贵廉"。《天下》则议论其何以贵廉。曰："不侈于后世，不靡于万物，不晖于数度，以绳墨自矫，而备世之急。古之道术有在于是者，墨翟、禽滑厘闻其风而说之。"[1]"不侈于后世，不靡于万物，不晖于数度。"此即所谓"廉"也。古之道术固有在于是，然而古之道术未可遽同于是也。此用也、末也、备急也，而墨禽以之为体的、本也、常道也。故《天下》议墨子之道曰："其生也勤，其死也薄，其道大觳。"[2]王先谦注曰："觳者，薄也。"[3]此非言丧礼之薄，而言其道之薄也。言墨道不能化育万物。非徒其人不靡万物，乃因其道之薄，故万物自贫陋也。贫瘠不能化育固非天道，"反天下之心"而"难行"亦非圣人之道。唯能救世之急，于古人之全亦窥其一端，故《天下》许之以"才士"。

次及宋、尹。《天下》论之曰：

> 不累于俗，不饰于物，不苟于人，不忮于众，愿天下之安宁以活民命，人我之养，毕足而止，以此白心。古之道术有在于是者，宋钘、尹文闻其风而悦之。[4]

此宋、尹道术之原，固无可非议。郭沫若仅以"白心"二字判宋尹为《管子》四篇作者，[5]终是向壁虚构之谈。《天下》之意，此是古道术所在，非发自宋尹也。《管子》白心之说，其要在虚在静，

① 《庄子集解》，前揭，页288。
② 同上，页289。
③ 同上。
④ 《庄子集解》，前揭，页291。
⑤ 参见郭沫若，《十批判书》，前揭，页157。

而非"不累于俗,不饰于物,不苟于人,不忮于众……人我之养,毕足而止。"①《人间世》有"虚室生白"②之说;荀子有"虚壹而静"之说。③ 较之宋、尹,庄、荀不更近于《白心》篇更近耶？故"白心"固为宗古道术者之所同欲也,而其方可殊。郭氏之说虽差,其拈出"白心"二字则极是。宋尹之治天下也,救民之斗,禁攻寝兵,救世之战。为人多,自为少,与墨禽几不可辨,乃至后世多以宋子为别墨。然而宋、墨究竟不同道,其别即在"白心"。墨禽无心术可言,徒"以绳墨自矫",而"反天下之心也。"而宋尹之道,其体在白心,其用在均平。心容万物以平之、调民情欲以和之而已。《天下》云宋尹"作为华山之冠以自表,接万物以别宥为始。语心之容,命之曰'心之行'。"郭象注曰:"华山上下均平。"④按,此主表均平之心,亦可表均平之制。⑤ 别宥,犹《吕览》之《去宥》也。谓"分解其心之所囿"。⑥ "语心之容,命之曰'心之行'者。"王先谦引成疏曰:"每令心容万物,即为此容受而为心行",解之曰:"言我心如此,推心而行亦如此。"⑦王叔岷从之。⑧ 上引数语,语语及心。则宋尹之道,其要在心矣。犹补墨道以心性学、工夫论也。墨禽"不靡于万物",盖其道薄也。宋尹"不饰于物"、"不以身假物"、"见侮不辱",盖"以情欲寡浅为内"而荣辱为外也。即以为心本寡欲,于物寡求。荣辱奢华,非出自内,皆累于俗,为心之所宥,去之则

---

① 《庄子集解》,前揭,页290。
② 同上,页36。
③ 参见《荀子集解》(解蔽篇),前揭,页395－397。
④ 《庄子集解》,前揭,页291。
⑤ 参见《庄子校诠》,前揭,页1322。
⑥ 同上,页1320。
⑦ 《庄子集解》,前揭,页291。
⑧ 参见《庄子校诠》,前揭,页1324。

可。故此道可周行于天下也。遂"以聏合欢,以调海内。请欲置之以为主。"①"聏","'和也',聏和万物,物合则欢矣。"② 郭注:"强以其道聏(令)合。"③"置之以为主",马其昶注曰:"置合欢之心以为行道之主也。④"宋尹强推其道周行天下,盖以为人固情欲寡浅也。荀子《正论》云:"以人之情为欲多而不欲寡,故赏以富厚而罚以杀损也,是百王之所同也。"⑤冯友兰引荀此说批评宋子,更云,道家皆曰寡欲,而非以为欲固寡浅、人皆寡浅也。⑥ 冯说是。宋尹于道术非无所窥也。宋尹之过,不在其白心之道,而在强以此道均平天下。"以此周行天下,上说下教。虽天下不取,强聒而不舍者也。故曰:'上下见厌而强见也'。"心不齐而强齐之。故宋钘、尹文以心齐人者也,彭蒙、田骈、慎到盖以道齐物者也。齐人者近墨,齐物者近庄。近庄者似是而非,故《天下》辟之尤力也。

《天下》云:

> 公而不党,易而无私,决然无主,趣物而不两,不顾于虑,不谋于知,于物无择,与之俱往。古之道术有在于是者,彭蒙、田骈、慎到闻其风而悦之。⑦

---

① 《庄子集解》,前揭,页291。

② 同上。

③ 《南华真经注疏》,前揭,页611。

④ 《庄子校诠》,前揭,页1322。

⑤ 《荀子集解》,前揭,页345。

⑥ 参见冯友兰,《论先秦早期道家哲学思想》,《三松堂全集》第12卷,前揭,页453、454。又,冯友兰:《中国哲学史新编》上卷,北京:人民出版社,2001年,页791,下同。

⑦ 《庄子集解》,前揭,页292。

不党无私者，非因彭田慎如宋尹有白心之术，而因其有观物之道。宋尹强推其道，盖先有人己之别而后齐人者也。彭田慎于万物无所择取，齐物己，故一任外缘，毫无专主。"无主"即无所偏主，①含无己之意。于己无所偏主，盖因于万物皆无偏主也。"趣"，即"取舍"之取。取物不两与"于物无择"意通。盖两即有择矣。故不起知虑，趣物无二，即彭田慎之所宗也。此即所谓"齐物"。故《天下》谓三子："齐万物以为首"。王先谦引宣颖曰：以齐物"为第一事。"②王叔岷引奚侗曰："首借为道。"③后说为是。盖《天下》引三子之说："曰：'天能覆之而不能载之，地能载之而不能覆之，大道能包之而不能辩之'。知万物皆有所可，有所不可。故曰：'选则不遍，教则不至，道则无遗者矣'。"④故知三子以齐物为道。而其所谓齐物，即所谓"包之而不能辩之"。"辩"同"辨"。⑤《齐物论》曰："有分，有辩。"王先谦注曰："分者异视，辩者剖别。"⑥故包而不辩者，抹其差异、无所分别也。道无遗者，谓道之全也。道全者，盖因无所不包，无所择取也。道齐万物即道包而不分，故无所择取。有选则有上下，有教则有贤愚，皆有分而不齐也。唯并包为一、无所择取，是三子之所谓"道"也。然则《天下》既云百家"判天地之美、析万物之理"，而三子之道，包而不分，一无判、析，何以《天下》反责之切也？

后世学者多以为慎到法家，彭、田道家，谓三子不宜并派合论。

① 《庄子集解》，前揭，页292。
② 同上书，页292。
③ 《庄子校诠》，前揭，页1330。
④ 《庄子集解》，前揭，页292。
⑤ 《庄子校诠》，前揭，页1330。
⑥ 《庄子集解》，前揭，页20。

然法家有从儒家转出者,亦有从道家转出者,慎子即由道转法之枢也。而其转也,必于道有其传承、见地。盖法家亦贵齐也。此齐非庄生之齐,乃田骈之齐也。有以道齐物,方有以法齐民。其道与物无择,其治乃不尚贤。慎子有齐物之道,乃有齐民之法。因其齐物之道近于彭田而合论之,《天下》无误。《慎子》①多遗齐民之法,《天下》乃存齐物之道。曰:"是故慎到弃知去己,而缘不得已。泠汰于物,以为道理。"此慎子齐物之纲也,条条与庄学似近而实远,乃至后世有以《齐物论》属慎到者。此处不揣辞费,略考庄慎朱紫之别。

　　慎子之所谓弃知去己者,乃效无知之物如土块,故曰:"块不失道":②"夫无知之物,无建己之患,无用知之累",③"推而后行、曳而后往",决然无主,一顺外力之迫,即其所谓"缘不得已"。所谓"泠汰于物,以为道理"者,《庄子校诠》解曰:"泠汰"盖沙汰,即清澈于物、使归于一,犹弃知去己乃清澈于己耳。④《校诠》此解近之,而尤有未彻处。既效无知之物而不建己,则无所谓物、己之别。清澈归一、包物包己、物物无别、物己无别,此真齐物、真泠汰也。弃知去己、缘不得已、清万归一,语语皆近《庄子》,何以《天下》讥之以"非生人之行而至死人之理",斥之以"不知道"耶?⑤

----

① 传世残篇有辑本,参慎到著,许富宏校注:《慎子集校集注》,北京:中华书局,2013 年,下同。

② 《庄子集解》,前揭,页 293。

③ 同上。王蘧常引《淮南子·道应训》"慎子曰,匠人知为门,能以门,所以不知也,故必杜,然后能门"解"弃知",误。据刘文典《淮南鸿烈集解》,前揭,页 414。此处不言弃知,而言知闭不知开,不足以知门之要。王蘧常著:《诸子学派要诠》,北京:中华书局,1987 年,页 28,下同。

④ 参见《庄子校诠》,前揭,页 1331、1332。

⑤ 参见《庄子集解》,前揭,页 293。

　　庄子虽屡言弃知、无知、吾丧我、身如槁木、心如死灰等。其意非效法木石。钱基博引老子知雄守雌、知白守黑、知荣守辱之语,证老子与慎子异。王蘧常称引之。① 而王公前又引老子绝圣弃知说注慎子所谓弃知。② 此则彼此抵牾矣。此非老子之抵牾,盖注家之抵牾也。老子"弃知",盖"弃智"也。《老子》第十九章云"绝圣弃智,民利百倍;绝仁弃义,民复孝慈;绝巧弃利,盗贼无有。"河上公注弃智曰:"弃智惠,反无为。"③ 王弼注之曰:"圣、智,才之善也"④ 而慎子所弃,盖知觉性灵也,固同于死人、土块。即令等视知、智,亦不必引钱基博迂远之注。何必《老子》,《庄子》多篇已及知之微。兹唯引《逍遥》、《齐物》。"小知不及大知,小年不及大年";"岂唯形骸有聋盲哉,夫知亦有之";"大知闲闲、小知间间";"劳神明为一,而不知其同也,谓之朝三";"古之人,其知有所至矣";"故知止其所不知,至矣。孰知不言之辩,不道之道? 若有能知,此之谓天府";"庸讵知吾所谓知之非不知邪? 庸讵知吾所谓不知之非知邪?";"方其梦也,不知其梦也。梦之中又占其梦焉,觉而后知其梦也。且有大觉而后知此其大梦也。"文繁不注,而上所引之"知"非庄所欲尽弃者,明也。庄子弃之、无之者,小知也。大知、小知,王先谦引唯识名相解曰,"此智识之异"。⑤ 故"无知"有两义,一曰回小向大,转识成智,默照而神契。契于道体故无

---

① 参见王蘧常,《诸子学派要诠》,前揭,页30。

② 参见上文,页28。

③ 《老子道德经河上公章句》,前揭,页75。

④ 《王弼集校释》,前揭,页45。

⑤ 《庄子集解》,前揭,页11。

分,遍应诸用故分明,无动无静,即动即静。二曰果无了别,愚痴如木石,迫外力而动,如飘风、如落羽、如磨石。庄学,前者也;慎学,后者也。故慎子曰"块不失道",非如注者所云,①同乎《知北游》所谓:"(道)无所不在……在瓦甓"也。慎子之意,道并非无所不在,②唯无知之物如土块者方得道也。故郭象注曰:"夫去知任性,然后神明,所以为贤圣也。"成玄英疏曰:"夫得道贤圣,照物无心……今乃以土块为道,与死何殊?既无神用,非生人之行也……。"③此慎子弃知说之误也。

慎子之"缘不得已"说,历代注家多语焉而未精。成疏曰:"机不得已,感而后应。"④王先谦注曰:"而因必不得已"。此盖皆未得"缘"字之意。王蘧常引《庚桑楚》"欲当则缘于不得已"注之,⑤王叔岷同引《庄子》他篇疏之。⑥ 此注例是,然二先生亦不能据此别庄慎之道。《庄子校诠》且引《淮南》、《吕览》证之,⑦故"缘"意为"顺",确然无疑。成疏于《庚桑楚》文句,解"缘"为"顺"。⑧ 亦是。然前后不一。其解《庚桑楚》曰:"……又须顺于不得止。不得止者,感而后应,分内之事也。如斯之例,圣人所以用为正道也。"⑨而于《天下》慎子弃知、无知处,则郭、成又责之以非圣贤之道。《天下》云"是故慎到弃知去己,而

---

① 参见《庄子校诠》,前揭,页 1335。
② 郭象曰,(慎子之意)"道非遍物也。"《南华真经注疏》,前揭,页 614。
③ 《南华真经注疏》,前揭,页 614。
④ 同上,页 613。
⑤ 《诸子学派要诠》,前揭,页 28。
⑥ 《庄子校诠》,前揭,页 1331。
⑦ 同上,页 916。
⑧ 《南华真经注疏》,前揭,页 462。
⑨ 同上。

缘不得已。"前后为一句。何以前言为圣贤所笑,后言乃圣贤之道也? 此足证历代注家于庄慎之"缘不得已"未得确解。两者语虽近,而义实远,一如"弃知去己"也。解《天下》破慎学之道,在《田子方》。田子方论其师东郭顺子曰:"其为人也真,人貌而天虚,缘而葆真,清而容物。物无道,正容以悟之,使人之意也消。"①"缘而葆真"之"缘",即《天下》之"缘不得已"。《田子方》之意,可证之于他篇。《山木》有"形莫若缘,情莫若率。"②《则阳》有:"其于人也,乐物之通而保己焉。"③《外物》有:"顺人而不失己。"④此皆"缘而葆真"之意也。《知北游》有:

> 颜渊问乎仲尼曰:"回尝闻诸夫子曰:'无有所将,无有所迎。'……回敢问其游。"仲尼曰:"古之人外化而内不化,今之人内化而外不化。与物化者,一不化者也"……圣人处物不伤物。不伤物者,物亦不能伤也。唯无所伤者,为能与人相将迎。⑤

此皆"人貌而天虚、缘而葆真、清而容物之意也。"内不化即天虚、葆真、清;外化即人貌、缘、容物。"无将无迎"即清,"无不将迎"即容物也。《田子方》,寓言也。子方名"无择",即《天

---

①　《庄子集解》,前揭,页176。古以虚属下读,断为"人貌而天,虚缘而葆真。"俞樾以为"缘,顺也。'顺而葆真,清而容物'对文。"王先谦从之。俞、王说是。

②　《庄子集解》,前揭,页172。

③　同上,页226。

④　同上,页242。

⑤　同上,页194。

下》所谓"于物无择"之意也。子方之师名"顺子"。即以上多篇"缘"字之意也。古注家不察，以为实有其人其事。"田子方"或可考，"东郭顺子"岂可考耶?! 此真忘读庄书之法矣。《天下》云:"于物无择，与之俱往"，是古道术之所在也。"无择"本无误，之所以"无择"乃可以有误。慎到之无择也，乃以"弃知去己，而缘不得已。泠汰于物。"《田子方》"无择"师"顺子"，顺子之道术，"人貌而天虚、缘而葆真、清而容物。"此即《田子方》之所以"于物无择"也。非缘不得已而无己也;乃保己、不失己也。非"泠汰于物"、清澈于物，使归于一也;乃容物，无不将迎也。缘，顺也。"缘而葆真、清而容物"即明道所谓"物来顺应"①也。即所谓物当喜则喜，物当怒则怒也。② 此真成玄英所谓"感而后应，分内之事也"。绝非所谓清澈万物，等视于一也。故庄顺而应之，物物如其分而应之，似有己，实无己;慎清洗万物，造作道理，似无己，实有己也。慎子执一也，庄子一化也。慎子齐物也，庄子物化也。齐物，"包之而不能辩之"，无分也。物化者，"周与蝴蝶，则必有分也，此之谓物化。"③则其有分明焉。物之不齐，物之情也。万物彼此有分，乃有"万"物。物有分，一有化。一有分，物有化。万物有分乃有化，道一有化乃有分。④

　　故慎子齐物而无分，而庄子物化而有分。慎到转道入法。道包万物而不辨，法包万民而无别。要皆齐物之道也。墨禽之

---

① 明道暗袭庄子处甚多，详见下篇第一章第二节。

② "圣人之喜，以物之当喜;圣人之怒，以物之当怒"，《二程集》，前揭，页461。

③ 《庄子集解》，前揭，页27。《庄子》内七篇，篇名盖汉人所拟，未必无差。庄子所谓《齐物论》，其理盖有分之"物化"，非无分之齐物也。傅斯年疑《齐物论》为慎子学固为妄说。其疑庄子无所谓"齐物"说则是。

④ 此理之申，说在下文。

均平，以其俭薄之道绳墨于万物。宋尹之均平，以其寡浅于人欲，而均平其心也。慎到之均平，以其于万物不辨而无择。故慎到齐万民而笑尚贤也。而《天道》云：

> 夫尊卑先后，天地之行也，故圣人取象焉。天尊地卑，神明之位也；春夏先，秋冬后，四时之序也。万物化作，萌区有状，盛衰之杀，变化之流也。夫天地至神，而有尊卑先后之序，而况人道乎！宗庙尚亲，朝廷尚尊，乡党尚齿，行事尚贤，大道之序也。语道而非其序者，非其道也；语道而非其道者，安取道！①

以此判彭田慎，正是所谓"语道而非其序者，非其道也。"以道包物，实无万物。既无万物，亦实无道一。故《天道》云"语道而非其道者，安取道！"此即《天下》所云，"其所谓道，非道"。②其非道也，因无其序。其无其序也，因无万物之分。唯见其分，乃见万物。唯见万物，乃见天地之序、大化之道。此老庄与彭田慎之别也。非独别于处物之道，乃别于道术也。彭田慎执一而不化，执一而清万物，有一而无万物。其实近惠子大一小一之说，以一与万物彼此对待，是判万物与道一为二，故仍是判、析之道也。以为得一体而包万用，是体用、道物全失。虽有概闻于一，而实未解真一也。故《天下》曰："彭蒙、田骈、慎到不知道。"③

---

① 《庄子集解》，前揭，页116。
② 《庄子集解》，前揭，页293。
③ 同上。

第四节　道物与言默

《天下》诸家,近于庄周者唯关尹、老聃。至于关、老,则有一有物矣。《天下》论之曰:

> 以本为精,以物为粗,以有积为不足,澹然独与神明居。古之道术有在于是者,关尹、老聃闻其风而悦之。建之以常无有,主之以太一。以濡弱谦下为表,以空虚不毁万物为实……①

又云,

> 关尹曰:"在己无居,形物自著……"……(老聃)曰:"坚则毁矣,锐则挫矣"。常宽容于物,不削于人。

是《天下》论关、老,及物之处凡四。虽"以物为粗",乃"空虚不毁万物"、"宽容于物"。其于物之所以不毁而宽容者,即其道之所蕴,而非有他术也。关尹子曰:"在己无居,形物自著"。郭象注曰:"不自是而委万物,故物形各自彰著。"②在己无居即其道术。因此道术,万物自然彰显。道空虚故精,物实著故粗。精粗非二事也。故四处论物,其旨一贯。本精物粗其见地;"不

---

① 《庄子集解》,前揭,页294。
② 《南华真经注疏》,前揭,页615。

毁万物"、"宽容于物"其效验;"濡弱谦下"、"在己无居"其工夫。其工夫之所以如此,一法古道术之"澹然独与神明居",二则"建之以常无有,主之以太一"也。太一、空虚,皆道也。物多而道一,物实而道虚。抱一而处虚,自能谦下于万物而应世。《吕览·不二》曰:"老聃贵柔……关尹贵清……子列子贵虚。"①语虽参差,其义可通。"柔"状其道术,"清"、"虚"状其道体。②清谓一也。一唯"虚",乃不坏实、不毁多,能宽"柔"下物。彭田慎道包万物,故亦有其一也;"泠汰于物",故亦有其清也。而造作道理、齐裁万物、不能清而容物者,因其不能虚也。故实未见道。一不坏万,道不毁物,是真有道矣,是真有一矣。故《天下》篇首云"古道术皆原于一",判百家不赅不遍、一曲之士。而后独于关、老处大书其"主之以太一",且赞叹为"古之博大真人"者,是许其得古人之大体也。

今人据新出简帛如《太一生水》、《恒先》等,判关、老之别。以为《天下》所谓"建之以常无有,主之以太一"皆关尹子之学,非老聃之学。"常无有"即"恒先无有",所主之"太一"即简帛《太一生水》之"太一"。③今人考论,皆有可采处。然关老之别,《吕览》亦已明白示之。④《天下》合而未别,自有其意。盖

---

①　《吕氏春秋集释》,前揭,页467。

②　后世如张横渠等亦以清虚一大为道体。详下。

③　参见李学勤,"荆门郭店楚简所见关尹遗说",收于《郭店楚简研究》(《中国哲学》第二十辑),前揭,页160-164,下同。又参裘锡圭,"说'建之以常无有'",前揭,页1-3,页11。李说以为太一生水说为关尹一派所解老氏"道生一",道为太一,水为太一所生之一。裘解"常无有"为"亘先",似亦主太一为气论。

④　《不二》云:"老聃贵柔,孔子贵仁,墨子贵廉,关尹贵清,子列子贵虚,陈骈贵齐,阳生贵己。"其体例别老关犹别孔墨。见,《吕氏春秋集释》,前揭,页467。

《天下》之所重,在庄生与关老之别,而非关老之别。此处顺《天下》之体,因老庄同异而显庄学精义。

《天下》云:

> 寂漠无形,变化无常,死与? 生与? 天地并与? 神明往与? 芒乎何之? 忽乎何适? 万物毕罗,莫足以归。古之道术有在于是者,庄周闻其风而悦之。①

《天下》之述关老所原之道术,有本有末也。本不无也。虽精微清虚之太一,犹可解之以有。后世已考,此太一生水生气,盖皆有者所为也。关尹之"常无有"者,"恒先"也。先于万有,如度之以万有,则固非万有之一。既不在万有之内,宜其为"无有"矣。此即关尹所谓"芴乎若亡,寂乎若清"。恍惚寂静,若有若无。然毕竟为"恒"为"先",虽不落于万有,亦未超乎大有、妙有。妙有者,本也、精也。万有者,物也、粗也。故《天下》之述关、老也,主之以太一,在万有空虚之间,然偏于妙有。妙有虽清、虚、精、微,然终不能视之以无。其名为一,其字为道,其理为有,其义为恒,其实为精。虚也者,精微之至而已。宋儒张横渠之太虚近其实,近人刘宥斋之释有无则近其名理也。

顾《天下》之述庄生,则与关、老有微妙分别焉。其述关云"芴乎若亡,寂乎若清"。未直言也,以"若"有"若"无启之,是状恍惚矣。然虽未直言,犹是断语、庄语。《天下》述庄则云:"芒乎何之? 芴乎何适?"则以问启之,不做庄语,不落二边,是

---

① 《庄子集解》,前揭,页295。

真在有无之间而恍惚矣。之也、适也。即下文"独与天地精神往来"也。盖有、无皆不足以归也。瞻之在有,忽焉在无,庄生独游乎有无之间。此非庄生孤怀独发者也,盖古道术之所在。"寂漠无形,变化无常,死与?生与?天地并与?神明往与?芒乎何之?芴乎何适?"皆以问启之,而未有断语,以示不落二边也。故始之以"无形"而不守,宗之以"无常"而有迹。生死、天地、神明、恍惚、有无,皆二边也。"万物毕罗,莫足以归"者,不复问句,乃以遮诠,以示以上所有二边,究其极致,无非摄诸道物二边。道无不在,故非无物者也。有道者"万物毕罗"。然则"毕罗"亦"莫足以归"。故不落万物。然亦不守于独一,仍有"万物毕罗",故亦不落道体。不落斯二边,亦不去斯二边,此所谓无形、无常也。以问启,以无发,此庄之所以别老也。故《天下》议之曰:

> 以谬悠之说,荒唐之言,无端崖之辞,时恣纵而不傥,不奇见之也。以天下为沈浊,不可与庄语。以卮言为曼衍,以重言为真,以寓言为广。独与天地精神往来,而不敖倪于万物。不谴是非,以与世俗处。

此议大义有三。一谓"庄"之为"庄"在无"庄"语。此道与言也。二谓庄子独与天地精神往来,而不敖倪于万物。此则道与物也。三则谓庄子不谴是非与世俗相安无事。此道与世也。故庄学之道,有三用焉。曰言,曰物,曰世。道之为体,不离此三用而显。物、世之用,百家虽有精粗之别,盖其学皆及焉,《天下》亦据之而判百家也。唯道言之间,虽亦为《老子》要义所在,

《天下》则独以此属庄子也。盖以《天下》观之，庄之为庄，首在其言说也。道物之间，老庄之别，几如毫芒之微。一宽容于物，一不敖倪于物而已。道言之间，老庄之别则可谓显豁矣。《道德》一经，从容论道，庄语也，表诠也，教言也。坦然直下，不曼不衍。简帛所见之《恒先》、《太一生水》等，承之以水、气、天、地。其庄直独断，较《老子》尤甚。然关、老之文，于《庄子》非不能容也。庄生所谓"重言"，即古圣贤之教言，以之收摄"庄语"也。唯重言不能尽《庄子》。寓言、重言从言者分，有托于外为寓，所托者大为重。① 外不妨大，故寓言重言，可以合一。卮言则从所言而分。所言者道也，所应者化也，所及者物也。言随道转，转而不尽，故必有其曼衍。《天下》议庄子："其应于化而解于物也，其理不竭，其来不蜕，芒乎昧乎，未之尽者。"此即所谓曼衍也。故庄之为庄，尤在卮言。而论道必以卮言者，言涉道体，不得不然。人间世岂尽圣人之才、口传心照耶？六经固为圣人之糟粕，道经独非真人之糟粕耶？世间既有典册，即不得不以言传本不可传之道、以言告本不可告之人。凡有天、人，即当如此。此与天下清浊，毫不相干。盖道本不可论而不可不论。论道之言，本不可尽而又不可不尽也。即名言而超名言，超名言而容名言，此真庄之为庄欤！故坦坦然庄语论道如关老者，虽为庄所许，亦必为庄所笑也。遑论后世等道于气，又以一气为阴阳之总名者。唯道言之际，有其吊诡，故不可谓庄子真执其所谓"气论"也，亦不可谓庄子真执其所谓名理也。略作申说如下。

以《庄子》主一气阴阳，于《庄》固有所本，然不可执以为了

---

① 参见《庄子集解》，前揭，页 245-249。

义定论。《则阳》有：

> 今计物之数，不止于万，而期曰"万物"者，以数之多者号而读之也。是故天地者，形之大者也；阴阳者，气之大者也；道者为之公。因其大而号以读之，则可也……①

《知北游》有：

> （黄帝曰：）故万物一也。是其所美者为神奇，其所恶者为臭腐；臭腐复化为神奇，神奇复化为臭腐。故曰："通天下一气耳。"圣人故贵一。②

等视道、一、气者据此二处阐发气本之理，良有以也。然则《庄子》之意不止于是，其言亦不止于是也。《天运》有：

> 孔子行年五十有一而不闻道，乃南之沛，见老聃。老聃曰："子来乎？吾闻子北方之贤者也，子亦得道乎？"孔子曰："未得也。"老子曰："子恶乎求之哉？"曰："吾求之于度数，五年而未得也。"老子曰："子又恶乎求之哉？"曰："吾求之于阴阳，十有二年而未得也。"③

是求之于阴阳而道不可得。按《则阳》之说，道为阴阳

---

① 《庄子集解》，前揭，页234。
② 同上书，页186。
③ 同上书，页126－127。

之公,犹《繫辞》所谓"一阴一阳之谓道"也。揆庄之意,道为
即阴阳而超阴阳者,一阴一阳之所以一阴一阳之者,而非等
之为一气阴阳也。① 气宗固可持其道气论,然援庄证之则义
有未安也。而《知北游》黄帝语,不可为了义。② 此其篇自
说之:

> 知谓黄帝曰:"吾问无为谓,无为谓不应我,非不我应,
> 不知应我也;吾问狂屈,狂屈中欲告我而不我告,非不我告,
> 中欲告而忘之也;今予问乎若,若知之,奚故不近?"黄帝
> 曰:"彼其真是也,以其不知也;此其似之也,以其忘之也;
> 予与若终不近也,以其知之也。"③

《知北游》另有一寓言而近之。曰:

> 于是泰清问乎无穷曰:"子知道乎?"无穷曰:"吾不
> 知。"又问乎无为。无为曰:"吾知道。"曰:"子之知道,亦有
> 数乎?"曰:"有。"曰:"其数若何?"无为曰:"吾知道之可以
> 贵、可以贱、可以约、可以散,此吾所以知道之数也。"泰清
> 以之言也问乎无始,曰:"若是,则无穷之弗知与无为之知,
> 孰是而孰非乎?"无始曰:"不知深矣,知之浅矣;弗知内矣,

----

① 理学以一阴一阳为形而下之谓器,而理为之所以一阴一阳,即形而上者谓
道,气宗攻此语甚急。程子之说,得力于庄子甚多。详见下篇。

② 故今人于此有疑,谓道一、气一终不同。其疑是也。惜主气一,故点到即
止。参见李存山:"庄子思想中的道、一、气——比照郭店楚简《老子》和《太一生
水》",前揭,页37。

③ 《庄子集解》,前揭,页186。

知之外矣。"①

综无为与黄帝之言,道约则为一、为气,散则为万、为物。黄帝所谓"臭腐复化为神奇,神奇复化为臭腐"即无为所谓"道之可以贵、可以贱。"然无为之说较黄帝犹圆。黄帝所贵之一,或以为与万物对待也。以无为之说解黄帝之言,当知万物非在道外,而只是道之散。一气非遽同于道,而只是道之约耳。道有体之一,有用之全,有数之约,有物之散也。

一切气论,不出黄帝之言。一切太一生水生气之学,亦不出无为之说。而《知北游》犹以为"浅"、"外"、"终不近"者,何也?

盖道终不容正说也,道言之间,有其吊诡也。黄帝所谓一气也、无为所谓道约也,皆一也。盖道落于言即一。道唯是空名、强名、玄名,而其实即太一也。然一非可名之名。名之则谬。又不可不名,无往不在名之中,遂以谬正谬、以楔出楔,故必有曼衍焉。《齐物论》云:

> 既已为一矣,且得有言乎? 既已谓之一矣,且得无言乎? 一与言为二,二与一为三。自此以往,巧历不能得,而况其凡乎! 故自无适有,以至于三,而况自有适有乎! 无适焉,因是已!②

一,名不可名者也。由此吊诡,而衍巧历不可得之万物。道

---

① 《庄子集解》,前揭,页192。
② 同上书,页20。

言之际,万物生焉。故《天下》之议庄周,先及其言,后及其物。"以卮言为曼衍,以重言为真,以寓言为广。独与天地精神往来,而不敖倪于万物。"往者,归一道也。来者,化万物也。唯其卮言曼衍,乃能"不敖倪于万物"。

郭象注上引《齐物》文曰:

> 万物万形,同于自得,其得一也。已自一矣,理无所言……夫以言言一,而一非言也,则一与言为二矣。一既一矣,言又二之,有一有二,得不谓之三乎? 夫以一言一,犹乃成三,况寻其支流! 凡物殊称,既有善数,莫之能纪也。故一之者,与彼未殊;而忘一者,无言而自一……夫一,无言也……各止于其所能,乃最是也。①

郭注甚精,然犹有可申之处。《老子》第四十二章有:"道生一,一生二,二生三,三生万物。万物负阴而抱阳,冲气以为和……"②王弼注曰:

> 万物万形,其归一也。何由致一? 由于无也。由无乃一,一可谓无? 已谓之一,岂得无言乎? 有言有一,非二如何? 有一有二,遂生乎三。从无之有,数尽乎斯,过此以往,非道之流。故万物之生,吾知其主,虽有万形,冲气一焉。③

---

① 《南华真经注疏》,前揭,页43-44。
② 《王弼集校释》,前揭,页117。
③ 同上。

辅嗣之注,有取于《齐物》明矣。而郭注一反王注。辅嗣曰:"万物万形,其归一也。"子玄则曰:"万物万形,同于自得,其得一也。已自一矣……"是王以一为万物之总名,郭象以一为万物之分一。王以一名道,道在一无之间。而郭则以道为空名矣。《齐物》本文有"自无适有,以至于三",郭注回避此无,解为"无言"。然又注曰:"夫一,无言也"。故郭注盖以无、无言、一、自得为一事也。成玄英不用自得之一,要言"妙一"。其疏曰:"……一切万法本无名,从无生有……",实阴用王注矣。辅嗣此注,深得庄意,极是。盖《齐物》下文即云:"夫道未始有封,言未始有常。"一、言之辨,即宗此意也。"未始有封",郭注曰:"冥然无不在",实失字义。故成疏补之曰:"夫道无不在,所在皆无,荡然无际,有何封域也。"①盖一即无封域,孔颖达注《礼运》曰:"未分曰一",即同此意也。既无封域,即无名言。此即《齐物》所谓:"既已为一矣,且得有言乎?"盖言与所言、名与所名,亦即"谓之",则已是封域。无名已是名,谓之一已是言。此即《齐物》所谓:"既已谓之一矣,且得无言乎?"故一既为无名,复为有名。即无名而有名,即有名而无名也。太一也,道也,皆强名也。此不同于万物有名有实之名,乃玄名也。"一"之名起,则一之实消也。以一之名说一之实者,自我取消如梦中说人梦者,此真吊诡也。② 而一之自了,非概同于无也,乃生万物。万物生于一之吊诡,生于一之无名有名之间。故物得一乃生也。故《天地》曰:"泰初有无无,有无名,一之所

---

① 《南华真经注疏》,前揭,页44。
② 参见《庄子集解》,前揭,页25。

起,有一而未形。物得以生,谓之德;未形者有分,且然无间,谓之命……。"①无无、无名、一而未形,一义流行,而有三节目也。有一,即无名而即有名焉。此即《老子》第一章所谓"无名,天地之始;有名,万物之母"。② 此未形而无分者。此即《淮南子·原道训》所谓:"道者,一立而万物生。"③"所谓无形者,一之谓也。"④故一者无形,无名而有(此无)名,故为万物之母,即非万物而生万物者。名与实乖则有分,一乃曼为二、三、多,玄名乃衍为万物之名,万物遂生焉。此即《齐物论》所谓"物谓之而然"⑤也,亦即《则阳》所谓"有名有实,是物之居;无名无实,在物之虚"。⑥ 故万物居于名实。一,无名也、玄名也。有其名则无其实。无名玄名,亦名理之解耳。如以气论解一,其生万物也,止当如《知北游》中无为之说,一散了事,何必徒增其名实、言谓,然后有万物? 盖万物有分也,万物有通也。气主通,名主分。万物通于气,而分于名也。一气可为君父,一气可为臣子。则成君臣父子,非一气之故,乃循名也。后世以为名分因天理,庄子以为名分因名言。其说有异,其非气则一也。故以气解一,固有精义而未了。以名理、玄言解一,知其吊诡,方入庄生之门。

　　气一固未登堂,理一亦未入室。何以故? 惠施至大无外谓之大一、至小无内谓之小一之说,非名理之一耶? 而庄子讥

<hr />

①　旧断为"泰初有无,无有无名",今从王谦之断,见《庄子集解》,前揭,页103。王之断是,盖从《齐物论》所谓"有未始有无"之义。参《庄子集解》,前揭,页19。

②　《王弼集校释》,前揭,页1。

③　《淮南鸿烈集解》,前揭,页30。

④　同上,页29。

⑤　《庄子集解》,前揭,页15。

⑥　同上,页235。

之。庄子所讥不在一，而在惠施致一之术。《齐物》有朝三暮四之说，曰："劳神明为一，而不知其同也，谓之'朝三'。"[1]名理之一，犹言据抽象得一，乃劳神明为一也。劳神明为一者，不知万物自然之同，故不知其真一也。而《大宗师》云："其一也一，其不一也一。其一与天为徒，其不一与人为徒，天与人不相胜也，是之谓真人。"故庄子自有其致一之道，可以名理启之，然不可以名理尽之也。可以名理启之，故庄生始终与惠子周旋。不可以名理尽之，故庄生始终与惠子辩也。惠施大小一之说，无内无外，无对无分也。其大同异之说，或主万物毕同而无分，或主万物毕异而无一。是一与万物对待，而可纳慎子齐物之说也。惠慎之学，皆劳神明为一也。庄生之一，因物之分而化也。

物化之说，见《齐物论》篇末。以庄生梦蝶之例，寓物化之理也。岂必梦蝶？凡变化必寓此理也。《易繫》引孔子云："知变化之道者，其知神之所为乎？"[2]孔颖达疏："其知神之所为乎。"曰："则能知神化之所为……"[3]庄子物化之说，即其变化之道也。知物化，乃能知一化，即有似于夫子所谓"神化之所为"也。

《齐物》云：

> 昔者庄周梦为胡蝶，栩栩然胡蝶也。自喻适志欤！不知周也。俄然觉，则蘧蘧然周也。不知周之梦为胡蝶

---

① 《庄子集解》，前揭，页16。
② 《周易正义》，前揭，页283。
③ 同上。

与？胡蝶之梦为周与？周与胡蝶，则必有分矣。此之谓
物化。①

　　物化也，必有周与蝴蝶之分。此"分"字历代注家多未得确
解。故实未知物化耳。《校诠》差近之，以为各有其自然之分②
（份），然是从所分说。《齐物》正文有"……道通为一。其分也，
成也；其成也，毁也。凡物无成与毁，复通为一。"③《庚桑楚》有：
"道通，其分也；其成也，毁也。"④此两处，《校诠》又引成疏解之
为"散"。是能分而非所分矣，然偏于气论，且与其注庄周蝴蝶
之分，义未一贯。其实《齐物》、《庚桑楚》三处之"分"，其意皆
通。《齐物论》"周与胡蝶则必有分矣。此之谓物化。"一节，当
参之于《德充符》："命物之化，而守其宗也。"⑤历代注家皆未得
"命物"字义。"命物之化"即《齐物》分物之化也。盖命、分实
通。《大戴礼记·本命第八十》曰："分于道谓之命"。戴礼引
《道德经》义解之："分，人得一也。"⑥有得于一，即一有散也。
以《德充符》文解梦蝶物化之理，庄周与蝴蝶，有所分，有所
守也。
　　化必有所分。庄周自为庄周，蝴蝶自为蝴蝶，是《大宗师》
所谓"其一也一。"自是而非他也，无所谓化也。一切变化，必涉
两端。故庄周化为蝴蝶也，蝴蝶化为庄周；腐朽化为神奇也，神

---

① 《庄子集解》，前揭，页 26、27。
② 《庄子校诠》，前揭，页 96。
③ 《庄子集解》，前揭，页 16。
④ 同上，页 203。
⑤ 《庄子集解》，前揭，页 47。
⑥ 方向东撰：《大戴礼记汇校集解》，北京：中华书局，2008 年，页 1283，下同。

奇化为腐朽。既为两端也,则必有所分。然分物之化,亦必有所守。蝴蝶为庄周所化,非惠施所化;宫室为林木所变,非雾岚所变,是蝴蝶庄周,宫室林木,自有其一也,自有其通也。此通一,西洋哲学析之以名言,而以之为"连续性之一",①盖为"基底"、"主词"或"质料",②而《庄子》以为"宗"也。宗也者,主也。故《大宗师》所谓:"其不一也一",乃摄一切物化之理。庄生蝴蝶,示此理以例而已。物化必自不一,物化必宗其一。如此而已矣。然万物彼此相化也,故有其大宗。万物自有其族类。族类之宗,可谓《天地》所谓"方且与物化而未始有恒"。然而族类彼此未通,故族类之宗,"可以为众父,而不可以为众父父。"③万物相化,自通为一,乃见众父之父,大宗也。大宗者,万物之"大一"也。《孟子·尽心上》云:"夫君子所过者化,所存者神,上下与天地同流。"④则天地亦无非过化存神者矣。所存者,即庄子所谓"守其宗"也。故《德充符》曰:"自其异者视之,肝胆楚越也;自其同者视之,万物皆一。"⑤《天地》曰:"不同同之之谓大"。⑥此一,气论家以之为"通天下一气"⑦也。则道之分,犹气之散。名理家以之为万物毕同之大一也。气论名理,是皆执一也、皆劳神明也。气固非名理,气论则昌言气之约聚通分,要亦名理耳,气论之气亦一名相耳,一如理一。然则名相之一可执耶?盖一

---

① 参见亚里士多德,《形而上学》第五卷第六章,1016a1–10。
② 参见同上书,第一卷第五章,986b10–20。
③ 《庄子集解》,前揭,页102。
④ 《孟子集注》,《四书章句集注》本,前揭,页417。
⑤ 《庄子集解》,前揭,页47。
⑥ 同上,页100。
⑦ 同上,页186。

非万物也。百家一曲，在不遍不赅，裂古人之一。然而惠施十事，首出至大无外之一，《天下》犹责惠施"逐万物而不反"、"散于万物而不厌"、"其道舛驳"，何也？盖惠施论一，执一名一言，犹论一物也。故十事皆"历物之意"。执一而与万物对待，无本无末，无体无用，则此一犹是一曲，而非真一也。惠施之一，名理之一也。庄子则应之以卮言曼衍。执一之理，无出惠施之右者，而卮言玄理，必即名理而超名理。此庄子之所以有重于惠子也。

一者，物化之宗、无封之道也。故一有两义，一曰原，一曰全。如朴如素，散也、聚也、化生之原。无封无对，遍也、赅也，万物大全。原即气一，全即理一。一则一也，理无二一。而气之为一，通也，通也者，如去其分也，亦全也。然则原即全，全即原。然而气之为原者，化生万物者也。试问，气是万物否？气如是万物，气生万物犹万物自生也。化生者，由无而有，由隐而显之谓。显隐者对他而言，在气自身，唯有聚散出入，无所谓显隐。气生气，则由有而有。然则气生气之说不可立，故气非万物，明矣。气如非万物，则生可立，而全不可立。盖万物既非气，则气所生者在气外。有物在外者，非大全明矣。气者，通也。物则有分，通者生其有分，此通必有所止。止其通者或非气，则气不为一。止其通者即其气，则气者为通不立也。如是，或气不为一，或气不为通，无论从何解，则《知北游》所谓"通天下一气"者，必不可立。故如以气为化生之原，则其必非全也。非全则非一也。故气一，执之则非一也。

如以一为全，全者无封，名与所名，有封有域。故全者无名。而一也、全也，皆名也。有名者，有封有对而非一也。故真一非一。真一存乎无名。唯无无名。故真一即无。而"无"亦是一名,有"无"亦是一有,《齐物论》云:"有有也者,有无也者,有未始有无也者,有未始有夫未始有无也者。"①故一不可言,无亦不可言,言则无穷,故真一、真无,唯存乎默然、无言而已。此一而无言也。上文已引《齐物》:"既已为一矣,且得有言乎?既已谓之一矣,且得无言乎?一与言为二,二与一为三。自此以往,巧历不能得。"此一而有言也。无言者,往归于无也;有言者,来衍万物也。《则阳》曰:"吾观之本,其往无穷;吾求之末,其来无止。"②《天下》谓庄生"独与天地精神往来,而不敖倪于万物。"是有往有来矣。有往有来,有道有物,故不敖倪,而能得本矣。故理一,归之为无,衍之为万。无也,万也,皆非一也。故理一,执之则非一也。

故气一、理一,皆不可执,执则一非一。气一,非一也,易也;非通也,分也。理一,非一也,无也,万物也。一为一,为至大无外、至小无内,此名理也。一非一,为无、为万物,此玄言也、卮言也。玄言者,即名理而超名理者也。惠施执名理,而独不知玄言卮言也。理一,《庄子》辟之力也。庄子之辟,以名理辟名理也,故后世乃以之为玄学。呜呼!庄子可容玄学,而玄学岂足以尽庄子耶?气一,《庄子》即而超之者也。而后世执黄帝"通天下一气"为了义。今人已知玄学不足以尽庄子矣,而又归之为气论。超克玄学难,超克气论尤难也。《知北游》言通天下一气也。而他篇又屡言道通为一。气论以道为气,不亦宜乎?今试为破之。《齐物》云:"故为是举莛与楹,厉与西

---

① 《庄子集解》,前揭,页19。
② 同上,页235。

施,恢诡谲怪,道通为一。其分也,成也;其成也,毁也。凡物无成与毁,复通为一。"①《庚桑楚》云:"道通。其分也,其成也毁也。"②两处相参,《庚桑楚》盖阙文"成也"。道者,通也。道分也,万物成也。故万物成于分。万物成也,何物毁也? 其通毁也。犹《老子》所谓"朴散则为器"③者也。成器,朴乃毁。朴可散,通可毁,道不可散不可毁也。盖道无不在,朴有道,器亦有道也;约是道,散亦是道也。气则犹朴犹通也,万物则犹器犹分也。气不包万物,而道包万物也。故道有越于气明矣。故气之通也,名道而不足以尽道也。道之通大,气之通小。道之成大,气之成小。此成彼毁,成毁一化,此一化乃大成。物毁则气通,气分则物成。成毁一贯,连绵不绝乃大通。故道通为一,非气之通也,乃成毁一贯、通分有通之大通也。此可参儒家仁义之说。仁义不可偏废,犹天道必有阴又有阳也。而仁摄义,阳抑阴。大仁可并包仁义礼智信五常,乾元可并包元亨利贞四德。故道曰大通,则可包通分成毁。通在气,分在理。故道并包理气也。于儒家,仁通义止。仁者通也。而通必有止,亲亲有杀,礼义所在。儒家深明其理也。通也,止也,亲也,杀也,皆道所在,而气则不预焉。故儒门有理宗纠其偏。儒学不可以气论尽之,庄子乃能以气论尽之耶? 庄子与儒门,于斯固有所通也。故《在宥》曰:"一而不可不易者,道也。"④斯言极精,盖了结气一,归诸于道也。而斯言又深合《易》理,盖由道入儒之枢。下详。

---

① 《庄子集解》,前揭,页16。
② 同上书,页203。
③ 《老子道德经注》,《王弼集校释》,前揭,页75。
④ 《庄子集解》,前揭,页98。

第三章　道一之微

第一节　一之道术

　　一不可执,而《庄》、《老》屡言贵一、抱一者何也？执一属名理,抱一乃道术也。"一"落于言诠,则唯无唯易。"一"化于道术,则唯虚唯清。前引《则阳》曰:"有名有实,是物之居,无名无实,在物之虚。"①盖执一则有名有实,循名责实,乃曼衍万物也。抱一则无名无实,物之虚矣。大抵执一者,有言、有为、有己;抱一者,无言、无为、无己也。执一而有言,惠子也。执一而有为,慎子也。执一用为道术而有己者,《人间世》颜回所谓"端而虚,勉而一"②者也。皆《齐物论》所谓"劳神明为一"也。惠子执一,"其言也不中"。慎子执一,"泠汰于物",造作道理。《人间世》之"端而虚,勉而一",则近道术而见光景矣,而终不是。虚

---

①　《庄子集解》,前揭,页235。
②　刘武撰,沈啸寰点校:《庄子集解内篇补正》,北京:中华书局,1987年,页90,下同。

也,一也,皆有光景矣。端也,勉也,则非真抱一矣,故仲尼谓其
"执而不化"。① 端也,勉也,皆劳神明也。有劳盖有己也,有己
则非真虚、真一也。故仲尼告知以"心斋":"一若志,无听之以
耳而听之以心,无听之以心而听之以气……气也者,虚而待物者
也。唯道集虚。虚者,心斋也。"②注家以为,此篇之要,即在"一
若志",犹老子之"抱一"也。③ 此语虽是,犹未彻也。盖一志如
不能虚,则无非执一也。"心斋"之要,在"虚而待物"。"心斋"
之证,在无己、丧我。故颜回"得使之也,未始有回也"。④ 丧我,
真虚也,真抱一也。道一不绝万物。唯道集虚,故唯物集虚也。
"心斋"既使,万物自化自通,是真不劳神明为一矣。故《齐物
论》云:

> 凡物无成与毁,复通为一。唯达者知通为一,为是不用
> 而寓诸庸。庸也者,用也;用也者,通也;通也者,得也;适得
> 而幾矣。因是已。已而不知其然,谓之道。劳神明为一,而
> 不知其同也,谓之"朝三"。⑤

朝三暮四,朝四暮三,本来即同。劳神明者不知万物之同,
有言有为而一之,用其术而通之,是绝万物而为一也。达者知万
物成毁,本来即通。故不自用。唯无为故不自用,唯清虚固无

---

① 刘武解为"执一而不化",是也。《庄子集解内篇》,前揭,页91。
② 同上书,页93-94。
③ 参见同上书,页94。
④ 同上书,页96。
⑤ 《庄子集解》,前揭,页16。

为。唯不自用，故万物自化而得用。万物得用则有成毁，有成毁者，化而通也。《大宗师》云："离形去知，同于大通"。① 注家以为"大"当作"化"。其实一也。"离形去知"，即不自用，不劳神明也。《在宥》广成子语："慎守女身，物将自壮，我守其一，以处其和。"②鸿蒙语：

> 汝徒处无为，而物自化。堕尔形体，吐尔聪明，伦与物忘；大同乎涬溟，解心释神，莫然无魂。万物云云，各复其根，各复其根而不知；浑浑沌沌，终身不离；若彼知之，乃是离之。无问其名，无窥其情，物故自生。③

其义皆近之。《在宥》之"堕尔形体，吐尔聪明，伦与物忘；大同乎涬溟"即《大宗师》之"离形去知，同于大通"。无为也、不用也、守一也，皆抱一之道术。抱一者，唯清唯虚，实无一可抱也。唯无一可抱，乃真一也。

故道也者，言之则一。一也者，默之则道。言默之间，不一不异。一也，之于名理即无，之于气论即易，之于儒术即仁，之于哲学即"是"、"善"、"我"也。④ 而一之于道术，则唯清唯虚而已。庄子之学，道术也，非名理、气论、哲学可以尽。然名理、气论、哲学，乃至儒术，皆不出其范围。道术之所谓一者，清虚也。唯无为、无言、不用也。唯清虚能容万物、能生万物、能成万物、

---

① 《庄子集解》，前揭，页69。
② 同上，页94。
③ 同上，页96。
④ 儒术、哲学详见下篇。

能毁万物,是一而化之者也。① 故清虚亦无无不为也,无不言也,无不用也。故《大宗师》曰"见独",盖见一而已。② 既见独也,"而后能无古今;无古今,而后能入于不死不生。"③古今死生者,二也、易也、未恒也。无古今、无死生者,守一、抱一而已。既抱一也,"其为物,无不将也,无不迎也;无不毁也,无不成也。其名为撄宁。撄宁也者,撄而后成者也"。④ 撄也者,萦也,扰也,乱也。宁也者,安也,定也,成也。⑤ 有将则有古,有迎则有今。有成则有生,有毁则有死。将迎成毁者,撄也,无不为也。《天下》言关尹、老聃"空虚不毁万物"⑥此犹无为耳。无为者,执之即有为也。唯空虚能不毁万物。亦唯空虚,于万物能无不毁、无不成也。撄而后宁者,其体寂然清虚,其用遍在动静。

　　故真无为者,无为而无不为也。而真无言者,亦无言无不言也。无言,齐是非也。无不言,"不遣是非"以齐之也。故《齐物》齐是非,而《天下》"不遣是非"者,犹《寓言》所谓:"不言则齐,齐与言不齐,言与齐不齐也,故曰无言。言无言,终身言,未尝言;终身不言,未尝不言。"⑦《则阳》亦曰:"言而足,则终日言而尽道;言而不足,则终日言而尽物。道,物之极,言默不足以

---

　　① 《知北游》有:"仲尼曰:'古之人外化而内不化,今之人内化而外不化。与物化者,一不化者也。"(《庄子集解》,前揭,页194)而《大宗师》又有"一化"之说,"善妖善老,善始善终,人犹效之,又况万物之所系,而一化之所待乎!"(《庄子集解》,前揭,页59),成玄英疏曰:"混同万物,冥一变化。"(同上)王先谦注《齐物论》"物化"说亦有"一而化"之说。(《庄子集解》,前揭,页27)

　　② 《庄子集解》,前揭,页61。

　　③ 同上。

　　④ 《庄子集解》,前揭,页61-62。

　　⑤ 参见《庄子校诠》,前揭,页235。

　　⑥ 《庄子集解》,前揭,页294。

　　⑦ 同上,页246。

载。非言非默，议有所极。"此语精矣，而犹有未尽也。既知道无不在，则物不必离道。言道未必尽道，言物未必不尽道也。故言道未必言足，言物未必言不足也。如能"与物化而守其宗"，则终日言物而未尝离道也。《天下》之谓庄生"独与天地精神往来，而不敖倪于万物。"往则达道，来则及物。往来不竭，则不落道物二边，言默固不足以载之矣。故道物、道言非二事也。有道有物，乃有言有默。道物不相妨，故言默亦不相害也。《天下》论庄周之卓然不可及处，其在此乎！盖《天下》所论诸家，其学要在道物之间，常有对待。或举物废道，或举道废物。唯关尹、老庄，其道能容物、不毁物，而其术稍偏无为，其学稍偏无言也。其唯庄生，于物不独无为，不独虚而待之、清而容之也，亦为物，亦无不成、无不毁也。成毁通分摄诸一化，言默是非归诸一齐。不落二边，故一也、全也，乃见其道术之纯。

　　庄学之言默，盖齐于是非之间而应人世；而庄学之玄理，则化于道一之际而摄万物。故总庄子之学，道物之间其体也，道言之间其象也，道世之间其用也。道立于一、始于一。① 道之通、化，一之也。一之乃有三义，曰虚静之一，曰无对之一，曰齐一。齐一者，齐万物也，齐是非也。齐万物者多默，道术之用；齐是非者厄言，曼衍无尽。庄学之可传、可道者，唯在此两端之间。其他则非人所能知也。②

---

　　① 《说文》训"一"为"惟初大极，道立于一，造分天地，化成万物"，参见《说文解字注》，前揭，页1；又参见《淮南子》"道曰规，始于一。"据王念孙改定为"道始于一"，见刘文典撰，《淮南鸿烈集解》，前揭，页112。
　　② 在道体学，无对者，大全也，存有也；齐一者，活动也。故"一"之三义可通，详见下文。

《齐物论》云:"古之人,其知有所至矣。恶乎至? 有以为未始有物者,至矣,尽矣,不可以加矣! 其次以为有物矣,而未始有封也。其次以为有封焉,而未始有是非也。"①王先谦以为,"其次以为有物矣"之前,与《庚桑楚》文同。② 按,《庚桑楚》有:

> 古之人,其知有所至矣。恶乎至? 有以为未始有物者,至矣,尽矣,弗可以加矣。其次以为有物矣,将以生为丧也,以死为反也,是以分已。其次曰始无有,既而有生,生俄而死;以无有为首,以生为体,以死为尻;孰知有无死生之一守者,吾与之为友。是三者虽异,公族也。③

郭象注曰:"或有而无之,或有而一之,或分而齐之,故谓三也。此三者虽有尽与不尽,然俱能无是非於胸中,故谓之'公族'。"④则郭象盖以为《齐物论》、《庚桑楚》两处三者全可对照也。非独如王先谦仅取其一。今从郭说。是三者也,唯虚无、无对之太一、有分之齐一而已。约其旨即道一之间。阐其说,则未始有物,于玄理为无,于道术为虚;有物而无封,生丧死反无分,⑤此则于玄理为一,于道术为抱一、守一。有封而无是非,有无生死一体者,于玄理言有分之备,壹也,⑥于道术言齐一也。

---

① 《庄子集解》,前揭,页 17。

② 同上。

③ 《庄子集解》,前揭,页 203。

④ 《南华真经注疏》,前揭,页 456。

⑤ 文中"分已"当作分之止已解,"已"不做语气辞。否则郭注之"有而一之"不可立,盖已是"分而齐之"矣。

⑥ 参上文解荀子"虚壹而静"处。

《齐物论》齐是非,是注家所谓齐"论"也;《庚桑楚》齐生死有无,是注家所谓"齐物"也。三者之公族,郭象以为"皆无是非",误也。三者,实皆一也,无是非仅齐论之一而已。要之,一而无之,虚也,无也,即一即道也。其次,一而无对,无多之一,纯一也。① 再次,一而无所不包,不同同之,有分之备,多中之一也,一体大全也。三者曰道、曰一,曰全。如从贵无派之说,亦可谓三者曰无,曰一,曰全。《庄子》以三者别而有公,盖皆能以一名之也。

故道家之所谓道一有间者,一有三义也。道体本不容言,一而超之,即一即无,玄默而虚也。《老子》所谓道生一,一生二,二生三,三生万物者,以言衍万物也。逆此衍生,即契道体,玄默也。由一而言,固可下摄万物,由一而无言,则上契道体矣。此于理则玄言,于术即清虚耳。

其次即无即一,一而不言则无,无而言之则一。即《齐物论》所谓"其次以为有物矣,而未始有封也。"而此篇又有:"夫道未始有封,言未始有常"②以之为道何也? 盖道言之即一,而"大道不称","道昭而不道",一默之即道也,《齐物论》所谓"不道之道"。③ 故道一不一不异。默会其体则道,言而寓诸用,通衍无尽则一。

再次即一即全。纯一者,独也。大一者,全也。《知北游》盖以通为一谓之气,《庚桑楚》盖以备为一而语有所憾,盖备则

----

① 冯友兰所谓"道的特点是一个抽象的全"。参见哲学研究编辑部编:《庄子哲学讨论集》,北京:中华书局,1962 年,页123,下同。
② 《庄子集解》,前揭,页20。
③ 《庄子集解内篇补正》,前揭,页61。

有所待也。① 有所待则非真一。通也、备也,皆分而一之也,而备不能化,唯所化也,通则一之化也。

有以为庄子之道为一,又以此一为"抽象的全",而由其抽象故是无者。② 盖混同无、一、全三者矣。全如抽象,则独而无分。无分盖纯一也。真全当或为无所不包之"备",或为无所不贯之"通"。而《庄子》喜言通,不喜言备,③所谓"通于一而万事毕"④也。刘咸炘乃曰道乃"周万物"、大全。此以备为道也,又曰"道无不在",是悖理也,已见上义。"道无不在者",盖云万物一化,道无所不通也。《庄子》之于是非,亦复如是。是非既起,则所谓道通于一者即齐于是非也。此即《天下》曰庄子"不谴是非"之真意也。《齐物论》曰:"是以圣人和之以是非而休乎天钧,是之谓两行。"刘武以为"和之以是非"即"道通于一"。⑤ 而所谓和之以是非,并非一概无言、沉默。而是转反其言,"何谓和之以天倪? 曰:'是不是,然不然。'"⑥言随道动,是为"卮言"。⑦ 而道通为一,故卮言者,随其通而动也。通则有往、有反,是唯"两行"。"反者道之动"⑧故卮言亦有所反。有正又反而和之,道之通也,言之转也。《齐物论》谓:"故为是举莛与楹,

---

① 备也者,完备也。必有待于分,而后合一。故分就是所谓"以备",备的条件、备之所待。

② 冯友兰讲"道的特点是一个抽象的全"。参见哲学研究编辑部编,《庄子哲学讨论集》,前揭,页123。

③ 上文引庚桑楚"道通,其分也,其成也毁。所恶乎分者,其分也以备;所以恶乎备者,其有以备。"(《庄子集解》,前揭,页203。)

④ 《庄子集解》,前揭,页99。

⑤ 《庄子集解内篇补正》,前揭,页51。

⑥ 同上,页71。

⑦ 同上。

⑧ 《老子道德经注》,《王弼集校释》,前揭,页109。

厉与西施,恢诡谲怪,道通为一。其分也,成也;其成也,毁也。凡物无成与毁,复通为一。"此即和之以是非也。通分成毁皆和之。通而分,分而成,成而毁,毁而通,两行也、卮言也、圆转如环也。如环者无尽。通而复通,通亦无尽。分而复分,分亦无尽。故是非皆无尽也。

> 是亦彼也,彼亦是也。彼亦一是非,此亦一是非,果且有彼是乎哉? 果且无彼是乎哉? 彼是莫得其偶,谓之道枢。枢始得其环中,以应无穷。是亦一无穷,非亦一无穷也。故曰"莫若以明"。①

道枢之环,即所谓卮言曼衍。唯其曼衍,故得其久。故《寓言》曰:"非卮言日出,和以天倪,孰得其久! 万物皆种也,以不同形相禅,始卒若环,莫得其伦,是谓天均。天均者,天倪也。"②卮言也者,言如卮也。《字略》云:"卮,圆酒器也"。疏云:"卮器满则倾,空则仰,随物而变,非执一守故者也。"③卮圆而虚,空则仰,实则动。唯其圆而虚,故能动。故唯道枢圆而虚,言环动之无穷。"一",玄名也,始名也。一即如卮,解之以无,则虚而仰;解之以独,则实而动、满而溢、曼而衍,万物遂生,是非遂起。道立于一,亦溢于一,倾于一也。故卮言枢环,其指无二。

是非圆转如环,故言、知皆无尽也。无往不复,始卒复通为一,此无尽也,西学形上学集大成之黑格尔体系即卮言圆转之学

---

① 《庄子集解》,前揭,页14。
② 同上,页246。
③ 同上,页245。

也。然黑格尔哲学唯见其环，未见其枢。海德格尔尝曰，黑格尔体系之所以有循环，乃因有枢，其枢为存在。[1] 海言甚精，然亦有未安处。黑格尔体系有枢，神也。厄言中无神者，盖如道出，亦只是一空名。神不可道出，道出者皆言也。黑氏屡言东方之神有无数玄名，[2]即此意也。而黑格尔欲认识神，道出神，故神之所是，唯厄言之环而已。空言其枢，毫无意义，黑盖重环略枢者。海之存在，在黑格尔无非一厄言玄名而已，亦环也，非枢也。海氏言存在为枢，盖不以存在为范畴，而以之通于无言，此与庄学之"一"有似。唯海氏之学，有枢而去环，直言存在，而无圆转之妙，此与黑氏，恰各有其偏。两者盖皆化新柏拉图主义太一圆转之学而出，各有所见，各有所主，各有所偏。详见本论下篇末章，此不复赘。

夫庄子道枢之学，则唯其有枢，乃有其环。环者，言与名皆折返自身，由是而彼，由彼而是，故有彼是而无彼是也。枢者，环中之空也，[3]不落言诠，故无彼是、无是非。唯其无彼是是非，则其环彼是、是非反复无常，不可遽而定之。此即《齐物论》所谓：

> 果且有彼是乎哉？果且无彼是乎哉？彼是莫得其偶，谓之道枢。枢始得其环中，以应无穷。是亦一无穷，非亦一无穷也。故曰：莫若以明。

《齐物论》又云："夫道未始有封，言未始有常"。道枢，彼是

---

① 参见海德格尔，《现象学之基本问题》，前揭，页385。

② 参见黑格尔著，贺麟译：《小逻辑》，北京：商务印书馆，1980 年，页 98－99，下同。

③ 参见《庄子集解》（齐物论），前揭，页15。

莫得其偶者,彼是之封未起,即"夫道未始有封也"。"果且有彼是乎哉？果且无彼是乎哉？"即所谓"言未始有常也",卮言之环所在也。道枢,体也。言环,用也。体无为,则用无尽也。此即所谓"以明"。按,《齐物论》"以明"凡两见。一处如上所引,枢空环圆,道体无言,卮言无尽。一处则曰:"为是不用而寓诸庸,此之谓'以明'。"①文则有二,义则一也。如鼓琴时,必于五音有发有不发。故鼓琴则声有成有亏;不鼓琴,则声无所成亏。辩是非亦复如是。顾此失彼,明此昧彼,"欲以明之彼。非所明而明之,故以坚白之昧终。"②故五音彰则琴道亏,是非彰则大道亏。自明反得昧,故"以明"者非明也,以用者非自用也。此义亦贯乎他篇。《人间世》云:"虚室生白",《庄子集解内篇补正》引《天地》"冥冥之中,独见晓焉"注之,以为"冥冥见晓,即虚室生白",盖《说文》训晓为明也。③ 此说是。然则"生白"即"以明"也,其要在虚。《知北游》又有:"夫昭昭生于冥冥,有伦生于无形……其用心不劳,其应物无方。"④"昭昭生于冥冥"盖同于《吕氏春秋·离谓》所谓:"惑惑之中有晓焉,冥冥之中有照焉。"⑤注家以为,后者又通于《淮南子·俶真训》所谓:"冥冥之中独见晓焉,寂漠之中独有照焉。"⑥《淮南》注家亦注"晓"为"明"。⑦ 按,《俶真训》有"是释其炤炤,而道其冥冥也"。⑧ "炤炤"通"昭昭"。《荀子·儒

---

① 《庄子集解》,前揭,页18。
② 同上,页18。
③ 《庄子集解内篇补正》,前揭,页98。
④ 《庄子集解》,前揭,页188。
⑤ 参见《庄子校诠》,前揭,页819。又见《吕氏春秋集释》,前揭,页486。
⑥ 参见《吕氏春秋校释》,同上。《淮南鸿烈集解》,前揭,页58。
⑦ 《淮南鸿烈集解》,前揭,页58。
⑧ 同上,页70。

效》曰："炤炤兮其用知之明也。"①故"昭昭生于冥冥"，即以明也。"用心不劳、应物无方"即"不用而寓诸庸"也。《知北游》光曜问乎无有之事略同。②则白也、晓也、昭昭也、光曜也，皆所谓"明"也。而虚也、冥冥也、无无也、无为也，此皆《齐物论》所谓"以明"也。明则或以道枢，或以不用也。道枢彼是无偶，故能齐万物、齐是非。不用则寓诸庸而通万用也。《淮南子·俶真训》谓："其用之也以不用，其不用也而后能用之；其知也乃不知，其不知也而后能知之也。"③齐万物者，无为也、不用也，故无不为也、无不用也。齐是非者，不知也，无言。故无不知也，无不言也。无不言者，和是非而卮言无尽也。道枢中空，而后言环无穷。而体用一如也，故执言执默，皆边见耳。

唯卮言无尽，故庄子非一味"大道不称、大辩不言"。若其不称、不言，孰知其不称、不言？庄子终身言，未尝言，是真所谓"大辩不言"也。是非竞起，执一而落边见，言默皆不足以应之。或言或默，皆另立一是非而已。唯一而化之，等而齐之，和而通之。能化是非，则无言、卮言，皆足以和之。《齐物论》云：

> 夫道未始有封，言未始有常，为是而有畛也。请言其畛：有左有右，有伦有义，有分有辩，有竞有争，此之谓八德。六合之外，圣人存而不论；六合之内，圣人论而不议；《春秋》经世，先王之志，圣人议而不辩。④

---

① 《荀子集解》，前揭，页132。
② 参见《庄子集解》，前揭，页192。又《淮南鸿烈集解》，前揭，页45。
③ 《淮南鸿烈集解》，前揭，页58。
④ 《庄子集解》，前揭，页20。

　　此历代注家多以为庄子籍之齐是非、和分辨,此固是也。然其何以齐是非、和分辨,则未得至解。此非独关乎道"言"也,亦关乎道物。道物之际,犹道言之际耳。

　　六合者,天地四方。① 天地四方外,果有何物也? 未始有物也,有物而未始有封也。《老子》第二十五章曰:"有物混成,先天地生"。河上公注曰:"谓道无形,混沌而成万物,乃在天地之前。"②此犹《应帝王》所谓浑沌,"清浊未分也"。③ 八德之"伦"、"义",成疏为"伦,理也;义,宜也。"又以为即"论"、"议"。章太炎以为意当从"论"、"议",而文不必改。④ 此以昏昏注昭昭也。盖伦、义能知,庄子之"论"、"议"、"辨",似俗白,实未易明也。故当从"伦"、"义"解"论"、"议",而非相反。《荀子·儒效》有"人论"。王念孙曰:论,读为伦。伦,类也,等也。⑤ 故存而不论者,有之而无从分类也。此即《齐物论》所谓"道未始有封"也。以言解"论"亦可。盖无封之道即"一"也。一不容言,言之则有对而非一也。六合之外,太一也,本无伦类,论则一破,而非六合之外矣。故本无可论,而非圣人为应世故意不论也。"六合之外,圣人存而不论"者,"无名天地之始也"。盖天地之始,先于天地,固六合之外也。"六合之内,圣人论而不议者",唯有彼此,未起是非也。圣人之论,盖分门别类,名之而已。"有名万物之母"。⑥

---

　　① 参见《南华真经注疏》,前揭,页45。
　　② 《老子道德经河上公章句》,前揭,页101。
　　③ 郭庆藩撰,王孝鱼点校:《庄子集释》(应帝王),北京:中华书局,2012年,页310,下同。
　　④ 《庄子校诠》,前揭,页74。
　　⑤ 参见《荀子集解》,前揭,页145。
　　⑥ 《老子道德经注》,《王弼注校释》,前揭,页1。

故六经之教,始于《诗》、《书》,多识鸟兽草木、人事祖烈名耳。而礼之要尤重名。故《乐记》云:"乐著大始,而礼居成物。"①夫妇父子君臣,皆由礼成,由名成也。礼者立也,礼之要在立名。政者正也,政之要在正名。一切父子夫妇君臣上下名分皆从礼出。一切齐家治国平天下皆政也,皆正也。礼教即名教也。政治则循名责实也,循名立实也,循名定实也。礼则立名,政则立实。孔子所谓君君臣臣父父子子,即此义也。孔子之正名,即据名以正实也。立名则普遍。正名则特殊。君臣有义,立名也,是礼教事;孰君孰臣则正名也,非礼教事,乃政治事耳。立名则始有伦类,正名则以名摄人事,据名判人事是非。故立名为论,正名为议。礼经可见圣人论而不议,《春秋》可见圣人议而不辩。《齐物》云:"《春秋》经世先王之志,圣人议而不辩";《天下》云:"《春秋》以道名分。"②孟子曰:"《春秋》,天子之事也。是故孔子曰:'知我者,其惟《春秋》乎! 罪我者,其惟《春秋》乎!'"③又云:"王者之迹熄而《诗》亡,《诗》亡然后《春秋》作……"④"其事则齐桓、晋文,其文则史。孔子曰:'其义则丘窃取之矣'。"⑤《礼记·经解》曰:"属辞比事,《春秋》教也。"⑥"其义则丘窃取之矣","义者宜也",有"义"即"议"。以名繫事,以共繫别,判断在焉。"其文则史",谓合其辞而述其事,是非之断在焉,而之所以断其是非者则无也。此即所谓议而不辩也。春秋以道名

---

①　《礼记集解》,前揭,页994。

②　《庄子集解》,前揭,页637。

③　《孟子·滕文公下》,《四书章句集注》本,前揭,页319。

④　《四书章句集注》本,前揭,页347。

⑤　《孟子·离娄下》,《四书章句集注》本,前揭,页348。

⑥　《礼记正义》,前揭,页1368。

分,何谓也? 礼者,名分也,普遍也。史者,以名繫于天时、地域、人事也,特殊也。名者唯名,繫于事物,义则生焉。故礼经论而不义,《春秋》经议而不辩,《春秋》传则有辩矣。《春秋》诸传,皆演之所以断其是非者,非辨也欤? 庄生虽不知经学门户之争,百家争鸣,皆自是非他也。此即所谓有分有辨也。郭象注曰:"并逐曰竞,对辨曰争。"①各各自是,犹今人所谓"论证"也,竞也。彼此相非,犹今人所谓"辩论"也,争也。故"存而不论"即无封无对,无彼此、无物己;"论"则有彼此;"议"则有是非;"辨"则此是而彼非也。此即所谓道术为天下裂也。故《齐物》之义,太上无言、无对。其次有彼此而无是非。再次有是非,而无之所以是非。百家竞起,则各各演其之所以是非也。道原于一。道术既裂,无非复原其一。然则何以原之哉? 曰:既原于一,则当以一原之也。然则一在何处也?

　道立于一。太上无言,故无一无有。其次未始有封,纯一也。再次有彼此而无是非,应之以齐物也,则一在齐物。再次有是非也,乃至纷纷有辨也,应之以齐是非,则一在齐是非。是也无穷,非也无穷,故齐而一化也无穷,此即所谓卮言。道术既裂,百家各据一曲,则原道术之一体,必曲而全之。和其是非者,即曲而全之也。此犹《中庸》所谓"其次致曲"②也。唯《庸》以诚致曲,诚则能化。庄则以虚致曲,虚亦能化也。虚之于名言即无,无之于道术即虚。名言之无,非执无如一物名,要在其曼衍应物。无即道枢,言即环耳。

　　① 《南华真经注疏》,前揭,页44。
　　② 《中庸》第二十三章,见朱熹《四书章句集注》本,前揭,页38。

　　大哉庄子！以道术为宗，名理、玄言、气论皆不足以尽之。虽不足以尽之，亦不外于庄学也。盖名之所以曼衍者、气之所以成毁者、理之所以通分者，皆在道术。唯其道不敖倪于物，则其学不敖倪于名理、气论也。唯道集虚，故卮言无尽、一气凝散。庄子之道术，即万物而超万物，超万物而容万物。庄子之学术，即玄理而玄理，超玄理而容玄理。道术宗虚，玄理宗无，其名皆"一"也。一也者，无言而守之即虚，"其神凝"，①凝于一也；有言而衍之即无，其言吊诡，曼衍万有。气也者，或归诸道术，或归诸义理也。归诸道术，则"气也者，虚而待物者也"。② 归诸义理，则"通天下一气耳"③、"可以约，可以散"④也。解庄学以气论者，非无可取之处。而其误也，在混同义理之气与道术之气。庄生言气，道术第一义也，义理第二义也。道术之气，与清虚不二。⑤ 述道术以义理，乃以气造论，则气亦一名相耳，自不可拒名理。气不分则无以成物，分则必以理，理则由一而衍，一则因名无而立。故气必屈于无、一等玄名之下，而气学终不能离理学，于庄于儒，一耳。然则庄学亦不能以理气尽之，而能即理气、超理气而容理气也。理气所同宗者，"一"也，理一分殊，气通则一也。而名理必有分乃有类，有类乃有殊；气虽主通，凝乃成物，凝则气分，分则不通。故理、气皆不能守其一也。唯道集虚，乃

──────────

　　① "藐姑射之山，有神人居焉，肌肤若冰雪，淖约若处子，不食五谷，吸风饮露。乘云气，御飞龙，而游乎四海之外。其神凝，使物不疵疠而年谷熟。"《庄子集解》(逍遥游)，前揭，页28。

　　② 《庄子集解》，前揭，页35－36。

　　③ 同上，页186。

　　④ 同上，页192。

　　⑤ 气与虚不二，此义张横渠得之矣，而横渠又不以道术，乃以学理解之，则是其谬也。详见下篇第一章。

能守一。理气则宗一而不能守,是理气之学与道术之别也。故理气之学终不能尽庄学。

第二节　庄儒之微

　　然则理气之学,一转则为儒门大宗。守虚调气之术,一转则为神仙家。庄子儒家耶? 庄子神仙家耶?《刻意》云:

　　　　刻意尚行,离世异俗,高论怨诽,为亢而已矣;此山谷之士,非世之人,枯槁赴渊者之好也。语仁义忠信,恭俭推让,为修而已矣;此平世之士,教诲之人,游居学者之所好也。语大功,立大名,礼君臣,正上下,为治而已矣;此朝廷之士,尊主强国之人,致功并兼者之所好也。就薮泽,处闲旷,钓鱼闲处,无为而已矣;此江海之士,避世之人,闲暇者之所好也。吹呴呼吸,吐故纳新,熊经鸟申,为寿而已矣;此道引之士,养形之人,彭祖寿考者之所好也。若夫不刻意而高,无仁义而修,无功名而治,无江海而闲,不道引而寿,无不忘也,无不有也,淡然无极而众美从之;此天地之道,圣人之德也。①

　　神仙家者流,导引之士也。儒家者流,平世之士、朝廷之士也。故《庄子》不能以儒家、神仙家尽之,而儒家、神仙家之所应有,在《庄》亦无不尽有也。

————————

　　① 《庄子集解》,前揭,页535。

　　然《南华》籍列《道藏》，已与神仙家合流；而儒门庄子之说，自古不绝如缕，于今尤盛。虽不无见地，然时贤既拒以道家谓庄，以出于汉代而不古，而又自以儒家谓庄。既自限于内七篇觅庄生宗孔之迹，又大引《天下》解庄。[①]是欲尽排外杂篇而不可得矣。曾谓外杂篇之解庄，尚不如后世佛子儒生耶？然则庄子儒家耶？何以非孔子而薄仁义？庄子非儒家耶？何以又宗孔颜而演其"心斋"、"坐忘"之说？儒也，道也，皆名耳。有名则有彼此是非也。《天道》云："昔者子呼我牛也而谓之牛，呼我马也而谓之马。"[②]曾谓庄子不知此理乎？托名者，寓言也。论庄当以其义理，不当以其寓言。义理当从其大本，不当从其支脉也。大本必尽其精微，不当徒观其宏也。庄学之于儒术，亦即之而超之，超之而容之也。唯其如此，故儒门之于庄子，有宗有转，有因有革也。何以有转有革？固有所异也。此异非荦荦大者、昭昭明者也，而极精极微，盖从其极相似者、极可以儒学解之者出之也。

　　《庄子》中可解之以儒学者，不一而足。今人尤重其可通《中庸》处，[③]是也。然《庄子》其文其义，于《易》、《庸》皆有呼应处。文应之处，盖《庄》自涉。义应之处，唯解者达之。其应也，《易》尤重于《庸》。而《庄》之应也，用之、转之而非宗之矣。庄之于孔，犹后世孔徒之于庄也。此间略阐数处，示其同异。

　　《逍遥游》云：

---

　　①　参见杨儒宾：《儒门中的庄子》，台北：联经出版事业股份有限公司，2016年，页30－48，下同。

　　②　《庄子集解》，前揭，页119。

　　③　参见杨儒宾，《儒门内的庄子》，前揭，页154－167。

夫列子御风而行,泠然善也,旬有五日而后反。彼于致福者,未数数然也。此虽免乎行,犹有所待者也。若夫乘天地之正,而御六气之辩,以游无穷者,彼且恶乎待哉? 故曰:至人无己,神人无功,圣人无名。

今人援儒解庄而精者,莫过于钟泰。其《庄子发微》即引《易》、《庸》解列子御风章。彼引《易·乾·彖》:"六位时成,时乘六龙以御天"解"御六气之辩";引《易·既济·彖》"刚柔正而位当也"解"乘天地之正";引《中庸》第三十二章"夫焉有所倚"解"彼且恶乎待哉"。以为三人三无之中,至人无己为要。由无名,进而无功,终而无己。《逍遥游》篇末三则寓言,乃明三人三无。惠子讥庄子"大而无用",而此"无用"正不自用,犹颜回之"屡空",空诸所有。亦《易繫》所谓"藏诸用",故"无己"、"无用"不可析也。①

钟解固微,而犹有可益者,此间试申之。

引《易·乾·彖》:"六位时成,时乘六龙以御天"解"御六气之辩"者,甚是。古注多以六气为"天地四时"或"阴阳风雨晦明",乃至益之以《素问》五行五脏之说,愈繁琐愈迂远矣。② 刘武《庄子集解内篇》乃定之以《乾·彖》。更引孔疏"乾之为德,以依时乘驾六爻之阳气,以拱御于天体。六龙,即六位之龙也;以所居上下言之,谓之六位也"。③ 刘、钟解是。唯未征《庄子》

---

① 参见钟泰撰:《庄子发微》,上海:上海古籍出版社,2002 年,页 14－22,下同。

② 参见郭庆藩,《庄子集释》,前揭,页 20、21。

③ 参见《庄子集解内篇补正》,前揭,页 14、15;又,《周易正义》,前揭,页 8。

内篇以自证也。所谓"列子御风而行,泠然善也"者,《齐物论》
有征焉。南郭子綦曰:"夫大块噫气,其名为风……泠风则小
和,飘风则大和,厉风济则众窍为虚……"①大块者,地也。风之
声即《齐物论》所谓"地籁"也。② 故列子待风而行,犹未至也,
正《齐物论》所谓"闻地籁而未闻天籁"③境界而已。而《逍遥
游》所谓:"御六气之辩,以游无穷者"即《齐物论》所谓天籁境界
矣。刘武以为,《齐物论》文自"大知闲闲,小知间间"直至"此之
谓葆光"皆南郭子綦言天籁境界者。大抵即丧己、以明、不用而
寓诸庸也。④ 此与钟泰以"无用"皆"无己"正可相互发明。而
乾之象为天,尤能证以《乾·象》解"御六气之辩"无误也。《逍
遥游》云:"若夫乘天地之正,而御六气之辩,以游无穷者,彼且
恶乎待哉"。"辩"通"变"。⑤《乾·象》则云:"大哉乾元,万物
资始,乃统天……六位时成,时乘六龙以御天。乾道变化,各正
性命……"⑥万物资始者,为万物之所待,彼固无所待矣。六龙
者,乾卦六爻皆阳。六气者,六位一气而已。故乾道变化,即此
"六气之辩"也。王弼注曰:"天也者,形之名也。健也者,用形
者也。"⑦健乃乾德,故无形之乾元,统御有形之天也。

　　虽然,钟解仍有未安处。彼引《易·既济·象》"刚柔正而
位当也"解"乘天地之正"不甚贴切。天地于《易》应乾坤。

---

①　《庄子集解内篇补正》,前揭,页33、34。

②　同上,页33。

③　同上,页9。

④　同上,页34、35。

⑤　"辩者,变也",《庄子集解》,前揭,页20。

⑥　《周易正义》,前揭,页7。

⑦　同上。

《易》之要,亦在乾坤。故不如径直依此二卦之经传,一解到底,则此"天地之正"意更为显豁矣。前已引,《乾·彖》有:"时乘六龙以御天。乾道变化,各正性命,保合太和,乃利贞";①而《文言》有:"大哉乾元! 刚健中正,纯粹精也!"②又有"知进退存亡,而不失其正者,其唯圣人乎!"③又有:

> 九二曰:"见龙在田,利见大人。"何谓也? 子曰:"龙德而正中者也。庸言之信,庸行之谨,闲邪存其诚。善世而不伐,德博而化。《易》曰:'见龙在田,利见大人。'君德也。"④

此天之正也,皆由中及正。孔颖达疏曰:"九二居中不偏,然不如九五居尊得位,故但云'龙德而正中者也'。'庸言之信,庸行之谨'者,庸谓中庸,庸,常也。"⑤而《坤》之《文言》有:"直其正也,方其义也。君子敬以直内,义以方外";⑥又有:"君子黄中通理,正位居体。美在其中,而畅于四肢,发于事业,美之至也。"⑦此皆地之正也。则乾坤两卦,大抵由中及正也。

　　故《逍遥游》之"乘天地之正",如纯解之以《易》,当首及"中",次及"正"也。易家每云:"正未必中,中则无不正也。"⑧

---

① 《周易正义》,前揭,页7－9。
② 同上,页21。
③ 同上,页24。
④ 同上,页15。
⑤ 同上。
⑥ 同上,页31。
⑦ 同上,页32。
⑧ 李光地撰,刘大钧整理:《康熙御纂周易折中·卷首·义例》,成都:巴蜀书社,2013年,页19,下同。

此真钟泰之微言也。盖钟注"彼且恶乎待哉"以《中庸》之"夫焉有所倚"。《庸》文具引为"唯天下至诚，为能经纶天下之大经，立天下之大本，知天地之化育。夫焉有所倚?"郑玄注此句为："无所偏倚"，①而朱子注"中庸"之"中"为"不偏不倚"。② 故是钟乃以至诚之中解庄子之"无待"。唯其中也，故有乾坤天地之正。而坤卦之"中"尤重。何以故？乾卦之"中"，皆九二、九五，唯以位谓其不偏不倚也。而坤卦之"中"，则以其"未发"谓不偏不倚。盖坤之"中"即所谓"敬以直内"、"黄中通理，美在其中。而畅于四肢，发于事业"。孔颖达疏曰："'黄中通理'者，以黄居中，兼四方之色，奉承臣职，是通晓物理也……黄中通理，是'美在其中'。有美在于中，必通畅于外……"。③故坤卦之"中"，皆"未发之中"也。未发之中即不倚之中。唯其未发，故无所偏倚。朱子曰："其未发，则性也。无所偏倚，故谓之中。"④钟泰又以"藏诸用"解至人之"无己"。盖未发之中即"藏诸用"也，发而中节即"显诸仁"。故钟解实前后一贯，然义有未安者，何也？盖《庄子》确于《易》、《庸》之理有所应。然此乃回应，而非响应。其义实有不同。刘武《补正》亦以《乾象》解《逍遥游》，而云："夫《庄子》此书，所以明道也。其所谓道，非仁义之谓，乃阴阳之谓也。"⑤此说近矣。虽仍未醇，而较彼混同庄孔之解，则为有见矣。

---

① 《礼记正义》，前揭，页1461。
② 《四书章句集注》本，前揭，页20。
③ 《周易正义》，前揭，页32。
④ 《四书章句集注》本，前揭，页21。
⑤ 《庄子集解内篇补正》，前揭，页16。

　　盖以"不用而寓诸庸"解庄生之"无己",至矣。无己者必不自用。《易繫》之"藏诸用",亦非不可解之为"无己",然已非确然无疑。而以未分之中解无己、以不偏之中解无待,则过矣。上文已示,庄生之无己、不用、无待,其要在虚。而《易》主健、《庸》主实。《易》、《庸》之理,虽可通虚寂,不排虚寂,①而其之所以承虚起实者,与庄老则有大异。体用不二,由用亦可定体。其用实者,其体亦实也。以《庸》之未发之中解庄,以为即庄子之"一不化"之"一",在钟泰只是微言,在今人则明示矣。②此是置庄生之"虚"于不顾矣。船山有一说,颇可反纠此解之偏:

　　　　夫中者,以不偏不倚而言也。今曰但不为恶而已固无偏倚,则虽不可名之为偏倚,而亦何所据以为不偏不倚哉?如一室之中,空虚无物,以无物故,则亦无有偏倚者;乃既无物矣,抑将何者不偏,何者不倚耶? 必置一物于中庭,而后可谓之不偏于东西,不倚于楹壁。③

　　船山以为"中"非空无一物,故"中"之说,不如程子"在中"之说为妥。"后之所发者,皆全具于内而无缺,是故曰在中。"④故船山解"中",乃实一也、全一也,而非虚一明矣。以庄子之说,固可与船山商榷也。盖物之所以可置于中庭者,正由中庭之虚也。无此虚即物无可置矣。此物如置于壁旁,其不可谓中也

---

　　① 此亦拙著用力揭橥之说。参见下篇第二、三章。
　　② 参见杨儒宾,《儒门内的庄子》,前揭,页155–156。
　　③ 王夫之,《读四书大全说》,前揭,页80。
　　④ 同上。

明矣。故物自身非中,物所显之位乃中也。物,由之显中而已。中可虚可实。实不外于虚也。有此虚中,乃可有其实物也。故有虚乃有物,有物乃有不偏不倚也。然不置一物,此位与他位无别,此中固不可显。虚之先于实,乃因能容物。始终不置一物之虚,其不容他物与已充之实何别载?与故船山之说,亦得其理。此理之全不在虚,不在物,而在"虚能容物"。庄、老所重者,能容此物之虚也。诸儒所重者,虚所容之物也。而《庸》之中,解之为充虚之物固可,解之为容此物之虚亦无不可也。然虚虽不可谓为物本,其为"容物"之本,则不可掩也。故庄老颇得其本。船山一昧排之恐非。而船山之排,亦有其所本也,即张横渠太虚非无,乃气之体之意。船山之说固未尽,庄老之说固可引《庸》百尺竿头更进一步。然《庸》与庄老,各重其所重,是不可掩也。且老氏以虚为精,以物为粗,《天下》已有微词矣。是庄较老更近《庸》之旨也。是三者皆有所同异也。庄、老、《庸》虽皆可通,然而必先显其异,而后曲而通之,高而一之。否则非通其说也,是混其义也。夫庄老固不因异于儒而尊,儒亦不因异于道而卑也。《庸》之于《庄》,其异要在虚实。《庸》、《易》所主,非无虚寂之义也,然断非以之为本。《庄》、《老》所主,亦摄纯亦不已、生生不息,然亦非以之为本耳。故《易》、《庸》与《庄》、《老》,皆能见大体,而各重其所重也。其异唯在毫厘也。反观上引《逍遥游》之文,其大旨在虚。虚而待物故能至人无己,《人间世》"心斋"、"未始有回"之说尽矣。故钟泰之解,未尽善也。盖儒道皆宗一。道之一,太上为虚。儒之一,固全一、实一也。此亦不出庄子道一范围,故此异极微,权重不同而已。详见下篇。

　　儒道之别,不在虚能容物,而在以虚为本,抑或以容物为本。

不在能否容仁义、生生，而在仁义等为本抑或为末。以此衡之，庄孔、儒道之别，判然无疑。乾坤二元，皆有其虚静，亦健顺不一。道家所宗，盖取其虚静，不取其健顺；取其阴阳，不取其仁义也。故刘武虽以《易》解庄，而大书其异曰：庄子之道，阴阳之谓；儒家之道，仁义之谓也。① 刘得其大略矣。虽然，尤可进也。上文已示，庄子非以道为阴阳也，而以道"为之公"，②即以道为之所以阴阳也。盖即一也、虚也。此道虽与程朱有虚实谦健之不同，其所以为阴阳，而不混同于阴阳则一也。《刻意》云：

> 若夫不刻意而高，无仁义而修，无功名而治，无江海而闲，不道引而寿，无不忘也，无不有也，淡然无极而众美从之；此天地之道，圣人之德也。故曰：夫恬淡寂漠，虚无无为，此天地之平而道德之质也。③

《天道》亦云："夫虚静恬淡寂漠无为者，天地之平而道德之至。"④后文之"至"即前文之"质"。⑤ 按，"天尊地卑，乾坤定矣"，⑥天地，阴阳之大者。故天地之道，即阴阳之所以为阴阳者，虚静寂寞无为也。天地之道以即圣人之德，虚静无为乃阴阳之所以为阴阳者，亦即无仁义可修者也。庄生非斥仁义，而是以其不必有。既有圣人之德、仁义之果，何必仁义之术也哉？故其

---

① 参见《庄子集解内篇补正》，前揭，页16。
② 《庄子集解》，前揭，页234。
③ 同上，页132。
④ 同上，页113。
⑤ 参见《庄子集释》，前揭，页459。
⑥ 《周易正义》，前揭，页257。

以仁义为术,而以虚静为道。儒家之宗仁义者,其大本不在术,而在以仁义为道。理学尤进一步,非徒以之为立人之道,而以之为彻上彻下,并包天地之道。故儒家虽亦宗阴阳,然以仁义贯通阴阳,而继成此道,方是儒之为儒也。此义详见下篇第二章。

简别道儒,回应《易》《庸》,莫精于《在宥》篇末:

> 贱而不可不任者,物也;卑而不可不因者,民也;匿而不可不为者,事也;粗而不可不陈者,法也;远而不可不居者,义也;亲而不可不广者,仁也;节而不可不积者,礼也;中而不可不高者,德也;一而不可不易者,道也;神而不可不为者,天也。①

儒法义理学之关节,尽摄其中,而《在宥》终究非儒非法。盖诸理虽备,而包摄调伏之道乃异。其中尤可重者,在"中而不可不高者,德也;一而不可不易者,道也"。此正可据以回应《易》《庸》。传统注家,于之多未措意。如成玄英疏"中"为"顺",郭注成疏皆以"易"为"简易"。《集释》仿此。②《集解》乃知以"中和"解"中";《校诠》引钱穆,亦知以"中庸"解"中"矣。而"易"之意皆守成疏。③ 唯钟泰以"变易"解"易",以"中庸"解"中",又引《乐记》《中庸》等,以"惟德配天"解"不可不高","礼以配地"解"不可不厚"。④ 钟解于斯胜于他人多矣。

---

① 《庄子集解》,前揭,页98。
② 参见《南华真经注疏》,前揭,页227;《庄子集释》,前揭,页399。
③ 参见《庄子集解》,前揭,页98;《庄子校诠》,前揭,页409。
④ 《庄子发微》,前揭,页242。

其解"变易"极是。盖所引《在宥》之文,"不可不"为转语,此语前后皆相反相成者。"一"与"简易"有何相反?必与"变易"相关,方得文意。唯钟泰致力以儒解庄,刻意隐异彰同,以为《在宥》文意,皆儒家义理,而未知其实正回应儒家义理也。《在宥》之于《易》、《庸》,用其文而转其意也。

《中庸》云:"故君子尊德性而道问学……极高明而道中庸",尊即高也。《庸》固以德性配高明,而"高"落于"中",德性隐于问学也。道中庸即道问学也。道问学即所以尊德性也。故不直言其德,遑论其道。《在宥》则云:"中而不可不高者,德也",是升"中"于"高",显德隐学。故不言其学而独尊德也。

《易》有三义,曰易简、曰变易,曰不易。[1] 所谓易简者,大体以"不易"收聚其"变易"也。《繫辞》云:"天尊地卑,乾坤定矣"。[2] 故乾坤,易之门户也。"不易者,言天地定位,不可相易。变易者,谓生生之道,变而相续。"[3] 又云,"乾以易知,坤以简能"。[4] 故乾坤者,不易也,简易也。有一方有定。故乾坤之定,即定于一也。一者,不易也,简易也。一切变易生生,定乎乾坤也。故《繫辞》又云:"天下之动,贞夫一者也。"[5] 故变易唯定乎一。盖《易》不始于一,唯始于变化。一者,变化之道也。是《易》收"变易"入"一"也。《在宥》则反其道言之:"一而不可不易者,道也"。此言非独可述庄,亦可述关尹、老聃也。庄、关、

---

[1] 参见《周易正义》卷首之八论。《周易正义》,前揭,页5。
[2] 《周易正义》,前揭,页257。
[3] 同上书,页5。
[4] 同上书,页259。
[5] 同上书,页296。

老之学皆起于"一"、"太一"也。正《淮南子·天文训》所谓"道始于一"也。① 盖道不可名，强名之为"一"也。而一者恒常也，无对也，独一也。道体恒常也、无对也、独一也，故一能述道。而道能生万物，虽不外于万物，又不同于万物，则必无常也、有对也、复多也。一述道而不能尽道，故不可不易，方可尽道。《易》以"变易"为原，故不必解析此变，唯示变于象，度变于数，收变于常，解变于辞即可。而诸道经以"一"为原，以一述变、述多，非一之易、一之化不能尽其道也。此《在宥》"不可不"之所从出也。而其倒转《易》义也明也。非其有意立异也。盖《易》不直言道，而以卦爻之象示道也。而诸道经虽反复叮咛道不可言，而皆未免言道也。其言道不可言，亦言道也。一旦言道，必不可不易，因之曼衍而已。

要之，《在宥》篇义，非顺《易》、《庸》之理也，盖倒转《易》、《庸》之意也。唯有此一转，乃见《庄》之为《庄》者欤！

----

① 参见《淮南鸿烈集解》，前揭，页112。原文为"道曰规，始于一。"刘文典引王念孙，判"曰规"为衍文。

小结：生生与道一

上篇究生生不息之元。此元即"道"也。此道，《易》以为"易"，《庸》以为"诚"也。本论下篇，详论"易"、"诚"。上篇引之而已。"易"、"诚"之于道体，或虚或壹。虚壹之间，道之为道存焉。上篇亦引之而已。道之为壹，道之为一也；道之为虚，道即一而超一也。

道体之虚壹，下篇将周释之，上篇论之稍详者，在道一之间，尤据《庄子》阐其妙义也。盖道家之为道家者，在道一之微。道体也者，存乎道一之微也。解《庄》诸章，意不在《庄》，而在道一之间也。总本篇之说，道一者，不一不异。言之则一，默之则道。往之则一而道，言而默。来之则曼衍无尽，通分成毁，万物生生也。故庄子之道，其名为一为独，其术虚静而化。总庄子之学，太上虚静，其次曰通而一，再次曰道分而物成，周万物，大全之一。无非虚静、活动、存有三义。如取一之专义、狭义，则亦可谓道、一、有，或无、一、有三义。

故道体学之要在"一"。"一"义甚歧。据其广义，虚静、活动、大全皆可以"一"名之。据其狭义，唯独、通乃可名为"一"。虚则近无，全则近备，皆有所异于"一"。虚无之名乃一，而名实有乖。全者亦独，然而有分。通者亦全，然而通为活动，全为存有。《大宗师》所谓"见独"者，独一也。《中庸》谓"纯亦不已"。朱子注曰："纯，纯一不杂也。"[①]纯则一也，不已、无息则活动之一也。《庸》又云："为物不贰"，是明示"为物"一也。此活动之一也。由活动之一而存有之一也。为物之不贰，据"为"解即专壹，活动之一也；据"物"解即同一，存有之一也。西方哲学于存有之一解析甚多。要不出摄一于有（是），一超于有两涂也，而一义之歧、一理之悖，柏拉图、亚里士多德皆已见之。唯亚以为其歧也偶然，柏以为其悖则固然也。[②]亚析一也，柏衍一也。析、衍皆有可观，而必有本末。夫一者道之名也。一义之歧，盖道有体用，言有曼衍，非偶然语有歧义也。虚静、活动、存有，道之体用所在也。体用之学，有义理，有工夫。义理则曲折玄妙，工夫或简易直截。言之而有多义，行之则即一乘，而有所谓歧义者，固也。善参善观，善别善通，则名义可歧，道实一也。

　　故古今中西一切学术，其要在道。道无不在。以为西人自有其形上学，而与道无涉者，此真不见道也。本体、太一、至善、存在、理型、上帝、逻各斯、质料、自我、精神……岂外于道耶？诸如此类，非外于道，实述道而不能尽道也。日用之而不知，日思之而不知，日述之而不知也。道之学既有仁知之别，讵无中西之

<hr />

① 《四书章句集注》，前揭，页41。
② 详见下篇末章。

异也？道无不在故同，见道者取一义故异也。道之体用，不出虚静、活动、存有三义也。由取舍、转化、表述、变形之异，乃纷纷然有宗有派矣。三义全明者鲜矣。能明活动、存有二义，明存有之外仍有太一者，已可谓于道有所窥矣。为学日益，歧路亡羊，多唯知存在而已；唯判析之，复并存在亦不知而已。而三义全明者，其次第本末亦有所异。此处唯论道儒。

道家，其本末备矣，玄言尽矣，方术至矣，而体用有间、天人为二。揆诸《庄》《老》诸篇。大抵太上虚静，其次乃通，其次齐万物、一是非。非无万物也，非不为物也。于万物无不成也，无不毁也。奈何有太上其次之别。有人道天道之别。夫道，一而已矣。既有此别矣，则未能一之也。

既有太上其次之别，则通分成毁，皆非善之善者也，而"缘不得已"。此正《在宥》篇末所谓"不可不"也。复以虚、物喻之，则道家之体如虚，其用如物。虚固能待物也，能容物也，而物之来去成毁，非此虚所得预也。故其体用虽通，而毕竟有间也。通天下一气，能通分成毁万物。而虚则于物之通分成毁，但能容之待之而已。是通一之气，与无为之虚，尚隔一间，无非太上其次而已。道家之方术，固能调停其间。神仙家所谓气而神，神而虚，皆实语也，皆有宗于道家也。而道家之玄解，则未能圆融两造。故辅嗣子玄，各执有无而辩之，必待张横渠糅虚气以为体用也。

《在宥》云：

何谓道？有天道，有人道。无为而尊者，天道也；有为而累者，人道也。主者，天道也；臣者，人道也。天道之与人道也，相去远矣，不可不察也。①

据此说则道二也。而《大宗师》有："其一也一，其不一也一。其一与天为徒，其不一与人为徒。天与人不相胜也，是之谓真人。"②据《大宗师》，以为见天人有二者，非天也，乃人也。而真人者，视天人不二，能一其一者，与不能一其不一者，皆一之也。故成疏曰："同天人，齐万物，与玄天而为类也。"③据此则《在宥》后世学庄者境界，以为"能一"与"未能一"不一，未臻真人也。然彼真人者，亦不以《在宥》与《大宗师》为二也。不以一、二为二，真人哉！然《大宗师》亦有："畸人者，畸于人而侔于天。故曰：天之小人，人之君子；人之君子，天之小人也。"④是仍以天人为二。故《在宥》始终以天人为二，《大宗师》则始以天人为二，而后一之也。其一之也以卮言。盖一本吊诡，一而二也。则二亦可一也。儒家则不然，《孟子·滕文公上》毅然曰："夫道，一而已矣。"⑤天人不二，此尤发于理学也。故理学之转庄，合天人，一体用而已。是真体其一也，是真体其道也。盖老庄言其道，修其道。玄学唯言其道而不修其道。《易》示其道，《诗》、《书》示其王道，《春秋》示王者迹熄之无道，《礼》、《乐》修其道。皆不直言其道也。然佛老既兴、西

---

① 《庄子集解》，前揭，页98。

② 同上书，页58。

③ 成玄英又云："其一，圣智也；其不一，凡情也。既而凡圣不二，故不一皆一之也。"皆见《南华真经注疏》，前揭，页141。

④ 王先谦以为当作"天之小人，人之君子。人之君子，天之小人也。"《庄子集解》，前揭，页66。

⑤ 《孟子·滕文公上》，《四书章句集注》本，前揭，页294。

学东渐,则儒学亦不得不言道。而其言也,于道之三义,其本末体用,皆即转化即创发,即创发即转化也。故道之三义,互为体用。道则体用不二,学则宗派有别。道有体用,学有统宗。道体之学,于斯或可冀矣。

下篇　道之体与道之学

老子云：为道日损，为学日益。是道与学截然为二也。然老氏所谓学者，盖庄生所谓"知"者也，逐万物而不反。万物无涯，故为学日益；大道至简，故为道日损也。万物与大道，本来不二。道遍在万物、超乎万物者也。故道术唯日损，道学则益而损之也。《庸》云："尊德性而道问学"，故朱子学始自格万物，而终于"一旦豁然贯通"①也。朱子或未豁然见道，然其意则下学上达，取道日益之学，臻于日损之境也。

而道体学、道学、道术又非一事也。道体据体而言，道则赅摄体用。故道则遍在万物，道体则道唯在自身。唯其在自身，而有遍在万物之理。故体用不二之理，即在道体；万物各自居曲，不泛在万物，故道超乎万物之理，亦在道体。所谓直言其道者，道体之学也。示道修道则赅体用。据用示体，"形而上"也，道体之"现象学"也。② 据体演用，道体之玄理也。③ 据用见体、摄用归体、因用证体、化体起用，道术耳、工夫耳。道遍在万物、超乎万物。故道学广而言之遍一切学，狭而言之则道体之学也。《易繫》所谓"形而上者谓之道，形而下者谓之器"指示语也，非谓器与道对、在道外也。④ 器物之学，亦不外乎道学也。章实斋以此意倡"六经皆史"，⑤ 盖史乃道之迹耳。其说虽是，而未周彻。非独政教制度，天地万物、民生我生，皆道之迹耳。道不与政教学对。道在政教学中，亦超政教学外。故史学不外于道迹，

---

① 《大学章句》，朱熹《四书章句集注》本，前揭，页8。
② 参见拙文《是与易》，载丁耘，《儒家与启蒙》，前揭，页278－281。
③ 参见本书附录之二：《哲学与体用》。
④ 参见拙文《是与易》，载丁耘，《儒家与启蒙》，前揭，页278－281。
⑤ 章学诚，《文史通义校注》，前揭，页3－4。

然不能尽道迹也。一切器用象数之学皆道之迹也。一切学术、科学,皆道之迹也。道体之学,则尤非史学所能笼罩,盖道虽有迹,尤有其体也。道之遍赅体用之理,固已含于道体也。故道体含一切理,道体之学固亦"理"学也,非"事"学也。而理事无碍,理即事之理也,事即理之事也。固道体学虽不涉"事物",而涉"理"即亦之所以涉"事物"也。

　　道体之学,虽非史学,其学亦自有其史也。其史不在道外。据道体三义,而有道体学之统宗也。古学百家,无非依违三义之间。平章儒道,亦不出此三义。此学赅摄中外,西学统宗,亦不能出道体三义。道之体用,学之统宗,道学大旨所在也。下篇略示其要,了此引论而已。

第一章　道学统宗

　　道体一也。道体者,虚静也,活动也,存有也;即虚静即活动也,即活动即存有也,即虚静即活动即存有也。故道体一也。形容道体之妙,无过于庄子,而犹有天人之间、太上其次之别。故道体三义,能贯通者鲜矣。道学诸派,大抵取其一义为宗,于他义则或旁通、或下摄,或皆有所见而未周也。故道体一也,而道体学则取其三义之一而述此体。是道体学之统在一,其宗则有三也。是为一统三宗。其名盖化于柳河东所谓"合焉者三,一以统同",①其义则本书窃取之矣。

第一节　道体学之一统三宗

　　三宗者何?以理言之,或以虚静为宗也,或以活动为宗也,或以存有为宗也。以事言之,或以心为宗也,或以理为宗也,或

---

① 柳宗元著:《柳宗元集》,北京:中华书局,1979 年,页 365,下同。

以气为宗也。理事不一亦不二。心宗大本在虚静，无善无恶是也；而下摄活动，感通是也，思维是也。理宗大本在存有，天理是也，名理是也；而上归虚静，无是也，无无是也；下摄活动，不已是也，流行是也。气宗大本在活动，氤氲是也、不息是也；而上通虚静，太虚是也；下摄存有，条理是也、成性是也。

三宗如是，而其史则逐一兴替，迭为宾主。大体先秦三宗浑融，略有短长。如庄学有玄理也，有气论也，亦有心学也；而其理气之说为长，心学为短。心学虽短，不碍其有将迎、心斋之说。理气虽长，要以虚寂为主。如孟子有养气之说也，有理义之说，有尽心、存心、不动心之说也；而以心学为长。其心含性理，非虚寂者也。荀子有治气养心之说也，《管子》有心术精气之说也，而其理学为短。《荀》、《管》之心，皆主虚义也，而《荀》较《管》能含实理。周秦汉初之儒典，如《易》、《庸》等，亦不出虚静、活动、存有之义。生生不息，活动也；自强不息，活动也；寂然不动，感而遂通，即虚静即活动也；乾道变化，各正性命，即活动即存有也。上天之载，无声无臭，虚静也；纯亦之不已，活动也；至诚不息，活动也。不诚无物，存有也。故诚体即虚静即活动，即活动即存有也。气主活动，《易》主不息，《庸》主不已，故以气论通《易》、《庸》固显而易见也，而理、心之说亦无不在焉。理宗注《易》反较气宗为长，王弼以乾坤为无形之德，盖名理也。程子以"所以一阴一阳者"为道，盖天理也。①《易》以"复"见天地之

---

① 程朱之理固为天理，而明道不排名理。参见《二程集》，前揭，页121、129。尤见"物之名义，与气理通贯……名出于理，音出于气，字书由是不可胜穷矣。"（程颢、程颐著，朱熹编，宋时烈分类重编：《程书分类》下卷，上海：上海辞书出版社，2006年，页451，下同。）

心。"艮"则《易》之心术也。《庸》之中和,心也,心术也;尽人物之性,理也,亦心术也。故周秦道学,三宗浑融,有所短长而未尝分野也。汉家既兴,三宗乃分立迭兴。汉气宗胜。董学、诸纬,乃至郑学,皆气宗也。魏晋理宗胜。玄学,理宗也。名理亦理宗也。以名理去名理者亦理宗也。故郭子玄主无无者,盖以名理推之也。非如张横渠,径主一气也。内学诸教,贤首以空为理,天台以观空有之中道为心术。宗门则心宗也。内学难择哉。三藏十二部,八万四千法门。故弘法必始于判教。天台判五时八教,而汉传内学,终以心为宗也,后世所谓真常唯心是也。内学虽未必皆如是,而排佛者固以之为内学之要也。故伊川曰:"圣人本天,释氏本心。"[①]

大抵理宗辟气宗,心宗辟理宗,气宗辟心宗。宋学既兴,必因横渠气宗辟佛。亦必因二程之理学屈气宗。朱子集理宗大成,阳明集心宗大成。辟王学有力者气宗也,蕺山摄心归气,船山集气宗之大成也。船山之后,道体之学未见新生面。清儒重经史,晚清重事功实务,亦道之迹耳。王学承担本体太易,流于虚诞。明清鼎革以来,诸儒反于器用实学中求道。器用即道之所在也,此正船山学之所涵。故清学虽未如船山直论义理、直探道体,而重器用实务,其实未必不合船山之旨。唯器识、气节、性理则远逊耳。盖道虽遍在器用,而非器用可全摄者也。

道在自身为道体,道在万物为器用。西学虽见道不切不圆,亦自有其本体。存在是也,"是"是也,"太一"是也。故西

---

① 《二程集》,前揭,页274。

学亦无非本体在自身之学,本体在万物之学也。"是"散在万物,诸范畴也。因诸范畴而有诸科学。"是"在其自身,归根结底为是体、为本体。据此是体而有第一哲学、形而上学也。①而道体至大无外,本体不外乎道体。故哲学亦不外乎一统三宗。冯友兰氏晚年颇有所悟,谓道学之主要派别为理学和心学。哲学主要派别亦然,如柏拉图、亚里士多德是理学,康德、黑格尔是心学。② 此语甚有见地,唯需补益。道学除理学、心学之外,仍有气学,荦荦大宗,非理、心可尽。征诸中国学术史,此昭昭可见也。柏拉图、亚里士多德、黑格尔等,盖欲糅合理、心(努斯、精神),而有所侧重也。其所谓"心",与道学之"心",仍需辨析。气学之于西方哲学则非大宗,然亦非毫无踪迹可觅也。冯氏虽旨在分辨,而其之所以分辨,则有贯通之准则在焉。如以理学主"思维",心学主"直觉"。③ 此准则虽大有可议之处,分判宗派,需据贯通之统,则为不刊之论也。中学所谓"一统三宗"者,谓诸宗皆统于一也。一者,道体也。三宗如漩涡、羊角,以一为轴,扶摇直上。一者,之所以名道也。理也、心也、气也,皆之所以名一、号一也。西学有以一为统者,前苏格拉底诸派及柏拉图派是也。有摄一入"是"者,亚里士多德是也。西学之统,盖在一、"是"之间也,详见下篇末章。本章略述中学之统。

　　上篇已示,先秦汉代之学,无论主易、诚、道,皆彼此相通,而

---

① 参见本论下篇终章《西学统宗》。
② 冯友兰:《中国现代哲学史》,广州:广东人民出版社,1999 年,页 174,下同。
③ "理学和心学的分歧,其根源就在于此。理学偏重分析概念,心学偏重运用直觉。"冯友兰:《中国现代哲学史》,前揭,页 244。

可归于"一"。故气、理、心三宗，数其大者，非徒兴于宋季，而当上溯至先秦。气论血脉之在先秦，尤为学人所重①，而理、心之义，亦已伏焉。先秦统明而宗晦，述道一者夥，而三宗之辨，蕴而未发。宋学既兴，宗著而统晦。理气心性之说盈天下，而其之所以名一者，黯然不彰。

天行不已，惟其静穆。其惟太一乎。理学史虽从未和盘托出，然仍有脉络可绎。天，大一也。易、诚、一，同出异名也。宋学始于周濂溪。其文章精悍，而气象宏大，盖定道学大旨矣。周子云："圣希天。"②学圣之要在"一"，"一者无欲也，无欲则静虚、动直。"③其《太极图说》又云："圣人定之以中正仁义，而主静，立人极焉。"④自注曰："无欲故静。"⑤综合其说，可推得天之为天，在静在一。圣人法此，所谓为圣人。故周子非独在理学奠基处点出天、圣之道皆在其一，且明此"一"之意为无欲、不动。《通书》又云，"诚者，圣人之本……纯粹至善者也。"朱子注此谓："纯，不杂也。粹，无疵也。"⑥他处则注曰："纯，纯一不杂也。"⑦又云："一则纯，二则杂，纯则诚，杂则妄。"⑧两下可参。盖周子之见体也，一合诚、易。故既不息不已，又静虚不动。两者皆"一"之义也。即虚静即活动也。

故"一"义甚歧，虽为学者所用，而其旨多转，需定其通

---

① 参见上篇论及刘咸炘处。
② 《周敦颐集》，前揭，页22。
③ 同上，页31。
④ 同上，页6。
⑤ 同上，页6。
⑥ 同上，页13－14。
⑦ 《四书章句集注》，前揭，页41。
⑧ 《四书或问》，前揭，页88。

义、总义。姑据上文,撮要言之,曰未发、无对之一,虚静也、无封也;曰流行不已之一,天也、气也、活动也;曰已发、既分、所止之一,存有也,万物也。三者周流一贯,非惟歧义而已。无对之一既然无对,必自分为既分之一,而不可为他物所分。由无对而分殊,岂非流行?品物流行,而又各正性命,止于其所当止。故一虽有三义,三义一贯,周流无碍,实即乾元之天德,道体之大用。而诸宗持三义之一为要,虽亦欲笼罩他义,实不可得。盖三义之一贯,乃真一也。道一必转,各义必流,盖统义所蕴,非诸宗之过也。此间据一之统,略述理学诸宗大要。

所主理、气、心者,无非道体太一之诸家表诠。周子无此分别,只是主一。道体即一耳。而张子二程朱子陆王等,则或释一为气,或释一为理,或释之为心。

图示如下:

心

太一

理　　　　　　　气

气,以浑通之一而流行。流行则凝定,凝定则分化。气浑通而流行。而气以浑然之一而蕴分化之义焉。故气,即无对即有对,即未分即分化也者。理为流行之主宰,又摄既分之一,要即已发之一、所止之一。心如湛然不动,实合未分无对之一。故宋明儒之三宗,皆承周子"主一"之学来。周子之学,具体而微。精密无碍其广大,宇宙化生、人道工夫悉备。后学三宗,张子气论先

出,备说气化之义,但心性工夫,实难安定。① 至于二程,"一"遂
转为天理之"一",道体转为仁体。明道更隐摄心体,心性工夫,
至圆至切,而于宇宙化生、天人之际,"'人生而静'以上不容
说",②虽非真无,毕竟不甚了了。圆熟高妙机指点者,难学难继。
明道后学,细解性情,则不似其论工夫之圆,多有破绽。朱子金声
玉振,集北宋诸子之大成,欲合理气、壹天人,以张子以来诸家之
丰饶赡裕、充实周子之规模格局。故以理御气,将无极而太极、由
太一而万物之理,理一分殊之义,发挥停当。而其工夫之要在格
物。物必有端绪。端固是极,然万物纷繁,从万物难以主一。如
以"敬"为主一,则与周子之"静"未必能合,而工夫与义理,复断
为两截。故象山重提"静"字,实上接周子。周子之"无欲故静",
象山更从"一"厘定为"无贰尔心"。③ 且因上帝之临,本心收摄,
故敬与静、天一心一、乃至吾心宇宙,相互发明、不一不二。心学
工夫,即本体即工夫。则流行(气)之主宰,不在理,而在心体。
至于明心工夫,直从"未发"气象看。即从"未发"明"无对",而立
无对之元一为流行之主宰。宗无对之一,心学与明道之诠全同。
明道诠"一"以无内外、阳明诠"一"以无善恶,要皆"无对"耳。④

---

① "横渠尝言:'吾十五年学个恭而安不成'。"见张载著,章锡琛点校:《张载
集》,《张子语录》,北京:中华书局,1978 年,页338,下同。又参程明道《答横渠张子
厚先生书》(《定性书》)所谓:"承教,谕以定性未能不动,犹累于外物……",《二程
集》,前揭,页460。

② 《二程集》,前揭,页10。

③ "小心翼翼,昭事上帝,上帝临汝,无贰尔心。"陆九渊著,钟哲点校:《陆九
渊集》,北京:中华书局,1980 年,页449,下同。罗念庵曰:"往时喜书象山'小心翼
翼,昭事上帝,上帝临汝,毋贰尔心'。战战兢兢,那有闲言时候'一段,龙溪在旁,辄
欲更书他语,心颇疑之。"见黄宗羲,《明儒学案》,前揭,页406。丁按,"小心翼翼"
等四句集自《诗·大雅·文王》。

④ 象山语"吾心即是宇宙,宇宙即是吾心",亦无非"无内外"之意。

明道、心学之差别，在于入路。无非明道以识"仁"入"无对"，心学从明觉睿照之"知"入"无对"。① 孟子曰尽心而后知性知天。② 明道尽了个恻隐之心；心学致良知，尽了个反身而诚、集义不动的是非之心。其工夫大要，皆化用周子，守一而静。

心学一明本体，工夫自到，简易直截，胜义在此，流弊亦在此。王门已有"承领本体太易"之忧。③ 这只是从工夫上说。其义理则多依傍于工夫。此工夫本体与宇宙化生本体之关系，多提撕明觉睿照，随机点化。心学虽不无效宗门印心之意，毕竟历代祖师难觅，故难证难信、难托难传。宗师一去，疑窦横生。本体开显，固然非关名相络索；统绪传扬，终究不离经传琢磨。阳明学后，蕺山、船山继起，此之谓也。心学于工夫论上，定气、明理并行，虽有交错争议，其格局无误。于宇宙论上，则撇开理、气，一味以明觉体证"吾心即是宇宙。宇宙即是吾心"之义。故从心学诠释"太一"，宇宙笼统，心念流转，皆因天理难立、分殊浑伦、主宰不明、脚跟打滑。阳明一脉，不无蹈虚流弊。蕺山、船山，皆复援"理"、"气"，皆欲救其偏。二先生虽皆无意跳出宋学，却都明白挑破程朱陆王相对格局，回溯周张。蕺山重在工夫论，重在四书及宋儒诸先生，尤重周子。然从工夫可论本体，从本体可摄宇宙论。故其天

---

① 参见本书附录之二：《哲学与体用》。
② 孟子《尽心》章句向来难解，后儒异说纷纭。拙见以孟解孟，尽心无非尽四心。无非将四心从"端倪"推扩到性天上。参见"尽其心者，知其性也。知其性，则知天矣"《孟子集注》，《四书章句集注》本，前揭，页413。
③ 见黄宗羲，《明儒学案》，前揭，页387。

人，并未截断。船山重在宇宙论，重在经史道贯，尤重张子。刘王互为犄角，复归周张。由周张而刘王，气、理、心三宗之流布、交织、贯通、圆转之意甚明，然三宗所拱之太一之统，始终未曾显豁，故三宗奥义，实难彻知。此处略加提点，以明"太一"之统。

　　此统绪繁复宏大，限于篇幅，周子以下，此节只拈其首尾，于气心二宗，略加阐发。至于理学，诚道学之大宗也。其大在能安顿他宗，判摄道术，贯通六经。故于下节独论之。一统三宗之说，义摄西学。① 本章亦徒列其纲要而已。统宗之说，其意不在史论，而在撮道体之要，以发太一之蕴。盖诸儒虽未必用"一"之名相，而其学说精髓，则万法归"一"焉。

　　周子主一，张横渠顺之立"清虚一大"。② 盖一大即天，天字之义："至高无上，从一大。"③经伊川批评，"'一'虽需兼'两'而论，其为形上之道，则确然无疑"；④"两不立，则一不可见。一不可见，则两之用息……感而后有通；不有两，则无一。"⑤以两现一，此一则有对方。有对方，则是"既分"之一。对立与既分推衍一步，即流行也。"感"之成立，无非因为能感所感为"两"。感而遂通，然既通之后，此对方（"两"）则合为"一"体焉。故横

----

① 参见本论下篇终章。
② 张学之于论天，其义正承周子来。故朱子论及二程对周子所传《太极图》之沉默，乃引程子批评张横渠"清虚一大"之说。参见《周敦颐集》，前揭，页12。然而张子虽绍接周子论天，已窜入气论之意。
③ 《说文解字注》，前揭，页2。
④ "渠初云'清虚一大'，为伊川诘难，乃云'清兼浊，虚兼实，一兼二，大兼小'。渠本要说形而上，反成形而下……须是兼清浊、虚实、一二、小大来看，方见得形而上者行乎其间。"（《朱子语类》卷第九十九，前揭，页2538）
⑤ 《张载集》，前揭，页9。

渠所主之一,先是落入太虚。"太虚即气"。① 而气则流行不已。"气块然太虚,升降飞扬,未尝止息"。② 流行复以其通,合为一体。两通为一,即所谓"仇必合而解"。③ 流行为生,通一为成。生成者,易道也,而张子释之以气化,据之下摄人性。《乐记》云,"人生而静,天之性也。感于物而动,性之欲也"。④ 明道虽云"人生而静以上不容说",⑤周张二子其实皆从"以上"之天道,下摄人之天性,转说人欲。唯因欲非人之天性,故周子定之以"静",曰:"一者,无欲也"。此静与周子之主乾动难合,后学遂解之以"循理故静,非动静对待之静"。⑥ 周子原未以流行不已为本,此解可通。而张子以气为一,以流行为本。据此疏解《乐记》、《通书》,皆有滞碍。气本之一,可说人欲,不可说天性;可解感通,不可解定性。张子云"故爱恶之情同出于太虚,而卒归于物欲。倏而生,忽而成,不容有毫发之间。"⑦生成既无毫发之间,物则旋生旋灭,气则流行不已。反复其道,必无主宰,亦无定理。既无御气者,则息欲之静,必由外铄我。横渠虽颇引《孟子》"气壹动

---

①　"知太虚即气则无无",《张载集》,前揭,页8。船山注为"人之所见为太虚者,气也,非虚也。"(王夫之撰,王孝鱼点校:《张子正蒙注》,北京:中华书局,1975年,页14,下同。)

②　《张载集》,前揭,页8。

③　《张载集》,前揭,页10。参冯友兰:《中国现代哲学史》第十一章,《中国哲学史新编》总结,前揭,页251–253。复参拙文《儒家与马克思主义的哲学会通》,见丁耘《儒家与启蒙》,前揭,页121–140。

④　《礼记集解》,前揭,页984。

⑤　《二程集》,前揭,页10。

⑥　《刘宗周全集》第二册,前揭,页401。蕺山语,见周敦颐撰,徐洪兴导读:《周子〈通书〉》,《太极图说》,上海:上海古籍出版社,2000年,页49,下同。

⑦　《张载集》,前揭,页10。

志,志壹动气"之说,却居然以为"气与志、天与人,有交胜之理。"①不知此"理"何来。恐误入告子、荀子之学矣。如依孟子,养气当配义与道。志乃心之所之,所志者道义、理义耳。唯志能沟通理气,使气有主宰。故船山极推重"志"。② 此真善注善护横渠者也。如志不在理义,则"以志帅气"便无所本,气便唯有流行,而无主宰。不动心则唯能"定气"而非定性,③只能是强把捉使之不动。④ 横渠定性工夫未到,非他用功不深,只是学理未纯。⑤ 不立理本,何以御气? 不立心体,何以定性? 心、理若立,气本必破,《正蒙》气说,恐是枉然也。

横渠学非浮泛,曾真实用功来,故知轻重难易。以气为本,不动心难于登天。此事一用功便知。故横渠于气本之下,强提此心,议论入微。虽鞭辟近里,然大旨已乖。如云"大其心,则能体天下之物,物有未体,则心为有外……天大无外,故有外之心不足以合天心"。⑥ 此言不理会气本,直截在心地上做工夫。以"大其心"释孟子"尽心",冀藉此知性知天,甚精微矣,而二程犹评之以二本。盖人心、天心本一,不必强言其合也。奈何横渠复分别"我"、"道":"以我视物则我大,以道视我则道大",盖"道能物

---

① 《张载集》,前揭,页10。
② 参见王夫之,《读四书大全说》,前揭,页531-532。
③ 参见阳明:"今人存心,只定得气。当其宁静时,亦只是气宁静,不可以为未发之中。"(王守仁著,王晓昕、赵平略点校:《王文成公全书》(传习录上),北京:中华书局,2015年,页17)。程子论"定性",参见下文。
④ "这便是不惑、知言处。可见孟子是义理精明,天下之物不足以动其心,不是强把捉得定",《朱子语类》,前揭,页560。
⑤ 横渠虽广引《孟子·养气章》,如真参透"夫志至焉,气次焉"、"行有不慊于心,[气]则馁矣"(气字丁补)两句,必不以气为本。
⑥ 《张载集》,前揭,页24。

身,故大"。① 此欲将孟子"万物皆备于我"、"尽心知性知天"二语打通。乃以"我"为人心,以"道"为性为天。② 故曰:"成吾身者,天之神也"、"以性成身"。揆诸《孟子》,此等意见都有着落,然究非的论,何也? 盖"道"、"性"、"天"之于张子,毕竟是气。既是一气流转,何必有所谓天心? 既以孟子志气交动之说曲为之解,则此天心与太虚之气,如何交动? 横渠如欲在工夫论上以人心上合天心,则不得不在义理上以心神赋予气本。如云"气之性本虚而神,则神与性乃气所固有"。③ 如此孟子"以志帅气"、"志至气次"之说便不复成立。神与性既为气所固有,而气则流行不已,如何不动心? 于天心言,必是气壹动志。将道一误为太虚之气者,必如此了局。孟子举志气交动,其意正以一(壹)为道体,故主一者、纯之者、"壹"者必能动物而不为物所动,非言此道一即气也。故以"天人交胜"释志气互动,于义理言则荀学也,天人相制而已;④亦庄学之末流也,一气流转而已。于工夫言则告子也,理义在外故不能无动。庄子《知北游》亦言气,孟子亦言气,荀子言天,孟子亦言天。横渠之气论实似庄荀而非孟子。孟子不言虚也,张子言虚。虽转太虚为气之本体,无虚生气、体生用之弊。而庄生之虚能静,张子之虚则流行之体也。故其工夫不能如周子主静,亦不能如程子主敬也。此皆气宗之失。

要之,横渠虽真实用功,迄无效验。盖依横渠义理,天虽无

①　《张载集》,前揭,页26。船山注曰:"物身者,以身为物而为道所用,所谓以小体从大体而为大人也"(《张子正蒙注》,前揭,页126)。

②　参横渠他处语"孔孟所谓天,彼[按指'浮屠']所谓道",《张载集》,前揭,页64。凑泊之学,牴牾如此。

③　《张载集》,前揭,页63。

④　参见荀子之《天论》,尤见《荀子集解》,前揭,页317。

外,性却有对。有对者必可动,其不能定性,宜也。何以横渠主性有对? 以性为气质之性,流行而已。无对即不可动。主流行为性者,并主有对。则流行之一,必预设既分之一。既分则已二,已不复为元一矣。气论之太一说于是破毕。义理未纯,则工夫难安,故明道接之以《定性书》。其定性也,定之于"己性"之"无内外"。① 无内外,即《识仁篇》所谓"此道与物无对"。② 无对故能不动,故能不致纤毫之力。万物备于我,我复至大无外。故我非内,物非外。明道以体用而非内外摄我与物。体用一如,以"一"破内外二本之对立格局。究其实也,定性唯定于无对之一。此即明道所谓:"既以内外为二本,则又乌可遽语定哉!"③

于此一,明道从工夫言之、据实行言之。其义理则以仁解一也,以人继天也。非立仁义不立阴阳,而以仁义继阴阳也。此意甚微,详参下节并下章。此学之于工夫实接周子也。故刘蕺山论《定性书》曰:"此伯子发明主静立极之说,最为详尽而无遗也。"④此"一"是接周子之"静"。周子之学,具体而微,赅摄宇宙义理、人道工夫。唯待发挥而已。朱子依太极图说,依理气发挥其"太一"之学,⑤唯以"理"解一,于运动难以周释,必立"气"

---

① 《二程集》,前揭,页460。

② "若反身未诚,则犹是二物有对,以己合彼,终未有之,又安得乐?"同上书,页17。即从义理工夫上说。气论儒家工夫难立。道家工夫可立。然是虚之说,非流行气说。

③ 同上书,页460。

④ 黄宗羲原撰,全祖望补修,陈金生、梁运华点校:《宋元学案》,北京:中华书局,1986年,页547,下同。

⑤ 朱子论《通书·圣学》之"一为要"云:"一即所谓太极"。是合《通书》《太极图说》而解之矣。见周敦颐,《周子〈通书〉》,前揭,页95。又参朱子,"太极图说解",朱熹著,朱杰人等主编:《朱子全书》第十三册,上海:上海古籍出版社,2010年,页63–86,下同。

以济之。故不能于周子主静立一之工夫圆融。而二程非真无宇宙义理之论也，盖以人道工夫继其宇宙义理也。于《易》，义理、工夫本来一事也。故二程注《易》立学，较朱子依《太极图说》立说，尤能圆融天人、理气、体用之间也。其大要在不以天人为二本。此义亦参下节并下章。

要之，气宗解运动较心、理二宗简明，然做工夫不易，盖气为流行，流行必立对方，此即庄生所谓化必有分也。有对则心不能无动。工夫者，物来顺应，体自不动。即此工夫，当立可赅动静之本体，而不得以流行为体也。故气宗工夫难立，实于本体义理有欠缺耳。其义理必暗引庄学之虚静，其工夫必暗引庄学之心斋。① 于心宗自可即本体即工夫，但立天道不易。气宗则以气统心遗理，其于天道，必有偏颇。然统合二宗，以心气修身，则无往不利，明道乃至陆王统绪，皆以心定气以修身，而少及宇宙事。② 朱陆纷争，牵涉甚广，但于工夫论，必以志帅气则同。歧异在于立志，究竟以心，抑或据理。心学工夫，在以心统气，理学工夫，在据理统气。以理统气，易配合建立系统宇宙论述；其弊在万物纷繁，理随物现，工夫支离。以心统气，工夫易有效验。其弊在于难以配合解说宇宙；③ 且在工夫上易遗理任觉、流入异端。如不欲窜入异端，既要儒家纯正的工夫论，又要儒家纯正的宇宙论，唯独重合心、理、气三宗统

---

① 张横渠宗庄处远较明道为多，详参本章下节。

② 朱陆纷争，牵涉甚广，但于工夫论，必以志帅气则心学工夫；理学工夫，在于据理统气。

③ 心学旧统绪欲有完整之宇宙论，只有假借、转化内学诸宗，或唯识、或俱舍、或贤首、或天台。要之彻底的心学可以有宇宙论，只是儒家心学不易建立，内学宗门不屑建立而已。此新心学如贺麟等，极推重黑格尔之"逻辑的心"之故也。盖由此逻辑的心，心理始可统，宇宙始可通矣。

合,于工夫论宇宙论上,皆以心据理统气。阳明学后,如有顺势之推进,当取此道也。而气宗复兴,实凌驾于心、理之上,盖激于心学之荡也。蕺山、船山颠倒心气,乃以气摄理统心矣。

以上略论道学统宗之大势也。朱子之后,各宗如欲达其一统,则必以所宗主者为无外之真一,故必合他宗。理气合者,胡五峰之"性"也。心理合者,王阳明之"致良知"也。心气合者,杨慈湖之"己易"也。至于蕺山、船山,所欲统合者盖大矣。统也,合也,皆不欲二本也。不欲二本者,"夫道一而已矣"也。然二本不独理、气、心之谓也。有天复有人,即二本也。理气近天,心则近人。人有性,天有心,皆欲统合天人之二本也。天人二本,阴阳二本,《易》、《庸》、《庄》、《老》皆有疑也。虽善解者,固不当以《易》、《庸》有二本也,然北宋以来,周张皆有二本之嫌也。攻二本,示道一,实始于程子。程子盖真深于《易》、《庄》者也。接程子之说,转《庄子》而释《易》、《庸》,则可破二本,可融三宗。

第二节　宋儒之转庄子道体学

儒门道学大宗,定乎二程。二程虽以理述道,其于气、心二宗,实皆深造之。其抟合转化先秦道体学之功尤著。儒门道体之学,虽造极于《易》、《庸》,然其于庄生黄老之异同,暧昧难稽。乃至于魏晋,王辅嗣以老子之义注《易》;时至今日,仍不无以《易》、《庸》之义注《庄》者。儒家道体之学,至二程始焕然而明。而其之所以明也,始判儒道,而后贯之以《易》、《庸》、《论》、《孟》之义也。不贯以《易》、《庸》、《论》、《孟》,有儒家而无道体之学也。不始判儒道而后贯《易》、《庸》、《论》、《孟》,有道体之学,而终非纯然儒学也。前者有道统而无道学,韩退之等唐人是也。后者有道学而无道统,周张邵乃至魏晋人是也。二程之判儒道之际也,非徒拒庄老而已。道家之道论,本有拒无可拒,不得不接而转化者。此在周张二程乃至邵子,皆所同也。而二程之所以独能澄而澈之,转道体入于纯粹儒家之义,与其判庄老与贯《易》、《庸》、《论》、《孟》,实一事也。以《易》、《庸》、《论》、《孟》之义判庄老,则儒道之际明。以庄老之判贯《易》、《庸》、《论》、《孟》,则道体之学粹。

此可略参周张。周子以《易》融《庸》;其太极之说固亦可溯至于《易》,《太极图》则传自羽客矣;周子"无极而太极"之说,亦不出"道一"之际、"无一"之际矣。周子之主虚静,虽有《易传》、《乐记》之渊源,其底蕴亦不无庄生之道术也。张子之学,大本在《易》,而实亦有接于庄子而转之也。而其转也,始立清虚一大,以太虚为体,一气为用。虽体用不二,以为太虚不外于气,而原无清浊刚柔等,[1]是有一气而无万物也。《正蒙》以《太和》繫首。此篇之于庄生,有公然称引者。[2] 有因袭大义,不称名而引者。由"气化",[3]有道之名。其以为太虚有气、气之聚散,皆"不得已"也。[4]聚散有常,"死而不亡"也。[5] "万物虽多,其实一物",[6]则善恶可

---

[1] 《二程集》,前揭,批"清虚一大"处有:"立清虚一大为万物之源,恐未安,须兼清浊虚实乃可言神。道体物不遗,不应有方所。"(页21);"横渠教人,本只是谓世学胶固,故说一个清虚一大,只图得人稍损得没去就道理来,然而人又别处走。今日且只道敬。"(页34)。

[2] 《张载集》,前揭,页8。辟佛老诸子,而独于庄生,称而引之。

[3] 《张载集》,前揭,页9。

[4] 《张载集》,前揭,页7。"感而后应,迫而后动,不得已而后起……"《庄子集解》,前揭,页133。

[5] 《张载集》,前揭,页7。"缘不得已"(《庄子集解》,前揭,页292);"死而不亡"盖出于《道德经》第三十三章,前揭,页85。

[6] 《张载集》,前揭,页10。

齐也。《乾称》以为凡象皆气，气之性本虚而神。[①] 气流行聚散，工夫难定，故不得不有《大心》之篇。此篇大旨，虽承《庸》之"体万物而不可遗"，[②]而其工夫之微，在忘象忘意，[③]其实皆虚而待物也。[④]《中庸》体物工夫唯在"诚"，[⑤]《大心》体物之要则在"虚"也。故周张之学，颇有得于庄生之"虚"。"虚静"亦道体一义也，未可遽然非之。而入室操戈，强以之为儒家道体之学，反攻庄老，则未知其可也。故周张道体之学，大而未粹也。

史谓二程出入释老，反乎六经而得之。此盖泛泛语耳。二程出入庄老则有之。于佛氏，实无入无出也。[⑥] 二程之于庄生，亦多有称引、暗引。其暗引之繁，实有过于张子。明道学之精髓，尽在《识仁》、《定性》，此二篇亦杂庄生语。然而程学大旨，则绝非庄学也。故程之于庄，可谓阳辟之，阴用之，实转之。程子之转庄处，即儒道两家之道体学判然有别处。此节并下章，因程子之转庄，复疏《繫辞》"继善成性"一章，明儒道分际，贯儒道通理，破二本，显一元，定道体学之大义。绍述程子，唯欲见儒门道体学之复，非独欲浚通理宗出处也。

庄子于道体学贡献甚伟，二程于此极明了。伊川云："庄生

---

① 参见《张载集》，前揭，页63。

② 《中庸》第十六章，见朱熹《四书章句集注》本，前揭，页29。

③ "徇象丧心"（《张载集》，前揭，页24）；"化则无成心"（《张载集》，前揭，页25）。

④ 参《天地》象罔得黄帝所遗之玄珠一章。《庄子集解》，前揭，页101。

⑤ "夫微之显，诚之不可掩如此夫"，《四书章句集注》，前揭，页29。

⑥ "释氏之学，更不消对圣人之学比较，要之必不同，便可置之。今穷其说，未必能穷得它。比至穷得，自家已化而为释氏矣。今且以迹上观之……"；"学者于释氏之说，直须如淫声美色以远之。不尔，则骎骎然入于其中矣。"；"释氏之说，若欲穷其说而去取之，则其说未能穷，固已化而为佛矣。只且迹上考之。"见《程书分类》下卷，前揭，页667、671、673。

形容道体之语,尽有好处。"①亦从儒门之习而显责之。如云物本不齐,庄周强要齐物。② 他如笼统批释老者,皆包庄在内,不赘。二程之于庄,盖态度犹疑矛盾,故《二程集》于斯所记,多有抵牾之语。如或云伊川不排释老,③或云其"一生不看庄列"。④而伊川或明或颇涉庄子之语。如上引称扬庄生形容道体者,又如大谈其"机心"、"机事"、"坐忘"、"坐驰"者。⑤ 而明道于庄更可谓熟极而流,脱口而出矣。乃至有弟子不察,直以庄子语系于明道之例。谢显道记忆平日语有:"尸居却龙见,渊默却雷声"。⑥ 此纯然庄子语也。《在宥》有:"尸居而龙见,渊默而雷声";⑦《天运》亦有:"人固有尸居而龙见,雷声而渊默。"⑧然则明道语尤近《在宥》也。上篇已示,此篇固近儒而倒转《易》、《庸》之义,又明天人之有分也。至于暗袭其义处尤多,文繁不引。⑨ 明征暗袭,皆非窃取,实以为自家体贴出来,盖已化庄为己骨血矣。明道之有取于庄,非独见于其散漫处,尤其见于其吃

---

① 《二程集》,前揭,页64。

② 同上书,页33。按,此实非庄子,彭田慎也。参见上篇第二章第三节。

③ 《二程集》,前揭,页80。

④ 《二程集》,前揭,页86。

⑤ "未有不能体道而能无思者,故坐忘即是坐驰,有忘之心乃思也。";"阅机事之久,机心必生。"《二程集》,前揭,页65。

⑥ 《二程集》,前揭,页59。

⑦ 《庄子集解》,前揭,页91。

⑧ 《庄子集解》,前揭,页129。

⑨ 二程言"万物之始,皆气化;既形,然后以形相禅,有形化;形化长,则气化渐消",《二程集》,前揭,页79。参见"化其万物而不知其禅者",《庄子集解》,前揭,页174。又"万物皆种也,以不同形相禅",《庄子集解》,前揭,页246。又二程言"圣人即天地也,天地中何物不有?"《二程集》,前揭,页17,《徐无鬼》中为"圣人并包天地,泽及天下,而不知其谁氏",《庄子集解》,前揭,页219;又"夫天无不覆,地无不载,吾以夫子为天地,安知夫子之犹若是也!"《庄子集解》,前揭,页50。

紧处。程庄学术关联,近人并非毫无觉察,唯未深思其意味耳。
蒙文通《杨朱学派考》偶及之曰:

> 余前以为此与明道之言若合符,斯其精义之不刊者。
> 明道曰:"自私则不能以有为为应迹,用智则不能以明觉为
> 自然。……圣人之喜,以物之当喜,圣人之怒,以物之当怒,
> 是圣人之喜怒不系于心,而系于物也。是则圣人岂不应于
> 物哉?"《庄子·庚桑楚》言:"出怒不怒,则怒出于不怒矣;
> 出为无为,则为出于无为矣。欲静则平气,欲神则顺心。有
> 为也,欲当则缘于不得已。不得已之类,圣人之道"此之为
> 义,而符于宋人之所论。①

　　蒙氏于此处可谓有见矣,然而不可颠倒因果,谓《庄子》符
合宋人。盖此关联于《庄子》实毫无意义,于宋学则关涉极大。
明道用《庄》处非独圣人应物而已,盖此仅为效验之一也。明道
亦非仅援引《庄》而已,盖有化有转也。其所转所化,方是儒家
道体学之所以复立之肯綮。
　　蒙文通所引明道语出于《定性书》。②《定性》、《识仁》两
篇,能见明道学之大体。《定性》于效验中形容道体,《识仁》则
于工夫中形容道体。朱子谓《识仁》为"地位高者之事",③盖指
其工夫也。道体彻上彻下,无内无外,无所谓地位高低。唯蒙氏
所引,尚非《定性》与庄关涉显豁者。显然关涉处,见《定性》书

---

①　载《古学甄微》,《蒙文通文集》第一卷,前揭,页254-255。
②　《二程集》,前揭,页460-461。
③　《宋元学案》,前揭,页541。

篇首大旨:"所谓定者,动亦定,静亦定;无将迎,无内外。"①盖无将迎、无内外,皆出于《庄子》。明道于标宗旨处援庄,可见其浸淫也深矣。唯其浸淫也深,其转庄之力也巨,其复儒家道体之绩也伟。

按,"无内外",《则阳》有:"容成氏曰:'除日无岁,无内无外。'"②郭成注疏曰,为计死生,③乃有时日。死生既遣,无我无物;要之与《则阳》上文通,"体道无心"耳。④ 则遣死生为工夫,无内外为道体之形容耳。无内外者,亦"一"中应有之义也。

至于"将迎",《庄子》诸篇中不止一见。其说较《定性书》为繁。《应帝王》有:

> 无为名尸,无为谋府,无为事任,无为知主。体尽无穷,而游无朕。尽其所受乎天,而无见得,亦虚而已。至人之用心若镜,不将不迎,应而不藏,故能胜物而不伤。⑤

而《大宗师》又有:

> 参日而后能外天下;已外天下矣,吾又守之,七日而后能外物;已外物矣,吾又守之,九日而后能外生;已外生矣,而后能朝彻;朝彻,而后能见独;见独,而后能无古今;无古

---

① 《二程集》,前揭,页460。
② 《庄子集解》,前揭,页228。
③ 参见《南华真经注疏》,前揭,页504。
④ 参见《庄子校诠》,前揭,页1009。
⑤ 《庄子集解》,前揭,页75。

今,而后能入于不死不生。杀生者不死,生生者不生。其为
物,无不将也,无不迎也,无不毁也,无不成也。其名为撄
宁。撄宁也者,撄而后成者也。①

两处均出乎内篇,而一主不将不迎,一主无不将迎。顾《知
北游》又有:

颜渊问乎仲尼曰:"回尝闻诸夫子曰:'无有所将,无有
所迎'。回敢问其游。"仲尼曰:"古之人,外化而内不化,今
之人,内化而外不化。与物化者,一不化者也。安化安不
化……圣人处物不伤物。不伤物者,物亦不能伤也。唯无
所伤者,为能与人相将、迎。"②

此篇颜渊问无将无迎,孔子答之以无不将迎。据此问答,可
知"不将不迎"与"无不将迎"本来不二也。不将迎者,内不化
也,物不能伤也;无不将迎者,外化也、与物化也、不伤物也。刘
武《补正》云:"以言夫道之本体,无将无迎;言夫道之妙用,无不
将,无不迎。盖物有去来,道因将迎而顺应之,所谓感而后动
也。"③此说甚是。然则《应帝王》言夫道体也。《大宗师》自"外
天下"直至"见独",皆工夫也。"独"者,一也,道体也。"见独"
之后,自"无古今"直至"撄宁",皆道用也、效验也。《知北游》
则即道之妙用,见道之本体也。《庄子》将迎之说虽繁,与《定

---

① 《庄子集解》,页 61-62。
② 同上,页 194。
③ 《庄子集解内篇补正》,前揭,页 162。

性》关涉之大者,恐在《应帝王》。诸处唯此篇直道"不将不迎"。此篇又有"至人用心若镜……应而不藏"语,郭象注曰:"鉴物而无情……来即应,去即止",①而《定性书》有:"圣人之常,以其情顺万物而无情,故君子之学,莫若廓然而大公,物来而顺应",②又有"今以恶外物之心,而求照无物之地,是反鉴而索照也。"③是《定性书》与《应帝王》文及注疏,若合符节也。然此书虽与《应帝王》关涉较大,其义则亦不绝乎《庄子》它篇。盖庄子将迎之说,于诸篇一以贯之也。成疏曰:"将,送也。"④故物曰来去,心曰将迎。《则阳》所谓除日无岁者,含无"时量"之义,⑤与"无将迎"之意通。故无内外、无将迎者,皆云道之本体,一也,独也,不化也。廓然大公、物来顺应者,云道之妙用,多也,万物也,与物化也。故明道之于庄生,于道一万物之间所借鉴者尤多,且皆道体学之宗旨纲要处也。一言以蔽之,明道定性,定于一也。而庄生之道即一,所谓"独"也。形容此一之妙,无过于庄生。无将迎,一不化也;无内外,一无对待也。明道即此本体而为工夫,于效验中形容此一。"所谓定者,动亦定,静亦定;无将迎,无内外。"无将迎者,外物动,己不化,犹不动也故云定。无内外者,己物无待故静亦云定。故唯其一,无将迎、内外。无将迎内外,故动静皆定。

　　《定性书》有取于庄学多矣,然究系明道之学,非庄学也。

---

① 《南华真经注疏》,前揭,页178。
② 《二程集》,前揭,页460。
③ 同上书,页461。
④ 《南华真经注疏》,前揭,页149、178。
⑤ 参见《庄子校诠》,前揭,页1009。

庄子之所以能致其一者,在《应帝王》之"虚"、《大宗师》之"见独"、《知北游》之"处物不伤物"也。此皆非明道之学。明道之致其一者,在《识仁》一篇:"学者须先识仁。仁者,浑然与物同体……此道与物无对……若反身未诚,则犹是二物有对……"①盖仁则一也。② "诚"则无对待、无内外,毋庸"虚"也;"仁"则"浑然与物同体"也,毋庸"处物不伤物"也。《定性》之"廓然大公"亦所以释仁也。盖唯云"廓然"则可通虚空无对之意,③云"廓然大公"则"廓然"及"大"皆所以述"公"也。伊川谓仁,"只消道一公字"。④ 又云:"仁则一,不仁则二。"⑤《遗书》又云:"公则一,私则万殊"⑥此条虽未辨伯叔,仁、公、一之圆转,在二程则可通也。⑦ 其精微分别,在识仁之一与诚敬之一。明道先识仁,后"以诚敬存之";伊川之主一,唯诚敬而已矣。⑧ 故明道之于道一,不言其虚静,⑨而取其不诚无物,即活动即实有也。而其活动也为生生。"天只是以生为道",⑩"道则自然生万物……道则

---

①　《二程集》,前揭,页16-17。
②　伊川云:"仁则一,不仁则二。"同上书,页63。
③　《碧岩录》卷一云:"梁武帝问达摩大师,如何是圣谛第一义?摩云:廓然无圣!帝曰:对朕者谁?摩云:不识。"弘学等整理:《圆悟克勤禅师——碧岩录·心要·语录》,四川:巴蜀书社,2006年,页9,下同。
④　《程书分类》下卷,前揭,页479。
⑤　《二程集》,前揭,页63。
⑥　同上书,页144。
⑦　明道或以为公可述仁,但公未等同于仁也。
⑧　伊川致一,主诚敬。"主一者谓之敬。一者谓之诚。主则有意在。"见《程书分类》下卷,前揭,页485。"闲邪则固一矣,然主一则不消言闲邪。有以一为难见,不可下工夫。如何一者,无他,只是整齐严肃,则心便一,一则自是无非僻之奸。此意但涵养久之,则天理自然明。"参见《程书分类》上卷,前揭,页9。
⑨　伊川于此同,"皆是理,安得谓之虚?"《程书分类》下卷,前揭,页446。
⑩　《程书分类》上卷,前揭,页35。

自然生生不息。"①

　　此明道与庄子之大异处,亦明道与横渠之大异处也。横渠工夫重虚,以虚为仁、诚之本原。如云,诚者,虚中求出实。② 又云,虚心然后能尽心,虚则生仁,仁在理以成之。虚心则无外以为累。"虚者,仁之原"。③ 周子以主静为工夫之本,横渠则更进一步,直以虚为静之本。所谓"静者善之本,虚者静之本,静犹对动。虚则至一。"④则横渠之一,归根于虚矣。彼非但以为人道工夫归于虚,且以为天地之道,亦在其虚也。"天地以虚为德,至善者虚也。"⑤横渠之于庄子,盖亦有所转矣。其所转在体用,以为太虚与气,体用不二。⑥ 然其体仍定于虚,而非仁诚。则其转未如明道之巨也。明道以为横渠《订顽》备言仁体。⑦ 此盖从"故天地之塞,吾其体;天地之帅,吾其性。民,吾同胞;物,吾与也"⑧等语来,而未及其"气之性本虚而神"⑨等语也。张学,仁为大用,虚为本体也。虽体用不二,其各据体用也不可紊。明道之学,仁为本体,亦为大用也。学者明乎此,乃能明程子转庄之功,非径谓张非而程是也。

　　明道之以仁为本体,盖贯乎天人也。此亦明道与庄学大异之处,亦与张学大异之处也。唯因明道以仁为天地之道,故不取

---

　　①　《程书分类》下卷,前揭,页445。

　　②　参见《张载集》,前揭,页324。

　　③　《张载集》,前揭,页325。

　　④　同上书,页325。

　　⑤　同上书,页326。

　　⑥　"太虚者,气之体",见《张载集》,前揭,页66。

　　⑦　《二程集》,前揭,页17。

　　⑧　《张载集》,前揭,页62。

　　⑨　此语二程本不无微词。"立清虚一大为万物之源,恐未安,须兼清浊虚实乃可言神。"《程书分类》下卷,前揭,页568。

道体之虚也。亦唯因明道以仁为天地之道，故终破天人之二分也。此皆明道与庄张之所以异处。上文已示，以《在宥》等按之，庄子之学终以天人为二也。仁者，人也。① 以仁为体，即以人为体也。此明道学大卓异之处。破天人二分者，少有明道之截然、深远也。明道云：

　　"天地之大德曰生"、"天地氤氲，万物化醇"、"生之为性"……万物之生意最可观。此元者善之长也，斯所谓仁也。人与天地一物也，而人特自小之，何耶？②

又云，

　　若如或者别立一天，谓人不可以包天，则有方矣，是二本也。③

此二条当合看。明道破二本，乃云人可包天。而人之所以包天者，非独张人道。盖人之道在仁，即天之道也。唯尽人道，乃能知天，④此的是孟子学血脉也。明道自家体贴语有："天位乎上，地位乎下，人位乎中。无人则无以见天地。"⑤此即孟子之意也。凡谓

---

① 孟子云："仁也者人也，合而言之道也"，又参《二程集》，前揭，页120。
② 《二程集》，前揭，页120。
③ 同上书，页121。
④ "尽其心者，知其性也。知其性，则知天矣。"《孟子集注》，《四书章句集注》本，前揭，页413。张子则云："存心养性以事天，尽人道则可以事天"，盖其终以人道与天为二也。见《张载集》，前揭，页311。
⑤ 《二程集》，前揭，页117。

程子有人无天者,皆二本之解也。明道之言人,即言人所包之天道。《遗书》又有"良能良知,皆无所由,乃出于天,不系于人"①此虽未知伯叔孰言也,而与明道之学合。即在伊川,亦不无此意耳:

> 正叔言:"……此心即与天地无异,不可小了它,不可将心滞在知识上,故反以心为小。"②

此盖指横渠心小性大之说。③ 而此全合于明道之言:

> 道,一本也。或谓以心包诚,不若以诚包心;以至诚参天地,不若以至诚体人物,是二本也。知不二本,便是笃恭而天下平之道。④

《朱子语类》卷第九十九云:

> 问"心包诚"一段。曰:"是横渠说话,正如'心小性大'之意。"横渠云:"以诚包心,不若以心包诚。"是他看得忒重,故他有"心小性大"之说。⑤

故明道所谓心诚、天人之二本,即伊川、朱子所谓心性之二

---

① 《二程集》,前揭,页20。
② 同上,页22。
③ "时本注云:'横渠云:心御见闻,不弘于性。'"见同上书,页22。
④ 同上书,页117-118。
⑤ 《朱子语类》第七册,前揭,页2540。与明道引文有异,明道为"以心包诚,不若以诚包心"(《二程集》,前揭,页117)。

本。横渠不能"定性"，其实不能定心也。性本于天，无所谓定与不定。而横渠之不能定心，盖以心性为二本也。故必"大其心"①而后可定。故明道云：

> 此道与物无对，大不足以明之，天地之用皆我之用……若反身未诚，则犹是二物有对，以己合彼，终未有之，又安得乐？《订顽》意思，乃备言此体。以此意存之，更有何事？②

二本故有对，有对故必"大心"也。横渠之学，先立二本，而后以工夫一之也。故横渠四句教所谓"为天地立心"云云，皆以为天地本无其心，唯依人立之也，实二本之学也。定性因内外无对。无对在明道，是本体合当如此。体"一"莫当于识仁，故本体在明道即仁体。而在横渠仁实非"体"也。横渠学之体为太虚，太虚与气虽云不二，气可通分成毁，不必"一体"也。其一乃无物之虚（"仇必和而解"，解则无物矣）。仁之一，乃通物、合物之一也。故气宗即虚静即活动，立仁也难。人道唯仁，天人二本，归根结底，在天本于虚，人本于仁。此原是道儒之别，而非天人之别也。以为天人有虚仁之别，盖二本之学，而见道体未彻也。故横渠转庄也未澈。明道转庄之力甚伟，故必因之转横渠。《定性》、《识仁》皆涉横渠，岂偶然哉！

---

① 《张载集》，前揭，页24。
② 《二程集》，前揭，页17。

　　然明道立义虽高,仍是自家体会之语,未能入其经解也。明道云:"天人无间断。"①又云:"纯则无间断。"②后者乃《庸》不已之理,前者实《易》生生之理也。而程氏《易说》则未能及此。说天人相继之理而深远详密者,无过于船山。以下略依船山之易传,阐发而推究之,以引道体生生之义。

---

①　《二程集》,前揭,页119。
②　同上书,前揭,页118。

第二章 "生生之谓易"

本论上篇初章命意,乃因生成引出生生。四因云云,皆所以明造作、生成、生生之同异也。本论上篇,乃依生生揭橥道体,而旁通虚寂焉。盖道体有虚寂义,有生生义。生生、虚寂不二。儒家体认道体,以生生为大义,道家盖以虚寂为大义焉。此处依儒家道体学,定生生之义。复顺生生之义,逆明全体之义。

第一节 天人之"继":《易繋·继善成性章》疏(上)

生生之义,有理义,有文义;有通义,有专义。道体所重,理义也、通义也。道之大原在天,道学之大原则在经。理义不离文义,通义不离专义。生生义源,固当求之于《易》。当以文脉定文意,径从出处推阐其义、寻绎其理。① "生生"出于《繋辞》,于

①　本节部分内容,又见拙文《〈易传〉与生生——回应吴飞教授》之第三部分。载《哲学研究》2018 年第一期,页 41－49。

孔颖达《周易正义》中列为第六章："显诸仁,藏诸用……日新之谓盛德。生生之谓易……阴阳不测之谓神。"①此篇幅稍长,古人有引述极简者,唯摘"日新之谓盛德,生生之谓易"两句。② 其征虽简,其诂则在焉,即以为两句意通,合说顺天改易之理。古人亦有引述极繁者,不限于《周易正义·繫辞》第六章,即从"一阴一阳之谓道"以下全章摘录,方能确解"生生之谓易"。来知德、王夫之皆如此。为将"一阴一阳之谓道"以下与"显诸仁,藏诸用"以下合说,来王皆破《周易正义·繫辞》之分章,③依朱子《周易本义》,④将"一阴一阳之谓道"判为第五章首,"显诸仁"以下段落均摄此章以下。⑤ 朱来王之分章是。盖《正义》判"显诸仁"以上为第四章,以下为第五章,以为"上章论神之所为,此章广明易道广大,与神功不异也"⑥按,其所判第四章有"故神无方而易无体,一阴一阳之谓道",非无易道也;所判第五章有"阴阳不测之谓神",非无神之所为也。要之强分神与易道为二章则非。所判第五章之"显诸仁,藏诸用"当用所判第四章之"仁者见之谓之仁……百姓日用而不知"解,此王孔自已言之,⑦何故分属二章? 故当从朱来王判章,亦当从来王,从"一阴一阳之

① 《周易正义》,前揭,页270-272。

② 参见杨树达:《周易古义·老子古义》,上海:上海古籍出版社,2006年,页85,下同。

③ 《周易正义》之分章或从周王孙。先儒亦有其他分章方式,然均不同于朱子。参见《周易正义》,前揭,页256-257。

④ 参见朱熹撰,廖明春点校:《周易本义》卷七,北京:北京大学出版社,1992年,页140-141,下同。

⑤ 参见来知德撰,张万彬点校:《周易集注》卷十三,北京:九州出版社,2004年,页620,下同;王夫之,《周易内传》卷五上,《船山全书》第一册,前揭,页524。

⑥ 《周易正义》,前揭,页270。

⑦ 参见同上书,页270。

谓道"以下一义直贯而解"生生之谓易"。盖"一阴一阳之谓道"章实乃全部《繫辞》乃至全部《周易》经传最重要之一章,易道之通义、天人际之微、儒家义理之髓、儒道之分野等皆包摄其中。故不揣辞费,俱引朱来王本《繫辞上》第五章如下:

> 一阴一阳之谓道,继之者善也,成之者性也。仁者见之谓之仁,知者见之谓之知,百姓日用而不知,故君子之道鲜矣。显诸仁,藏诸用,鼓万物而不与圣人同忧,盛德大业至矣哉!富有之谓大业,日新之谓盛德。生生之谓易,成象之谓乾,效法之谓坤,极数知来之谓占,通变之谓事,阴阳不测之谓神。

《周易》经传中"生生"唯见乎此章。不通此章之义,即便旁涉广大,所得皆非《易》所谓"生生"之实义也。此篇之难,不在文字,而在道理。能体理义,方能通其文义。孔疏文义欠精,盖未得理义也。此章理义,船山解极精。然亦有所宗、有所变。其《内传》颇宗来注,而《外传》取精用弘,与《尚书引义》之说互为犄角,别开生面矣。本节诂解"生生",大体近宗船山,远绍明道。明道、船山破天人二本也力。而船山反复注经,遂使此天人不二之见,深依《易》理,而广通道体之义焉。此间先述船山之"生生"义。次据天人不二义注《繫辞》"一阴一阳之谓道"章。复依之回释道体大义,判儒道二家道体学之别。

来知德注此章,从"一阴一阳之谓道"一气贯下。以为"一阴一阳"是理乘气机出入。气迭运,太极之理流行而日新,故谓之道。① 此一阴一阳之道既在天地,也在天人之际,也在《易》经中。"以天人赋受之界言之",就是继善成性。此道在《易》一书之中,就是生生之谓《易》。"生生"即"阳生阴,阴生阳,消息盈虚,始终代谢,其变无穷"。② 故来知德乃以阴阳相生,而非阴阳交入义注"生生"。③ 来注可谓一体贯通,而诸用殊绝。盖以为天、人、经三者平行,皆道之所在也。彼以"接续不息"注"继",则天道内自有其继,贞下起元,何必继之以善? 继既在一阴一阳之道内,为何道后又要说个"继"? 此则犹有大人二本之疑。

船山《周易内传》解此章大处依来,但极重视"继"。船山以为"道统天地人物,性则专就人而言也",④"继"则示"天人相接续之际,命之流行于人者也。"⑤此言固与来注无大差别。但天命流行之后,"于是人各有性,而一阴一阳之道,妙合而凝焉。"⑥此已非来注所能含者。船山此解,本宗《中庸》"苟不至德,至道不凝焉"之理。⑦ 虽然性小道大,但"性小而载道之大以无遗"。⑧ 船山此说远应明道之学。伯淳云:"……若如或者别立一天,谓人不可以包天,则有方矣,是二本也。"⑨又云:"天人无间断。"⑩《内传》

---

① 参见来知德,《周易集注》卷十三,前揭,页620。
② 参见同上书,页622–623。
③ 焦循以反复推移解生生,亦以为此句说《易》经而非易道,与来注无实质差别:"生而又生,往来交易,此《易》所以名《易》也。"见焦循撰,陈居渊校点:《易章句》卷七,《雕菰楼易学五种》上册,南京:凤凰出版社,2012年,页164,下同。
④ 《周易内传》卷五上,《船山全书》第一册,前揭,页526。
⑤ 同上。
⑥ 同上。
⑦ 郑玄注"凝"为"成之者性"也之"成"。见《礼记正义》,前揭,页1455。
⑧ 《船山全书》第一册,前揭,页526。
⑨ 《二程集》,前揭,页121。
⑩ 同上,页119。

虽云道大性小，但性能包道，这就向破天人二本迈进了一大步。《内传》之于"生生之谓易"，亦宗来氏，解"易"为《易》经。道既全凝于性，道与性皆为《易》理所涵。故《内传》注"生生之为易"一节曰："此以下正言《易》之所自设，皆一阴一阳之道，而人性之全体"也。① 是《周易内传》以阴阳相推之道解生生，而张大"继"义，以融天人为一也。"同一道也，在未继以前为天道，既成而后为人道。"②则天人固因"继"而同一，而其言则似"继"仍在天道之后、之外也。

《内传》或微有未安，《外传》则极周澈矣，唯以"继"之一义，贯天人、贯道善性：

> 甚哉！继之为功于天人乎！天以此显其成能，人以此绍其生理者也……天人相绍之际，存乎天者莫妙于继。然则人以达天之几，存乎人者，亦孰有要于继乎？③

据此，"继"之义大矣哉！天人之所以非二本，盖因天人无非皆继而已。继非惟存乎人道，亦存乎天道。故人之继天，即人即天，即天即人。既是人道，也因之就是天道。反之亦然。这才叫道成于性、至道凝于至德。在人性中成就的，无非就是天道。故《周易外传》实以"继"释"生生"，而又以此"生生"为总纲回释道体、回释道善性。故在《外传》，生生为易之说已非道在《易经》而已，而是道之总纲，遍在天人。"夫繁然有生，粹然而生

---

① 《船山全书》第一册，前揭，页529。
② 同上。
③ 《周易外传》卷五，《船山全书》第一册，前揭，页1007。

人，秩焉纪焉，精焉至焉，而成乎人之性，惟其继而已矣。"①这是将人性之成，皆归于生生、归于继。而在人之生生，无非即天道也。故"道之不息于既生之后，生之不绝于大道之中，绵密相因，始终相洽，节宣相允，无他，如其继而已矣。"②故《外传》之释"生生之谓易"也，不废孔疏"不绝"之文义，而以继之理义彻解之。又以大道释"易"，乃与来注撇清。③故此继绝非仅在天人之际，毋宁贯穿天人。"一阴一阳之谓道"者，亦无非"继"也。故船山云："以阳继阳，而刚不馁；以阴继阴，而柔不孤；以阳继阴，而柔不靡；以阴继阳，而刚不暴。"④至此，船山生生之说大明，无非一继而已。一阴一阳之谓道者，继也。天人之际者，继也，人之成性者，亦继也。继故不绝。惟生生不绝，故天人不二，即明道所谓"天人无间断"。天人无间断，天道乃凝成于人性。性理即生理也。人之绍天者，非与天了不相干，而即天道所立、至道之凝也。此流行不已、成人凝道之总体，即生生，即道体也。

　　船山此说，盖以"继"为"生生"之理义，下通孔疏"不绝"之文义。拙意"不绝"为文义亦不确。盖生生故不绝，非生生文义即"不绝"也。故略呈考证，为船山释补一文义。《春秋公羊传·庄公三十二年》有"（叔）牙谓我乎：'鲁一生一及'"何休解诂曰："父死子继曰生，兄死弟继曰及"⑤《史记·鲁周公世家》

　　①　《周易外传》卷五，《船山全书》第一册，前揭，页1007。
　　②　同上。
　　③　此处可参程子之说："易是个甚？易又不只是这一部书，是易之道也。"《二程集》，前揭，页31。
　　④　《船山全书》第一册，前揭，页1007。
　　⑤　何休注、徐彦疏、刁小龙整理：《春秋公羊传注疏》，上海：上海古籍出版社，2014年，页216，下同。

则云:"叔牙曰:'一继一及,鲁之常也。'"裴骃集解引何休:"父死子继,兄死弟及。"①何解较裴引尤精。两处正文相参可知,继即生也。故船山解非独合《易传》之理义,亦合其文义。生之为继,乃可作用于自生。生即继其生,意即生生。生有此理故不绝不息。而此理非独见于天道之一阴一阳,亦见于人道之仁义礼信。人道之仁义礼信,即一阴一阳之继与成也。惟此,儒家义理之学,乃与道家判然有别。② 生生之说,实道体所系。故明道曰:"'生生之谓易',是天之所以为道也。天只是以生为道,继此生理者,即是善也。"③

据此,船山之宗气虽源自横渠,然此天人相继之生生义,实明道学之精义也。船山"生生"之说,不外乎天人本一、一于生生。于前,明道有"天人无间断"义;于后,明道有"天只是以生为道"义。然合二程之说,则此义未粹也。伊川与明道未合,伊川语录又与其《易说》未合也。

明道云:"'一阴一阳之谓道',自然之道也",④又云:"'生生之谓易',是天之所以为道也。天只是以生为道……"⑤伊川语录则云:"一阴一阳之谓道,道非阴阳也,所以一阴一阳道也,

---

① 司马迁撰,中华书局编辑部点校:《史记》,第五册卷三十三,北京:中华书局,1953 年,页 1532,下同。

② 近人刘武注《逍遥游》,以《易·乾·彖》解"若夫乘天地之正,而御六气之辩",谓:"夫《庄子》此书,所以明道也。其所谓道,非仁义之谓,乃阴阳之谓也",见氏撰,《庄子集解内篇补正》,前揭,页 16。其说固是,然而道家虽排仁义,儒家则不排阴阳也。非独不排,在儒家,仁义方成就阴阳,天道凝成于人德,此即《易传》继善成性之理、生生之理也。

③ 《遗书》卷第二上,见《二程集》,前揭,页 29。

④ 《程书分类》上卷,前揭,页 34。

⑤ 同上书,页 35。录者虽未辨伯叔,此条有"天只是以生为道"、"万物皆有春意"语,当属明道。

如一合一辟之谓变"，又云："离了阴阳更无道，所以阴阳者是道也。阴阳，气也。气是形而下者，道是形而上者。"①其《易说》则云："道者，一阴一阳也。动静无端，阴阳无始。非知道者，孰能识之？"②

伊川大抵以"形而上者谓之道"解"一阴一阳之谓道"，虽未出《繫辞》范围，其解终未妥帖。或解一阴一阳为所谓"形而下"者，然则与"形而上者谓之道"相抵牾；或疏道为"所以一阴一阳者"，则增字解经也。伊川疏解虽有两涂，其于学理则一贯，即以生生为一阴一阳无穷相续，③而一阴一阳为气、为形而下者，故生生终非道体也。生生之上，犹有"之所以"为生生者。明道则正以生生为天"之所以"为道者。伊川截得形而上下分明，故其所谓形而上之道，了非生生。明道所谓道，当即生生也。"道则自然生万物。今夫春生夏长了一番，皆是道之生……道则自然生生不息。"④明道所同乎伊川者，以为道即天理，然未逐生生于天理之外，以之为形而下之气也。"天理生生，相续不息……"⑤

综三子之说，伊川以生生为气，非形而上之道。明道以生生

---

① 《程书分类》上卷，前揭，页34。

② 《二程集》，前揭，页1029。

③ 伊川《易说》解"一阴一阳之谓道"为"动静无端、阴阳无始……动静相因而成变化"而解"生生之谓易"为"生生相续，变易而不穷也"。《二程集》，前揭，页1029。

④ 《程书分类》下卷，前揭，页445。下条"天以生为道"，同未辨伯叔，恐皆是明道语。

⑤ 《程书分类》下卷，前揭，页451。下文有无为故也。使竭智巧而为之，未有能不息。此义近乎《定性书》（"自私，则不能以有为为应迹；用智，则不能以明觉为自然。"《二程集》，前揭，页460－461），自是明道语无疑。

为道，为理，虽未直言形而上下，生生之于明道，非形而下之气明矣。船山则以生生为道，为含理之气。本论综合三说，以道体确为形而上者，此从伊川，然不可从伊川以理气分属形而上下；又从明道、船山，以生生、相续为道体。然亦不如船山概以之为气、明道概以之为理。船山之学，虽欲吸收天理为气之条理，而其宗气不宗理亦明矣，理宗之要，颇不能含。明道学宗天理，而气宗虚静活动之义亦则在焉。大体而言，明道之说较宏大浑然，较可发挥。其言虽在《遗书》，实可入经解，一改伊川《易说》之义也。故此处阐发明道之说疏解《继善成性》章。明道语录有：

> "生生之谓易"，是天之所以为道也。天只是以生为道，继此生理者，即是善也。善便有一个元底意思。"元者善之长"，万物皆有春意，便是"继之者善也"。"成之者性也"，成却待它万物自成其性须得。[1]

此条虽散出，却是对继善成性全章大义之疏解。此解首句，按《繫辞》当对应于"一阴一阳之谓道"。故此疏之关键，在以"生生之谓易"对诠"一阴一阳之谓道"。据此对诠，生生即是道体，即是生理。此一转手，将阴阳改为生生，一方面固已略去阴阳理气之辨，一方面亦不无暗示，一阴一阳非如伊川所谓形下之气，而亦是生生之道、生生之理也。

此疏精卓处，尤在天人一贯。如前所述，此理固为明道学之要，而未见入其经解也。彼固尝谓："天人无间断"。此本自家

---

① 《遗书》卷第二上，《二程集》，前揭，页29。

体会语,于此疏中,即应在"天只是以生为道,继此生理者,即是善也。"所继者,生生也、一阴一阳之道也。所成者,生生也、一阴一阳之道也。此"继之者善也"所涵"之"之义也。明道此疏明白指点,所继者即天道、即生理也。此紧贴经文,且合乎经义。盖《说卦》有:"立天之道曰阴与阳。"[1]而明道疏隐含之极精者,在"继之者善也"所涵之"继",亦不外乎生理,纯是天道。非但所继为全部天道,此能继亦无非天道也。此处吃紧,天人不间断义正从此出。上解船山《外传》即明立此义矣。明道此章,亦暗含此意焉。明道他处云:"言体天地之化,已剩一体字,只此便是天地之化,不可对此个别有天地。"[2]此义与本章实同。体不外乎天地之化,继不外乎阴阳之道也。人体天,天既现于人之所体,亦现于人之体。体固属人,然体乃通一,通一者无非天道,故尽体、真体即天地之化也。人继天、成道,继、成亦固属人,而天道既现于人所继所成,亦现于人之继、成也。故继善成性者,即孟子所谓性善也,盖人也。而亦天也,故知性即知天也。此即程子所谓"天人无二,不必以合言"。[3]盖继善成性即天道也。《周易集解纂疏》以继为乾德,成为坤德。而此二德俱含于乾元。[4]乾元即天道也。此说可与明道上说相参。立"天人无间断"之义,其要正在"继善成性"即人即天、即天即人。

何以继、成非但是人继天、德成道,亦是天道之自继自成?以道、善、性为三者,未得道旨也。道无不在,善岂在道外,性岂

① 《周易正义》,前揭,页326。
② 《程书分类》下卷,前揭,页451。
③ 《二程集》,前揭,页1254。
④ 《周易集解纂疏》,前揭,页560。

在善外耶？船山道大善小、善大性小之说①即善性非在外义也，甚是。唯大小云云，意存偏至，未能尽继成之义也。《论语·卫灵公》云："人能弘道，非道弘人"，②《中庸》第三十章云："小德川流，大德敦化"；③第二十七章云："大哉圣人之道！洋洋乎！发育万物，峻极于天。优优大哉！礼仪三百，威仪三千。待其人而后行。故曰：苟不至德，至道不凝焉"。④此皆是德成道、人继天之义，与船山道大善小、善大性小之说，各得一端也。二端皆是，执此拒彼则非。执此拒彼显然有过，故诸家多据此而及彼、本此而末彼也。此较偏执一端固稍圆，然仍不免二本之患。本性末心者，气宗之过也。故横渠有心小性大之说。据此，人必气氤氲偶聚者。究其实则二本也。天既不为尧存不为桀亡，则人之善恶，不当别有一本耶？如谓究其实、究其体只有阴阳，善恶无非阴阳。则善恶虽非实体，亦非虚无，其来何故？故以阴阳、善恶为本末者，仍是本天末人也，本末二也，故天人亦二也。本心末天者，心宗之过也、人"本"主义之过也。心宗开显天理、乾坤，自有其道，不一而足，⑤亦庶几可免此过。然而以天地鬼神皆为良知灵明之所觉，⑥此陷人天于能所二本，断不可从也。要

①　"道大而善小，善大而性小"。《周易外传》第五章，《船山全书》第一册，前揭，页1006。

②　《论语》，《四书章句集注》本，前揭，页196。

③　《中庸章句》，《四书章句集注》本，前揭，页43。

④　《中庸章句》，《四书章句集注》本，前揭，页41。

⑤　阳明诗云："无声无臭独知时，此是乾坤万有基。抛却自家无尽藏，沿门持钵效贫儿。"王守仁撰，吴光等编校：《王阳明全集》（咏良知四首示诸生），上海：上海古籍出版社，1992年，页790，下同。

⑥　"天没有我的灵明，谁去仰他高？地没有我的灵明，谁去俯他深？鬼神没有我的灵明，谁去辨他吉凶灾祥？"《传习录》下，陈荣捷撰：《王阳明传习录详注集评》，台北：台湾学生书局，1983年，页381，下同。

之，由心见天可，由天见心亦可，要之所见皆至大无外之道体，则心天皆非二本，殊途同归矣。由心见天者，孟子尽心知天之义也。由天见心者，明道天人不间断之义也。此义与上引《庸》、《论》语实可通也。据明道学，"体天地之化"之"体"，即天地之化也，则所谓大德能敦天地之化，只此大德，便是天地之化。所谓人能弘道，只此人弘，便是道也。[1]　此真天人不二之义，道体之义也。《繫辞》继善成性章，亦无非此意也。而其说尤密，纯从天道见人，无人则天道不可立。而人个在道外，即此道之立耳。

　　"一阴一阳之谓道"乃万物生成之理，[2]乾阳，生理；坤阴，成理。究系乾坤各据一元，抑或坤由乾用九所变，抑或乾坤皆非元，而其元兼摄乾坤者，此处姑置勿论。无论如何解说乾坤，阳生阴成之理不易也。[3]　道非阴阳并置，而是阴阳"一之一之"之流行大用也。换言之，道即生生之流。据《易》，此流无非元亨利贞；据《庄》，此流无非成毁通分。元亨利贞就一气言、成毁通分就万物言。贞者，道之成物也。道不离万物，而了非万物。以"了非"言，则道为虚无；[4]以"不离"言，则道为不无。道待继则不有，道可成则不无。道成物，亦成己。物物者非物，据成物言，道不有。所成者乃有，据成己言，道不无。成己成物，一道而已。

---

①　"我欲仁，斯仁至矣"，《论语》，《四书章句集注》本，前揭，页116。

②　《乾凿度》引孔子曰："易本阴阳，以譬于物也"（林忠军：《〈易纬〉导读》，济南：齐鲁书社，2002年版，页88，下同）；而易究竟非物，"故曰浑沦，言万物相相浑沦而未相离。视之不见，听之不闻，循之不得，故曰易也。"（《〈易纬〉导读》，前揭，页92）。

③　周子《通书》云："天以阳生万物，以阴成万物。"，《周敦颐集》，前揭，页23。

④　王弼、韩康伯以虚无言道，李道平非之。参见《周易正义》，前揭，页268；《周易集解纂疏》，前揭，页558－559。此理之申，参见本节下文。

成物之道，无非道自成之道。此继善成性章之要义也。一切二本之说，可据此义而破。

第二节　生生与无为：《易繫·
继善成性章》疏（中）

此章首句为"一阴一阳之谓道，继之者善也，成之者性也。"此句总摄本章，文疏而义密。其所涉者三，一曰阴阳，二曰善（恶），三曰（心）性。① 此三者涵盖天人而贯通之。阴阳者，似言天道也。善恶心性者，似言人道也。而善继之、性成之。此"之"即一阴一阳之天道也。而继即阳，成即阴，② 故善性亦无非阴阳也。天地四时固为一阴一阳，善恶亦无非阴阳也，心性亦无非阴阳也，乃至仁知礼义皆阴阳也。善恶心性，非徒人道之谓也。起自一阴一阳之道，固属天道也。而天道之阴阳，非一气清浊刚柔聚散之谓也，亦在于善恶、心性。无善则此道不继，无性则此道不成也。继此一阴一阳之道者，此道所含之一阳也。此一阳迭运于此道，即善也。成此一阴一阳之道者，此道所含之一阴也。此一阴迭运于此道，即性也。所谓人道，无非天道迭运、天道之自继自成也。③ 天道即天运。天必迭运。天无非即此迭运。迭运而后自继自成。自继自成而后乾坤流行，生生不息。此易理极微妙处也，而古哲皆有所见，有

----

① 既明善，则恶隐然在焉。既见性，则心隐然在焉。

② 参见《周易集解纂疏》，前揭，页559、560。

③ 此亦可参考《易纬》所谓易而又易而"易定"。参见《〈易纬〉导读》，前揭，页124。

所发。《乾坤凿度》云："太易始著，太极成，太极成，乾坤行……乾坤既行，太极大成"，①郑康成注曰："太易，天地未分，乾坤不形也……太易，无也。太极，有也。太易从无入有，圣人知太易有理未形，故曰太易。"②郑注是，然而未尽善也。无固是太易，从无而有亦无非太易也。岂太易之上，别有一道，使其由无入有哉？太易即总括一切变理，从无入有，即太始之变也，自不外乎太易。一切变理无非一阴一阳，故太易实含一阴一阳而未"著"也。阴阳未著故无，阴阳既显故有。无即太易、无极，有即太极。"从无入有"之"入"、"无极而太极"之"而"，即是太易也。无继则断灭，断灭则无。太易之著即是太易之继。阴阳既显即是太易之成。太极即是所成之太易。太易即是未继之太极也。太极既成，乾坤乃行、天地乃形。乾坤既行，太极大成于心性，善恶仁义乃彰。故《易纬》极富《易传》之义。岂独《易纬》，《中庸》第二十五章云"诚者自成也，而道自道也"，③亦无非此意也。道之自道，即《繫辞》所谓"继"也。自道之道即善也。诚之自成，即《繫辞》所谓"成也"。自成之诚即性也。④道体必继必成。不继不成之道，阴阳未著，盖即"虚无"也。虚无与继成不二也。惟虚无故，故必能继成。即本论前章所谓"即虚静即活动"也。上文释《庄》、《老》及《庸》时颇发此意。然而虚静之义，终究于道家可明，于儒家难立也。儒门不许彰虚寂之义，道家无意用健进之义，皆良有以也。道体赅摄儒、道；道学遍在儒

---

① 《乾坤凿度》卷上，《〈易纬〉导读》，前揭，页113－114。

② 同上。

③ 《中庸章句》，《四书章句集注》本，前揭，页39。

④ 故《中庸》一篇，不待现"诚"字，自"天命之谓性"起，所论皆"诚"也。

道之经。虽内外表里有异，无非一道显隐而已。故儒门之于虚寂之义，虽彰而可发也。此间据《易》之经、传、纬试阐之。

本论上篇据《庄》已明，道体有虚寂之义，而虚寂未尽道体也。虚寂之义，宋明儒及清儒多非之。而汉魏有唐之经学皆未拒斥也。王弼、韩康伯、孔颖达之《周易》注疏，即颇立此义。尤见于"一阴一阳之谓道"章。韩康伯注曰：

> 道者何，无之称也，无不通也，无不由也，况之曰"道"。寂然无体，不可为象。必有之用极，而无之功显，故至乎"神无方，而易无体"，而道可见矣。故穷变以尽神，因神以明道，阴阳虽殊，无一以待之。在阴为无阴，阴以之生；在阳为无阳，阳以之成，故曰："一阴一阳"也。[1]

孔颖达疏曰：

> 一谓无也。无阴无阳，乃谓之道。一得为无者，无是虚无，虚无是太虚，不可分别，唯一而已，故以一为无也……故在阴之时，而不见为阴之功；在阳之时，而不见为阳之力，自然而有阴阳，自然无所营为，此则道之谓也。故以言之为道，以数言之谓之一，以体言之谓之无，以物得开通谓之道，以微妙不测谓之神，以应机变化谓之易，总而言之，皆虚无之谓也。圣人以人事名之，随其义理，立其称号。[2]

---

[1] 《周易正义》，前揭，页268；《周易集解纂疏》，前揭，页558。
[2] 《周易正义》，前揭，页268页-269。

李道平非之曰：

> 《说卦》曰："立天之道，曰阴与阳"；《乾·象传》曰："乾
> 道变化，各正性命，保合太和"。盖一阴一阳，相并俱生，阳称
> "变"，阴称"化"，故乾道变化而阴阳之理已备，三极各正，保
> 合太和，道之所由立也。王韩以虚无言道，失其旨矣。[①]

按，韩孔之说接近，而诠释不无小异。韩以"道"为无，一阴
一阳之一，谓无"一以待之"。阴阳虽殊，无待之则一。一阴一
阳即无阴无阳，无阴无阳即道也。无阴无阳，乃可生阴成阳。故
道之为无，超越阴阳而生成阴阳也。韩康伯注"一"，盖状无之
态，非实词也。此虽非《系》之本意，而以"一阴一阳"之"一"非
实词则得之矣。而孔疏发挥王弼注《道德经》第四十二章之意，
以一非独状无，而即无也。王注以无即其名则一，而孔疏则以无
之漫无差别为一。又摄王注，以一、无、易、神同归阴阳之道。

王韩注及孔疏虽不无过，其发虚无之义也是。唯虚无之义
不可尽状道体而已。韩注孔疏之过，不尽在以"无"为生生之理，
亦在以阴阳为生生之成就，所生者或阴或阳。此固非也。[②] 一阴
一阳乃状生生者，自身即万物生成之理。[③] 生成变化，非或生阴
或阳。一切变化皆含阴阳也。无能生阴成阳，则无必已含生成之

---

① 《周易集解纂疏》，前揭，页559。
② 周濂溪《太极图说》所谓"太极动则生阳，静则生阴"，依其俗解亦有此误
也。盖阴阳非独物（气之大者），亦动静之理、动静之状。此语如不善解，亦与周
子《通书》云"天以阳生万物，以阴成万物"之语不相容。《周敦颐集》，前揭，页23。
③ 参见上注所引周子《通书》处。

理,生成之理非阴阳耶? 如阴阳乃无所生,此无所涵之生成之理,
又凭何而生耶? 阴阳之爻于卦象中变动不居。而所变者其位也。
位与位之间,卦与卦之间,盖同有阴阳爻也。[①] 爻者,效也,"效天
下之动"[②]也。动前有阴阳之理,而无阴阳之爻也。盖爻必有卦
有位,已在动中矣。动之理必不动,动之事亦不动,[③]动之物乃动
也。故阴阳非动而不动,理也;一阴一阳乃动也亦不动,事也;唯
在一阴一阳之中者乃动矣,物也。阴阳为变化之理、变化之状
(变化自身),非变化之物,李道平曰"阳称'变'而阴称'化'",是
也。韩孔谓阴阳可生可成,非。唯李道平以为道即阴阳并置则
非,其说乾道变化,乃以乾道为兼摄阴阳者,是二本也,如不善加
调融,断不可从。"一阴一阳之谓道"非阴阳之二本说,非阴阳之
"二元论",乃道之"一元论"也。"一阴一阳之谓道"非谓阴"与"
阳为道也。如此则阴阳为本。道为聚合派生者,是假名也,实者
无非阴、阳而已。如谓阴阳不可孤立,必须"相并俱生",则是以
"与"[④]为本,非以道为本也。故一阴一阳之谓道乃以一阴一阳道
也,非阴与阳道也。"一之一之"非甲与乙也,惟状流行之貌。故
李道平主阴阳说固是,其以道即阴阳则非,其排虚无义亦非。盖
万物迁流,无常也。无即非有,有即常,[⑤]常即不动。故万物无常

---

① 如以本人尝论及之泰卦为例。泰中乾之三阳爻之一,上升至坤之上六,则乾
损一阳为兑,坤益一阳为艮(参见丁耘,《〈易传〉与生生》,《哲学研究》2018 年第 1 期,
页 41－49、页 58)。所损所益,前后非同一爻耶? 位异而爻可同。卦易爻亦可同也。
易经三百八十四爻是合卦位而说,归根结底无非阴阳二者而已。故一阴一阳之谓道
也,变乃"一之一之"非阴阳也。阴阳乃状变者,状变者本不变,所变者时也位也。

② 《周易正义》,前揭,页 303。

③ 动之事固有也。故动之事非动,乃有。

④ 即以逻辑算子"合取"为本,犹黑格尔所谓以"也"(auch)为本。

⑤ 如以为"有即常"误,主"有"可时有时无,则其"有"非纯有,乃变幻者也。

乃动,万物本虚故无常。故虚无乃流行之理也。非万物无时有虚无,万物有时无虚无也。万物其本为虚无,故万物有时亦有虚无,唯末生本隐,其虚不现耳。如物置于虚空,此位固在,唯被物遮而已。万物虽在,不分别时,为一为无。故韩孔用虚无之义解"神无方"、"易无体"、"阴阳不测"之义。如一概从李之说,以道即阴阳,"阴阳不测"何解?毋宁道之上更有"神"耶?故辅嗣一系之注,揭橥虚无之义不误。所误在唯以无为体,以有为用;以虚无为体,以万物为用,是体用不能一如,而尤非《易》理也。此参《易》郑氏学可知。大抵孔颖达《正义》参酌汉易,取郑氏说尤多。而终究尊主王韩,有所偏至矣,遂与李道平各执一端而已。

道体虚无之义,实非启自玄学,乃汉儒微义也。有汉一代,既已糅合道儒,而又遍注群经,故规模较玄学尤广。易纬非独糅合道儒,亦糅合《易》、《庸》,此玄学所未及也。易之经纬,郑玄一体注之。故《易纬》虚无之义,亦贯于《易》之经传,孔颖达从之定"易简"之义,更直以无为道体焉。① 郑孔既已援纬入经,则《易纬》之义,非独为纬书之学也,实已入经学矣。王辅嗣或可排也,郑康成不可排也。逐郑而辟孔,则经学不知为何物矣。郑氏之学,独能得道体之正,盖不排虚无,不任虚无也。郑玄王弼之学,虽皆有取于老,其趣则大相径庭。② 而郑康成据《易纬》以虚无言道,与王韩同趣焉。故孔氏《正义》,能合二子之学也。

---

① 《周易正义》,前揭,页5、6。
② 参见华喆,《礼是郑学》之第三章,"魏晋学者中的反郑玄倾向"。此章虽以郑玄、王肃为主,以礼义为端,实亦已涉群经。此亦经学史之通见耳。见华喆:《礼是郑学》,北京:生活·读书·新知三联书店,2018年,页176,下同。

清人治易,于王韩虚无之解则斥,于汉人虚无之说则采,[①]厚此薄彼,岂不谬哉! 较诸辅嗣,康成渊源尤富、所证尤全。[②] 虽未衍之以玄名,然能摄之以感动至诚,则道体之义大备矣,儒道之学遂可通而判焉。此固非陋儒可知,亦非术士可神也。此处略申其说。《乾凿度》云:

　　　孔子曰:"易者,易也,变易也,不易也"……虚无感动,清净炤哲,移物致耀,至诚专密,不烦不挠,淡泊不失。此其易也。

郑康成注曰:

　　　夫惟虚无也,故能感天下之动。惟清净也,故能炤天下之明……天确尔至诚,故物得以自动。寂然皆专密,故物得以自专也。[③]

又康成《易赞》云:

　　　易一名而含三义:易简,一也;变易,二也;不易,三也。[④]

---

　　① "以虚受人"《周易集解纂疏》,前揭,页316;寂然不动,感而遂通,引乾凿度,虚无感动,参见《周易集解纂疏》,前揭,页592。
　　② 参见胡自逢:《周易郑氏学》第二章,"郑氏易学之渊源",台北:文史哲出版社,1990年,页97-146,下同。
　　③ 《〈易纬〉导读》,前揭,页77-78。
　　④ 转引自孔颖达,《周易正义·卷首》,《周易正义》,前揭,页5。

故《乾凿度》之"易"，康成益"简"字以发《纬》之意也。① 孔
颖达《正义》从之，且径直以其为"无为之道"；又引崔刘等，以变
易为"生生之道"。② 孔氏虽从《易纬》及其郑注，实未得"易简"
玄义也。易简不与无为、生生对。无为、生生不二。此正康成注
《乾凿度》之要旨。

郑注确有益纬之处。③ "易简"盖出自《繫辞·上》，康成《易
赞》自引有："夫乾，确然示人易矣；夫坤，隤然示人简矣"。其未引
有："乾以易知，坤以简能。易则易知，简则易从……"易简并举，
是兼摄乾坤之德。则与"简"相对之"易"字唯述乾德，与《乾凿
度》总说之"易"，未能全应，学者疑之，良有以也。④ 然亦可辨。
《繫辞·上》亦有总说之"易"，如"易则易知，简则易从"、"故神无
方，而易无体"。两处参差，无非一处云"易"为总德，一处云"易"
为乾德。康成之注，以易简代易。注未破纬，增字不增意。故不
言而喻，易即易简，总德即乾德。总德之易即乾德之易。此易不
与简对，实包摄简也。总德即乾德，是乾一元论也。是以乾摄坤，
以一摄二之义。盖《乾凿度》以虚无感动为体，非独以虚无为体
也。以清净炤晢为体，非独以清净为体也。康成注曰："夫惟虚无
也，故能感天下之动。惟清净也，故能炤天下之明。"⑤此注不以
虚无感动为二、不以清净炤晢为二，盖得之矣。而《纬》文尚有

---

① 参见《周易郑氏学》，前揭，页143。
② 参见孔颖达，《周易正义》，前揭，页5。林忠军也批评胡自逢氏。以为郑注
易简不同于乾凿度之"易"，后者是无为之道，前者是阴阳交感。参见林忠军，《易纬
导读》，前揭，页33 - 34。盖胡以诠释为阐发，林则以诠释为"改造与发展"。本文从
阐发义，见本论全书序言。
③ 参见《〈易纬〉导读》，前揭，页34。
④ 同上，页34。
⑤ 同上，页77。

郑注未显之极微妙意。《乾凿度》以"虚无感动,清净炤哲,移物致耀,至诚专密,不烦不挠,淡泊不失"等为"易"之义,而非独以"虚无、清净、不烦、淡泊"等以"易"之义也。易有三义,仿佛首义为体。后两义为用。而首义之"易",郑注仿佛又以虚无清净为体,感动炤哲为用,然而《乾凿度》原文无此抑末崇本之语,是真体用不二也。即虚无即感动,即清净即炤哲也。不烦、淡泊、移物、至诚与不挠、不失、致耀、专密同趣。虚无清净,易简也。感动炤哲、移物致耀,变易也。[1] 不挠不失,不易也。则易之首义,已蕴三义而未显,以一统三也,以体统用也。三蕴于一而未离一,用蕴于体而未离体也。

总德即乾德。易蕴三义,则乾元蕴此三义也。乾元即天道。乾元蕴此三义,即天道蕴此三义也。则易之三义,正应天道三义。天道三义于《庸》即於穆之天、不已之天、三才之天也。於穆不已可析不可离。上篇已考於穆有虚静无为之义。[2] 不已者不息不殆,变易也。三才者,天地成位,不易也。《乾凿度》云,"不易者也,其位也。天在上,地在下,君南面,臣北面,父坐子伏,此其不易也。"[3]《繫辞》开篇云:"天尊地卑,乾坤定矣。卑高以陈,贵贱位矣。动静有常,刚柔断矣。"[4]《中庸》开篇云"天命之谓性,率性之谓道,修道之谓教。"于此性则谓"喜怒哀乐之未发,谓之中;发而皆中节,谓之和;中也者,天下之大本也;

---

① 可参《乾·彖》云:"云行雨施,品物流行,大明终始……乾道变化,各正性命。"(《周易正义》,前揭,页7。)

② 参见上篇第一章第三节。

③ 《〈易纬〉导读》,前揭,页78。

④ 《周易正义》,前揭,页257。

和也者,天下之达道也。致中和,天地位焉,万物育焉。"致中和即成此天命之性,成此天命之性则天地正位。《易》、《庸》开篇互为表里,皆三才成位,即变易即不易也。《易繫》隐天地之变易,限易于天地成位之后,①所谓"天地设位,而易行乎其中矣"。全《易》六十四卦,乾坤成位,六十二卦即此易行乎其中之象,船山易传由此而作也。② 然则易简之义,天地之先,则非卦象所及,唯扫象可得,③盖真所谓形而上者也。而《庸》所谓"天命之谓性",即不已之天,至诚无息而成性,与天地位万物育,一理也。④ 成性,成己也;位育,成物也。致中和则位育万物,则成性成物不二也。

　　易有三义,非偶然歧分而已。易体即道体。道体蕴有三义,故易必有此三义也。易简主其虚静也。变易主其活动也。不易主其存有也。易简总包三义,故三义一贯,尤见于易简。虚无感动者,即虚静即活动也。移物致耀、至诚⑤专密者,即活动即存有也。

　　道体一贯,三义随其显隐,遂成三宗。显其虚静,隐其活动、存有,见于道家、心宗。显其活动,隐其虚静、末其存有,见于气宗。以存有为实理而显之,隐其虚静,末其活动,见于理宗。三

---

① 《周易正义》,前揭,页274。

② "《周易》之书,乾坤并建以为首,易之体也;六十二卦错综乎三十四象而交列焉,易之用也。"《船山全书》第一册,前揭,页41。

③ 王弼《周易略例·明象》有所谓"忘象以求其意,义斯见矣"。辅嗣之语,与此间有微异,然可参。参见《王弼集校释》,前揭,页609。

④ 参《繫》上所谓"易简而天下之理得矣,天下之理得,而成位乎其中矣"。《周易正义》,前揭,页260。

⑤ 参《中庸》第二十六章,"至诚无息",《中庸章句》,《四书章句集注》本,页39。

宗纵贯横通,非出学派私意。道外无学,惟道自隐自显,然后学有其宗。《乾凿度》胪列太易、太初、太始、太素,以虚("未见气")、气、形、质为序,则易体诸义之中,要之当以虚无感动为第一要义。盖《繫》上有云"易无思也,无为也,寂然不动,感而遂通天下之故,非天下之至神,其孰能与于此?"①又云:"唯神也,故不疾而速,不行而至。"②所谓"易有圣人之道四焉",③"唯神也"居首。"不疾而速、不行而至"者,易简也,即"虚无感动……不烦不挠,淡泊不失"之义。虚无感动云云,即《繫》上所谓寂感之义也。故虚无感动,于传于纬,皆《易》第一义也。而此义于《易纬》,尤富于《易繫》。

　　寂感者,咸卦之义也。咸卦艮下兑上,合《象》、《彖》二传,其要义为虚以受人、感通而止。④ 艮者,止也。《繫上》寂感之说,虚寂感通之义备焉,而未及咸卦所含艮止之义。《序卦传》云:"物不可以终动,止之,故受之以《艮》。"⑤《说卦传》云:"艮,东北之卦也。万物之所成终而所成始也。故曰:成言乎艮。"⑥又云:"终万物始万物者,莫盛乎艮。"⑦故《易》之诸传于咸卦,所主者实有三焉:寂然不动,感而遂通,通必有止。唯其止也,乃成万物。则合《序卦传》、《说卦传》、《乾凿度》参之,寂感通止首述天道,及于万物,而非心性;首述易体,而非《易经》也。易

---

①　《周易正义》,前揭,页284。
②　参见亚里士多德,《形而上学》,第九卷1056b6‑25论永恒运动。
③　见《周易正义》,前揭,页285。
④　同上,页140。
⑤　同上,页338。
⑥　同上,页328。
⑦　同上,页329。

体实即乾元，《易》于乾隐其虚静，仿佛一意主行健，主变易。然于初九、上九爻辞，微露其意焉。顾《象》所谓"乾道变化，各正性命"者，实已蕴元亨利贞、寂感通止之意也。此八字当《乾凿度》所谓"乾者，天也，终而为万物始。"①终即止也。元者，一也。郑云："一者，无也"，②乃以虚无感动之意注之。王辅嗣援《齐物论》意注《道德经》，亦可出"一者，无也"之说。然而彼处以"无"名之则一，此处乃以"无"感之则一也。一于《庄》、《老》为无名有名之间之玄名也；③于《易》之传纬则为虚无存有之间之感通也。即虚无即感动，感则通，一乃通之理也。④乾道变化。变者，即虚无即活动。乾道自化虚无为活动也。化者，即活动即存有。天地成位，万物化育也。天即易，终即不易；通即易，止即不易，通则一，止则"各"。"正"，从止从一。各正性命之"正"，即一即止，通一之止也，止于万物所得之一也。故"各正性命"，乃乾道止而成万物，亦即"天也，终而为万物始也"。故合《易》之经纬诸传，易体即寂感通止。易体非独云心体，⑤首义当云天道也。易之寂感通止，即道体三即一贯之义也。而《易纬》则大有功于《易传》之释，大有功于道体之学也。

　　《繋上·继善成性章》云："一阴一阳之谓道……仁者见之谓

----

① 《〈易纬〉导读》，前揭，页80。
② 《乾坤凿度》郑注，见上书，页124。
③ 周濂溪"无极而太极"之意，与"无而一"实同。唯此"而"之释，则有可名理、气行、感动之别也。
④ 小程子曰："仁则一，不仁则二。"《二程集》，前揭，页63。
⑤ 即在王门，已有此见。季彭山撰《龙惕》，主言心以龙而非镜。其说可采，唯以心如明镜说本于释氏则非，盖《庄子》"人莫鉴于流水而鉴于止水。"之说已发其蕴。既以乾乾不息之诚喻心，则此心之体，为易体无疑矣。参见黄宗羲，《明儒学案》，前揭，页272、275。

之仁,知者见之谓之知,百姓日用而不知,故君子之道鲜矣。显诸仁,藏诸用,鼓万物而不与圣人同忧……"其言犹示道体唯显之于仁,而非等同于仁也。[1] 能鼓动生成万物,而于万物之消磨凋零,则不能同圣人仁者之忧也。仁即元亨,感通活动。则前释犹以道体为虚寂,一超直上,非仁通可以尽陈也。《乾凿度》则云:"虚无感动"。《乾坤凿度》更云:"圣人凿开虚无,畎流大道。"[2]前者似纯言天而未及人。后者则以圣人逆证易体之感动。贯三典之说,则《系上》所谓圣人之忧,即《易纬》之感动也。虚无感动,仁也。于天则无心而仁,以虚故动也。故曰不与圣人同忧也,无情而普万物也,自然而仁也。于人则由仁义行,非行仁义也。虚则一,一则公,一则通。公则由仁义,通则行也,公通则由仁义行也。乾之元亨即始生之仁、感通之仁。寂感,仁也。即人之仁,即天之仁也。"凿开虚无"者虽云圣人,而虚无感动者则易体也。天人不二道,圣人之凿开虚无,正天道也。《易纬》明言仁通感动以否定虚无,而卒定之以圣人,则其以圣人之道,即天之自继自成之道也。故《易纬》定天以圣人,而《易系》、《中庸》定圣人以天。其道则一,其学则似二焉。天道一贯,而天人不二本也。

　　明乎此,则知孔颖达于《周易正义》卷首裂"生生"与"无为"为二道者[3]非也。生生、无为,名号有二,其道一也。道体简一也,名号繁多也。名号之多,不碍道体之一。道体之一,不夺名号之多也。名号不外乎道体,随其显隐不测。此正所谓无方、无体也。孔氏原明此理,然其体道偏至,故有此误。孔疏韩注

---

① 参见本书附录一《哲学与体用》。

② 《〈易纬〉导读》,前揭,页124。

③ 参见《周易正义》卷首,前揭,页5。

"一阴一阳之谓道"则谓：

> 故以言之为道，以数言之谓之一，以体言之谓之无，以物得开通谓之道，以微妙不测谓之神，以应机变化谓之易，总而言之，皆虚无之谓也。圣人以人事名之，随其义理，立其称号。①

孔氏以一道多名号者②是，以虚无为体则非。一道多名固是，道体显隐，名号固有其大者，而孔氏忽之也。《继善成性》一章，以阴阳、善性、仁知为大。非以一、无、神、易为大也。《庄子·则阳》曰："阴阳者，气之大者也；道者为之公。因其大而号以读之，则可也。"③此意与《继善成性》章相契。体本不可名，而号非本名，如老氏所谓"强名之"者。④ 道者为阴阳之公，非阴阳而不离阴阳，即阴阳而超阴阳也。《则阳》之意，因阴阳之大，立阴阳为号而名道者，亦无不可也；然而究竟号自号，道自道也。此正合《继善成性》章"一阴一阳之谓道"之深意也。道者，阴阳之公也。阴阳非道，因其大而"之谓道"也。道不可名，盖非万物、亦非万物之状，故不可直指也。必示于一阴一阳而后号之。《繫上》较《则阳》尤微者，在天人无间，非独阴阳为大，继善、成性亦

---

① 《周易正义》，前揭，页268 – 269。

② 参见《周易程氏传》云："夫天，专言之则道也，天且弗违是也；分而言之，则以形体谓之天，以主宰谓之帝，以功用谓之鬼神，以妙用谓之神，以性情谓之乾。"《二程集》，前揭，页695。又参前引黑格尔云东方神有无数玄名之说，《小逻辑》，前揭，页98 – 99。

③ 《庄子集解》，前揭，页234。

④ "强为之名曰大"，《王弼注校释》，前揭，页63。

为大也;仁、知亦为大也。唯阴阳为大,故继善成性为大也。阳者
继善,阴者,凝阳善①为性也。故性包阴阳,即包仁知。性成善,
善继道。故道、善皆包于性也。则阴阳皆包于性也。阴阳于性即
仁知也。仁知者,性之大号也,故仁者谓仁、知者谓知之也。此犹
孟子所谓尽其心者知其性也。②尽恻隐之心者,知其性为仁;尽
是非之心者,知其性为知也。皆"因其大以号而读之"也。③故孔
疏说名号本无误,以一、无等定《继善成性》章之名号则误也。孔
疏之尤不可立者,在惟以虚无为体。其过在因循王韩也。清儒力
排王韩之虚无见,而唯以阴阳之动为体,亦边见也。当随汉儒,以
"虚无感动"为体。然后体用可圆、天人可一。

　　明乎易之三义,则明道体三义。三义显隐或有偏至,而其实
一贯也。此《乾凿度》所含之蕴,惜乎后人未发,不能一贯,则道一
裂,诸宗起,彼此相攻为异端。道无不在,故学有裂而道实无其裂
也。学不能一贯者,道自显隐也。唯夫道者,中也,大也。唯大而
有中,其中不夺其大,④中排异端,有异端乃显其中也,大则并包中
道、异端也。彼此异端者,彼此是非者,无非诸家诸宗显隐不同。
显隐不同者,道体自显自隐耳。道家者流,其虚乃实,其物乃虚;

_____

①　《文言传》说:"阴疑于阳必战,为其嫌于无阳也。"(《释文》:"疑,荀、虞、
姚信、蜀才凝。")又参金德建:《先秦诸子杂考》,郑州:中州书画社,1982 年,页
173,下同。

②　《孟子集注》,《四书章句集注》本,前揭,页 413。

③　名号盖即斯宾诺莎所谓"属性",即"由心智看来是构成实体本质的东西",
而神可有无限属性。见斯宾诺莎著,贺麟译:《伦理学》,北京:商务印书馆,1991 年,
页 3,下同。于斯宾诺莎,思维广延,皆实体之名号也。于黑格尔,存在、无、变易等
一切范畴,皆神之名号也。于《易传》,仁知等皆道体之名号也。又参本书附录一
《哲学与体用》。

④　生生之为易,唯六二、九五多"中"。无生生之易,何来其"中"耶?

其虚乃显,其物乃隐也。故其道术,即虚即动则显,即动即有则隐。其动为气动,其通为气通。自非感动,故无意于通于天下之志,而自然能以百姓之心为心。儒家者流,《易》之虚显,《庸》之虚隐,而周子以"诚无为"、"静虚动直"等显之。要之,道体虚实隐显,周张显虚,程朱显实。陆王以虚摄实,船山以实摄虚。道体显隐不同,乃见其宗不同。一统三宗,随其显隐。道自显自隐。自隐则无道,而有德、有器,有物。船山既随横渠说显隐,又云"无其器则无其道",则有无当以显隐解,以实摄虚,以显摄隐耳。

　　故道体云云,即虚静即活动即存有。三义一贯,原无体用可分。强名之曰体用不二。随其显隐,乃现体用。《繋辞》云:"寂然不动,感而遂通",其语仿佛可别体用。而《乾凿度》所谓"虚无感动,清净炤哲,移物致耀,至诚专密,不烦不挠,淡泊不失"则皆含二端,非独一体一用也。如仍因体用论式,则当云多重体用,互为体用。以道家言,固前本后末、前重后轻也。则虚无清净第一义,感动炤哲第二义也。以儒家言,由虚无而感动也,虽固有其体用,用重于体也。用大则显,体虚则隐。据王弼体无之说,孔学之体已隐。老学显无,庄、孔隐无。庄子不许笼统说大一,又立其言默,隐无也。而其"隐无"也显。《庄子》诸篇,无非显其隐无之术也。至于孔子,其隐亦隐,[①]故不知其无隐,唯知其有显耳。既不知其无隐,故亦不知其有显耳。唯知其有有,唯知其"吾无行而不与二三子者,是丘也。"[②]王辅嗣挑

---

① 此非修辞之语,而道自显隐耳。故子曰:"二三子以我为隐乎? 吾无隐乎尔。"《论语》,《四书章句集注》本,页114。子贡曰:"夫子之言性与天道,不可得而闻也。"《论语》,《四书章句集注》本,页91。

② 《论语》,《四书章句集注》本,页114。

破此说,则王学境界,犹庄老之间也。郭子玄摒无于《庄子》之外,其"无无"之说,是真隐无也,孔庄之间也。儒学义理之典,《易》犹以寂感通止、虚无感动为本,《庸》则直以诚为本矣。故体虚必隐,虚体之用,遂由用转体。虚无感动之易体,一转为至诚专密之诚体、实体焉。易有三义,且具三名。每一名皆有三义,无非本末显隐不同。此易体学语也。易体即道体也。以道体学语,即虚静即活动即存有为周流全体,虚静、活动、存有为其名号也。

第三节　一道与二本:《易繫·继善成性章》疏(下)

　　上文因《继善成性》章疏,乃明道体三义、三义一贯、名号显隐。以此回向,则《继善成性》一章焕然可释也;《庸》可旁通也。道体之学与《易》《庸》之学,其事可二,其理则一。

　　此章根本意趣,在道之自立自成。唯自立自成,故流行不已、各正性命。善为道之继、行,性为道之成、凝,而道不在善外,善不在性外。故阴阳与善性不二,天人遂不二本。道之继成,即道体三即一贯也。即虚静即活动,一阴一阳之谓道也;即活动即存有,继之者善,成之者性也。唯明乎此,可与语道一之际、天人之际矣;可破天人二本及一切二本;立乾一元论,即天即人矣。以上节目,此间略予申论,以了此疏。

一、道一、天人

　　道体者,即虚静即活动即存有,三义一贯,随显隐而分体用,因体用而立名号。孔氏曰:"以数言之谓之一,以体言之谓之无。"①盖以无与一皆为名号也,无与一皆为道之名号,则无与一实同。故取"无"之漫无差别义云之"一",而曰:"一谓无也。"②而又云:"总而言之,皆虚无之谓也",③则"以体言之"是正名也。此王韩注之意,孔氏从之。而王弼注老子"道生一"之说,以无训道,言无而得一,未混同道、一也。则道与一不同。道与一既同且不同者,何耶? 王弼取庄生《齐物》之义,以言之能所释之。④ 汉儒之说则稍异。《说文》曰:"惟初太始,道立于一,造分天地,化成万物。"⑤段玉裁注本则曰:"惟初大极。道立於一。造分天地。化成万物。"⑥此注本以太极易太始,微有未合。盖《乾凿度》以"太始"为"形之始"也。后于"太易"、"太初"。"太易者,未见气也。太初者,气之始也。"太极则无论释之以理、气,皆先于所谓形者也。然则"道立于一"之说,则与《淮南子·天文训》"道始于一"可通。非云道同于一也,亦非云道离于一也。唯一现,道乃立。一即道之立也、道之"始"也。⑦ 如以为以上数语直论道一,不无庄老、黄老气味,则亦可参《中庸》所谓"苟不至德,至道不凝焉"。⑧ 于《庸》,至德即至诚,至诚不贰,无息不已,纯也,一也。⑨ 故于玄学,一乃道之言;于汉儒,一

---

① 《周易正义》,前揭,页269。

② 同上书,页268。

③ 同上书,页269。

④ 参本论上篇第二章第四节。

⑤ 《说文解字》,中华书局,前揭,页1。此徐铉校定之宋本。

⑥ 《说文解字注》,上海古籍出版社,前揭,页1。

⑦ 《淮南鸿烈集解》,前揭,页112。《淮南子·天文训》之始,可参《乾凿度》所谓"太始"。

⑧ 《中庸》,《四书章句集注》本,前揭,页41。

⑨ 参见本论上篇第一章第三节,复参下篇第三章。

乃道之立；于《庸》，一乃道之凝；于《易》，一乃道之继。继则不
贰无间断。天道唯继，则流行不已。流行不已而各正性命，成性
存存焉。此即所谓"天命之谓性也"。故《庄》、《老》等重道轻
一，以一为道之玄名而必衍之无尽；《庸》重一轻道，以无一则道
不可凝立，而亦微启於穆、无为之意焉。①《易》则备矣，《易》、
《庸》之说可合于《易》焉。

　　道一之间，其释纷纭，其统繁杂，疑难素著，②从即虚静即活
动即存有之说或可彻解矣。依此彻解，岂但《易》、《庸》之学，他
典异说、理学纠葛，皆可通可化也。

　　《吕览·大乐》云："太一出两仪，两仪出阴阳……万物所
出，造于太一，化于阴阳。"③此"太一"即《说文》注之"夫惟太
极，道立于一"。太极，太一也；太一，道之立也。朱子论周濂溪
曰："《通书·圣学》章，'一'便是太极，'静虚动直'便是阴
阳……。"④周子《通书》，通乎《易》、《庸》之谓也。朱子此说，则
复以周子《太极图说》通乎《易》、《庸》也。⑤ 则太极之为太一，
即在朱子亦可主也。吾人进而发明，太一非同于道，唯为道之
立。此虽非理学之语，朱子亦未及之，而其说则理学亦非不可持
也。道之于太一，犹无极之于太极也。按之以《太极图说》之
学，道应于无极也。理学虽不甚用道、一之名，而亦不得排之。
孔曰："吾道一以贯之"，孟曰："夫道，一而已矣！"⑥程朱曰：理

---

① 　参见本论上篇第一章第三节，复参下篇第三章。
② 　参见本论上篇第二章第一节。
③ 　《吕氏春秋集释》，前揭，页108。
④ 　《周子〈通书〉》附录，前揭，页60-61。
⑤ 　《易》固有太极之说，唯启其统，未立其学也。统学之辨，见本论下篇第一章。
⑥ 　《孟子集注》，《四书章句集注》本，前揭，页294。

一分殊，①虽未独重理一，而有宗于孔孟之道一也。唯理学与道一之际，必不如《老》言"道生一"，而当如"无极而太极"，②言"道而一"也。"而"也者，不同而同之，不一也一之也，正即虚静即活动之谓也。

据此又能解理宗之难。《太极图说》多滋理学之惑，尤在"太极动而生阳，静而生阴"一句。象山依"一阴一阳之谓道"以阴阳为形而上者，朱子据伊川以之为形而下者："然其所以一阴一阳者是乃道体之所为也。"③按，《说卦》云："立天之道曰阴与阳"，④《繫辞》云："在天成象，在地成形，变化见矣"，⑤又云："见乃谓之象。形乃谓之器"，⑥"形而上者谓之道，形而下者谓之器"，⑦"悬象著明莫大乎日月"，⑧而"阴阳之义配日月"。⑨然则器非独与道对，亦与象对也。象者，道之象也。故阴阳，天道也；日月，天道之象也。皆"形而上"者也。故阴阳属道，非物。乾坤则为阳物、阴物也。⑩据阳之道有乾，据阴之道有坤也。阴阳，变化之理也。据阳而有动，据阴而有静也。如此则太极动静而生阴阳一说为

---

① 程朱论理一分殊处甚多。例可参朱子之说："伊川说得好，曰：'理一分殊'。合天地万物而言，只是一个理；及在人，则又各自有一个理。"《朱子语类》，前揭，页2。

② 陆象山即以"无极而太极"为老学而斥之。见，《周子〈通书〉》，附录·朱陆太极图说辩，前揭，页105。

③ 同上，页107。

④ 《周易正义》，前揭，页326。

⑤ 《繫辞》，《周易正义》，前揭，页258。

⑥ 同上，页288。

⑦ 同上，页292。

⑧ 同上，页289。

⑨ 同上，页273。

⑩ 《繫辞》曰："乾，阳物也。坤，阴物也。"《周易正义》，前揭，页311。

悖。然而亦非不可周解也。唯当先辨阴阳之为理、阴阳之为气（器、物）、阴阳之为状也。朱子所执者，阴阳之为物也，故为形而下者。陆子所执者，阴阳之为状及理也，故为形而上者。据《吕览·大乐》可明白分别安顿之。《大乐》云："太一出两仪，两仪出阴阳。阴阳变化，一上一下，合而成章……万物所出，造于太一，化于阴阳。"①阴阳之为理，即《大乐》所谓"两仪"也。阴阳之为物，即《大乐》从两仪所出、所化之阴阳也。而《易传》所谓阴阳，见象之天道也，固当为形而上者也，唯孔疏解之为气。②太极所含之阴阳，即《易纬》所谓未著者也，即"两仪"也。太极所生之阴阳，即《大乐》所谓阴阳也，举其大者即天地也、乾坤也、阳物阴物也。太极生阴阳，即天地成位，不易也。而阴阳除为理为物之外，亦可为状也。如一阖一辟，一屈一伸，此则状也，非实物也、亦非气也。③阴阳之为状必"一之一之"，反复无穷。阴阳之为物则方并置如"某与某"也。而阴阳之为理，虽可述之以"阴与阳"，④而此仅不易、并置、成位之理也。唯即变易而即不易，故即"一阴一阳"而即"阴与阳"也。此皆就理而言。用不外乎体。状其用而有一阴一阳，则其体亦必有一阴一阳也。朱子云，太极者，理也，一也。又云，动有动之理，静有静之理，⑤以此释周子太极动静

---

① 《吕氏春秋集释》，前揭，页108。
② 《周易正义》卷首，前揭，页4。
③ 象山驳朱子曰："直以阴阳为形器而不得为道，此尤不敢闻命。《易》之为道，一阴一阳而已。先后、始终、动静、晦明、上下、进退、往来、阖辟、盈虚、消长、尊卑、贵贱、表里、隐显、向背、顺逆、存亡、得丧、出入，行藏，何适而非一阴一阳哉。"其中多数为阴阳之为状，零星则为位，可确指也。参见《周子〈通书〉》，附录·朱陆太极图说辩，前揭，页111。于气宗，则气乃有状之物，屈伸之外，有所谓通天下一气也，与阴阳之状，可析而不可离也。
④ 所谓"立天之道，曰阴与阳"，参见《周易正义》，前揭，页326。
⑤ 《周子〈通书〉》，前揭，附录·朱子论太极图，页59。

之说。则太极之动静,必非器物之动静也,[1]乃动静之理迭运也。动静犹阖辟屈伸,必"一之一之"、迭运反复。用外无体,状用有"一之一之"迭运,则理体亦有理之迭运。动静之理即两仪,两仪即阴阳之为理也。动静之理迭运,则所谓"一阴一阳"也。

　　故夫阴阳也者,有物、状、理之歧义焉。[2] 歧义既释,则"一阴一阳之谓道"可进而明焉。[3] 夫一之一之也者,状其反复迭运也,则一之一之中之阴阳必非纯物也。或当为物之状也,如屈伸;或当为有状之物也,如二气;或为此物、状之理也。据状及物,则"一阴一阳"状变化而已矣。李道平疏云:阳称"变",阴称"化"。[4] 然则,"一阴一阳之谓道"乃即变化而见(读曰现)之形而上者也。一阴一阳犹道之象也。举其大者即日月交替。故曰"悬象著明莫大于日月"也。据理,则即状用而见理体。状用为变化,则形而上之道中,必有此一阴一阳之理,有"之所以一阴一阳者",而道为之公。此用理学语也。如用易学语,则状用为变易,则形而上之道中,必有此变易之体,易简也、太易也,虚无感动也。理学不悖乎易学。于易学,"太易"即所谓"未见气"也。[5] 于理学,未见气者,非理而何? 理学、易学无非道体之学也。故一阴一阳之谓道者,即虚静即活动之谓也。虚无感动,不

---

① 周子曰:"动而无动,静而无静,神也"。《周敦颐集》,前揭,页27。

② 郑康成之解"一阴一阳之谓道",阴阳仿佛为物,又仿佛为物之所由而非物。"道无方也,阴阳则有方矣;道无体也,阴阳则有体矣……则道非即阴阳,非离阴阳,而万物之所由者,一阴一阳而已。"见《周易郑氏学》,前揭,页72。

③ 前节已初明之。

④ 李道平,《周易集解纂疏》,前揭,页559。

⑤ 《乾凿度》卷上,《易纬导读》,前揭,页81。

即不离,①一体显隐而已。道,虚无也;一阴一阳,感动也。虚无感动,一阴一阳之谓道也。阳之则继,继则贞下起元、流行不已也。此即"道立于一",一者,继也、流行无间断也。② 继与成皆道也,成性则有三才焉。故道不唯"立于一",亦"始于一"也。元者善之长也。继之者善,善即一也。③ 唯一乃继,间贰则断。唯善乃继,不仁则不生,不生则灭。不息不殆,不断不灭,一也,善也。阴之则成,《繫辞·上》所谓成性存存,《乾·彖》所谓乾道变化、各正性命也。依《庸》,天命之谓性,而尽性④则天地成位、万物化育、成物成己焉。依《乾凿度》,天地成位即所谓不易也。依《繫辞》,乾者阳物,坤者阴物。依《说卦》,立天之道曰阴与阳。则"阴与阳"有异于"一阴一阳"也。"一阴一阳"者,变易也、即虚静即活动也。"阴与阳"者,不易也,即活动即存有⑤也。成不外乎继。变易必有所变成。"阴与阳"者,"一阴一阳"之所成也。举其大者为天地,实遍在也,物物各有其阴阳也。⑥继者,一也。成者,于《易》天地成位、并置阴阳,则二也。道而一,一而二,皆蕴于一阴一阳之谓道中。逆则由二而一而无,由天地,见日月交替,见阴阳起伏,从变化见形而上之道。顺则由

---

①　郑康成注:"道不即阴阳,不离阴阳,是也"。(参见《周易正义》,前揭,页269;复参《周易郑氏学》,前揭,页72。)

②　此于西学之统,谓持续、连续之一也。

③　善即一,柏拉图及新柏拉图主义之最高洞见也。详见本论末章《西学统宗》。

④　《庸》云"致中和",盖致即尽也,性即中和也。详见本论下篇第三章。

⑤　故存有即各正性命而已。三才显,鬼神隐,云行雨施,品物流形。此所谓即活动即存有也,此所谓各正性命。详见本论下篇第三章。

⑥　朱子云各为一物,亦各有一性,太极无不在,则阴阳无不在。且云所成之性,"终是未可分善恶"。盖指性兼包阴阳也。参见《周子〈通书〉》,附录·朱子论太极图,前揭,页61。

无而一而二。凿开虚无、感通流行而成天地。盖即由易简而变易而不易。此是依《易》说。依《庸》说，则由於穆而不已而成位成性焉。《庸》之谓天，盖有此三义也。曰於穆之天，虚静之义也。曰不已之天，行健之义也。曰三才之天，即分之义也。大一也，分而为天地。三才之天亦从大从一，盖有太一之德，而有对待焉。① 唯《庸》不别於穆、不已。隐无而显一也。定之以道体学，道而一者，无非即虚静即活动，一而二者，无非即活动即存有也。道体三义，以二即而一贯，故道而一而二，无间断也。

道一之间，于斯而明。《易》、《庸》以善、仁、诚等凿开虚无以定一。而道家乃以名言转无为一也。于道家，善、仁、天理，亦无非名言名理也。于儒门，天理摄气；于道家，名理不摄气，唯破气返虚而已。天理摄气者，理气一本二元之纠葛久矣。参之以《易》、《庸》，解之以道体学，则理气不二。有流行之气，必有此流行之理。盖气也、心也，唯理之流行②耳。而理之流行决不外乎理。外之则理非实理也。故曰理气不二，毋庸二本。理上之一阴一阳，即流行之理也。天理为实理。实也，诚也，合外内之道也。有理无物者，非实理也，非诚也。故有斯理必有斯物。③斯物乃理流行所成。故有流行之理，则必有流行之物，气也。有流行之理，必有此理之显，心也。虚无感动，理气不二也。清明炤哲，理心不二也。流行必有所成。故理必行于气，而气必凝于

---

① 礼本于大一。又云本于天地。犹云天为大一之"子"，有父德而稍逊也。

② 气之通，一之流行也。气之生，仁之流行也。恻隐之心，仁之流行也。

③ 时贤尝云："实体必是流行发用的。"本人他处尝问："此一'必'字，如何成立？迄无演证"，参见拙文，《哲学与体用》，载于《哲学门》（总第三十一辑），北京：北京大学出版社，页286。即本书附录一。于此处可明，"必"义立于诚。犹西学实现之理立于"真"。真是整全，合外内，一理物而已。详见下篇第三章。

性。故气之凝定,即理之成性也。《庸》以一"诚",遂可尽破理气、心理二本。详见下章。

道体固有三义,印于理宗,理亦有三义焉。[①] 一云在己,成己也,潜伏也,易简也,太虚也,[②]太易也,未见气也,一阴一阳之谓道也;二云流行,纯之不已,依此流行而有一气也,变易也,感动也,不息不殆也,继之者善也;三云成之者性,不易也,各正性命也。一、二之义,理一也;三之义,分殊也。理一本也,分不在理外。故理一与分殊不二;故一与殊,一也。此正庄生其不一者也一之义。[③] 于一之义,理为名相、理"念";于二,理为气;于三,理为性,理性也,性理也。[④] 总其三义,天理在己,天理流行,天理成性,要皆天理也。故依道体学,用《继善成性》章义,可解理宗之难。

故道之自立自成,即三义一贯,而有显隐焉。道于己则隐,有一阴一阳,而"阴阳未著"也。此道在自体。体用不二,有体无用,非真体也。故道必显,继则显,立于一也。显则凝。凝则成。凝成则无所谓显隐矣。故《庸》于天命之谓性以上,无所说也。道自立自成,故能继所继,能成所成,皆天道也,[⑤]唯号之以善、性

---

① 朱子所以一阴一阳者为理,为道体。则道体与理,在朱子一视同仁也。此理宗所见之道体也。

② 故太虚皆实理也。"又语及太虚,曰:'亦无太虚。'遂指虚曰:'皆是理,安得谓之虚? 天下无实于理者'。"《二程集》,前揭,页66。

③ "其一也一,其不一也一。"《庄子集解》,前揭,页58。

④ 伊川云:"性即理也,所谓理,性是也。天下之理,原其所自,未有不善。喜怒哀乐未发,何尝不善? 发而中节,则无往而不善。"见《二程集》,前揭,页292。此标点本断句作"所谓理,性是也。"此标点本误将"理性"二字断开。"理性"二字之不可断,详见拙文《启蒙与儒家》,《中道之国》,前揭,页240。注:此处更当指出,理性究其根柢,非所谓主观能力——以"主观"、"客观"为究竟想,即落二本——而是天理之在人者,天理之流行、天理之凝成耳。

⑤ 参见本章第一节。

而已。一阴一阳之谓道者，迭运无穷之原也。继则生生不息，成则成性存存，皆一阴一阳之谓道也。故继善成性非外于天道者。

　　然继天道即人之原。天之善即继，则人性之善即继成天道。成此天道即性。继外无天道之显，性外无天道之凝也。故曰人能弘道，非道弘人；苟不至德，至道不凝也。人不在天外，故继之成之者，即人即天也。人继天、人弘道云云，理虽不误，语则不究，有二本之嫌故。故当云天因人而自继、道因人而自成也。天道即天运。① 天运即迭运。所谓大道即迭运者，道体三义三即一贯也。一以贯之者无非天道也，亦无非人道也。盖人道不外于天道，实即天道之继与成也。道体即虚静即活动即存有也。去继成之义，则天道只余王弼、韩康伯所云之虚静也。然道非唯虚无也。无继善成性，天与道只是自在，一阴一阳，刹那刹那，无可捉摸，无立无成，无止无定，唯变易与虚无也。唯因变易，变易自身亦变易；唯因虚无，虚无自身亦虚无。故变易即不易，虚无即不无也。故道体必有继成、立定、显隐。道体既有显隐，则继善显于仁者，成性显于知者也。仁者以通为一，知者②以成为一也。要皆一也，壹也，诚也。

二、破二显一

　　依《继善成性》章之道体学阐释，可破天人二本之说。及其至也，可破一切二本之说。

---

① 《庄子》外篇《天运》云："天其运乎？地其处乎？"郭象注曰："不运而自行，不处而自止。"《天道》云："天道运而无所积，故万物成。"综《庄》语，则唯天道之运也，故天运而地处也。运而不积，犹不运也。不运而自运，自运而不积，犹此间所谓迭运也。参见《庄子集解》，前揭，页113、122。

② "知"之所云，当如德国哲学所谓 Wissenschaft，而非 Erkenntnis。前者不离分别见一，后者唯分别相而已。

一阴一阳之谓道也，必非仅一气屈伸，否则实无善恶，唯有阴阳之气。气自然流行，一屈一伸，则善恶亦自然流行，顺气无主，不容人意，无人唯天矣。天人不二本者，非谓唯天无人，亦非谓唯人无天也。故善恶非阴阳之气也。而善恶亦不可离脱阴阳，否则即天人二本之学，衍之遂生事实与价值、自然与伦理等二元对立。天则无心，人则无根。或使莫为，各偏一曲而已。当从道之自立自成演善恶心性。善性与阴阳不二。阴阳非仅谓气之屈伸也，此理气二宗之所同误也。继成便是阴阳，然而非理、气可以尽涵也。阳之为继便是善，阴之为成便是性。善性就是继成之阴阳。阴阳就是未继未成之善性。一阴一阳之谓道，天道也。故天亦在继成之中。道之为继者，天便是流行，道就是善。道之为成者，天便是凝定，道就是性。前者即虚静即活动，后者即活动即存有。前后一贯而有显隐，便是道之为道。道是所继，亦是继。道是所成，亦是成。道即虚静即活动，破有无二本。道即活动即存有，破天人二本、道德二本。

破天人二本非还原善恶心性为气。善恶心性即蕴于一阴一阳之谓道中。善恶心性，就是道体之"环节"。非道体之外，别有心性、伦理、制度也。天命之谓性。性非独天之所命，亦天之所在也。苟不至德，至道不凝。德非唯道之所凝，亦道之所存也。

二本之学各有阶次。有起于相用者，有起于体用者。天下事无独有偶，名理对待亦无独有偶，[1]故见相用必起二端之想，

---

[1]　明道云："天地万物之理，无独必有对，皆自然而然，非有安排也。"（《二程集》，前揭，页121）二程又云："立清虚一大为万物之源，恐未安，须兼清浊虚实乃可言神。道体物不遗，不应有方所。"（同上书，页21）前者唯云理必有对，后者已涉一本必含摄二元之理。西学初立，见理之有对者不乏其人，唯毕达哥拉斯派执之为元。参见亚里士多德，《形而上学》，第一卷第五章。

若不涉体,此固不足论也。一切相用二本之说,不出"阴阳"范围。《继善成性》章云"一阴一阳之谓道",非阴阳二元论也,道一本论也。而此道一固当示于此一阴一阳之中。执道即等于阴阳者,固相用二本也,未见体也。执道离于阴阳者,则体用二本也。往往于道体有所窥者,易陷于此二本,体用绝也。体用不可绝而为二,体用为二即二本。盖用在体外,体非真体,不能摄用故;用非真用,自摄自生故。

道体学各宗之俊伟者,于二本均有所破而未澈也。依《继善成性》一章,则可以彻破。

前文已示,庄生立道一,破判析之方术。道物、体用、一多,皆立于判析也。故破判析之术者,在于破道物二本(慎子)、虚物二本(关老)、一多二本(惠子)。唯其外杂篇后学未醇,未破体用天人二本,虚物或亦不能一也,唯能容物,不能成物也。注庄转庄者,王弼破言有二本,①未破体用二本;郭象破有无二本,未破天人二本;张横渠破虚气二本、有无二本,据此于体用二本有所破也。然而未破天人二本、心性二本,故仍未彻破体用二本。明道立天人无间断义,船山阐日生日成义,彻破天人二本矣。然于虚静有所拒排。盖唯见即活动即存有,未见即虚静即活动也。后儒各宗多如此,道自显隐,未可轻议也。唯依《易》之经传纬者,立虚无感动、圣人凿开虚无之旨,盖于虚物二本、天人二本皆有所破也。然易立三义,未归一体,是犹有微憾焉。三义参而一贯,显隐别而无间,道体之义方备。道体之义,备于道、一、二之间而已。上文讽微旨于道一之间,此处发通义于一二之

---

① 所谓语言存有论不过如此,然不足以尽王弼,遑论庄子。

间。两下相合而道体之义备显。

二本之说，虽大哲不免，中外皆然，何耶？盖二本实植根于天命之性者也。[①] 天地成位，而性在焉。充其性可参天地者，性与天地未一而可壹也。此处应机取道西学，复归中体，略示斯旨。

西学之大宗，莫过于柏拉图氏。柏氏之学，意丰统繁，陈义高明，笼罩广大。然推究其学至于其了义、不立文字处，不过立"一"（to hen）与"不定的二"（ten aoriston dyasa）为原。[②] 后世西学一切哲学原理，皆从此出，故西学亦有其一统三宗也。[③] 二本之学，出于一二之间，不得不然耳。此处且就柏拉图之学，以明斯理。

所谓一者，独一无二之谓也。柏拉图之"一"出自埃利亚学派。彼派云唯一存有，即此意也。而独一无二者，不可言、不可名也。言之则二，二则三，三则曼衍万物。庄生、老氏、辅嗣等释之详矣。柏拉图亦此意也。虽未衍以"一"之名言、义实，而其趋向不异也。埃派之旨，曰"唯一存有"（to hen esti。又译："一是"），此言耳。希腊哲学所谓"言"（logos），"是"之呈示与分化耳。[④]

---

① 此意可参见本论下篇最后二章。

② 此说后世纷纭，而原始材料极少。最具权威者可见亚里士多德，《形而上学》第一卷第六章。尤见 987b20－988a15。后人有关研究文献较多，其中真于哲理有所见者寥寥。于中文中可见新康德主义代表纳托尔普著，溥林译：《柏拉图的理念学说》，北京：商务印书馆，2018 年，页 787－801，下同。又可参见图宾根学派之说。先刚：《柏拉图的本原学说》，北京：生活·读书·新知三联书店，2014 年，下同。

③ 参见本论下篇末章：《西学统宗》。

④ 存在或"是"之呈示，见亚里士多德，《解释篇》章一至章六。柏拉图著，方书春译：《范畴篇 解释篇》，北京：商务印书馆，1986 年，页 55－59，下同。并参海德格尔，《存在与时间》之"导论"。海德格尔著，陈嘉映、王庆节译：《存在与时间》，北京：生活·读书·新知三联书店，1987 年，页 40－43，下同。存在之"分化"，见亚里士多德，《形而上学》第五卷第七章。尤见 1017a20－30。诸范畴即"存在"之分化也。据《约翰福音》，太初唯有言，天生万物以言。言与名与彼处未及分殊。复参《老子道德经》上篇第一章云："无名天地之始，有名万物之母。"《王弼集校释》，前揭，页 1。

故一落于言,于希腊人即一系于"是"耳。一之不可名者,于庄生乃"一"与"言"二也;于柏氏乃"一"与"是"二也。故"一是"则曼衍万物,真独一则无也。① 唯希腊人畏无拒默,重其曼衍而已。新柏拉图主义解此独一为太一,了非万物,唯可示之以遮诠。而其曼衍万物,不以言诠,乃以"流溢",无心而有此大用也。埃派立独一于言诠,而柏氏推其吊诡、衍其非一,后学依体起用,溢及万有。此皆有所见于道体矣。道体者,一也。一也者,破判析对待而后立也。柏氏之高明,在立判析②而后破对待也。唯破立未彻,于无、一之对待,无立无破也,于一多之对待,破而未彻也。柏拉图之破诸对待也,坦然直下,充沛庄严,尽美也,然而未尽"善"也。③ 盖尽破对待,当不落二本。然而以为诸对待不一而足,彼此并置,则已落彼、此二本。④ 一既至高无上,别无伦类,则对待也者,归根结底一与非一也。一多对待既破,⑤宗旨当定,一切对待,当皆因之而衍。而其口传,又立一与不定的二为原。一切二本之学,至高

---

① 参见《巴门尼德》,137c – 139e,参见柏拉图著,陈康译:《巴曼尼得斯篇》,北京:商务印书馆,1982 年,页 120 – 137,下同。复参本论下篇第四章第一节。

② 此即《智者》、《政治家》中所用之"划分"或"二分"之所出。

③ 参见《巴曼尼得斯》、《智者》诸篇。

④ 如《智者》结合"是"、"非是"、"同"、"异"、"动"、"静"六大"种"(genus)。此六种彼此可结合。故柏拉图实以必然"结合"破"对待"。而可"结合"也者,彼此已一一并置矣。

⑤ 参见《巴曼尼得斯》篇中巴曼尼得斯(巴门尼德)的第二组推论.此组推出万有,或一能化现万有,唯因一不同于是而分有是、一与是对待而后结合、是(存在)外于一之故。故仍为二本之论。一多对待可破,盖由一、是对待也。参见柏拉图,《巴曼尼得斯篇》,142b – 155e,中译参见陈康译,前揭,页 165 – 268。另参本论下篇第四章第一、二节。

明者,即一与不定的二也。后世一切立二本破二本之学,皆不出此范围。① 此处试破此二原:夫一也者,独一无二之谓也。一与不定的二为原,则此一非真一也。又,此一与不定的二为一耶? 为不一耶? 如为一,则真一乃"一与不定的二"也。论其为真一,当有演证。黑格尔之实体,一也。主体,不定的二也。实体即主体也。② 此其为演证真一也。而柏氏后学则无。如其为不一,则柏氏实唯主"一与不定的二"这一"不定的二"也。而"不定的二"于己则为一,故主"不定的二",即主"一与不定的二"矣。何必支离曼芜,复主其一耶? 二不加限制,或"不定"或"定",于"定"与"不定"之间"不定",是真"不定"也。加限制为"不定",反定为"不定"也。故"不定的二"反为"确定的二",③唯"二"乃真"不定的二"也。故柏拉图口传之原,即一与二也。二即不一。故其原实即庄生所谓"一"与"不一"也。《大宗师》云:"其一也一,其不一也一。其一,与天为徒,其不一,与人为徒。天与人不相胜也,是之谓真人。"④柏拉图数种对话,能知"其不一也一也",而不能知"天人不相胜",此同于庄生后学。柏拉图后学,复并"其不一也一"亦不能知矣。盖既不能从一演二,亦不能从二及一也。一、二之所以不可并置为二本,盖一、二通也。其通可由一而二,此其曼衍也。亦可由二而一。道术固

---

① 参见本论下篇第四章。

② 参见黑格尔著,先刚译:《精神现象学》,北京:人民出版社,2013 年,页 11,下同。黑格尔哲学之"主体"之为"二"。详见下篇第四章第三节。

③ 柏拉图研究纷纷解之以"大"、"小"等,盖源于亚里士多德《形而上学》第一卷第六章。故皆已有确义也。新柏拉图主义已推此"二"于极高处,非唯"大"、"小"也。参见下篇第四章第二节。

④ 《庄子集解》,前揭,页 58。又参本论上篇第三章第二节并小结。

然由二而一也,哲学亦不外此也。① 此处唯论二而一之学。

夫唯知有一者,乃知有哲学。唯知有二者,乃知所以入哲学。一乃埃利亚派及赫拉克利特派之贡献,唯此二乃是柏拉图哲学之大贡献。然其学园后学之解此二也,实且狭矣。岂止大小而已,一切二分、分裂,何往而非不定的二也? 新柏拉图主义雅不欲立二本焉,故极重太一,其他努斯、宇宙灵魂等,皆衍于太一,为诸"一"也。其衍也绝不用"二分",盖不许以"分裂"为原则,黑格尔有憾焉。② 唯黑格尔之路,从一既分为二(所谓"绝对的分裂")出发,以为二(意识)之直接也者,归根结底为一(精神)之分,故仍从一出发,未真从"二"出发也。唯现象学兴,乃真从二(意识、绽出、想象力、分裂、欲望、生命等)出发也。③ 于柏拉图哲学,爱欲(eros)即作为出发点之二、直接的二,爱智、教育即二而一;"划分"即作为出发点的一与是自身之二分。故柏拉图、学园后学、新柏拉图主义皆有所不同也。新柏拉图主义知一本矣,而乏即用见体,即二见一之术,普罗提诺固知当有此术亦,而唯偶入太一,曰"出神"(ekstasis),实无次第也,义袭之也。学园后学知不当举一废二矣,而并列一、二,患在二本。柏拉图氏知从二出发焉,唯统绪繁复,了不了义混杂,亲教弟子既未能判,后学疑窦丛生,良有以也。

夫哲学必有二有一,体用乃备而合焉。唯见二者不知体;唯

---

① 参见本论下篇第四章。

② 参见黑格尔,《哲学史讲演录》,第三卷,前揭,第 229 页。又见 G. W. F. Hegel, *Vorlesungen über die Geschichte der Philosophie II*, Frankfurt/Main: Suhrkamp, 1971, Bd 19, S488。复参本论下篇第四章第二节。

③ 详参本论下篇第四章第二、三节。

见一者不知用;立"一与二"如柏拉图口传之统者,知体用而误入二本。彼立一、二无误,误在此"与"耳。必通之以"一阴一阳之谓道",方能即二见一,据一衍二,体用一如,而后即二显一也。能即二显一,而后一切二本可破。《继善成性》一章之所蕴,即一显道也,即二显一也;立一绝二也,立道绝一也。盖阴阳即二也。一之一之者,真"不定"也。一阴一阳之谓道也者,"不定的二"不离一而在,一不离"不定的二"而显也。据此一阴一阳,盖足可破二本,显一元矣。虽然,尤可益也。

　　阴阳,粗略计度,即道体学所谓"二"者也。古人大抵皆以此名之也。① 究其其实二固可名阴阳,而未尽阴阳者也。犹一可名道,而未尽道者也。盖道与阴阳者,本源也,名号也。一二者,抽象②也,注家所谓"以数言之"③也。或指代道与阴阳,或推衍于道与阴阳也。前者即以数为名号,后者则由阴阳抽离、抽象而得也。盖所谓"二",合两一而成者也,其中两一,既为数也,则并无差别。而阴阳则有别焉。盖阳者,开辟施生,原即一而二者也;阴者,终成收藏,原即二而一者也。故继善者更生复起,一而为二,阳德也。成性者凝定归合,二而为一,阴德也。道蕴阴阳而未著,是道可无可一可二也。反复其道,顺发逆蕴,乃可往可来焉。而一阴一阳与"二"之有所深别者,在"二"从计度聚合来,仿佛对峙并置。阴阳则当如屈伸开合,必"一之一之"也。而道体之为二者,绝非无并置之义,然亦绝非以并置为了

---

① 如所谓"二五",盖以阴阳为二,五行为五也。又如所谓"道生一,一生二,二生三,三生万物"等等。
② 抽其质涵,得其量度也。
③ 参见孔颖达注"以数言之谓之一",《周易正义》,前揭,页269。

义，而其并置亦绝非漠不相关也。盖道体之为并置之二者，即天地成位也。而天地可交可闭。闭也、交也，皆非漠不相关也。而天地之成位，即《乾凿度》所谓"不易"也，即变易即不易，即虚静即变易也。故《庸》云至诚无息，而后天地成位，《易》云乾道变化，继善而后成性焉。则"一之一之"者，继之不已，上示其道，而下正其性焉。此二之首为"活动"而次为"并置"也。即此立二之理，其一可显焉。

一阴一阳之谓道者，二而一之学也，亦一而二之学也。前者即用见体，后者据体演用。① 体也者，其名一也。用也者，非体也，非一也。非一原之于二，则用归根结底为二。二者，有分也。则非体非一，原初之分也。分复自分，乃现阴阳焉。故非一者，分也。《大戴礼记·本命》云："分于道谓之命。"② 则天命之谓性者，天分而为性也。天也者，大一也。乾，统天者也，天之原也。《易·象》所谓"乾道变化，各正性命"，即《庸》所谓"天命之谓性"也。有大一之分，乃有品物流形，各正性命。成之者性也，能分者，一也，语大天地莫能载也；所分者，亦一也，语小天下莫之能破也，而无"原子"之僵滞。盖一凝于性中，亦纯之不已者也。③ 唯性乃天之分、天之凝，乃能如天不已也。性非天，而能同天，"纯亦不已"。盖天之所命、天之所分也。故非天为不一，同天为不二，故性也者，与天道不一不二也。天道也者，无息不已之谓也，非高明之谓也。於穆不已之谓也，非三才之谓也。无息不已而后天地成位，亦即成性焉尔。

---

① 参见本书附录一：《哲学与体用》。
② 《大戴礼记汇校集解》，前揭，页1283。
③ 朱子注曰：纯，纯一不杂也。《四书章句集注》本，前揭，页41。

三才皆在其中焉。无非《庸》首及人显，致中和而后天地显，《繫》天地显而人自隐耳。故天地成位，亦无非大一之分也。夫唯三才之中，高明之天昭显天道，如子承父德焉。①　故《礼运》云："是故夫礼，必本于大一，分而为天地……"复云"夫礼必本于天……"，②盖以天虽非大一，而有大一之德也。性成于大一之分。大一不离阴阳，性分于一，止于一。此一亦不离阴阳焉。故性之阴阳为天地，为刚柔，为仁知而已矣。仁者见阳谓性命为仁，知者见阴谓性命为知。性命，一道之继成焉尔。故性与天地并显也。岂独《庸》有此意哉？《繫》云："天地设位，而易行乎其中矣。成性存存，道义之门。"③此二句当相贯而读。天地设位，易行乎其中，即成性存存焉。故成性必含天地之位、大易流行。《庸》则云："致中和，天地位焉，万物育焉。"④解之以《易繫》，其意盖为：成性存存，则天地成位，化育流行焉。语序似反，意实一贯也。性于理宗即理。而宋儒所谓天理流行者，即《繫》所谓易之行也。合《繫》、《庸》观之，成性存存，即道义之门，亦即所谓致中和也。《孟子》云：

　　尽其心者，知其性也。知其性，则知天矣。存其心，养其性，所以事天也。⑤

---

①　黑格尔引亚里士多德，谓埃利亚学派观天而知太一，此之谓也。参见黑格尔，贺麟、王玖兴译：《哲学史讲演录》第一卷，前揭，页254。

②　《礼记集解》，前揭，页616。

③　《周易正义》，前揭，页274。

④　《中庸章句》，《四书章句集注》本，页21。

⑤　《孟子》，《四书章句集注》本，前揭，页413。

又谓浩然之气曰：

> 其为气也，至大至刚；以直养而无害，则塞于天地之间。其为气也，配义与道；无是，馁矣。是集义所生者，非义袭而取之也。行有不慊于心，则馁矣。①

则配义与道者，心之自慊也。《繫》所谓"成性存存"者，于《庸》即当所谓"致中和"、"诚之"、"至诚无息"，于《尽心》即所谓存心养性也。《易》、《庸》之天地设位，盖即《公孙丑》所谓"塞于天地之间也"。故性以天道命成，而以心存养。成性者，天命也；成性存存者，自慊之心也。《庸》云道凝于德，《繫》云道成于性，性正于道。《孟》则谓性养于心也。性分于道，不一不二。性养于心，亦不一不二也。故横渠以大其心合性，程子责之以"二本"。心性不二，犹性道不二也。性者，道之分也；心者，性之行也。仁者尽恻隐之心，而后知性为仁；存恻隐之心，而后养性为仁也。知者尽是非之心，而后知性为知；存是非之心，而后养性为知也。尽即致也，阳明所谓致良知者，尽存是非之心，而养其明觉之性也。成性存存，必存于存心即易之行也。

生之为性，天命之谓性。故夫性也者，分之于生生之流也。天人既无间断，则人所存养之性，即天命所谓性也。天既有所分有所令，而犹须存养者，则性非毕成于父母施生之后，明也。而孟子论之曰"养"性，雅不欲言"成"性者，盖不欲天人有所间断。

---

① 《孟子》，同上书，页270。

人所成者，即天之所生者也。《易》语浑沦，似未别天人而言正性、成性，而又不转语并言君子自强与天之行健。则《易》亦不以天人为二也。故天生天命之性，即人存养之性。性非独成于大一既分之后，亦成于人伦日用存存者之中也。此盖即船山所谓日生日成之性也。船山激于晚明学风，讳言一"心"字。其实日生日成者，无非心之操存所养者而已矣。道成于性，性养于心而已矣。船山之排心学，盖阳明后学泛滥，不无以明觉为性，了无善恶为一心体用之势。阳明心宗，于即虚静即活动之义也有所见。此虽可上溯周子，然非孟子所尽所存之"心"也可知。船山排之也是，然其语不无追随横渠，立心性二本之势。然船山既言性之日新日成，实已破心性二本、天人二本焉。心学虽破心性二本，乃以心代天，以人代天，以执一破二本，后学遂遍润心用以无善恶，而阳明有根器利钝之说。[①] 盖以为即虚静即活动为第一义，即活动即存有为第二义也。此于天人之间、有无之间，皆有二本之患也。故当定之以儒学之原。

《繫》既破道性二本，《庸》、《孟》复破心性二本，道体之一乃可立焉。心性二本，道性二本，皆不出道体学范围也。道与学自始有别也，道体与道体之学自始有别也。学必由用返体。性道已为二、心性已为二，即大用之所在也。性道之为二者，由"用"也，由分之于大一也。一切学由此出。其为二也明，唯二、分不可执之为二本，盖用之为用，即复也、归也。于体上说，用之所以分，乃由体之二。二不外于道也。此即庄生所谓必有所分，而其不一也一也。二必不在道外，盖道体上无二则

<hr/>

① 参见"天泉证道"，《王文成公全书·传习录下》，前揭，页145。

混沌无分，孤体绝用，无性命，无天地，无人焉。无人则无所谓道体学也。学非道而不外于道。学因道生，道以学显，则道必因此二而显焉。

故一切二本之学原于道之二分也。其所见二也是，其立二为本也非。盖阴阳统于道，天人统于天也。继善成性者，诚之自成也；一阴一阳之谓道者，道之自道也。[1] 天道自生自成，其生成不由外铄也。尽心知性知天，心性与天道初非一，终非二也。盖非能所主客也。天道也者，尽己而已。此非云无所谓天地宇宙，或不可牵涉天地宇宙，只落个空荡荡无根底[2]之"道德主体"。[3] 此盖康德式二本之学也，其所谓"主体"者，必与客体对，唯主体之有限义也。主体之无限义，与客体无对，即实体也。[4] 夫尽己、尽心、尽性也者，乃明天道即性命之原。而尽己之性，即能尽人物之性，而后参赞天地、化育万物。[5] 此即所谓成性存存，所谓即活动即存有也。盖尽人之己，天道之继成也。人天非主体客体之对待也，主体实体之统一也。人为天道之主体，天为人道之实体。天即人之真"己"也。故人是天道之成、之显。天是人道之生、之实。人之所以能弘道者，道无外也、无不在也。人之弘道，实道之自弘。天人本不二也，故亦是人自弘也。故《象》于乾卦云：天行健君子以自强不息。君子之"自"，与天不二也。

---

[1]　参见《中庸》第二十五章，《四书章句集注》本，页39。
[2]　海德格所谓 Abgrund。
[3]　劳思光语，参见劳思光，《新编中国哲学史》三卷上册，前揭，页344。
[4]　参见本论下篇第四章第三节。
[5]　参见《中庸》，朱熹《四书章句集注》本，前揭，页38。

故"继善成性"与"乾道变化、各正性命"、"天命之谓性"实相应也。《继善成性》章，盖于阴阳二元上现道之一体流注，故不许执继成为二体，或执仁知为二体。元上有别，然不许体上为二，此盖"继"之精义也。此实已于道体上破道天、天性、天人等一切二本。道体即阴阳之形而显者也，而又阴阳不测，仁知未合，则即阴阳而超阴阳者也。超阴阳者，盖即注家所谓"虚无"之义也。而虚无不碍感动，即易简即变易，即变易即不易者也。则道体亦超阴阳而容阴阳者也。

三、《易》而《庸》

《繫辞》开篇，天尊地卑，盖已"天地位"焉。余六十二卦，只是"万物育"事。而乾天坤地阳仁阴知为二也明矣，故《繫辞》之"道"，既为一本，仿佛非天地之道可尽包焉，非仁知之体可尽含焉。《彖》所谓"乾道变化"，或疑非道体之全也。《庸》始云"天命之谓性"；中云至诚无息而后乃有高明博厚悠久，盖至诚乃有天地圣人焉。其语亦仿佛天道未尽至诚也。而《繫》以道成性，《彖》、《庸》以天道成性，何耶？道与天道，一耶？二耶？上篇已示，《庸》以诚之一本，纾解乾坤二元；又已分疏《庸》於穆、不已、三才之天。盖《庸》之论天道一本，扼要而周密也。至诚也者，即於穆不已之天也。篇首即谓天命之谓性，而后有天地位、万物育。则成性之天，非三才之天也可知。非三才之天，即於穆不已之天也。唯至诚"无息"，重其"不已"；"无声无臭"，重其"於穆"而已。参之以《庸》，则知《繫辞》篇首隐其於穆不已之天，显其三才成位之天也。而《继善成性》章之道，亦即《乾·彖》各正性命之乾道也。乾固谓天，而《易》之所谓亦非独既分三才之天也。此义亦可参以《礼运》。其文有："是故夫礼,必本于大一,分而为天地,转而为阴阳,变而为四时,列而为鬼神,其降曰命,其官于天也。"又有"夫礼必本于天,动而之地,列而之事,变而从时,协于分艺。其居人也曰养,其行之以货力、辞让、饮食、冠昏、丧祭、射御、朝聘。"则礼既本于大一,复本于天,仿佛"二本"焉。《荀子》虽亦云"礼有三本",其至高者即天矣,未以天及大一为同一本也。① 何耶? 盖大一与天,不一不二也。孔颖达疏"必本于大一"曰:"谓天地未分,混沌之元气也。极大曰大,未分曰一。其气既极大而未分,故曰大一也。"②而郑玄注"夫礼必本于天"则云:"本于大一与天之义。"③盖已默认天与大一不二也。而"元"④无非"天"也。"天"从大从一,亦无非大一也。⑤ 故大一者,未分之天也。天也者,既分之一也。三才有对,则非孔氏所谓极大者也,而三才之天清虚广大、昭昭高明,非纯一而何?⑥ 地可分,天不可分也。不分则一,故三才之天亦一也。故于《庸》,至诚不息也者,先于高明博厚悠久,则于《礼运》当未分元气之"大一"。不已犹不息,於穆犹无为。则於穆不已也者,犹至诚无息也。而唯其无息不已,高明博厚悠久者方各成其位、各正其性焉。此即所谓"天命之谓性"也。三才之天固非於穆不已之天也,故"天地之大,人犹有所憾焉"。而君子之尽其性,必不外于天地也。故曰

----

① 《荀子集解》,前揭,页349。

② 《礼记正义》,前揭,页707。

③ 同上。

④ 参见《说文解字注》,前揭,页1。

⑤ 故远西哲人,亦观天得一也。参前文引黑格尔论埃利亚派处,《哲学史讲演录》,前揭,页254。又参见《说文解字注》,前揭,页2。

⑥ 故《庸》云文王法天,纯亦不已。纯者,一而不杂也。

"上下察也",故曰"上天之载,无声无臭"也。无声无臭之"上"天,"高"明之天也,三才之天也。而君子同其纯之不已,固秉乎至诚、於穆者也。则高明之天,亦非未秉不息不已之德也。故《礼运》既云"礼必本于大一,分而为天地"上下,又云"礼必本于天,动而之地"也。两处谓天,其一谓大一之子也,其一谓亦秉父德也。故天非大一,犹大一也。非曰不一,犹曰不二。天所显之高明,虽源于大一,固非无对之大一。而天所显之行健不已,直为大一之德也。故天独能显一之德。大一之不息也,非独化作天之高明,且亦凝成地之博厚、显为圣之悠久。地亦不息所成也,故博厚不外于大一之不息;而地势顺,坤道宁,上承天而外于天,则与高明昭昭者之不已有对也。如此则坤不外于道,而外于乾也。地不外于诚,而外于天也。至诚无息盖即混沌未分之天道也。则地不外于於穆不已之天,而外于高明之天也。故天之为於穆不已,则道与天道无殊,皆未分无对、浑颢流转之大一也。天之为高明昭昭者,则既分为三才之一,而犹显天行之健,秉不息不已之德也。是由二分而显一也。

故三才皆分于至诚大一,而其所秉之德也有殊。天命成性,各正性命,即活动即存有也。存有也者,于《乾凿度》当"不易",即天地设位也。《繫辞》则云:"天地设位,易行乎其中,成性存存……。"[1]则不易之"中",有易行存焉。天行健,不易中之变易也。地势坤,不易中之不易也。天地"其中"之"易行",盖生生之为易也。于《庸》则当万物化育。化育也者,于变易中成其不易也。天地之内,不易大,是为主;变易小,是为次。故《庸》云:"大

----

① 《周易正义》,前揭,页274。

德敦化,小德川流。"①敦化也者,天地也,生生之为不易也;川流也者,②天地之间,生生之为变易也。③ 唯夫圣人,能致中和,天地位而万物育,则不易、变易中之易简也。唯夫能易简,而后能变易、能不易也。故三才之中,天唯有天道,④地唯有地道,唯夫圣人,能备天地之道。能备天地之道,而后能位天地、育万物。三才者,天道所成之性也。故天道能备天地之道。故《庸》以天道许圣人。无非诚也。为物不贰,故生物不测也。为物不贰,大德敦化也。生物不测,小德川流也。故君子之道能察乎天地,备语大小也。盖唯於穆不已之天道能并包天地,彻大彻小。君子之道,天道也。

故《庸》之道,一本也。道与天道不二。明乎此,乃可回勘《易》矣。《易》既立乾坤二元,又云乾道、坤道。⑤ 语若道二,仿佛二本之学也。而《繫辞》于总义唯云"一阴一阳之谓道"、"形而上者谓之道",不云乾坤之道也。注家或以为乾坤二元不动,⑥或以为乾一元用九化为坤元。⑦ 或不许立二元,亦不许崇乾抑坤,单举乾为元,而以为乾之元即坤之元而已,⑧盖以元为

---

① 《中庸章句》,《四书章句集注》本,前揭,页43。

② "子在川上曰,逝者如斯夫"。《论语》,《四书章句集注》本,前揭,页132。

③ 天地不仁,以万物为刍狗。而物不迁也、种不迁也。故变易与不易,一体也。

④ 三才之天道,非於穆不已大一之天道。

⑤ 《彖》云:"乾道变化",《文言》云:"坤道其顺乎"。《周易正义》,前揭,页7、31。

⑥ "《周易》之书,乾坤并建以为首,易之体也;六十二卦错综乎三十四象而交列焉,易之用也。"《船山全书》第一册,前揭,页41。

⑦ 参见《周易集解纂疏》,前揭,页34、35。

⑧ "《易》以乾元为万物之本体,坤元仍是乾元,非坤别有元也。"参见熊十力著,萧萐父主编:《熊十力全集》第三卷,前揭,页398;又见"《易》之乾元坤元,实是一元,非有二元。坤之元,即乾之元也。"《熊十力全集》第四卷,前揭,页38。

道，而犹用"元"名也。扶坤抑乾，于《周易》大义固不合也。而以乾坤共元，此犹得古人之意。孔颖达曰："道体无形，自然使物开通，谓之为'道'。言乾卦之德，自然通物，故云'乾道'也。"①此明以道为公，不单立乾道，以为实无乾道，唯乾卦之"德"而已。唯"自然开通"之说，未得道义也，乾坤之道无以别焉。当参以《中庸》《礼运》之天义。乾当天。天有於穆不已、高明昭昭之别，有大一与三才之别。则乾之为道，其首义犹天道也，大一也。此义极大无对。故坤不在其外，而天尊地卑，皆出此乾道。乾道行健、君子不息，固是天道也。唯此行健之中，可凝为顺承之坤。乾元象此乾道，唯乾元上九有悔意，故用九变坤。变坤者，天道之凝也。与坤所对之乾，乾元也，非乾道也。乾道行健，继善成性，品物流行，各正性命也。所成性命，岂独清虚健行、开辟进取者，岂独气也、力也；浊惰顺承者，凝合翕藏者、质也、物也，皆出自乾道变化。故坤在乾元外，不在乾道外也。

　　继善成性者，道也，天道也，乾道也。所成之性者，乾元也、坤元也，天地设位，易行乎其中。故夫不易也者，岂在变易之外乎？夫存有也者，岂在活动之外乎？即虚静即活动即存有，即易简即变易即不易。而存有当三才，②复包变易不易。天地设位，成性存存也。故元虽二，道则一也。乾元固非坤元，而乾之道即坤之道也。乾元固有乾道之象，而坤元亦不外于此独一无二之乾道也。三才之天不自外于於穆不已之天。於穆不已之天则超乎三才之天，充沛圆满，至大虚静，独一无二也。易亦彻大

---

①　《周易正义》，前揭，页8。
②　参见下篇第三章。

彻小也。易之大也者,成天地者也。易之小也者,天地设位,行乎其中者也。易无大小,皆即易简即变易即不易者也。生生之为易。生生之大也者,即道体也,化成天地万物。生生之小也者,即性体也。致中和者也。道体示现其中,此性体之为性体也。所谓易行乎其中,成性存存也。体用不二。全体之大用,唯一也。道体本一,用亦合一焉。道体之大用,成性存存而已;天地成位,万物化育而已。此存有之一也。

故道一也,乾一也,天一也。天地二也,君子与之参也。唯参天地,乃即大用显道体也。二元毕现,二本破毕,道一呈露于大用而已。善继道,性成道。道凝于性故一。成性存存,继而已矣,纯之不已而已矣。道体也者,唯继而已矣,唯不息不已不殆而已矣。不息也者,不贰也,纯壹也。生物不测而生生不息。生生不息故一,生物不测故不一。所生之物者,生生所生者也。生生不息,而生物各息其所当息时。生生一也,生物不一也。生生之壹唯示乎生物之不测中。故真一也者,示乎其"不一"、不息之中。一唯示乎不一之中,此即所谓"一阴一阳之谓道"也。

故依《继善成性》章,可破二本,显道一焉。依道体学破二显一之义,《继善成性》一章,复灿然可明也;儒道分际,亦判然可释焉。《易》之述道体也,顺道善性而下,三即一贯,而无二本之患矣。《庸》之述道体也,唯依成性,而道善自在其中。即虚静即活动即存有者,于《庸》隐其即虚静即活动者,而彰其即活动即存有者,遂凝定于存有。道体遂为诚体。

第三章　道体之为诚体:《中庸》大义

第一节　道体学与《中庸》

前文推阐道体之义,不一而足,颇以诚体、易体释之。据上篇第一章,诚体即易体也。据下篇第二章,则易体即道体也。道体有三即一贯之义,易则有三名焉。道体之为易体,则三即一贯之义,不外乎易之三名。唯易之三名,漠然并置,仿佛无体无用焉。疏之以道体义,易有三名之玄义乃能一贯。道体三即,唯除虚静,其名相仿佛于典无据焉。疏之以易之三名,道体三即之义乃能贯通中西,平章儒道焉。下章总论西学统宗。此章于中西之贯,略论存有;而后可判儒道分际。

道体、诚体、易体,一也。诚体显其至诚专密,隐其虚寂无为;易体主其虚无感动,次其不易存有也。道体也者,贯通诚体易体,显诚体之隐,存易体之易也。诚体之所显,于道体当即活动即存有也。易体之所主,于道体当即虚静即活动也。诚体与易体一也。贯于道体,则成性、不易、存有三者,一也。

以易体疏解道体,则即虚静即活动即存有,当即易简即变易即不易也。即虚静即活动者,虚无感动也。即活动即存有者,至诚专密也。犹以变易当活动,以不易当存有也。存有也者,于西学或当"是"、"在"、"存在",而不无盈余焉。不易之为存有,盖取《乾凿度》天地成位之义;①而尤富成性存存("存"),万物化育(万"有")之义。此盖蕴变易之义于不易之中。故存有非截然不易而已矣,即变易即不易,则即活动即存有者是也。西学之"是",其义曲折。亚里士多德第一本体如解为"即活动即存有",亦非毫无存存不已、万物化育之义,而其天地成位之义则匮。此义当于海德格尔域中四大(天地神人)之说略见其征。海氏虽仍乏成性存存之义,其学转"是"于"有"②则显而易见焉。要之,以易学之"即变易即不易"义通道体学之"即活动即存有"义,于《易》、《庸》皆有其证,而尤能判摄西学之"存在"("是")焉。

故道体学三即一贯之义,不可改易也;而其"活动"、"存有"之名相,则契当前之机而用焉。质言之,当定之以《易》、《庸》,"活动"之义,唯"无息不已"、"变易";"存有"之义,实"不易"、"成性存存"也。夫唯《庸》之性,可独名大用焉。于西学当"存在",于理宗当"天理"也。而"存在"、"天理"皆未尽"性"之义也。于西学,"性"非独含"存在"之义也,亦含"是"、"本质"之义也,非独含"自然"之义也,亦含"理据"之义也。所发歧义虽多,不碍其纯粹正大也。夫成性也者,"天地设位,易行乎其中"

---

①　参见《易纬·通卦验》,前揭,页188。

②　参拙文,《是与有》、《是与易》,载《儒家与启蒙》,前揭,页200－300。

也、"致中和"、"天地位"、"万物育"也。于理宗,则尤可辩此"性"也。程子不排告子"生之谓性"之说。[1] 朱子注"天命之谓性"则谓"命,犹令也。性,即理也。天以阴阳五行化生万物,气以成形,而理亦赋焉,犹命令也。於是人物之生,因各得其所赋之理,以为健顺五常之德,所谓性也。"又注"中和"谓:

> 喜、怒、哀、乐,情也。其未发,则性也,无所偏倚,故谓之中。发皆中节,情之正也,无所乖戾,故谓之和。大本者,天命之性,天下之理皆由此出,道之体也。达道者,循性之谓,天下古今之所共由,道之用也。此言性情之德,以明道不可离之意。

《语类》虽析"性"理尤密,[2] 而《章句》盖朱子正说之处也。此说甚精,近千年来天下士子景从也。其吃紧处盖有二重焉。其一,朱子虽注性为理,非直以性理全然为一也。盖理在天则不曰性,唯天所赋于人,在气与形中,方谓理为性。其二,性情虽有未发已发之对待,而统之于道之体用,则性情不二,盖如体用焉。

朱子之学,大宗也。素称极深研几、辨析精湛。[3] 然此处不能无《中庸章句》之疑义焉。疑义之一曰:天能赋理合气,天与

---

[1]　"孟子言性,当随文看。不以告子'生之谓性'为不然者,此亦性也,彼命受生之后谓之性尔,故不同。"《二程集》,前揭,页63;又参"告子云'生之谓性'则可。"《二程集》,前揭,页29。

[2]　参见《朱子语类》第一册,前揭,页56–123。

[3]　参见《晦庵先生朱文公文集》卷73《胡子知言疑义》,《朱子全书》第二十四册,前揭,页3555以下。

理一耶？二耶？如一也，理则自无气自行，理静气动之说①乃破。如二耶，而天能令理气合，则天高于理气，非理气所能尽道也。疑义之二曰：天能赋理，此赋（命、令）于天，外耶？内耶？用耶？体耶？天必然赋理，则天无外乎命也，天理流行为"莫为"；天任意赋理，则性命偶发也，天理流行为"或使"。《庄子》固云："或使莫为，在物一曲。"②于理学，"或使"之曲尤甚，盖以性理为偶在，则裂天与性为二矣。故理宗当立天必然赋理之义。则天、赋、理当一以贯之也。疑义之三曰：天下之理皆由"天命之性"出，而性又训理，为天所赋，则天下之理必不同于天理也。则性理与天下之理，其别何在焉？疑义之四曰：用也者，体之用也；体者，用之体也。性为道之体，情为道之用之说，除非以为道于性为用，于情为体，故两兼体用而言；则实以性为情之体，情为性之用也。朱子于《中庸章句》首章训道，不一而足。或以路训道，曰："道，犹路也。人物各循其性之自然，则其日用事物之间，莫不各有当行之路，是则所谓道也"。然则路有何体用也？或以理训道："道者，日用事物当行之理，皆性之德而具于心，无物不有，无时不然。"则当行之路，无非当行之理也。于是道统性情，赅体用言，而性情不二。然则《中庸》首句分疏天、性、道、教甚明。以道为理，则与性无别焉。③故以理宗注《中庸》，混同

①　参见"太极图说解"，《朱子全书》第十三册，前揭，页 63 – 86。

②　《庄子集解》，前揭，页 236。

③　"性道虽同，而气禀或异……"《中庸章句》，《四书章句集注》本，前揭，页 20。此章之释，亦可参朱子《论语集注·里仁》之"一以贯之"章注。彼处引用之繁、发挥之精，其实尤过《中庸章句》也。"夫子之一理浑然而泛应曲当，譬则天地之至诚无息，而万物各得其所也……盖至诚无息者，道之体也，万殊之所以一本也；万物各得其所者，道之用也，一本之所以万殊也。"《四书章句集注》本，前揭，页 84。

心、情，①而不能调和情理。更有甚者，天、道、性同为一理，而不可别也。此于理宗之内，反复辨析，或可融贯也。而于《庸》、《孟》等难合。

朱注仍不无可用处。朱注虽未及性情不二之说，而由其注非不可衍也。然而朱注之情，非直谓喜怒哀乐之类，当作"发而皆中节"之情，或情之正者解。中节之情，即孟子所谓心也。性情不二者，"尽其心者知其性也"之谓也。故朱注能破心性二本而未彻也。其之所以未彻，盖混同天、道、性、理也。其曰"天命之性，天下之理皆由此出，道之体也。"斯语因道体定性，似有所见，而以之为经解则误矣。朱子之误，误于理宗混同天道性命于一理。宋儒强以一理打通先儒之说，固有吾道一贯之志，而不能尽道体学之精微也。先儒诸典，均有节目次第。《易》有"一阴一阳之谓道，继之者善也，成之者性也"；《庸》有："天命之谓性，率性之谓道，修道之谓教"；《论》有："夫子之言性与天道，不可得而闻也"；《孟》有："尽其心者，知其性也。知其性，则知天矣。存其心，养其性，所以事天也夭寿不贰，修身以俟之，所以立命也"、"其为气也，配义与道；无是，馁也。是集义所生者，非义袭而取之也。行有不慊于心，则馁矣"。平心理会此数语，当知天道性命心气等等，虽不可离，而亦绝不可混同。天道性命心等，是先儒第一要义也，道体学之干也；理气等，是随机指示义也，道体学之支也。虽为支脉，亦不在道体学之外，名义亦非不正也。而理宗之说，以支为干，以理为道体。于后儒心、气二宗已不能尽合矣，遑论先儒？理宗与先儒纠葛所在，犹在于"性"。盖理

---

① 横渠谓"心统性情"，朱子采之。

宗入室操戈，以理代性；然后先儒一切经籍，凡论性处皆代之以理，道体之全遂晦焉。道体也者，即虚静即活动即存有。其成也，显也，唯在一性。故性也者，道体学之势在必夺也。朱子以道体定性，其说虽非，其志可嘉。盖从道体定性，从先儒诸典定性也。

孔门高弟，以不得与闻"性与天道"为憾。[1] 儒典直言"性与天道"者，首推《中庸》。[2]《庸》之学，兴起于北宋，乃至及于方外。周张程朱，皆尝致力焉。朱子注集诸儒大成，独能笼罩后学。则宋儒理及气宗，于《庸》其开导之功也伟，其耽误后学也深。盖以理、气解性，皆未能尽也。周濂溪以《易》说《庸》，[3]辞约意远，以诚与性命为第一义，或非理气所能尽也。然其学未粹，无极太极、以静立极之说，颇启疑窦，若非理气，亦不能澄也。《通书》精悍，或未能周释《中庸》。然周子以诚贯《庸》，以《易》解诚，的是大宗匠手笔，非他子所及也。

本论与周子同处，在以《易》解《庸》；与周子异处，在以"性"贯《庸》。此非义理殊异，盖诚即性之大义。所殊者无非在经解。《庸》真直贯"性与天道"者也。以性命起，以天道结也。性与天道不二。其之所以不二者，独在"诚"也。而性与天道乃儒家义理之所共，《易》及诸典皆措意焉。而"诚"则《中庸》入此共学之不共法。诸典偶及之也。故"性"与天道乃《庸》之题

<hr />

[1]　原文：夫子之言性与天道，不可得而闻也。《论语》，《四书章句集注》本，前揭，页91。

[2]　《易》之所涵，亦无非性与天道也。然而象之，而未直言之也。传则稍发其微意耳。

[3]　"大哉《易》也，性命之源乎？"《周敦颐集》，前揭，页14。

目,"诚"乃《庸》破此题之文章。故周子以"诚"贯《庸》固是,而以"性"贯《庸》也尤切。盖"诚"之所在,即"性"之所在也。周子以诚释性,尤切于以"理"释性。而至正大者,莫过循《庸》之本经以释性也。盖《庸》自有其释"性"之道,既未及理,亦非劈头即出其"诚"也。周子能体诚说诚,而未循经解诚。朱子见"性"虽未切,其循《庸》解诚之功,颠扑不破也。能循《庸》解诚,终能见"性"也。盖"性"乃道体终义、成义也。

故说性之精,莫过于《庸》。而《庸》之说性,岂止首章首句,实无往而非说此"性"也。成性也者,道体终义也,天道凝于人道也。故依经释道体终义,当贯《庸》各章,复合于《易》,然后可解。

第二节　教与明:《中庸》大义(上)

能贯《庸》之诸章而分判者,朱子也。《中庸》凡三十三章,朱子判之为三分。其一自首章至第十一章:"右第十一章,子思所引夫子之言,以明首章之义者止此"[1];第二自第十二章至第二十章:"右第十二章。子思之言,蓋以申明首章道不可离之意也。其下八章,杂引孔子之言以明之"[2];第三自第二十一章直至篇末:"右第二十一章。子思承上章夫子天道、人道之意而立言也。自此以下十二章,皆子思之言,以反覆推明此章之意。"[3]其中第一、二分,皆以明首章之义也。其第三分,

---

① 《中庸章句》,《四书章句集注》本,前揭,页26。
② 同上书,页26。
③ 同上书,页38。

则明第二分末章（第二十章）之义也。揆朱子之意，则首章至高无上，三分直接间接，皆以推阐首章之义也。次重者则第二十章。此章乃始终之津梁。既以明篇首，复为第三分篇终所明。篇首者，性也；篇终者，天道也。则第二十章者，贯通性与天道也。

朱子精于判析，其科判无大误也，①唯提要未切。首章精义，非独在道，尤在性也。盖首章首句即言性。道则因性而定。率性之谓道，则修道无非治己②以循性。第二分仅谓其杂引孔子言不确。第一分第二至十一章，皆引孔子言也。故第二分之殊特，不在引孔言证首章，而在因孔言引出"诚"之为道。孔子之言重人之为道，而后引出天道。子思之言往复论天道人道。孔子、子思之说，皆以诚立之也。盖《庸》之为庸，在说性以诚，而以诚贯乎天人也。《庸》立道一大本，贯乾坤、合天人，皆以诚也。③朱注以为第三分各章轮迭，分说天人，如二十二、二十四、二十六皆说天道；二十三、二十五、二十七皆说人道。盖析之为二也。析之未尝不可，然有析无合，则见支离。即令朱子各章提要无误，如此轮转，正《庸》即人即天，即天即人之义也。非分说天人也。④ 遑论诸章浑沦，实兼天人言。

故朱子科判，以为全篇因首章而出，无误也。此即其《章句》引程子所谓："其书始言一理，中散为万事，末复合

---

① 　与郑孔《礼记正义》本之科判不无小出入。

② 　郑康成注曰："修，治也。"《礼记正义》，前揭，页1422。

③ 　参见上篇第一章第二节。

④ 　劳思光分疏是。解说大误。参见"天道与人道之别"，《新编中国哲学史》卷二，前揭，页54；又参见"以天与人为基本观念……以人配天，将价值根源悉归于天"，同上，页56。盖劳氏之见地，源于二本学中流俗粗浅者也。

为一理"①之义也。然朱子以其书散合之要,皆在"道不可离之意",②则义有未安焉。朱子既以理注性,当明此"理"即首章首句之"天命之谓性"。非独义理如此,文字亦如此也。散合之间,其独复述也。天命之谓性,应在篇末,即所引《大雅》诸篇,"维天之命"、"上天之载"之意。而中所谓散者,实非散也,体微推极也。其体也,推也,要在一"诚"。全篇皆解首章也无误,而首章之要,在"天命之谓性,率性之谓道,修道之谓教"。此三句之要,亦以率性之谓道接应天命之谓性。以修道之谓教接应率性之谓道也。首章三句之后,皆"修道之谓教"也,故其"道不可离"云云,非直论道也,论教也。盖道如何不离?唯教而已矣。全篇推"修道之谓教"之意,至第二十章造乎其极矣。第二十一章以下,乃从修道之谓教逆推率性之谓道,"君子之道"、"圣人之道",反复其道也。于第三分,从此道回向"天命之谓性"而已矣。其由散而合之枢者,诚也。以此诚所回而合者,无非性也,天道也。

朱子体其书始末要义既有微安,则以之贯乎诸分诸章,亦不能无憾矣。此间不揣辞费,略撮诸章之要,以明全篇散合之间,所一贯者何在。

第一分凡十一章。朱子注第十一章云:"子思所引夫子之言,以明首章之义事明之。"斯虽无大误,其实未切也。首章之义,其要在天命之谓性,其门在修道之谓教。故第一、二分,皆在教上用力。然而《中庸》之教,自明诚也、诚之也;非同他典,止

---

①　《中庸章句》,《四书章句集注》本,前揭,页20。
②　同上书,页21。

于三达德而已。故于第一分，知仁勇固为修道之门；然而于第二分，即以一诚贯三达德矣。三达德，儒门共法也；以诚贯三达德，《庸》之不共法也。于第三分，则非但以诚贯修道之谓教，更以诚贯率性之为道、天命之谓性也。

朱子于第二分，其解固有精卓处，而其未切处，犹过于第一分。此分之要，全在于"诚"。而诚之所以能贯德者，归根结底在于能贯道也。故第一分因教论道，第二分则因道论教也。第二分之首，即"君子之道费而隐"章。朱子谓："子思之言，蓋以申明首章道不可离之意。其下八章，杂引孔子之言以明之。"谓以下八章推明此章，是也；谓此章明"道不可离之意"也，未切。夫教也者，修以不离道也。第一分论教也，在于中庸，"君子而时中"；第二分之论教也，在于诚。夫诚也者，中庸之体也；中庸也者，诚体之用也。夫中庸也者，语似人道也；夫诚也者，即人道即天道也。故君子之道，天地之道也。君子之道，曰致中和，曰费而隐，曰暗然而日章。天地之道，则曰不见而章，不动而变，无为而成，曰为物不贰，生物不测；其实不二也。中、暗然、不见、不动、无为、不贰，皆隐也；和、章、变、成、不测，皆费也。隐微广大者，诚之体用也。故君子之道，无非诚之道也。诚赅天地圣人，故君子之道，则由人推至天地，由素位推至圣人也。君子之道，及其至也，察乎天地。第三分极言其配天乃至同天，广大、无疆、不测。唯其配天同天也，恐人希高慕大，蔽于天而不知人，故于第十三、十四、十五章，反复开导，"素其位而行"、"道不远人"。此即第十二章，"造端乎夫妇"之谓也。唯"道不远人"，非云道唯在人也、唯切近卑下者也。第十五章云："君子之道，辟如行远必自迩，辟如登高必自卑"。则君子之道，必有高远者存焉。荀卿责庄生"蔽于天而不知人"，①其理固无误也。然二端皆不可执也。揆《庸》之意，知天道必自人道。人道之卑近则夫妇，其高远则圣人。圣人则峻极于天，即人即天也，即天即人也。君子之道，造端乎夫妇，造极乎天地也。君子之道推乎其极处时，几不可辨乎天人也。所谓庄生蔽于天者，盖庄生虽有圣人、真人、至人之道，而绝非造端乎夫妇也。庄生以天人为二，尤以圣人、夫妇为二也。《庸》之教，非无天道也，唯必显乎人；非无圣人之道也，唯必造端乎夫妇。《庸》第三分所重，圣人之道也。于圣人之道乃明天人绝不可二也。天人一于性也，一于诚也。故第三分必由圣人之道回向"天命之谓性"，而第二分之第十三至第十五章固谓道必造端于人，第十九章则云：

> 故为政在人，取人以身，脩身以道，脩道以仁……故君子不可以不脩身；思脩身，不可以不事亲；思事亲，不可以不知人；思知人，不可以不知天。②

则非人不足以成天，而非天亦不足以知人矣。此处朱子注云：

> ……故思脩身，不可以不事亲。欲尽亲亲之仁，必由尊贤之义，故又当知人。亲亲之杀，尊贤之等，皆天理也，故又当知天。③

_____

① 《荀子集解》，前揭，页393。
② 《中庸章句》，《四书章句集注》本，前揭，页32－33。
③ 同上，页33。

朱注不确。盖修身,事亲皆原乎天理,《庸》何必推至知人,方曰"不可以不知天"? 郑孔注疏与朱有异,亦未切也。《庸》经文于修身事亲、知人、知天之下,即:

> 天下之达道五,所以行之者三:曰君臣也,父子也,夫妇也,昆弟也,朋友之交也:五者天下之达道也。知、仁、勇三者,天下之达德也,所以行之者一也。①

此盖承上文之意而申者也。上文所谓"修身、事亲"者,盖属达道也。② 知人者,知也,③盖属达德也。而知天者,所以知人也。即所以行达德者也,一也。此处朱注为:"一则诚而已矣",甚是。故同章又云:"……顺乎亲有道:反诸身不诚,不顺乎矣;诚身有道:不明乎善,不诚乎身矣。"顺乎亲者,达道也。反诸身之诚,知也,④达德也。明善、择善固执⑤之谓也。此所以行达德者也,即所谓自明诚者也、诚之也。

修道之谓教,于第二分即君子之道也。君子之道,一诚而已矣。故第十三章谓君子之道费而隐。必造端乎人,能造极乎天,此"费"也。第十三至十五章,昌言其端、极之"费"也;第十六章,则始言其"隐"也,而不离其"费"。"视之而弗见,听之而弗

---

① 《中庸章句》,《四书章句集注》本,前揭,页33。

② 修身,取人以身,君臣之道也。

③ 樊迟问仁。子曰:"爱人。"问知。子曰:"知人。"《论语》,《四书章句集注》本,前揭,页163。

④ 子路问知,知之为知之,不知为不知(《论语》,《四书章句集注》本,前揭,页67)。则子路问知,夫子之应,即反身之诚也。

⑤ 盖明善则必择而固执之。此即知行合一也、诚之也。

闻,体物而不可遗……夫微之显,诚之不可揜,如此夫"。"诚"字于此处首出也,直承"费而隐"来,则君子之道即诚也。其"视之而弗见,听之而弗闻"即"隐"也,其"体物而不可遗"即"费"也。

　　"诚"字既出,经说转深,遂自此第十六章直至第二十章,皆以"诚"说"修道之谓教"矣。第十七至第十九章,孔子述舜、文王、武王及周公。此四君子也,位功或异,志德则一,夫子概归之于诚。第二十章答衰世时君之问,则导之以诚。时位虽异,诚则一也。此即所谓"君子而时中","君子素其位而行",而其"所以行之者一也"。天生烝民,有物有则。物异而则同。天命之性,率性之道乃同,而人之所从出修道乃异。其异者无非时也、位也。夫妇之近,文武之烈,无非时位也。而其所以行之则同也。故《庸》谓"时中"、曰"素其位而行",时则异也,中则同也。位则异也,素而行之则同也。同即不易也,时中也者,即变易即不易也。盖即所谓中"庸"而已矣。经之第二分演诚。中也、所以行也,诚而已矣。故经第二分之干,摄诸异于诚也。而第二分末第二十章引孔子,语似于诸异又有所别矣。经曰:

　　　　诚者,天之道也;诚之者,人之道也。诚者不勉而中,不思而得,从容中道,圣人也。诚之者,择善而固执之者也。①

　　郑玄注曰:

---

　　①　《礼记正义》,前揭,页1446。

言"诚者"，天性也。"诚之者"，学而诚之者也。因诚身说有大至诚。①

孔颖达疏曰：

前经欲明事君，先须身有至诚。此经明至诚之道，天之性也。则人当学其至诚之性，是上天之道不为而诚，不思而得……。"诚之者人之道也"者，言人能勉力学此至诚，是人之道也……以圣人性合於天道自然，故云"圣人也"。"诚之者，择善而固执之者也"，此覆说上文"诚之者，人之道也"，谓由学而致此至诚，谓贤人也。言选择善事，而坚固执之，行之不已，遂致至诚也。②

朱子注曰：

诚者，真实无妄之谓，天理之本然也。诚之者，未能真实无妄，而欲其真实无妄之谓，人事之当然也。圣人之德，浑然天理，真实无妄，不待思勉而从容中道，则亦天之道也。未至于圣，则不能无人欲之私，而其为德不能皆实。故未能不思而得，则必择善，然后可以明善；未能不勉而中，则必固执，然后可以诚身，此则所谓人之道也。③

---

①　《礼记正义》，前揭，页1446。
②　同上，页1446－1447。
③　《中庸章句》，《四书章句集注本》，前揭，页36。

郑玄以天之道即天性也,则诚即性也。人之道即贤人之学也。则此章似别天人、圣贤也。其实此章别中有合焉,异中有同也。圣人合天人,教学合圣贤也。盖圣人之德者,非即云天道也,乃"天之道"也,天道在人中者也。故朱子之语甚微:"圣人之德,浑然天理,真实无妄,不待思勉而从容中道,则亦天之道也。"其"则亦"二字,即以圣人之道为"天道在人中"之谓。盖第三分极言此圣人之道也,即圣人之道而显天人不二分也。唯朱子虽明天人不二,未显扬圣贤不二也。其实"贤"字于经本文数出,不与"圣"对也。郑君谓,"学而致此至诚",是也。既致至诚也,即圣人也。后经"至诚、致曲"之说,亦无非此义耳。圣贤只是性教、生学、顿渐之别,其归一也。故子思于第二十一章大书曰:"自诚明,谓之性;自明诚,谓之教。诚则明矣,明则诚矣"。诚则明矣,明则诚矣,明其非二也。清儒孙夏峰云:

> 性而得之与教而得之,虽以之分天道、人道,然其事同于诚、明耳。诚、明固相须而不容相离者也,则性、教亦何以别哉?但得人天合一,正不必问功力先后。一部《中庸》,皆是著人从教下手,彼高天事而薄人功者,皆不明之甚者也。①

孙说甚是。岂但天人也,性教亦合也,诚明亦合也。天人所合在诚,性教所合在性。诚固性也。盖《庸》所发者在性,道固

---

① 转引自唐文治著,崔雁南整理:《四书大义・大学大义・中庸大义》,上海:上海人民出版社,2018年,页127,下同。

率性,教亦无非反性、复性也。《庸》之主干,由诚说此性。合天人圣贤者在诚之。诚之即自明诚也。体此明德者唯文王。《庸》述圣贤,自颜回、子路而上,不一而足,而以文王为主。盖《庸》之于六经,所应在《易》、《诗》,尤以"诚"、"天"应乾坤,"明"、"命"应《大雅》、《周颂》也。文王作易,其有忧患乎;①而《庸》云"无忧者,其唯文王乎!"②忧患也,无忧也,时位而已。夫时中者,夫素其位而行者,舍文王其谁乎?乾之六爻,周人体之尤深也。初九至九四,文王之爻也。③《维天之命》,大平告文王也。《大明》,文王有明德,故天复命武王也。故文王之道,明而诚也,人而天也,教而性也,贤而圣、德而道也。故即文王合一切异,立诚之一本、天之一本、性之一本也。此《庸》第三分之大义也。姑略申之。

　　天人圣贤之不二,乃由"诚"、"诚之"之语可知也。道无二本,故夫天人,语虽二端,而实一道也。上文因《易繫》,用明道语立天人无间断语。此因《中庸》立之也。实则《庸》立此义,较《易》尤显。盖无论天人,《庸》皆以一"诚"字包之。诚者天之道,第三分"至诚无息"章示之尤密也。诚之者人之道,第二分末章

---

① "作《易》者,其有忧患乎"。《周易正义》,前揭,页9。
② 《中庸》第十八章《四书章句集注》本,前揭,页30。
③ 《庸》第二十八章云:"虽有其位,苟无其德,不敢作礼乐焉;虽有其德。苟无其位,亦不敢作礼乐焉。"郑注云:"言作礼乐者,必圣人在天子之位。"惠栋《中庸注》(《易大义》)注曰:"六居五,是有位而无德也;九居二,是有德而无位也。乾二居坤五,是圣人在天子之位也。"潘仕成辑,惠栋撰:《海山仙馆丛书卷4·易大义》,道光27年,页16,下同。此语大略得之矣,唯以既济定三王则非。《庸》之应《易》,尤在乾,在文王。文王虽有圣德,终其身服事殷,有九之德,而无五之位也。朝夕惕厉、终日乾乾、或跃在渊、见龙在田,皆文王之事象也。乾,周易之首卦也、文王之忧患也。《庸》所列十一圣,唯以文王配天、"纯亦不已"。文王之德象,乾卦也。详见下文。

引孔子对哀公问举之甚详。故明乎善、择善而固执之,即"诚之"之实也。而经之于"诚之",虽举其实,未释其名也。至诚既为天道,则人道之名,盖与天共矣。人道共天道之名,何耶?"诚"与"诚之"并举,犹《大学》"明明德"与"明德"并举矣。前文引明道"言体天地之化,已剩一体字,只此便是天地之化,不可对此别有个天地"。三处之理实同也。盖《学》之教,唯主自明诚,故从明观诚,诚体即明德也。即工夫即本体也。《庸》之说,则立自诚明,以诚体观明,则明不过诚之也。此因本体定工夫之名也。

《庸》以"明"谓德,《诗》、《书》遗教也。以"诚"名道,反摄明德,名之以"诚之",先儒忠信之道也。而明道"天地之化",源于《庸》"天地化育"、"大德敦化"诸语也。故孙夏峰注第三十章云:"天地之化,散之为物,运之为道。"[1]然则"天地之化",无非至诚之道。于是明道之意可见焉。"诚之"之于"诚",犹"体之"之于"天地之化"也。即此"诚之"即是"诚体"大用。体用不二,工夫不外本体。诚之者何?"诚"天理流行也。诚必流行,否则内外不合,[2]即非诚矣;流行则必因人而诚之。此即天命之谓性也。故《庸》以"诚之"名人道,立天人不间断义,遥应经文始终焉。此义于第二分止提点而已,于第三分说圣人之道则确立矣。下顺第三分全文,缓缓诠之。

天人如有二,则圣人之道不能立。性教如二,则圣贤乃二焉,圣贤既二,天人亦二焉。君子素其位而行,夫圣人者,无非乾九五之君子。乾卦,天道也,亦君子之德也。故周易首卦,即名

---

[1]　转引自唐文治,《中庸大义》,前揭,页150。
[2]　性合外内之道曰诚。故诚无理气、乾坤、思有、心物等诸二本之患。诚即纯也、不已也、无息也,一言以蔽之,"一"也。唯其诚,故根绝二本。

天人不二大义也。而《庸》第三分说圣人之道虽详，终亦归乎天命之性矣。天人既不二，则圣贤终亦不二也。圣贤不二，盖性教终不二也。则《庸》之破二显一，要之归诸于"性"。经第三分首章子思之语，盖破诚明之二，性教之二也。经谓："自诚明，谓之性；自明诚，谓之教。诚则明矣，明则诚矣。"此章之"明"，朱子以上经"明乎善"注之，而又以为："明者，择善之功"。郑君则径注为"明德"。二说皆是，虽有参差，而可合也。

《庸》多独言"明"，唯经终引《大雅·皇矣》，直言"明德"。虽经所引诗不囿于《皇矣》，然多涉文王。《庸》之终章尤反复引《诗》，以结全经。则《庸》之意，固当参《诗》而显焉。天命、明德，《庸》之主干也，根植于《诗》，发扬于《庸》也。《庸》之所以发者，性也，诚也。《庸》据之以发者，易道也。《庸》籍之以发者，文王也。盖文王即作《易》之圣也。纯亦不已，固周之德也，在人见于文王，在经见于《周易》也。《诗》之天命、明德，皆以之咏文王也，《易》之乾坤，亦所以赞文王也。《易传》之赞乾，亦有德有明矣，所谓"夫大人者，与天地合其德，与日月合其明"。依郑君残注，此明亦无非照临四方，实同明德矣。[1] 故揆诸各典，尤依《雅》、《颂》，文王之明，固明德也。而《庸》《学》交涉，亦多在明明德也。经终引《皇矣》，其文重，其意深。遥应天命之性焉。《庸》述圣人

---

① "大人者，与天地合其德，与日月合其明，与四时合其序，与鬼神合其吉凶。先天而天弗违，后天而奉天时。天且弗违，而况於人乎？况於鬼神乎？"与日月合其明，依郑玄残注，与《尧典》"光被四表，格于上下"同。见《周易郑氏学》，前揭，页21。"噫嘻"（《毛诗正义》，前揭，页1319），"君德著明"之义，《尚书正义》孔颖达引郑玄，"照临四方谓之明"（《尚书正义》，前揭，页26；又见《毛诗正义》，前揭，页1026），此处孔疏亦是此意。"与日月合其明"者，谓照临也，参下文。然孔颖达疏"大明始终"，为"明晓"，同"明乎善"之明（《尚书正义》，前揭，页26），并见下文。

之道以全性教也,以文王体圣人之道也。《诗》咏文王,则主之以"明"、"明德"矣。《学》兼引《诗》、《书》;《庸》则引《诗》,未及《书》也。然则解《庸》之"明德",当以《诗》为主,次及《书》;而《庸》以"明"独出而对"诚"。于《庸》,不解"明"则不解"明德",不解"诚"则不解"明"矣。《庸》之苦心孤诣者,尤在一"诚",而以之转接《诗》、《书》之"明德",亦以之转接夫子"知"、"仁"、"勇"、"性与天道"、所赞之"乾"、"坤"也。然则《庸》解《诗》、《书》之"明德",固有其道也。郑君朱子之异,于斯可合。

宋学解明德,谨严完备无过于朱子《大学章句》。其注"明明德"曰:

> 明,明之也。明德者,人之所得乎天,而虚灵不昧,以具众理而应万事者也。但为气禀所拘,人欲所蔽,则有时而昏;然其本体之明,则有未尝息者。故学者当因其所发而遂明之,以复其初也。①

则明德含万理,明明德则去其气性昏昧,复其理性之明。朱子尝以磨镜使复明喻学人,盖亦理学常用之譬也。②《大学》一经,为四子书之首,宋明儒聚讼不休,尤见其重也。故朱注流布极广,素见尊信也。而汉唐旧注,实与宋学大相径庭。郑康成注曰:"明明德,谓显明其至德也。"孔颖达疏曰:"谓身有明德,而更章显之"。《庸》所涉《雅》、《颂》,皆咏文王之明德也。郑孔之注

---

① 《大学章句》,《四书章句集注》本,前揭,页4。
② "如镜本明"《朱子语类》第一册,前揭,页263。有时亦对此喻微有未安,然未尝废之(同上,页261)。

义通此。《庸》引《皇矣》，"予怀明德，不大声以色"，复释之以《文王》："上天之载，无声无臭。"《皇矣》又有，"貊其德音，其德克明。克明克类，克长克君"。郑玄笺为"照临四方曰明"，[①]而朱子注为"克明，能察是非也"。[②]《尧典》"钦明文思安安"之"明"，孔颖达引郑玄此注解之。[③]《尧典》"克明俊德"之"明"，孔颖达不从孔安国注，而引郑玄，注之以"使之高显"。又《皇矣》首句为："皇矣上帝，临下有赫"。《文王之什》首《文王》，次《大明》也。《皇矣》所谓"赫"，详见《大明》首句："明明在下，赫赫在上。"毛亨传《大明》题为"文王有明德，故天复命武王也"。"明明"，郑玄笺为"施明德于天下"，[④]朱子注为"明明之德"。[⑤] 此于彼《大学》注相通也。赫赫者上天。则《庸》所谓"自明诚"者，盖即"明明在下，赫赫在上"之义也。参酌郑注《学》、《诗》，"明明德"盖谓"光被四表，格于上下"，光显于天下之意也。此于《学》有征，盖《学》有所谓"古之欲明明德于天下者"。[⑥] 依朱子，《大学》次第，明明德乃自明其德，止于至善乃造乎其极，而"明明德于天下"则"使天下之人皆有以明其明德也"。[⑦] 依郑君，明明德为造乎极也，而"止于至善"则为自处。[⑧] 郑注较合《学》之原意，亦能贯通其《诗》、《书》之注。而朱之注四子书虽能前后弥合，而其注《诗》、《书》，未能与《学》、

---

① 《毛诗正义》，前揭，页1026。

② 《朱子全书》第一册，诗集传，前揭，页667。

③ 《尚书正义》，前揭，页26。

④ 《毛诗正义》，前揭，页966。

⑤ 《朱子全书》第一册，诗集传，前揭，页656。

⑥ 《大学章句》，《四书章句集注》本，前揭，页5。

⑦ 同上书，页5。

⑧ 参见《礼记正义》，前揭，页1592。

《庸》之注合也。

故汉宋儒之解明明德也，大相径庭。《大戴礼记·曾子天圆》云：

> 天道曰圆，地道曰方，方曰幽而圆曰明；明者吐气者也，是故外景；幽者含气者也，是故内景，故火日外景，而金水内景，吐气者施而含气者化，是以阳施而阴化也。阳之精气曰神，阴之精气曰灵；神灵者，品物之本也，而礼乐仁义之祖也，而善否治乱所由兴作也。①

郑康成解"明明德"为"施明德"，非阳施而何？光显于天下，非"火日外景"而何？"虚灵不昧，以具众理而应万事者也。"非阴含而何？宋儒喻明明德为磨镜，非"金水内景"而何？则宋儒之"明"，于汉儒实非"明"也，乃"幽"也。

然而《学》、《诗》虽"明德"如此，《庸》则未全因循也。朱子注《庸》之"明"，亦并非不可与郑君折衷焉。《庸》经并言"明"、"诚"也，又有"诚身有道，不明乎善，不诚乎身矣。"郑注为"言知善之为善，乃能行诚"，不注之以"明德"矣。"自明诚"、"自诚明"者，朱子概注为"明乎善"，郑君注为"明德"矣。而《庸》之"明"确有"明乎善"之说，虽郑孔亦用之矣。《庸》第二十七章极言圣人之道，而结之以《大雅·烝民》："既明且哲，以保其身。"同一联也，同一"明"也，孔颖达疏《礼记·中庸》解为"显明"："言宣王任用仲山甫，能显明其事任，且又哲知保安

---

① 《大戴礼记汇校集解》，前揭，页587。

全其己身。"①而疏《诗·大雅》则注为"明晓善恶"。② 则孔氏亦知此"明"非独"显明其德"之义耶? 此本《庸》之微意也。第三十章述仲尼之道云:

> 辟如天地之无不持载,无不覆帱。辟如四时之错行,如日月之代明。万物并育而不相害,道并行而不相悖,小德川流,大德敦化,此天地之所以为大也。③

此赞显应《易·乾·文言》所谓:

> 夫大人者,与天地合其德,与日月合其明,与四时合其序,与鬼神合其吉凶。先天而天弗违,后天而奉天时。天且弗违,而况於人乎? 况於鬼神乎。④

盖二经皆以天地之大说圣人之大,而兼天地之"德"与"日月之明"而言也。依《曾子天圆》之说,日可言明,而未及月也。《曾子天圆》之说,与《淮南子·天文训》篇首庶几全同。后者增益其说云:"积阳之热气生火,火气之精者为日;积阴之寒气为水,水气之精者为月"。⑤ 则月当云"幽",不当云"明"也。而《庸》应《文言》,皆以日月并称其"明"。《繫》并有"悬象著明莫

---

① 《礼记正义》,前揭,页1456。
② 《毛诗正义》,前揭,页1221。
③ 《中庸章句》,《四书章句集注》本,前揭,页43。
④ 《周易正义》,前揭,页23。
⑤ 《淮南鸿烈集解》,前揭,页80。

大乎日月"之说。前引郑君残注,"与日月合其明"者,亦照临之义也。盖阴阳继替皆可为大明也。郑朱之异,于斯可合焉。宋儒如鉴明善之义,亦当为《庸》所许。《庸》之明,盖合明善、择善与显明至德而言也。明善、择善固执而止于善之后,乃能显明至德也。此原即郑注《大学》之义也。

　　显明至德者,为《学》、《庸》之主脑也。而之所以显明其德者,二经实皆归为教,归为明乎善、止于至善也。教则反性而已。《庸》第二十一章以"诚明"之序别性教。第二十二章释"自诚明谓之性";第二十三章释"自明诚谓之教也"。① 然第二十三章经文之"明",非明善之谓也。经文谓:"其次致曲,曲能有诚,诚则形,形则著,著则明,明则动,动则变,变则化,唯天下至诚为能化。""著明动"之"明",即在朱子,亦训为:"光辉发越",要即显明之意也。则此处之"明",即"不见而章"、"暗然而日章"之"章"也。而第二十三章之释"自明诚"者,不在其"明"字,唯在"其次致曲,曲能有诚"一句。朱子注曰:"致,推致也。曲,一偏也。""致"字于《庸》凡三见,即首章之"致中和"、第二十三章之"致曲",第二十七章之"致广大而尽精微",要皆"推而至极"之意。致即尽焉,②唯致则待推,必渐,必"间接";尽则可渐可顿。"尽精微"者,有推也;"至诚尽其性"者,不待推也。格物致知者,致中和者,皆从一曲而推也。"致曲有诚",即第八章所谓:"回之为人也,择乎中庸,得一善,则拳拳服膺而弗失之矣"。"一善",非至善也,乃一隅之善也。"拳拳服膺而弗失之",择此

---

① 郑君、朱子皆同此解。

② 朱子注《学而》曰:"尽己之谓忠。"而子夏所谓"事君能致其身",亦无非忠也、尽己也。参见《四书章句集注》,前揭,页57、58。

善而固执者也。择此善,明也。固执之,诚之也。"每"得一善而固执之,则得善无不固执之也。回也闻一知十,[①]一则曲也,十则全也。闻一知十,致曲也。得善无不固执。致,至之也。因其致也,则曲亦能有至诚也。故经于"其次致曲"者,亦云"唯天下至诚为能化"。朱子注曰:"积而至於能化,则其至诚之妙,亦不异於圣人矣。"此即经所谓"明则诚矣"。要之,《庸》之"明",固有显明其德之义。而其德之显,乃归于明善、择善而固执也。此亦郑康成注《大学》三纲领之意。欲于天下显明其德,必止于至善。宋儒解明明德,犹汉儒解止于至善也。《学》、《庸》首章,皆从广大高明落至切己积厚,皆以性立教,因教反性也。《学》之教在止于至善,《庸》之教在明善择而固执也。经解固异,次第则一也。

凡言"致"者,皆教也。率性之谓道,尽性而不待推也。修道之谓教,则必致曲而推也。修道之谓教,及其至也,无非"致中和"而已,无非至诚能化而已。故致中和"亦不异于"至诚尽性者也。第二十二章谓:

> 唯天下至诚,为能尽其性;能尽其性,则能尽人之性;能尽人之性,则能尽物之性;能尽物之性,则可以赞天地之化育;可以赞天地之化育,则可以与天地参矣。

此率性之谓道也。而"致中和,天地位焉,万物育焉",此修道之谓教也。性也者,生知也。教也者,学知也、困知也。及其

---

① 《论语》,《四书章句集注》本,前揭,页90。

至也,性教不二也,圣贤不二也。天人亦不二也。圣人生知,既不学而能,则一切经典,皆为大贤以下而设。性教初虽有二,然述性者,唯教。教能含性、复性。性不需含教也。经之书"天命之谓性,率性之谓道",此即教也,非性也。述性述道,即所以教也。盖圣人之道、自诚明云云,原即教之鹄的也,即所谓"极高明而道中庸"也。夫高明也者,即中庸之所志也;夫性也者,即教之所蕴而复也。《庸》之述文王,即教显性,即贤显圣,即君子显大人也,即人显天也。孟子固曰:尧舜性之,汤武反之。①未及文王也。而文王固《庸》之典范也。

　　《庸》之述文王,有显有隐。其显征《诗》,尤在《周颂》、《大雅》;其隐应《易》,尤在《乾》、《坤》及其诸传。《大雅》之文王,自明诚有之也,自诚明亦有之也。前者尤见于《大明》。"明明在下,赫赫在上。天难忱斯,不易维王。"②郑笺:"忱,信也。"③信即诚也。天固难信,明则动;唯有德者王,此不易也,此则亦是天之信也。则此联所兴所赋,无非自明诚之谓也。毛传曰:"文王之德,明明于下,故赫赫然著见於天。"④郑笺则合文武而言:"明明者,文王、武王施明德于天下,其征应炤晢见於天,谓三辰效验。"孔疏云:"以此章以下,总为明明、赫赫,辞兼武王,言二圣皆能然。"⑤文王既同武王,则亦"反之"、"自明诚"而已矣。《皇矣》有:"帝谓文王,予怀明德。不大声以色,不长夏以革。

---

① 《孟子》,《四书章句集注》本,前揭,页442。
② 《毛诗正义》,前揭,页966。
③ 同上。
④ 同上。
⑤ 同上,页967。

不识不知，顺帝之则"，郑笺云："此言天之道，尚诚实，贵性自然。"孔疏云："言其天性自然，少长若一。不待问而自识，不由学而自知。其所动作，常顺天之法则……言其意在笃诚，动顺天法，不待知今识古，比校乃行耳。"① 此则"性之"、"自诚明"者也。《思齐》一篇，赋"文王所以圣也"，② 注疏曲折，未尽合也。郑笺云："言非但天性，德有所由成。"此是性教并举也。孔疏虽云："言文王之圣，有所以而然也。"然而究竟以为："《论语》云：'天生知之者，上也。则圣人禀性自天，不由於母。'"参酌注疏，文王之所以圣，性教之间，未必只居其一也。故文王之道，性教终一也。《维天之命》云："维天之命，於穆不已！於乎不显！文王之德之纯！"朱子以为《庸》引此诗，释至诚无息之事，固是也。然此至诚，非独自诚明之谓。自明诚，曲能有诚，亦至诚能化也。郑注《庸》云："天所以为天，文王所以为文，皆由行之无已，为之不止，如天地山川之云也。"③《易》曰"君子以顺德，积小以高大"是欤。④ 则郑释此不已为"积厚"之义。郑注是，盖上经即此意也。《荀子》劝学篇曰"学不可以已"，⑤《学记》云"学学半"。⑥ 则教亦不可以已也。积厚之义，致曲有诚也，成性存存也。非一率性即能尽也。故《诗》之述文王，自明而诚矣，亦自诚而明矣。故不已是性，亦是教。性不在教外，教亦不在性外。教之至者，显性、成性而已。《易》所谓"成性存存"，即取其教学

---

① 《毛诗正义》，前揭，页 1033、1034。
② 毛亨语，见同上，第 1008 页。
③ 《礼记正义》，前揭，页 1453。
④ 《周易正义》，前揭，页 192。
⑤ 《荀子集解》，前揭，页 1。
⑥ 《礼记正义》，前揭，页 1052。

不已也。天人相贯,性教相成,彻下彻上。《诗》云:"文王陟降,在帝左右",此之谓欤!

文王成德有渐,成位亦有其渐也。《庸》云:"故大德必得其位……故大德者必受命"。"大德受命",《大雅·文王之什》也。①　其要在明明德。"大德得位"《易·乾》之蕴也,②其要在时中。即《庸》所谓:"君子素其位而行"、"君子而时中"也。③《易》、《庸》固相得益彰。宋儒以《易》理解《庸》,以乾立诚,周濂溪是也。清人以《易》象解《庸》,所证尤多。惠征君谓:"非明《易》,不能通此书也。"④而其注《庸》也,归名于《易大义》,⑤盖亦以《庸》解《易》欤!

易学有中正之说。阳爻据阳位,阴爻据阴位为正;又二、五之爻,于内、外卦处中位。故初九、九三、六四、上六,正也;九五、六二,既中且正也。故易例以为中尤优于正。《庸》独言中,罕言正。⑥清儒于《易》之中正、《庸》之中和之间,颇见其相应焉。然其说有异。钱大昕以为,《易》、《庸》相表里。六十四卦、三百八十四爻,以《庸》衡之,一言以蔽之曰"中"也。⑦惠栋以为,《中庸》之中和合为"一中"。未发之中,乾卦也。已发之和,既

---

① 毛传云:"《文王》,文王受命作周也。"《毛诗正义》,前揭,页951。

② 《文言》曰:"君子进德修业……是故居上位而不骄,在下位而不忧。",又云:"'飞龙在天',乃位乎天德。",《周易正义》,前揭,页15、16、20。

③ 《文言》曰:"知进退存亡,而不失其正者,其唯圣人乎!"《周易正义》,前揭,页24。

④ 惠栋:《海山仙馆丛书卷4·易大义》,前揭,页1。

⑤ 同上。

⑥ 第三十一章有,"齐庄中正",此非《易》之所谓"中"、"正"也。《四书章句集注》本,前揭,页44。

⑦ 钱大昕,《中庸说》。见钱大昕撰,吕友仁校点:《潜研堂文集》,卷三,上海:上海古籍出版社,2009年,页36,下同。

济也。衡之以《庸》,初九、六三、又乾五居二、坤二居五,皆反中庸也。① 二说皆可采,亦皆不无误也。钱氏盖以为《庸》之"中"较《易》之"中"为广,是也。时中也者,本合中和而说。《庸》之和也,含《易》之中正矣。而《庸》之时中也,盖包和而说也。《庸》之说中确乎较《易》为广,三百八十四爻之德不配位者,在《易》,非中非正,《庸》亦可摄之曰"时中"。乾之初九,潜龙勿用。坤之六三,含章可贞,或从王事,无成有终。其爻皆不中不正,而其德皆可时中也。然钱氏以为三百八十四爻皆为"中",不亦过乎。即令唯举乾卦,上九,亢龙有悔,于《庸》无非反中庸也。惠氏以为《易》之所象,无非天地位,万物育。极是也。盖《繫辞》有"天地设位,易行乎其中"之说,则乾坤,天地位也,余六十二卦,万物化育也。本论上文即持此说。然而以为化育即成既济之定,则误矣。此意必一说也。需也、蒙也、屯也,无非化育,何必只在既济? 以乾为未发,尤为不妥。盖乾之九二、九五皆利见大人也。

要之,《庸》之应《易》,唯在乾卦。盖乾元行健不息,《庸》之所主,唯在至诚无息、纯矣不已。乾贯天人,犹赞君子之道,此即《庸》之所主也。文王成位、周之受命,即《乾》初九至九五也。初九至九四,于《易》例皆不"中"也。《易》之诸爻,于位多不中不正者,而《庸》言:"君子素其位而行。"②则位虽不正不中,其行则可时中也。③ 唯时中则无咎。则《庸》之中,较《易》之义例尤大矣哉! 故《庸》之体《易》,较后世易学尤深也。《易》非独

① 惠栋,《海山仙馆丛书卷4·易大义》,前揭,页2。
② 《中庸》,《四书章句集注》本,前揭,页28。
③ 文王因于羑里而演《周易》,亦无非"时中"也。

有德位之配也。位不配德者,乾之九三,独称君子焉;九二虽云
"大人","虽非君位而有君德"也。① 此即时也。德位之外,犹
有时也、行也。德位虽不中正,时出时中、素其位而"行",在
《庸》即中也。故文王虽大德受命,未得其位也。初九至九四,
文王之忧患也,亦文王之时中也。唯位不配德,故《易》云其"有
忧患"也。唯时而能中,故《庸》言其"无忧"也。忧患也、无忧
也,皆文王也。

　　《庸》之应《乾》,固在性教、德位,而尤在天人也。惠征君之
注《庸》,不无此意焉。遂从"天地位焉、万物育焉",定之以未发
之乾、已发中节之既济二卦。"位"则未发。然惠氏之于天地,
唯定之以乾,坤则阙如。如无深意,则不周延矣,当定之以乾坤
二卦。如有深意,或从汉易所主,乾道变化,乾元用九变为坤元,
则地亦天之所化耳,不得言天地对而成位。如真从《庸》,当据
第二十六章演乾元。经谓:

　　　　故至诚无息,不息则久,久则征;征则悠远,悠远则博
　　厚,博厚则高明。博厚所以载物也;高明所以覆物也;悠久
　　所以成物也。博厚配地,高明配天,悠久无疆。如此者不见
　　而章,不动而变,无为而成。天地之道,可一言而尽也。其
　　为物不贰,则其生物不测。

　　此章应乾应天,不一而足。盖无息与高明皆谓天也。而高
明与博厚有对,无息与博厚无对,盖一切由无息所化育者也。则

---

　　① 《周易正义》,前揭,页3。

当据本论上文,分疏不已之天与三才之天也。而据《庸》之经,不见、不动、无为,皆应惠氏所重之"未发"也。则此章之应"已发",盖在"无疆"、"不测"而已。故《易》终之以"未济",而非"既济"也。终之以未济,即终之以未终也,终之以无疆、不测也。又非必终之以未济之象,乃终之以贞下起元、生生不息之理也。不息者,至诚之德也,于《易》当乾之德。唯乾,元亨利贞,故起元尤见不息之乾德也。依上章,以不已之天解乾元,则《庸》无非立乾一本而已。六十四卦皆此本所现,何独"既济",又何必"既济"焉?

而第二十六章之所重,非独在天言天也。乾之为一元,乃见于万物,尤见于圣人。故第二十六章,亦在人言天也,亦在天言人也。其语似兼天人也,其理则实一本,即天即人,即人即天,天人无二也。故朱子以为第二十六章独言天道,未切也。第二十六章有:

> 今夫天,斯昭昭之多,及其无穷也,日月星辰系焉,万物覆焉。今夫地,一撮土之多。及其广厚,载华岳而不重,振河海而不泄,万物载焉……《诗》曰:"惟天之命,于穆不已!"盖曰天之所以为天也。"于乎不显,文王之德之纯!"

盖曰文王之所以为文也,纯亦不已。其非但于文王言人道也。且以天地见积厚之德,于人道中,立依教复性之圣人也。依教成圣,仍不外乎天道也。故郑康成科判异乎朱子,将此处与"至诚无息"分属二章。[①] 无非以为一言至诚尽性,一言其次致

---

① 《礼记正义》,前揭,页1450－1454。

曲也。据郑君之判,则朱子之第二十六章,天道人道皆在焉。更进一步说,朱子之第二十六章,性教皆在焉,而无论性教,天道亦皆在焉。故曰:在人言天,在天言人焉。

第三分即天即人,即人即天之道,显见于"唯天下至诚,为能尽其性"一章。此第二十二章之要,在"天下至诚"。盖第二十六章唯云"至诚",於穆不已之天也,纯粹天地之道而已。而此章谓圣人襄赞天地以化育。则此章首明人也,而圣人之道,人中之天道也。盖圣人自诚而明,率性固天道也。天道在人,即所谓"天下至诚"也。非唯至诚,亦非与至诚为二。故天下至诚,即"纯亦不已"。不已、至诚,即天道也。"天下"、"亦",则天道在人也。而此至诚之能赞化育,盖与天地为叁也。与天地为叁,非人而何? 而成人道、率人性,唯在其已体天道,能赞其化育而已。故天道在人,非云先有个人在那里,天道忽然在焉。毋宁云,如天道不凝,无人道可云。天命之谓性、成之者性,固当从此解矣。无继善、无天命,即无人道人性可言也。而大贤以下,曲能至诚,至诚而后,亦无非"能化",能赞天地也。故第二十二章谓性也,第二十三章谓教也。第一章所谓"致中和,天地位焉,萬物育焉。"所应在教,在"其次致曲"也。而天地位、万物育,语似第二十二章之参赞化育者;性教终非二也,性则直然率然"至诚尽性",教则曲能有诚,至诚能化也。唯教亦无非自明诚而反其性,则性之所显,即在天地成位、万物化育也。

性固在人。成人之性,可直率、可致曲,及其成也,一也。故经于自诚明谓"不见而章",于自明诚谓"暗然而日章"。此固性教之别也,及其章也,一也。故成人也者,即"成"天地之位也,

"成"万物之性也。成天地之位者,大德敦化也;成万物之性者,小德川流也。故《易繫》云:"天地设位,圣人成能";又云:"天地设位,而易行乎其中矣。成性存存,道义之门。"《繫》之二语当顺逆两读之。顺读即天即人,逆读即人即天而已。顺逆一圆转也,盖天人不二,性教诚明,终一也。逆读即《庸》此二章之义。盖圣人成能,遂天地设位;圣人成能,即天地设位也;成性存存,即天地设位而易行乎其中也。① 而成性、成能,亦无非天地设位、万物化育也。天地万物之外,无性无能。性必成外物乃成内己焉。此即《庸》所谓:"诚者非自成己而已也,所以成物也。成己,仁也;成物,知也。性之德也,合外内之道也,故时措之宜也。"性之德必合外内。故成性必成物。唯性德合外内,故致己之中和,必位天地、育万物也。《庸》之精义,莫此为甚。《庸》以诚贯此性德,即此意也。

第三节　诚体与成性:《中庸》大义(下)

重天道性命,非《庸》之卓异处也;重诚,《庸》之卓异处也;以诚贯通天道性命,《庸》之至卓至异处也。盖"诚"之首义,即"合外内"也。诚者,信也。信于五常居末,于乾元四德配贞,即"成"也。② 忠信乃孔门始教,亦后学所以达天道者。③ 故夫子

　　① 参见本章第一节。
　　② "贞固足以干事者,言君子能坚固贞正,令物得成,使事皆干济,此法天之贞也。"《周易正义》,前揭,页13。
　　③ 《论语》首篇《学而》,多以忠信接引初学。此可与《述而》对观:"子以四教:文、行、忠、信。"程子曰:"忠信,本也。"《四书章句集注》,前揭,页114-115。

忠信之教,诚之也;后学忠信之道,至诚也。夫信也者,发乎言而证乎行;夫诚也者,由乎衷而现乎外。非合外内之道而何? 诚于《易》应成。成者有终矣,故不诚无物,诚者物之始终矣。以西学目之,诚也信也,非"真"而何? 非"有"而何? 非"自身同一"而何? 夫子以忠信为始教也,盖不诚则不能成德行。故云:巧言令色鲜矣仁。盖不诚信,即无仁也。后学以忠信为天道也,盖天成万物,而万物自诚也。名实相合,始终如一,皆自诚也。①《繫》以见成者为知。故诚乃摄仁摄知矣。诚之所以能贯摄他德,要在诚之一也。成性者存有之一也,存存者不已之一也。仁知皆一之名号,仁者知者,体一而彼此未一也。盖《庸》以诚为一之正名焉,知仁勇为"三"达德而不一,"其所以行之者一也"。② 所以行达德者,诚之也。此即《庸》所体之夫子忠信始教,故曰:"忠恕违道不远。"③"诚之"之所以可以行于诸"达德"者,盖诚为"至德"也。诚之所以能为至德,盖诚体即"至道"也。至道者,一也;至德者,壹也。壹者不贰,一者不杂。至德不贰,至道无二焉。故至德与至道,不贰也、不二也。不贰也、不已也、无息也,皆诚之所以为壹也。④

　　诚体既破内外二本,即以破天人二本也。唯性与天道彻破天人二本,则教与人道乃可以破内外二本也。此意蕴于第二十五章。经曰:"性之德也,合外内之道也,故时措之宜也。"外内,

　　① 二程解《庸》第二十五章云:"箕不可以簸扬,则箕非箕矣。斗不可以挹酒浆,则斗非斗矣。种禾于此,则禾之实可收也。种麦于此,则麦之实可收也……是所谓'诚者物之始终,不诚无物'也"。《程书分类》上卷,前揭,页381。
　　② 《礼记正义》,前揭,页1441。
　　③ 《中庸章句》,《四书章句集注》本,前揭,页27。
　　④ 参见上篇第一章第三节。

朱子注如字。① 郑玄注为：外内犹上下。② 清儒依《易》解《庸》，增益郑注，以易之内外卦同于上下卦解之。③ 郑朱之注可合也。依朱注，外内者，己物也。"诚虽所以成己，然既有以自成，则自然及物，而道亦行于彼矣。"成己必然成物，盖己之为性，即含能生万物者也。己物之对，则人可属己，而天地万物可属物。故致中和者，天地位而万物育。此朱注之所以依也，如此则外内既合，而天人终不二也。而郑及清儒之注，其意亦无非合于天人也。盖上下卦者中分六爻，"兼三才而两之"。④ 初、二，地也；三、四，人也；五、上，天也。故上下于卦言，三才也。于爻言，天地也。合上下，犹合天地、参天地也。能合天地、生万物者，非人而何？此固性之德，而天之道也。"时措之宜"者，无非时中也。"溥博渊泉，而时出之……故曰配天。"朱子注曰："配天，言其德之所及，广大如天也"。则时中之德，广大如天也。天以四时生成万物，时措之宜者，在人为德，在天固道也。则合于上下，其意亦无非天人终不二也。

此意于《庸》，犹有进也。性之德即合外内之道。此盖诚之主义也。诚即性德、即天道也。故经于第二十五章合"德"与"道"言之。于诚，一也。德道不二，天道亦外内不二也。质言之，天道即太一，至大无外，并无所谓内外、己物可言。强言之，或有体用、一多、自他之别也。性能合外内，在于其德为一。性德为一，在于分于太一，而得其一。《庸》证此一为"诚"。诚之

---

① 《中庸》，《四书章句集注》本，前揭，页39。
② 《礼记正义》，前揭，页1450。
③ 参见惠栋，《海山仙馆丛书卷4·易大义》，前揭，页13。
④ 《周易正义》，前揭，页326。

为天道,在一体用、一一多。故天地敦化,天地之道,在为物不贰则生物不测。天地成己,即成万物也。于性逆观,天地仿佛未发、万物仿佛已发而中节。故性致中和,而天道位育。其实性与天道之所同,在专壹焉。天道之壹,在於穆不已;性之壹,在合外内。要之皆一、壹也。天道分为性、凝成性。以性逆证天道,则仿佛天道亦有外内也。

天道之外内不二,即第二十六章大义。经云:“故至诚无息。不息则久,久则征”朱子注曰:“久,常於中也。征,验于外也。”其说极是。天道之为至诚,必中验于外。人之诚尚如此,何况天道哉! 朱注“至诚无息”为“既无虚假,自无间断”,固是,然未至极也。盖未及“至”意,亦未彻解“诚”意。何为虚假? 即内不合外而已,即“贰”而已。至诚何以无息? 盖至诚者,即太一也。一必“一之”,间断则贰也。则高明博厚悠远,至诚“一之”之征也。而“一之”必无已,已则亦二矣。故一必至于无疆、不测,“则验于外者益悠远而无穷矣。”①《庸》之述天道之内外不二也,更进益为“不见而章,不动而变,无为而成”。不见、不动、无为者,太一之体也,虚静也。此三语具足,则即虚静即活动即存有也。活动当“变”,“存有”当“章”与“成”。此天道也。此道在人之中,即所谓“君子之道,暗然而日章”者也。“章”即“征”。在天道为至诚外之,外之不已乃成天地;在人则为君子明其明德也。“不见而章”者,外之也;“不动而变”者,外之不已也;“无为而成”者,不已故成物也。唯成物于不已,故其生物不测也。《易》云“生生不息”,《庸》则立

---

① 朱子注语,参《中庸章句》,《四书章句集注》本,前揭,页40。

其理也:"天地之道,可一言而尽也:其为物不贰,则其生物不
测"。为物不贰者,内也;生物不测者,外也。内则不贰专壹,
外则生生不息、阴阳不测也。于《易》,即易简即变易即不易
也;于《庸》,即於穆即不已即三才也。"不见"、"不动"、"无
为"者,於穆也;变者、无息者,不已也;致中和而位育化生者,
三才也。于此章,既云"无为而成",亦云"为物不贰",《庸》之
意深远矣。无则无间,无间则壹而不贰。故诚体唯无为,故为
之不贰也。此正即易简即变易,即虚静即活动之埋也。而为物
不贰,故生物不测。不测者,生生故不息,成性故存存。所谓天
地设位,易行乎其中也。故《易》卦终之以"未济",即不测、无
疆、不御也。《易繫》云:"生生之谓易……阴阳不测谓之神。"①
《庸》云生物不测者,盖合二语言之也。《易繫》以"神无方,而易
无体"。②《庸》则以神、易为大用,以为物不贰为本体矣。即无
为即专壹,则易无体也者,以无为体也;无既为体,则专壹而已
矣。合无为而成、为物不贰、生物不测三语,即道体学"即虚静
即活动即存有"之说也。

　　《庸》必赋易以"专壹"之体,转无为一。此《庸》之为《庸》
也。转无为一,在道家多为不得已、第二义。在儒家则此实之、
壹之、转之为第一义也。转无为一,在道家以名言,在宋儒以识
仁或格物,在《庸》固为诚矣。诚即《易繫》之成性。于《庸》,仁
不足以当体,唯所以仁乃体。夫诚也者,所以仁也。仁也者,达
德也;诚也者,至德也。《易繫》以成性为全,仁知为偏。《庸》则

---

①　《周易正义》,前揭,页271－272。

②　同上书,页268。

以诚为至,以知仁勇为达也。《易》《庸》一也,皆有以摄诸达德
也。成性也者,诚而已矣。在《易繫》,道善性固不杂也,亦不离
也。分说为三,究其本固一也。上章颇述其理。《庸》之彻,较
《易》犹进也。《易》以道演德演性,顺证道德性究竟不二;《庸》
以德性成道,逆证德性与道不二也。故《易》以阴阳演善性,
《庸》以德性定阴阳也。经第二十七章云:

　　　大哉圣人之道,洋洋乎发育万物,峻极于天。优优大
哉,礼仪三百,威仪三千,待其人然后行,故曰:"苟不至德,
至道不凝焉。"①

　　郑注以为,至德凝至道一句,乃解上文礼待人而后行:"言
为政在人,政由礼也。"即在二程,亦不无此意。② 朱子则谓:
"'礼仪三百,威仪三千。优优大哉!'皆是天道流行,发见为用
处。"③朱子注是。盖经之"礼待人而后行"语,即证此章首之
"大哉圣人之道,洋洋乎发育万物,峻极于天。"礼也、人也,即所
以喻道也、德也。礼待人而后行,道待德而后凝也。犹人能弘
道,非道弘人也。朱子极重此章之义乃曰,如曰德不足凝道,反
有所待于道,则老氏之言也。④ "凝",郑注为"成",是也。"凝"
之意或出《易传》。⑤《象》曰:"履霜坚冰,阴始凝也"。《文言》

----

① 《中庸章句》,《四书章句集注》本,页41。
② 《二程分类》,前揭,页383。
③ 《朱子语类》,前揭,页1584。
④ 《四书或问》,前揭,页97。
⑤ 参见金德建,《先秦诸子杂考》,前揭,页173。

曰：“阴疑於阳必战”。此皆就坤卦传之，大抵以为阴凝于阳也。语若阴阳仍为二物也。而《易繫》一阴一阳之谓道、继善成性之说，则以继当阳、成当阴也，故一本所蕴也。①《庸》云：“苟不至德，至道不凝焉”。如云：“苟无至德，至道不凝焉”，则至德与至道如阴阳二物也。经文之语，明至德与至道非二也。至德即至道之凝也，犹性即道之成、立也。《庸》以之破道德二本也。道德设二，则必如朱子所云老氏之言。《庸》之破德道二本，不一而足。性之德即合外内之道。诚固为至德，亦为圣人之道，则诚亦为天之道也。发育万物，非天道而何？峻极于天，则如同天道。天道在人中，故曰“天之道”也。故《庸》之赞圣人之道也，至乎极矣。虽有“及其至也，虽圣人亦有所不能焉。”虽圣人所不能者，亦“君子之道”也。其大，“天下莫能载焉”。云圣人之不能，正极言圣人之道；言语“天地之大，人犹有所憾”，正极言天地之道也。故《庸》极言圣人道大，《易繫》所谓“鼓万物不与圣人同忧”之意，于《庸》盖微意也。虽微，而不无也。道体之诚，于《庸》亦不碍其虚静也。故篇终乃赞：“上天之载，无声无臭。”《正义》曰：“载，生也。”上天之载，“谓生物也”。② 道体之为生生，不碍其虚静也。《庸》之全经，即活动即存有之义显，即虚静即活动隐。而终赞之以即存有即虚静之义焉。

　　上文略疏《中庸》大义。《庸》之破二立一，与《易繫》曲通也。而《庸》之立一以诚。《庸》之破天人二本、体用二本，其彻无与伦比，③以至颇能回向《易繫》继善成性之说者，皆以诚也。

---

① 参见上章。
② 《礼记正义》，前揭，页1466。
③ 《学》主明，《庸》则兼明诚，以诚为主。

故《庸》以天人共名共理,唯诚也。天人之别,唯固执而诚之,与无为自然而诚之有别也。

《庸》破二本之彻,尽在一诚。盖诚之第一义即破内外二本。既破内外二本矣,则人内天外之天人二本,亦随之而破焉。人之人道,诚之也;人之天道,诚也。诚之者,教也,致曲有诚而复其性也;诚者,性也,率性而诚也。教者致曲,致中和而位天地、育万物;性者尽性,赞化育而参天地也。及其至也,一也。在人,则于工夫破天人二本。工夫者,诚之也。本体者,诚也。夫诚之者,诚其诚体也,犹《学》所谓明其明德也;夫诚者,诚者而诚之不已也。则工夫无非显其本体,本体之起用,无非演其工夫也。

诚既能破内外二本、天人二本矣,则诚之者即人即天也。诚之者无非天道流行之大用也。天命之谓性,性之专壹,命于天者也。性之为诚,即破内外二本。则人亦不外乎天也。即天即人也。故在天,则于本体破天人二本。

体用不二,故本体工夫不二,性教不二,天地位万物育不二,未发已发不二,大德敦化小德川流不二也。诸不二非语式而已,即《庸》《易》之义也。不二者一也,一故不已、无息;不已无息者不贰也;不贰者诚也。天道即不已;成物不已、生物不测也。唯其天道不已,故成性存存。《庸》之始终,皆应在《维天之命》。故经之全脉,无非演《周颂》所谓:“维天之命,於穆不已。於乎不显,文王之德之纯。”①《经》第二十六章分而两引之也。“‘维天之命,於穆不已’盖曰天之所以为天也。

---

①　《毛诗正义》,前揭,页1284。

'於乎不显！文王之德之纯！'蓋曰文王之所以为文也，纯亦
不已。"①故全经固"命"字六出，"命"合"天"言，唯经首与"维天
之命"。《章句》引程子曰："天道不已，文王纯於天道，亦不已。
纯则无二无杂，不已则无间断先后。"②不已者，一也。纯也者，
亦一也。不已，道之一也。纯也者，德之一也。纯于天道，与一
一也、一于一也。盖道德非二，二则天命间断而道非道，德行有
杂而德非德矣。故纯之不已者，立天人不二、道德不二，而成其
天一元论、乾一本论也。《庸》之应《维天之命》也，非独见于第
二十六章，始终呼应此诗也，无往不应此诗也。上文已示，《庸》
合天与命言之，唯篇首"天命之谓性"与此处引《诗》也。则篇首
所谓"天命"，可谓亦出乎《周颂》也。一如"明"出于《大雅》。
两下相合，则"天命之谓性"，无非"性"即"於穆不已"、"纯亦不
已"也。性之为"於穆不已"，性即天道也。性之为"纯亦不已"，
性即德也。德与天道不二也。《大戴礼记·本命》云："分于道
谓之命，形于一谓之性……"注家并引老氏得一之说解之。③故
性命也者，一也。命云其分于太一，性云其得一也。故性为天之
所分，即《礼运》所谓："是故夫礼，必本于大一，分而为天地，转
而为阴阳，变而为四时，列而为鬼神，其降曰命，其官于天也。"④
据其文义，分而为天地以下直至列而为鬼神，皆从大一所分出
也。大一分而后降则曰命。则命也者，既从一所分，则有天地四
时万物鬼神也；而据降则亦有一之德焉。天命之谓性也者，性从

①　《中庸》，《四书章句集注》本，前揭，页40。
②　《四书章句集注》本，前揭，页41。
③　《大戴礼记汇校集解》，前揭，页1283。
④　《礼记正义》，前揭，页706-707。

天所分,得其一,亦继其一、成其一也。有得无继,即朱子所谓待道之德,老氏之学矣。① 性之于天道,盖如子于父,有父德而未臻完美。然非此子,则祖祢之德无从继,无从显矣。则性之于天道,盖承重之子也。无此子,天道则未能不已也。故天道之不已,全在性之不已矣。《彖》云:"乾道变化,各正性命。"夫正也者,从止从一,盖止于一也。② 乾道之变化,止于性命,即止于一也。止者变化之成。各正性命者,成性而已矣。所成之性,固能继天道之不已也。故曰"成性存存"也。

故夫《庸》,唯一性而已。唐文治引孙奇逢云:

> 天地之化,散之为物,运之为道,而统之则为德,德岂有大小哉? ……"川流"见"生物之不测","敦化"见"为物之不贰",此天地之所以为大也。仲尼之德,一天地而已矣。③

仲尼之德固为一天地也。而无仲尼之德,亦不能现此天地也。仲尼之德,一天地也;而天地者,一性也。《庸》之性,其所以能位天地育万物者,性与天地一也,一于诚。故仲尼之德,性之德而已。性能合外内之德,故为物不贰,生物不测也。性之德,天地之道也。即此性也,致之则天地位也、万物育也;尽之则参天地、赞化育矣。致即尽也,尽即致也。诚则能尽能致也。诚也者,性成也。诚之也者,成性也。故《繫上》云:"一阴一阳之谓道。继之者善也,成之者性也。"又云:"天地设位,而

---

① 参朱熹,《四书或问》,前揭,页97。
② 《说文解字注》,前揭,页69。
③ 《中庸大义》,前揭,页150。

易行乎其中矣。成性存存,道义之门"。"成之者性也",于《庸》当"诚",天道成于性也,自诚明也;"成性存存,道义之门",于《庸》当"诚之",性成于德也,自明诚也,择善固执之也。"成性存存"者,《庸》之"至德"也;"道义"者,《庸》之"三达德";"门"也者,《庸》所谓"所以行(达德)者一也"。"成之者性",于《庸》天之道也,诚者也,圣人也;"成性",于《庸》人之道也,诚之也;"成性存存",于《庸》"纯亦不已"也。性教非二,诚之不已,则纯亦不已也。诚者天之道,诚之者人之道,而人天非二,一于诚也。故天於穆不已,人纯亦不已也。体用不二。用者,体之不已也。诚之者,诚体之用也。故成之不已也。体者自成,用者成物。体用不二者何?因自成,乃成物;唯成物,乃自成也。诚则不贰;不贰则体用无间。故性之德即合外内之道也。性乃道之自成,天地乃道之成物。故成性也者,必成天地。《易》《庸》于此不二,而《庸》以"诚"代"易"。道善性一也,而《庸》以"性"为枢,摄道善于性也。《繫》见性有仁、知之憾,则性于《繫》之大,非仁、知所能尽也。而《庸》见性以诚。仁知勇也,圣贤也,天人也,皆摄于诚。诚者专壹,故必不偏。

　　"诚"于《易》当"成性"。《易》之"成性",必位天地。此《庸》之微意。故上摘《繫上》文与《庸》正相发明也。此间当全引之:"知崇礼卑,崇效天,卑法地。天地设位,而易行乎其中矣。成性存存,道义之门。"①韩康伯注曰:"极知之崇,象天高而统物;备礼之用,象地广而载物也。天地者,易之门户,

　　①　《周易正义》,前揭,页274。

而易之义,兼周万物,故曰:'行乎其中矣'",孔颖达疏曰:"变易之道,行乎知礼之中……天地之间,万物变化,是易行乎天地之中也。"①经上文盖述《易》经也,故行乎天地之中者,《易》经也,而韩孔以易道解之,尤见其广大也。易之为道,韩氏以兼周万物,孔氏以为变化万物。前者赞化育,后者万物育也。故易之为道,无非尽性而已。而孔氏仅以易行乎天地之间,而韩氏则以易首正天地,次兼万物也。韩注乃天地位、万物育之义也。知礼效法天地,所知者道,所礼者义也。故道义之门,天地也。成性存存而有道义之门者,唯成性存存,乃位天地、育万物也。故《系上》之义,已以成性代"易"。成性设位天地,易行乎天地之中,上文据此分"易"之大小。此间亦可据此分"性"之大小也。成性设位天地者,犹凝至道之义;故至诚无息,而后有博厚高明悠久也;则"悠久无疆"当"易行乎其中"。此继善成性也,性即天道之所凝也,诚者天之道也。而行乎天地之中之成性,致中和也,参天地也。诚之者人之道也。成性存存而后道义之门者,人能弘道,非道弘人也。纯亦不已,而后参赞天地万物,能现於穆不已也。

故存存之道,即存有之道也。存有也者,位天地、育万物也。存存者,存成也。② 纯之不已,即诚之不已、成之不已。成之不已,则存之不已。存之不已,则有之不已。有之不已,则溥博渊泉,而时出之。"溥博如天,渊泉如渊",上下察也;"见而民莫不敬,言而民莫不信,行而民莫不说。是以声名洋溢乎中

① 并见《周易正义》,前揭,页274。
② 孔颖达疏,《周易正义》,前揭,页274。

国,施及蛮貊;舟车所至,人力所通",致广大也。"天之所覆,地之所载,日月所照,霜露所对……故曰配天。"天道不已。人德配天,故纯之不已。不已则开此天地,非独天地日月霜露,亦有中国、蛮貊、礼仪、威仪、舟车、人民也。此即道体之"存有"也。故仲尼之德,一天地也,亦一国家也,亦一人民蛮貊之"世界"也。单提天地,恐作庄老之想,与道义有别焉。知崇礼卑,天崇地卑,则知礼道义不在天地之外,天地亦不在知礼道义之外矣。性之不存,则道义之门难入。成性存存,而后有中国、礼仪、人民、蛮貊也。纯之不已,而后道义可存。不已而后可存者,即活动即存有也。

第四节　即诚体总论道体

综上,《庸》之全经,以天命始,以天命终。始终一贯者,性也。非独率性也,修道亦无非性也。非独自诚明性也,自明诚亦性也,别之以尽性致曲而已矣。于《繫》,道善流注于性,道善不在性外;于《庸》,天命分殊为性,复天命之性为教,天道不在性外,性不在教外也。故教不在道外,成德不已,天地乃位,万物乃育。致中和者,成其至德也,止于至善也。至善至德者,非息、断之谓,不已而已矣。止于不已,则存有非块然现成者,於穆不已、运而不滞者也。故据《庸》道体自成于性,即活动即存有也。此非心体之即活动即存有。性体者,道体之即活动即存有也。心之体即性,性之体即道也。夫心也者,性之端倪,存存而已矣。故道体之即活动即存有,性也,亦心也。道性不二,性心亦不二也。而心性虽云不二,此体用之不二也,心乃性之流行,非同于性也。性合外内之德,心唯内之德也。性之行也,成己成物,亦一於穆不已者也。行于心而非同于心也。性之为"存有",非孤立之"存有"也,必即活动即存有也、不已也、无息也、不测也。道外无物,则道体之于在体(ousia)者,非排之在外也,盖含之摄之、成之化之也。如孤取存有为在体,即遮"易"显"有",[①]亦道体一名号也,而未显道体之全。至于抽去天地之有,唯约之以一理,或以之为"一"或以之为"是",皆分殊前之孤一也,此去活动之存有,遮存有之"纯是"也。"纯是"为名理之初,先于天地而欲演之也。详见下章。

　　夫道体之全,则即虚静即活动即存有也。夫存有也者,位天地、育万物也。夫活动也者,天之不已、至诚之无息也。夫虚静也者,天之於穆也、天道之无为也。[②] 虚静活动存有,三名字也,非三事也;三相也,非三理也。要皆一也。虚也、无也、大一也、专壹也,皆表此"一"而已矣。"即"者,表其"无间"、"不离"也。如有显隐、遮表,虚静离存有、活动,则为超越之太一,无为之虚静也;活动离虚静、活动,则为一气流转聚散,变易不驻也;存有离虚静、活动,则一名理系统而已。虚静无为,亦无不为也。无为则超越,无不为则活动。即其无不为,可显其无为焉。《庸》终见此意。其终章终句,引《大雅·皇矣》而赞之曰:"'上天之载,无声无臭',至矣!"郑注曰:"载读曰'栽',谓生物也。"[③]《庸》言"生物"凡二处,皆指天之生物也,故康成可谓以经注经矣。其中尤以第二十六章为要:"如此者,不见而章,不动而变,

---

① 参拙文,《是与有》、《是与易》,载《儒家与启蒙》,前揭,页200-300。
② 参见上篇第一章第三节。
③ 《礼记正义》,前揭,页1466。

无为而成。天地之道,可一言而尽也:其为物不贰,则其生物不测。"①此章以"无为无不为"立"生物不测";而终章以"生物不测"显"无声无臭"。故全经之终也,即其生物不测,显其为物不贰、无为而成也。圣人之化民、天地之生物,皆"无声无臭"者也。而虚静毕竟不离此"即活动即存有"也。即活动而即存有者,无非虚静也。则经终复立道体之圆也,即活动、存有而显其虚静也。虚静本不可显,即可显者显其不可显者也。不可显者何以显之哉? 盖可显者之"元",即其不可显者也,故"究元"即"显微"。而微者,显之微也;元者,亨利贞之元也。亨利贞者,天之生物。故究元必即"生",显微必即"费"。② 故此道体之圆转,在德曰"微之显",③在道则虚之实,无之有也。道圆,经亦圆矣。故终句之引《皇矣》也,遥应首句暗引之《维天之命》。《周颂》云:"维天之命,於穆不已。於乎不显,文王之德之纯!""上天之载"之"至"者,"至道"也。④ 文王之德者,"至德"也。"於穆不已"者,至道也;"於乎不显"者,至德也。始章由天命而性,由至道而至德,由不显而显。终章由性而天命,由至德而至道,由显而不显也。苟不至德,至道不凝。性之显者,道之凝也。始章曰天命之谓性;终章曰上天生物,无声无臭。则始章即虚静即活动即存有也,至道分殊而成性也。终章即存有即活动即虚静也。至德致一,即性而显天也。至德虽显,暗然而日章也,无微则无可显其至德。故至德凝道,而不排虚静也。虽不排虚静,

---

① 《中庸章句》,《四书章句集注》本,页40。
② "君子之道费而隐",参见《中庸章句》,《四书章句集注》本,前揭,页26。
③ "微之显",参见《四书章句集注》本,前揭,页45。
④ 郑笺以为"命犹道也",参见《毛诗正义》,前揭,页1284。

上天之无声无臭者,唯从生物而显也;天之於穆者,唯从不已而显也;天地之道者,唯从道义之门而显也。

故诚体之德,即道体之用也。致中和,天地位而万物育焉。《学》之致知,摄未发之寂,已发之感焉,要即致中和而已。《学》之格物,王心斋据"物有本末,事有终始"一句,以为所格之物为"整全",非仅面前遭遇之事物也。① 整全者,一也。② 然非先天地生之混成之一也此,盖天地位、万物育之整全也。《庸》之致中和而天地位,万物育,即《学》所谓致知在格物也。"格",阳明释为"正",③是也。然"格物"非正念头,乃位育整全也。此即《易·象》所谓"乾道变化,各正性命……保合太和,乃利贞。首出庶物,万国咸宁。"④"各"也、"太和"也、"庶物"也、"万国"也,皆就事物之整全言;"正"也、"保合"也、"贞"也、"咸宁"也,皆"正"而已、"格"而已。《庸》较《学》之义已丰矣,而《易》之义尤全,太和当《庸》之天地位,庶物当《庸》之万物育,而尤有"万国"咸宁者,"首出庶物",乾道也,天之道也,亦君子之道也。固"乾道变化,各正性命"与"首出庶物,万国咸宁"实相贯通,而前者能含后者也。"庶物"与"万国",则摄于"各正性命"之中。固即活动即存有者,天之道也,亦人君之道也。

《易》、《庸》可互证,易体、诚体乃可互通也。易象列未济与既济之后,易体可贞下起元。则诚体乃可成性存存矣。成性存存者,既行乎天地之中,亦复开其天地也。《庸》之天命之谓

---

① 参见拙文,《大学诠释与现象学》,收于《中道之国》,前揭,页195-210。
② 关于"整全"与"一",参下篇末章《西学统宗》。
③ "格者,正也",见《王文成公全书》(传习录上),前揭,页31。
④ 《周易正义》,前揭,页7,9。

性，即《易》之乾元，亨利贞。乾元，天命也，利贞，成性也。以
《易》视《庸》，则成性而已、贞定而已，各正性命、万国咸宁而已。
据道体学，盖即活动即存有则已。故惠征君以《易》之"既济"演
《庸》，良有以也。然而依《易》，非独成性，成性不已、成性存存
也；非独贞定，贞下复当起元也。故《易》不终于"既济"，而系
"未济"于末也。以《易》注《庸》，则存有之后，亦复有即虚静即
活动即存有也。天命之谓性，反复其道也。此既船山所谓"性"
日生日成之理。唯船山以此为工夫，据道体学，天地万物之性，
则日生日成也。此尽仅见于《易》，于《庸》无征也。《庸》之"於
穆不已"、"无声无臭"，盖复从"存有"见"虚静"、"活动"也。故
道体之"不已"也，源于道体之"圆"。道之圆也，非学之圆、教之
圆也。唯道圆，而后教与学可圆也。道体之圆，"即虚静即活动
即存有"也，亦"即存有即虚静即活动……"也。

　　"天命之谓性"，于《易》实可反复其道也，故曰成性存存焉。
天命即"元"，"性"即"贞"也。而元前必有贞，贞下必起元也。
故性之于后即为天命，天命之于前即为贞性也。性于天命，视先
后而有别焉，实一也，故可合而为性命。《易》于之有征焉。前
文据《乾凿度》云，"易"有三义，不易即天地成位也。据《系
辞》，易又行乎其中，所谓"天地设位，而易行乎其中，成性存存，
道义之门"。[①] 复"易"者，天命也；"不易"者，成性也。易复行
乎其中，天命之谓性，成性存存也。前天命设天地之位，后天命
设道义之门也。天地与道义，皆出乎成性也。此一征也。《文
言》云："夫'大人'者，与天地合其德，与日月合其明，与四时合

---

① 《周易正义》，前揭，页274。又参下篇前一章。

其序,与鬼神合其吉凶。先天而天弗违,后天而奉天时。天且弗违,而况于人乎?况于鬼神乎?"①《文言》之赞大人,《庸》之所应也不一而足。如第一、二十二、二十七、三十二诸章,皆有君子、圣人之道与天地合德之意。而并举圣人与天地、日月者,唯第二十六与三十章。而后者尤近《文言》语意:"仲尼祖述尧舜,宪章文武;上律天时,下袭水土。辟如天地之无不持载,无不覆帱,辟如四时之错行,如日月之代明……。"即令如此,亦无"先天而天弗违"之意。《庸》之通此意者,微现于第十二章:"君子之道费而隐。……及其至也,虽圣人亦有所不能焉。天地之大也,人犹有所憾。故君子语大,天下莫能载焉;语小,天下莫能破焉。"较明朗者唯第二十七章:"故曰苟不至德,至道不凝焉。"前数章皆赞诚、性,圣人之成性也叁天地、合天道。而最后二章乃云君子之大过天地、圣人之德也凝天道。则《易》较《庸》也尤明矣。圣人之德可先于天,可凝天道。盖其所成之性,亦贞下起元之天命也。此盖《继善成性》章所谓"继"之微意矣。故《易》之不息,《庸》之无已,无间断之"天命"流注、成性存存也。天命成性。性复为天命,开天地而不断成性也。"纯亦不已",一之不已,如天成性不已也。天生万物。其中有性者,于己曰性,于其所造作之物亦可曰命也。其所造之物复有物性。性复含天命。所谓"物物一太极"者,非独谓其为分殊亦含理一也,亦当含物性亦可即虚静即活动而为他物之命也。人之所秉,一性也,亦其所造作者之命也。人之产物,如有物性之至灵者,复可开物成务也。故天命之谓性,无穷也。举其一时,乃曰即虚静即活动即存

---

① 《周易正义》,前揭,页23。

有也。举其全体,则即虚静即活动即存有、即存有即虚静即活动……此即真所谓"生生"不已也。生生非独种类生生而已,并天地、道义、万物、心性俱生生而已。西学以"流溢"之"三一"体视之。[1] 而未知"三一"之无穷流行也。故诚体之为道体也,显即存有即虚静即活动之义。而道体之为诚体也,唯重在即活动即存有。义理学之儒宗,当主此义也。

故道体之为诚体也,即虚静即活动即存有,三即一贯之义方备;诚体之为道体也,即存有即活动即虚静,三即一贯之义乃圆。可隐可显、至圆至大、蔑以复加矣。显隐备,遮表圆,虚实一,有无通,而后可平章儒道焉,可论衡中西焉。西学统宗,详见后章,此处略论儒道。

道体之义,唯三即一贯。非此即不足名道体焉。而三即一贯也,则无所谓第一义,唯一贯三为第一义。独取其一,皆非第一义也。何耶?独取其中之一,则割裂道体之一,而于体用有二焉。唯"一"一,唯"一"能为第一义,唯道体之全为一,有遮于全义、有别于体用,皆二也。二不可为第一义也明矣。独取其中之一者,或遮隐他义,或黜他义为用。如取存有为第一义,又释之以"理"者,则遮隐虚静,斥为佛老之妄;且黜活动为气,为形而下者,为理之用。体用既二,则理气不能为一也明矣。理气不能为一,而独理独气皆不足以释生成。盖生生为动,动止于成为静。[2] 则无理无成,无气无生也明矣。理不能释生,气不能释

---

① 参见下篇末章,《西学统宗》。

② 如个人自婴孩至成人至衰老,无一日不新陈代谢,实无一日静也。而无论如何流变,所成者即名号所指之该人也,该人自是该人,实无片刻动也。变必有所变成,变者动,所成者静,亚里士多德以为变初即在矣,所成者静,引发变者变动也。

成,则欲周释生成,不二本可乎? 必欲去此二本,强以理为一而摄此气,无非以气为理之用,则理静气动,体用未能为一也明矣。欲周释生成,必用二元。欲用二元而不二本者,当明体用非一而不二。非一者,体用各自有别,体自体,用自用也。不二者,小程子云:"体用一源",①庶几得之矣。盖体用皆以"一"为源也。理之源即气之源也,即活动即存有之道体也。熊十力以乾之元即坤之元者,②仿此。唯熊氏用海沤之喻则偏矣。盖海水之动,因有虚空,无虚空则板窒如山,何来其动。华严宗此喻无偏,熊氏用其有偏也。顺此喻故,当立此理:即活动即存有者,必即虚静即活动也。张横渠云太虚与气不二,得之矣。唯道体上当云虚静与活动而已。后儒见道体,多立之以诚体,而未及诚体之虚静也,故彰其即活动即存有义,而隐其即虚静即活动义。而先儒之典,未排虚静之体也,上文因《庸》,阐之甚详。庄老见道,乃以虚静为大体,以一气通分成毁为大用。道术也者,致虚而已矣。致虚者固能容物,而非第一义也,不得已也。上篇颇述此理。

　　道体三即一贯,唯一贯为体。遮一贯之体,孤取一支,于道为用,于学为体;于统为用,于宗为体也。道体即虚静即活动即存有也,亦即存有即活动即虚静也。而如虚静、存有、活动各显其一,遮隐其二,则虚静为道体之用也、活动为道体之用也、存有

---

① 《二程集》,前揭,页582。
② "《易》以乾元为万物之本体,坤元仍是乾元,非坤别有元也。"参见《熊十力全集》第三卷,《新唯识论》(语体本),前揭,页398;又见"《易》之乾元坤元,实是一元,非有二元。坤之元,即乾之元也。"《熊十力全集》第四卷,《十力语要》,前揭,页38。

为道体之用也。一贯者，全体也。三即者，大用也。大者无外，唯三即乃以大用而见其全体。而各宗唯见一用，执之为体。故曰于宗为体也。以儒道之学，合而观之，或以虚静为体，或以活动为体，或以存有为体也。其宗其学略广大者，或见即活动即存有，或见即存有即虚静，或见虚静即活动也。《易》、《庸》得其全矣，而能窥其一用者众，能体一贯者鲜。此《易》、《庸》固致知之矣。故《易》云仁者见仁、知者见知、百姓日用而不知，故"君子之道"鲜矣；《庸》云君子之道"费而隐"。百姓日用者，费也；不知而鲜者，隐也。仁者，体阳生者也，见道体既活动即存有者也；知者，体阴成者也。见道体即存有即虚静者也。诚之者，见道体即虚静即活动者也，故诚之不已矣。能诚之乃能成之，故体即虚静即活动者，无非体即活动即存有者也。故《繫辞》仁知之憾，《庸》应之以诚为至德，仁知等为达德也。《易》、《庸》能体一贯，能容诸偏。庄生老氏，则已稍偏虚静矣。亦可谓儒家乃庄老之"大乘"。内学大乘之要，在轮涅不二。庄老大乘之要，当在虚寂活动不二，生生无为不二、生生生成不二，生成存有不二、天命与性不二、天道与人道不二、阴阳与道不二、一本与二元不二也。

　　庄老偏虚静，而西学则偏存在。庄老、西学，两端也。欲明道体一贯，道学统宗者，能不扣道之两端而用其中者乎？故下章略述西学统宗。

第四章　西学统宗

　　道体无对,学有中边。正学固出于道,而道外无物,边见岂有别源?正学,出于道,觉于道;边见,出于道,昧于道。觉昧无非道体显隐。故正学道在学,边见学在道而已。边见非一无所见,唯执用为体,执隅为全,执曲为直而已。以边见还边见者,非斥而弃之,乃判而摄之而已。判也者,分也;摄也者,收也。见正学乃能判,见全体乃能摄。故于西学,非中学判摄之也,道体学判摄之也。据道体能摄,据中学能判也。中学固统于道,西学亦非统于他物也。

　　故西学之统,亦道体也,虽见道不切不圆,其所见者出于道体,盖无疑矣。以为中西学各有其体统,了不相涉者,盖以宗为统,以用为体也。如真明"道"、"体"、"一"为何义,则必不以道体为有对者也。道体既非教体,亦非治统。中体西体,于道体皆用也。而文教体统,则亦出自道体学之统宗也。中土、泰西、天竺之学,要皆如是也,无非名相遮表有异,而入道之方有歧也。文教体统始不相涉,后必交通,人类之天命也。交通必始于名相,终于义理。① 义理或可先通而后判,入道之方则绝不能混同。歧路亡羊,歧学亡理,歧理亡道。道可亡也,不可诬也。故入道之方可绝而不可杂。当前之中西交通,始离乎名相,而未达义理也。

西学之统固晦,西学之宗亦难明矣。西学中较明者,盖其源流也。源流固当考镜,而辨章考镜,了非统宗。源流不外派别传承、变形、分合、对峙,而源之所以流,流之所以传、变、分、合者,要在统宗矣。源流者,学术也;统宗者,学之理也;一统者,理之体也。源流者,事也、史也、势也;统宗者,理也、论也、问题也、典范也。史事出于理论;理论出于问题;问题激于源初洞见。源初洞见者,道体之示现也。道体必示必现,至大无外也。

西学流变之著者,不外乎古今之变。而古今之间虽有剧变,其宗盖未变矣,尼采、海德格尔、怀特海等皆以为可追溯至柏拉图。柏拉图固为西学之大宗矣,非独"哲学",今所谓"科学"、"政治"乃至"宗教"皆然。然而,西学之统,并尼、海二氏皆以为"存在"("是")也。尼采欲转之以"变",海氏以为尼采实未能转之也。海氏之转柏拉图宗,起于区分存在与存在者,以为柏氏之论在于善,仍未道出其原初境域也。诸"存在论"固为前康德形而上学之要,然而以存在摄柏拉图之学,不能尽合也。柏拉图虽颇论存在,然而其学未以存在为统,乃以"太一"为统。以"存在"为哲学至高问题者,亚里士多德也。于是西学之大宗与正统未合,其何以如此? 大宗未合正统,何以为大宗? 正统未为大

---

① 参见丁耘:《论西方哲学中国化的三个阶段》,载于《天津社会科学》,2017年第5期,页14-25、页32。

宗所及,又何以为正统耶?此疑问之一也。

西人古学以柏拉图为西学大宗,固也。一如黑格尔氏述古典哲学之终结,定于新柏拉图主义。而西人今学,如亦定之为属柏拉图之宗,则其学古今之变何解?如不定以柏拉图之宗,西人今学,当属何统宗?此疑问之二也。

全古今西学而言,其统究系为何?如断之以存在,何以古典以自然为统、中古以神为统、笛卡尔以来亦有以人、理性、生命等为统者?古今西学之变,无论其宗是否改换,古今之统为何?道体无对,何以中西学之统有别耶?西学之统,与道体合耶?分耶?如分,则"道体"云云当不可立;如合,西学之统,无论存在、神、自然、人等,何以皆无"道体"之义耶?此疑问之三也。

判摄西学,必从统宗入手。以上三问,无非于古今中西之间探问西学之正统、大宗。此间格于体例,于西学之建统、立宗、学变粗示其要。复依道体学略加判摄。

第一节 "一"与"是":西学之建统

西学之统,有显有隐。其统之显者,唯"本体论"(ontology,下或译为"存在论")。[①] 此词虽出于近世,其义则摄乎古学矣。

———————————

① 此词以希腊文 einai 之现在分词 on 之复数 onta 合词尾 logos 而成。民国有译为"万有论"者。当代通常译为"本体论",港台或译为"存有论"。唯海德格尔著述中此词中文多译为"存在论"。此术语之确切译解,取决于如何理解 to on 或曰 Sein。To on、Sein、Being 之中译,本论以"存在"或"在"为主。亦有译为"是"者。"是"统之名,非谓本论主张此词当一概译为"是"。盖 hen 与 esti 并举而论之典,柏拉图《巴曼尼得斯》也。中译者陈康译为"一是",流传不废。故依此典陈译,以"一"统、"是"统名之也。质言之,"一"统统于"太一","是统"统于"存在"而已。

存在论不与神学、宇宙论、灵魂论、伦理学、知识论等为对。神学以下，皆此学之用。沃尔夫氏之学统，形而上学论分普遍、特殊。① 普遍研究存在之为存在，如亚里士多德第一哲学。诸特殊形而上学，研究诸超绝之存在者（Noumenon 意义上的"本体"），如神、宇宙、灵魂等。有灵魂论而后有伦理学等。知识论者，存在论之批判也，对应于普遍形而上学意义之"存在论"。② 故哲学整体，皆存在论之用也。自然科学者，依数理研究诸运动、质料。运动、质料、数理皆不脱存在（是）之分析。哲学、科学皆求真，真也者，理智与事物之合也，思维与存在之合也。故西学整体者，无往而非存在论矣。如追溯至亚氏之学，一切学术围绕诸范畴。十范畴皆为"存在"方式或形式的"存在者"（"是者"）。"存在者"之为质、量、关系等，诸知识之事，诸科学之事也。而"在之为在"，则第一哲学之事也。在之为在，其首要义为"在体"（ousia，通译"实体"）。第一"在体"为自然之始因、终因，即神，即心（nous）。终极因亦无非理式（eidos）而已。③ 故古今西学之统，皆在"存在"，皆可溯至亚里士多德之宗。

　　亚氏之学，集希腊哲学之大成者也。所谓集大成者，非折中混杂之谓，而必有其所据以判摄者。而所据以判摄者，必不同于

---

① 参见本论序言。

② "知性原理只是阐明现象的一些原则，而存在论自以为能够在一个系统的学说中提供出有关一般物的先天综合知识（例如因果性原理），它的这一傲慢的名称必须让位于那谦虚的名字，即不过是纯粹知性的一种分析论而已。"康德，《纯粹理性批判》，A247/B303，中译文见康德著，邓晓芒译：《纯粹理性批判》，北京：人民出版社，2004 年，页 223，下同。译文有改动。

③ 参见本书上篇第一章。

所判摄者也。"何谓是与何谓在体"之问,亚氏以为即古哲一贯之问。① 然而"是"与"在体",非泰勒斯以来诸哲学常用之名、常设之问也。唯埃利亚派之后,实是之问起;唯柏拉图之后,在体之问兴。亚氏分疏诸哲不同在体学说之学案,②颇依柏拉图《智者》。③《智者》固围绕是与在体矣,然而柏拉图氏至高之原,则高于"是"与"在体"。此于《理想国》有明文矣:

> ⋯⋯对于那些被认识的事物来说,不但它们之所以被认识是从善那里来的,且它们的"是"和它们的"在体"(to einai te kai ten ousia)也是由于善而为它们所具有的善,而善,它们并非在体,相反,它是不论在尊严还是权能上都超越于在体的。④

此善之理式,于柏氏之学当"太一"。亚里士多德承"善"之问,然不许以之通"一"。盖"善"则亚氏以终极因应之,"一"则通于数理学派,为亚氏所深辟者。⑤ 故亚里士多德于乃师之学,有所简别,有所转折矣。亚氏于柏氏之统:立其是而摄其一,隐其一而显其是,立其善而应之以心(nous)。其摄一则云:

---

① 参见亚里士多德,《形而上学》第七卷第一章,1028b1-5。
② 参见亚里士多德,《形而上学》第七卷第二章,1028b9-29。
③ 参见柏拉图,《智者》,242c-249d,特别是246a-249d。中译本参见柏拉图著,詹文杰译:《智者》,北京:商务印书馆,2012年,页49-64,下同。
④ 柏拉图,《理想国》,509b-c。中译文见柏拉图著,顾寿观译:《理想国》,湖南:岳麓书社,2010年,页313-314,下同,译文有改动。
⑤ 参见亚里士多德,《形而上学》第一卷第六章。

如一与在(to on kai ot hen)是相同(tauto)，且是一个本
性，这也是说它们彼此相蕴，而不是说它们通过一个概念
(logoo，德文本译为"概念"，英文本为"定义")规定，因为
"一个人"、"人"、"一个存在着的人"这些表述都相同(tau-
to)……故一并非是之外不同者。①

一既摄于是，则一隐而是显矣。其立善则以目的(所为)与
善为一；②又以第一本体为心善之同。③ 摄一入是，同善于心，故
不许善超绝于诸事之外、众理之上。以此简别收摄，柏氏之统
遂隐。

柏亚之学，皆集大成者也。非独亚氏之统，并柏氏之统亦承
诸古哲而建之也。"哲学"虽起于泰勒斯，未统于泰勒斯也。哲
学之起，盖有三源。其一为伊奥尼亚派，其二为毕达哥拉斯派，
其三为埃利亚派。埃利亚派之后，苏格拉底之前之哲学，皆此三
派之折中损益而已。

泰勒斯开伊奥尼亚派。此派以水、火等活动性元素为万物之
元(arche)。亚里士多德以此派以实物或质料为在体。④ 误矣，盖
质料于亚氏自身不动而唯受动。此派之元，要皆自动，且能聚散、
生灭而成万物也。此派殿军即赫拉克利特，而赫氏主一。以万物

―――――――――

①　亚里士多德，《形而上学》，1003b20－31。参见 Aristoteles, *Metaphysik*, 希德
对照本，前揭，S. 127。

②　参见同上书，983a31－32。希德对照本，前揭，S. 17。

③　参见亚里士多德，《形而上学》第十二卷，第七、九、十章。又参本书上篇第
一章。

④　参见亚里士多德，《形而上学》第一卷第三章，亦参柏拉图，《智者》，246a－
b，所谓"提坦巨人"式的在体说。

刹那流变,在且不在,而火之逻各斯为一也。故伊奥尼亚派主一,
而以变为一者,此一化现万物也。毕达哥拉斯派源远流长,其说
多变,而归根结底,主数为万物之元,一为数之元。埃利亚派以
"思"、"有"(即"在"、"是")自同启其说,以必是者为"真"。以独
一不易、不生不灭者"是",遂以"一是"终其说。故埃派唯持"一
是",他则不容说也。所思者也、真者也、是者也,唯"一"也。彼派
云"是者是",非如柏拉图氏以为,以"是"自身为通种,而它通种,
能与"是"此种结合者皆可述之以"是"也。彼派能"是"者,唯此
无差别、无间断、无始终之纯一也。彼不持"通种"说。如持,则亦
不如柏拉图所撰,以"是"为种,而以"一"为唯一"通种"也。何以
故?"思"、"是"同乃彼派之基。思、是既同,则思非与是为二之
思,是亦非与思为二之是。差别既泯,则无非"一"也。

　　"是"之为统,盖出乎后学解埃利亚派者,彼派虽始尊"是",
终以"一"为统矣。盖思、是既同,则主"是"、主"思",无非主一
而已。唯"一"可说、唯"一"可思,唯一可"是"矣。虽"一是"之
说,衍之有悖。① 而推衍之理,则非埃派所知也。推衍之理,要
在以逻各斯之范畴或通名视一,以名理视一。而埃派立自说、破
异说,虽有推衍,②其立说之基,则不可衍也。埃派立"一",玄名
之理,盖非万物名理也。必有"吊诡"、"玄同"。同谓之玄,彼派
之基,即思与是之"同"也。

　　故伊、毕、埃三派彼此相辟、绝不能容,而主一也同矣。三派
共趋,则以"一"为哲学之统也。三家之异者,在宗不在统。故

---

① 参见柏拉图,《智者》,244b−245e;并参亚里士多德,《物理学》第一卷第
三章。

② 如芝诺诸"悖论",即以破多、变而立"一是"也。其破推衍甚精。

立一也同,据之应一、解一者也不同。伊奥尼亚派,近气宗也。一本流转,不离此世。世间万物,即此一本之流转也。故伊派以万物流变之理解"一"也。如依变者(如水、火)解一,则此一亦有生灭矣。如依"变"自身解一,则此"一"自身不生灭,而化现之万物皆有生灭也。前解如"气",后解如"易"。毕达哥拉斯派以数为万物之本,数固有一有多也;一多对待,则其学终亦二本也。而其学本欲立一,无理数既出,则量尚且不能归于一,何况万物? 故毕派欲执一而不得也。数理也者,固非万物,而亦即万物而在也。① 世间整体为一"宇宙"(kosmos)者,亦一完满数也。② 毕派立一虽不可得,即一立数,即数演世,欲于流转中显此一本也。其数固有运动,而无生灭。故毕派以数之理解此"一"也。埃利亚派乃依名理解一。③ 玄名之理,固与万物名理有别矣,而其为名理也同。玄名之一,本不容言说。盖说即非一也。④ 夫言说也者,指示事物也。事物固在言说之外,为名之义、名之实也。故言说可立,乃言说可言说者也。故归根结底,言说为"二"也。而"一"也者,了无差别。一者,不二也。故立一,则无言说;立言说,则无一也。一既立,既落言说中。一切言说(logos)无非"s 是 p"(主词是谓词)。此结构为二也,即使主谓相同为一,如 s 是 s,其结构仍为二也,无非谓词之 p,偶尔同

---

① 参见亚里士多德,《物理学》第四卷第十一、十二章,219b20 – 220b30。

② 参见亚里士多德,《形而上学》第一卷第五章。

③ 亚里士多德尝区分,巴门尼德主名理(logon)之一,麦里梭(Melissos)主质料之一。此处固以巴门尼德为埃利亚派正学也。参《形而上学》986b20,希德对照本,前揭,S.34。

④ 参见柏拉图,《智者》,244d – 244e。即令以"一"说之,亦非一也,参见《巴门尼德》,137c – 139e,参见柏拉图著,陈康译:《巴曼尼得斯篇》,前揭,页 120 – 137。

于 s 而已。此结构乃言说之根本导致，有言说，有所说；s 为所说，p 为言说，故必二之也。此二端结构中根本之"一"，即 sp 之间之"是"。黑格尔解德文判断（Urteil）一词之源为原初-分化。判断固为分化（即上文所谓二端），而其分化必基于原初统一。①言说中之"一"，无非纯粹"是"而已矣。此"是"为纯粹，盖一切其他"范畴"、万物之名，皆已预设"是"也。故以名理视"一"，不得不将之转为"是"。而"一"本不可以名言说，故柏拉图、亚里士多德等，于埃派之"一"，皆有批评。唯柏拉图以玄理示"是"外仍有超越此"是"之一。玄理也者，即名理而超名理者也，言说不可言说者也，故必为吊诡。而亚氏乃摄一入是，以为一之诸义，是皆能包，不必独立出此"一"p 而已。柏亚固有差别，然其同者，在如下见解：如以名理解"一"，必转为"是"。此固非埃派所欲持之理。然埃派之学，必导致此理也。柏亚同异，后世解说纷纷，而未知其大也。其大同，在即名理。柏亚之名理固有深别，而其重名理也同，其名理学之异亦非不可消也。柏亚之大异，在建西学之统，在以"一"为统，抑或以"是"为统。柏氏主一，故即名理而超名理也，即是而超是者也，而一之超是，可因名理演之，故曰"即名理而超名理"也。亚氏隐一，故即名理而已，即"是"而已。其依努斯立论，虽不无思有玄同而超名理之意，然而点到为止，不依名理演之也。② 固亚氏后学如黑格尔

①　参见黑格尔《小逻辑》，前揭，页 337。
②　"……因此，秉有而非接受，盖为努斯所涵之神性；故理观为至乐至善。如神永处此境……这足以使吾人惊奇，而神所处如更善，则其理当可惊异矣，而神所处确乎更善耳……"亚里士多德，《形而上学》第十二卷第七章，1072b23－26。希德对照本，S256、257。

者,终以"一"本为名理也。故埃派即名理主一,后学能移此统为"是"。盖"一"之名理化,即"是"也。

故西学之统有其显隐明晦。亚氏之统,"存在"之统,显也。柏氏之统,"太一"之统,隐也。而柏亚之宗能互通。柏氏之学可以亚氏为"注脚",亚氏之学亦可谓"推进"、"解决"柏氏之学者,一与是皆道体之相也,于名理进路内尤可通也。故在柏氏之学,"一"之统显而不隐,下摄"是"也颇明。柏学之晦者在了不了义之判,在于口传,故其晦在宗不在统也。柏拉图氏论"一"与"是"反较亚氏明快。亚氏之学,显是隐一,且以"是"应"一"、转"一",其论"是"固明,其论"一"则稍晦矣。亚氏非排一也,而以"是"、"一"统同,以"是"之学转"一"之学。故亚氏之学,仍有其"一"之说,虽在亚乃有以应柏,在柏氏后学如新柏拉图主义者,亚学之原固是某"一",然非柏氏之"太一"也。此地姑就柏、亚、新柏拉图派之"一"、"二"、"是"论,略加提点。

柏氏之学,"一"与"是"之别明,而"一"与"二"之别晦。前者可见于《巴门尼德》、《理想国》第六卷等处。虽善如何超是与在体,"一二"与"一是"如何有别,[1]皆玄名之理,而有越于"知性",善或一非"是"可穷尽,则昭然而明也。而"一"、"二"之别,则出于柏氏口传,其事固有,其理难稽。其"二"几不可解。传统以之为"未定之二",盖"大与小",或指向"质料",[2]或指向

---

① 参见《巴门尼德》,142b-c,中译文见柏拉图著,陈康译:《巴曼尼得斯篇》,前揭,页166-167。

② 质料为亚氏用语,而"二"为"大与小",其记载亦存乎亚氏,彼以之为质料也。参《形而上学》第一卷第六章,988a1-15。

推演数论之基本相。① 盖相与质料对峙,二本也。破此二本,当据相描述质料。唯描述质料之相,与纯然之相(相之相,太一)复成二本。而纯然之相推衍包摄质料之相,则较推衍包摄纯然质料为易矣。而柏学传统,毫不介意二本,更将"未定之大与小"拉向未定(阿派朗、无限)而非大与小之相。则如理气对峙极坚矣。据此二本之说,彼此相联只是"与"。此"与"乃真一本也。而此"与"为外在相合,则生成必为偶因。中期谢林颇发太一自由无为之蕴,② 盖太一不必与"未定者"相合也。亚里士多德早启此疑,故有目的因致动质料之潜能实现之说。此"太一"与"未定之二"传统解说所滋之惑也。③ 而"二"之说,固可有他解矣。无论做何他解,皆当转此二本也。盖二本中之"一",必非真一也。克莱因氏以"二"为"理念数",实等于"是"。④ 其考甚精,极深研几,而亦不无"意必"焉。唯以"是"之理念数对应于"二",此洞见恐非独源于史籍也,盖亦有激于乃师海德格尔"此在"之说。⑤ 下详。克

---

① 《巴门尼德》与《斐多》皆有"大"、"小",盖亦为"相",非所谓"质料",且皆与"一"或"二"等并出,可据之推衍数理系统也。参见《巴门尼德》,149e－151e,中译本见柏拉图著、陈康译:《巴曼尼得斯篇》,前揭,页220－231。又见《斐多》,100a－105b。参见柏拉图著,王太庆译:《柏拉图对话集·裴洞篇》,前揭,页264－272。

② 参见例如谢林《世界时代》原稿I(1811),参见谢林著、先刚译:《谢林著作集·世界时代》,北京:北京大学出版社,2018年,页17－24,下同。

③ 参见本书下篇第二章第三节。

④ 参见,克莱因著,成官泯译:《柏拉图的三部曲——〈泰阿泰德〉、〈智者〉与〈政治家〉》,上海:华东师范大学出版社,2009年,页69、73、74,下同。

⑤ 亚里士多德转述柏拉图之说,以努斯为一,知识为二。盖知识如直线,存乎如二点"之间"。评注者以知识关乎知者与所知者解之。然则努斯则独无思者与所思者乎? 则努斯与所思同,为一。能知与所知为二也。此亦无非谢林、黑格尔之异也。参见亚里士多德,《论灵魂》404b22,又407a1－15。Aristoteles, *Üeber die Seele*, 前揭, S.16。又参 Shields Christopher, *Aristotle: De Anima, Translated with an Introduction and Commentary*, Oxford: Clarendon Press, 2016, p.111,下同。

氏以"是"解"二"，固较以"未定之大小"解之能破二本矣，而
"一""二"之对，转为"一""是"之对，如不能善解此"一"，摄
"是"入一，则"一"与"是"亦复为二本矣。欲彻破二本，以"是"
解"二"，不如以"一"解"二"，以"一"解"是"矣。而以"一"解
"二"解"是"，要在先于此"一"有解矣。一可为孤立超绝之一，
亦可为"统一"者与"统一方式"。统一云云，必就不同于"一"
者言。此为二为多也。夫"二"也者，亦无非"统一"方式之一
也。而欲立一本，又有不同于一者。则此不同于一者，亦为
"一"，而出于一矣。此即新柏拉图主义之精义也。彼派名之为
"流溢"（aporrhoe 或 aporrhoia）。此词固出于恩倍多克勒之"流
射"（aporroas）。① 而其通义，在太一自衍另一而已。新柏拉图
主义主此，欲以此安顿收摄亚氏"是"之统也。盖以"是"为太一
所流溢之"另一"矣。等是与一者，亚里士多德之收一入是之统
也。新柏拉图主义盖反之。无论顺逆，一与是可等也。然于此
"是"等者，为"另一"，非"太一"也。唯新柏拉图主义仍主至高
孤绝之"太一"，而亚氏之统，必不主"一"与"善"之孤立也。亚
氏之学，隐一而应一者不一而足，其理极精极微。亚里士多德之
学者，西学之大宗也。亚氏之学，广大显豁，后学皆不能出其范
围。然而其精微之理，虽后学之极高明者亦罕见食髓知味者。
盖亚学之统有其显隐也。"是"统其显也，"一"统其隐也。不明
亚氏之"一"说，终不能彻了其"是"说也。此处略示其要。

　　亚里士多德固云："如一与是（to on kai to hen）是相同（tau-

---

① 参见，基尔克、拉文、斯科菲尔德编，聂敏里译：《前苏格拉底哲学家：原文精
选的批评史》，上海：华东师范大学出版社，2014 年，页 485，下同。

to），且是一个本性，这也是说它们彼此相蕴，而不是说它们通过一个概念（logoo，德文本译为"概念"，英文本为"定义"）规定"，因为"一个人"、"人"、"一个存在着的人"这些表述都相同（tau-to）。① 然亚氏仍有他语，遑论上述引文"是相同"的云云，早已合"是"与"一"在内矣。亚氏"形而上学"固唯探究"是之为是"（to on hei on），②然彼亦明二者不可杂（定义不同），亦不可离焉（彼此相含）。此不可离乃彼此相对应，"一"固如"是"有不同含义焉，③且"是"之种类恰与"一"之种类一样多。④ "是"之多重含义，亚氏存在学著名之说也，后人颇多采之。⑤ 而亚氏于诸义之中，独重"完全实现"（entelecheia，下文或亦音译为："隐得来希"）也。故《论灵魂》云："一（hen）与是（to einai）在多重意义上被述说，但首要的意义还是完全实现（entlecheia）。"⑥此语于《论灵魂》似偶及之，然而较《形而上学》之说尤精也。此语之要，在于"完全实现"，非但是"是"义，亦是"一"义。非但并列"一"与"是"义，更以"一"解"是"，而非如《形而上学》以"是"摄"一"矣。亚氏出此语，盖解释其灵魂定义也。其说云："灵魂是潜在地具有生命的自然物体之第一隐德莱希。"⑦灵魂亦可谓

---

① 亚里士多德，《形而上学》第四卷第二章，1003b20－30；希德对照本，前揭，S.124－127。

② 参见同上书，第四卷第一章，1003a21；希德对照本，前揭，S.122。

③ 参见亚里士多德，《物理学》第一卷第二章，尤其是185b5－10；又参亚里士多德，《形而上学》第五卷第六章。

④ 参见亚里士多德，《形而上学》第四卷第二章，1003b30－35。

⑤ 参见布伦塔诺著，溥林译：《根据亚里士多德论"是者"的多重含义》，北京：商务印书馆，2015年，下同。

⑥ 亚里士多德，《论灵魂》第二卷第一章，412b8－9。希德对照本，前揭，S.62、63。

⑦ 同上书，第二卷第一章，412a25－30。希德对照本，前揭，S.60－62。

自然物之"形式"（eidos）。自然物体（物身）之潜在地有生命
者，其完全实现就是"灵魂"。故灵魂之为形式，即完全实现，非
与质料物身为二。一如蜡块与蜡块之印痕为一。故一般而言
（德文版译为 ueberhaupt①），不必追问，质料与以之为质料者
（盖指形式），是否为"一"。② 然而此等为"一"，皆就"完全实
现"言。四因对峙中，尤其质料与其他三因之对峙尤坚，二本之
说，皆出于此对峙也。③ 而于完全实现中，此对峙乃泯除不必复
问。完全实现也者，希腊文为 entelecheia，谓达成目的也。故于
成性之中，质料与形式之一乃现。

　　亚里士多德四因之说，盖以探寻第一在体者也。探寻第一
在体，盖以探究"是之为是"也。研究者或依海德格尔，区别"是
之为是"（存在论，关乎存在方式）与"在体"之研究。④ 此非亚
之原意也。亚学之存在与在体不可离。即令依海氏，解"在体"
为"在场性"，⑤神之在场与世内器物之在场，亦绝不同矣。⑥ 海
彰显存在者（整体）与存在之差异固是，诸存在者之间、存在者
与存在者整体之间之差异，尤为亚氏所重也。⑦ 第一在体，依
"存在方式"而定也，隐德莱希为存在方式，达成目的、彰显形式

---

　　① 参见同上书，希德对照本，前揭，S. 63。

　　② 参见同上书，412b5 - 10。

　　③ 参见本书上篇第一章。

　　④ 参见迈克尔·弗雷德著，聂敏里译：《一般的和特殊的形而上学的统一
性》，载《世界哲学》，2014 年第 2 期，页 5－15。

　　⑤ 参见海德格尔著，陈嘉映、王庆节译：《存在与时间》，前揭，页 32、33。

　　⑥ 参见黑格尔对康德对本体论证明批判之再批判。"……一说到上帝，这一
对象便与一百元钱的对象根本不同类，而且也和任何一种特殊概念，表象，或与任何
其他名称的东西不相同。"黑格尔，《小逻辑》，前揭，页 140。

　　⑦ 海氏"转向"之后，亦颇重"存在者整体"矣。详见下文。

者为存在者也。存在方式不在在体之外，在体亦不在存在方式
之外也。① 即活动即存在者也、成性存存之性也。此亚氏“存在
论”之显说，后学周知者也。而其微言，在上引《论灵魂》语，以
此“完全实现”为“一”也。则即活动即存在之第一在体，其存在
方式无非为“一”，其在体即“一”（谓）之“一”（主）也。

　　亚氏论此第一在体，又赋之始终之一、能所之一、共独之一
之义。始终之一，始因（俗译“动力因”）为心（nous），终因（俗译
“目的因”）同也。能所之一，能思与所思同也。第一在体，即思
思之思，终因（所思）即始因（能思）也。故形质、始终、能所，皆
合一也。其之所以能合一者，在于“隐德莱希”即“一”之首义
也。形质始终者，所谓四因也。亚氏立四，而终合之以一。共独
之一者，第一在体固为“相”（Eidos）。别相于诸多事物为一。
然此相非万物各自之相，乃万物整全之总相，故独一不二也。②
而此总相又摄众共相于其内，故曰共独之一也。此意于亚氏形
而上学中甚微，然上应柏拉图太一之说，下启黑格尔 Idee 之说
也。黑格尔逻辑学之解说，绝对最终乃为独一之 Idee。唯此
“一”之为整全能摄众相，则不为超绝之独一也，仍为“合一”，或
二中所显之一、③综合诸多之一，非超绝众多之纯一也。

　　故亚氏之问，化“一”入“是”也；亚氏之学，反解“是”以
“一”也。而亚氏之“一”也，非如柏拉图氏超绝于努斯、存在之

---

　　① 参见《形而上学》第九卷第六、八章。特别是 1050a24 – 1050b34。
　　② 参见亚里士多德，《形而上学》第十二卷第十章。复见黑格尔之解说：“亚
里士多德已把自然本身看成有目的的，看成具有理性（nous）、理智、共相在自身之
内……目的是一个概念，而概念是内在于特殊中的共相……”。黑格尔，《哲学史讲
演录》，第四卷，前揭，页 297。
　　③ 参见亚里士多德，《论灵魂》，429b30 – 430a5。

"独一"也,其于形质始终能所之间,皆为"合一"也。亚氏之
"一"虽有别于柏氏,然仍绍前人之"一"论也。亚虽驳埃利亚派
"存在唯一"之论甚力,[①]而亚氏所谓"一"首要意义之说,固非
据埃派"一是有别"之说,反恰为埃派"思是"自同(tauto)之说
也。故亚氏实以释之为"隐德莱希"之"自同"为"一"焉。此遂
开西学之大宗也,下详。

综上,亚氏之学,其显统以"是"解"一",而其"是"论(存在
学)之至,则反以"一"解"是"也。业学设问,则以"是"摄"一"。
此显然者也;而亚学回应其所设之问,乃不得不以形质之间、始
终之间、能所之间、活动存在之间完全相合之"一"解"在体"也。
则"是"为其显统,"一"为其隐统;亦可云:"是"为其统,"一"为
其宗也。唯此"一"非据统之"太一",乃思之为"一"也。世有
亚氏之学,而后西学有统有宗。统宗之间,"一"、"是"之间,乃
可错综矣。以"一"为统者,"是"乃其宗之一。以"是"为统者,
其宗亦不一而足焉;而未绝于"一"之统。"是"之统既兴,则西
学大事因缘,在二统之争。"是"统未废"一"统,唯隐之、转之、
应之也。"一"统则独欲包摄之也。前者乃西学大宗之密,后者
唯新柏拉图主义,古学集大成者也。二者交涉纽结处,在亚里士
多德之学。上文藉之探西学之建统,此处藉之察西学之立宗。

第二节　立　宗

亚学之统宗,乃搏合圆转彼前贤之学来,其转柏氏之学尤见

---

① 参见亚里士多德,《物理学》第一卷第二、三章。

其微也。而希腊化时期后学,则必复搏合柏亚矣。希腊哲学之建统,盖始于其源矣。上文已示,伊、毕、埃三派,皆以"一"为统。而埃派承之以"是"。埃派之学,乃为希腊哲学之"正统",非独柏拉图氏,非独亚氏之"形而上学"宗之,"自然学"亦宗之矣。埃派之后,"是"渐为学统。唯"形而上学"派仍保"一"为统,诸自然哲人乃主"是"矣。既承此统,何以解"是",乃为第一问题。立"是"为统,传诸埃利亚派;解"是"之方,亦传诸此派矣。埃派以所"思"为真,以所"感"为妄。"是"不可感,唯可思。诸自然哲人皆立足于所思之"是",以所感之物性为妄(意见)。然埃利亚派以之为纯妄矣,唯"一"真,"多"则妄。此则割裂体用,启二本之说也。诸自然哲人则欲以真一之体推衍妄多之用也。而其立真一也独断,虽必依名理(概念,如"原子"概念)而启之,乃复以此真为"自然实在"、为彼岸、为规律,后世复以之为名理对方之"客观"。是真朴素者也。数学化、实验化后,此宗乃衍为"近代科学"。

其中唯阿纳克萨戈拉之破二本也彻,以为可感、可思既非二本,则据可感之物性上推"是"体。可感万物,彼此转化。转化非无中生有,则每一物必含他物之物性。他物复含他物。如此每一物潜含万物之性。可感可思非二本,则每一物中皆有万物物性之本,阿氏名之为"种子"。彼固尊埃利亚派矣,然而不能全守,必立此而废彼。彼守"必不可无中生有"矣,然而万物之物性也无穷,如以"无穷物性"皆为不无,则其"是"体亦必无穷矣。"是"体无穷,则"一"之统废,破埃利亚派宗旨矣。欲破二本,乃立无穷之本,则悖谬矣。故阿氏济之以"努斯"(nous,心)。万物无穷可分,含无穷物性,则每一物必为"多"矣,而一物亦固显现为一物,唯有一性。无穷种子也者,潜含者也,非显现者也。则一物固是"一"也。此一物又从万物整体之分离而显现也。分离万物赋之以"一"性者，曰努斯也。故努斯即"一"自身也。物之为是者，必为一"是者"也。① 物如无穷可分，必散为烟尘，不复存在（"是"）矣。能一者方能是。故"努斯"也者，亦"是"之原也。此非其人孤明独发也，埃派云"思与是相同"，固已含此义也。盖希腊文"思"、"心"同源。"思"（noein）为活动，即活动而存在者，即"心"（nous）也。"一"、"是"之统，至阿纳克萨戈拉，遂定之以"心"宗矣。阿氏可谓以"心"解"是"，以"心"解"一"矣。苏格拉底一系，于前苏格拉底哲学，皆有承、有转、有合。而此系之发，固在苏格拉底，其学发于阿纳克萨戈拉也。此可见乎《斐多》。此系之终，则在亚里士多德，其学终于阿纳克萨戈拉。此可见乎《形而上学》第十二卷第十章。虽柏拉图氏固甚重他派，然而察之以苏学之始，亚学之终，阿氏之学，可谓苏格拉底一系之所承也。即无论学之统在"一"抑或在"是"，学之"宗"固在"努斯"也。唯苏、亚于阿氏之学，皆有所转也。有苏氏之转，乃有柏拉图之学。有亚氏之转，乃能合柏拉图之学也。唯亚氏能与柏氏合，乃有新柏拉图主义集古学之大成也。此西学正宗之所以立也。此间略提其要。

苏格拉底之学虽传于多派，其大宗当为柏拉图。柏氏述苏学之变于《斐多》（Phaidon，一译"裴洞"）矣。此篇之要，在苏氏之"次航"。② 此

---

① 此即亚里士多德《形而上学》第四卷第二章所谓一、是彼此相含之理。亚氏之论证虽未及此，其说则涵此也。

② deuteron ploon，通译"第二次航行"。亦有主张译为位阶上较差一级之"次航"。本书译为次航，并取时序、阶序二义。理由下文自现。"次航"具云"探索原因之次航"。见柏拉图，《斐多》，99d。

非独时序之次,亦品级之次也,盖"降一格"之谓。故苏氏之学,起于阿纳克萨戈拉之"努斯"。苏初补阿之学以"善",而责其"种子"之说。"种子"说之可以责者,二本也。阿学以破可感可思二本始,而以立"努斯"、"种子"二本终也。种子解宇宙,与努斯解宇宙,在苏固不相容也。① 苏之初心,当以"努斯"一本,推衍宇宙。而阿说"努斯"未足,故当推进此说。苏氏之推进,乃补之以"善"也。苏以为,努斯赋万物以秩序,必因此"秩序"为"善"也。故努斯之为努斯,与"善"不可割裂,择善而固执之,据"善"安排秩序而已。无论人生宇宙,皆如此也。苏格拉底之学,独重此"善"。苏氏后学,异说纷纭,而虽解"善"也异,而问"善"也同。故苏转"心"向"善",其学至重者"善","心"为其次。此苏格拉底之转阿纳克萨戈拉也。

苏以"善"为"一"、"是"之宗;而苏之后学,以"善"为统,纷纷立宗矣。柏拉图之学,固以"善"为统也,而等之于"一",以"是"之宗解之矣。柏氏以"是"入"善",依名理(logos)也。此即彼所谓"苏格拉底之次航"。故有苏氏之转阿氏,乃有柏拉图之学也。"次航"也者,比"首航"而言:

> 你是不是愿意我跟你讲讲我是如何进行探索原因(ai-tia)的次航的? ……在这以后,我既然放弃直视"是者"(ta onta skopon),就认定必须小心谨慎,不要犯人们常犯的那

---

① 在阿氏则固可相容也。种子与努斯,即当亚里士多德潜在与实现之说。事物潜在乃为无限之多,无确定之所是,现实乃在且为一。故事物之一、事物之在,其据即努斯、思维而已矣。故黑格尔云:"因之,定在(Dasein)即努斯,阿纳克萨戈拉最先认识其本质。"黑格尔著,先刚译:《精神现象学》,前揭,页35。译文有改动。

种错误,在日食的时候观看与直视(theorountes kai skopou-
menoi)太阳⋯⋯因此我认为必须借助于名言(logous,亦可
译为"逻各斯"),在名言中直视"是者"之真(skopein ton
onton ten aleeheian)。[①]

　　故首航也者,即"直视""是者",犹直视太阳。次航也者,
借助名言直视"是者",犹借助水中倒影观日。据《理想国》第
六卷之第一喻,日所喻者,"善"也。或问,《理想国》既云善超
越"是与在体",《斐多》所举为"是者",何以为"善"? 盖以日
所喻,必为"善"矣;且《理想国》虽明言"善"超于"是",亦不免
偶以"是者"或"是"(to on)述"善"矣。[②] 而据《斐多》上文,
"直视"也者,亦存乎于名言中矣;故名言亦"看",无非有所借
助。所借者固为"中介",然而非《理想国》所谓"假设"或"影
象",而是"概念"。[③] 而于日云"观看",即"理论静观"之谓也。
无中介之智观,盖"努斯"也。[④] 而即逻各斯所观之"是",则如
《斐多》、《理想国》所举诸例,"大"本身、"正义"本身,盖"相"
也。唯起于诸通"名",依名执义为实而立"相"(eidos)也。故
苏格拉底之转阿纳克萨戈拉,对"心"立"善"也。首航欲从
"心"依"善"安排宇宙;而"善"难以直观。次航则心、善皆降

---

　　① Phaidon,99c‑100a. 中译文见,柏拉图著,王太庆译:《柏拉图对话集·裴洞
篇》,前揭,页264,译文有改动。
　　② 参见柏拉图,《理想国》,518c‑d、516b‑c。
　　③ 故《斐多》下文,云以逻各斯观物,更近于观事物,而非观影象也。参见《斐
多》,100a前后。
　　④ 参见《理想国》第六卷日喻之比。508b‑509b;日所喻为善,目所喻为努斯。
又参亚里士多德,《尼各马可伦理学》第六卷第六章,1140b35‑1141a8。

一格,努斯降为逻各斯,善降为是者("名相")也。首航可谓即"心"求"善";次航则即"是"求"善"、即"理"求"是"、即"言"求"理"也。"理",eidos 也;"言",logos 也。言者述主以谓。谓则"名"也。名有其义,执义为实,则成名相。如"大",一名耳,其义为"大"。执此义为实(to on)。则"大"自身即为"大"之相、"大"之理也。

故首次航有至优、其次之别。"至优"者无非"善",则次航不径直达"善"也,欲取道"是"中转而达"善"也。次于"至善"者即名理之"是"。故次航从逻各斯观"是"者。然首次航之目的地则一,欲安排宇宙也。此见乎《蒂迈欧》。故柏拉图之学,立"一"为统,等之于"善",而以逻各斯为宗,则一与善,转从名相而近之矣。此柏学统宗,出自阿、苏也者。唯虽从"是"向"一",依"相"观"善",柏拉图之学,仍保有"一"、"善"于"是"者之"超越性"也。

至于亚氏,排"一"于学统之外,而立"是"为统。第一在体,则即心即善,"心"、"善"合一焉。何以能合?盖善为终成之因,心为始生之因。宇宙之安排,终成者即始生者,寂然不动,感万物而动也。宇宙即善之隐德莱希。善则即存在即活动,心则即活动即存在也。于是亚氏于柏拉图《蒂迈欧》同,亦有以解《斐多》之宇宙安排也。柏亚皆启苏格拉底之航也,虽其《形而上学》之巅,唯举阿纳克萨戈拉,丝毫不及苏氏,而其有以应"善",则继苏氏之统无疑。故柏亚二氏,于苏格拉底之"善"统,为二宗焉。于柏拉图,善应于一;善超于心,一超于是。于亚里士多德,排一而立善。盖错综统宗,以是为统,以善为宗,以善、心之一而解是焉。

故自泰勒斯至亚里士多德,希腊哲学之统宗虽有错综,不外一、是、心、善四项而已。顺其源流干支,初统为一,次统为是。初之统也,一统三宗如道学。① 其统也为一;其宗也三:气、理、心。伊奥尼亚派近"气"宗,②阿纳克萨戈拉则亦"心"宗,理宗包名理(玄名之理)、数理二支。气宗则以一为气,心宗则以一为心,理宗则以一为唯可思之"理"一,或数原之"一"。思必以名理,名理之原则陈述。③ 陈述即 S 是 P,皆一"是"所分。故"一"之统,以名理为宗者,乃化衍"是"统焉。埃派之后,"一"统未废,"是统"渐兴。"一"统至柏拉图集其大成,摄"是"于其下。"是"统待亚里士多德而兴,而以"一"为其宗。后学"是"显"一"隐。"是"统复有其三宗。理宗,主"相"(形式)为"在体",质宗,主质料为"在体"。亚里士多德以前苏格拉底哲人有主"质"者,误气为质矣。气能自聚自散,能成神魄,质料则"朴"而待割制者也。气滞凝而成质也。故气、质有别,《乾凿度》辨之甚精。奈何此土今学,亦颇有以古学之"气"为质者。西学气宗,虽隐而未绝。今学之主潜能、权力者,皆气宗也。此当于"唯物主义"有所别焉。"是"统亦自有其心宗。启于阿氏,兴于亚里士多德,近代哲人亦有其"唯心"之说也。唯西学"理"、"心"二宗多不易别也。盖"心"之为"逻辑的心",则于"理"无别也。④ 可称"心"宗者,费希特、谢林、胡塞尔等是也。"心学"固所在多有,然而有"心学"未

---

① 参见本书下篇第一章。

② 阿那克西美尼立气与精气。斯多亚派复立精气。气之精爽,近乎神矣。

③ 参见柏拉图,《智者》,262e－264b。又参海德格尔,《现象学之基本问题》,前揭,页 298－315。

④ 参见贺麟:《近代唯心论简释》,北京:商务印书馆,2011 年,页 1,下同。

必以"心"为宗也。冯友兰氏云西学亦有"心学"、"理学",不无见地。① 然而当明一与是之统,而心、理合一如黑格尔者,不落"心"、"理"之对待也。中文俗云"唯物主义",盖"质料"宗也;"唯心主义",实非"心宗",固"理宗"也。② 西学真"唯心"者,当于"理宗"有别而独立也。盖"理宗"以名理或逻辑演之,"心宗"以"思维"或意识现之。虽名理与思维不可离,毕竟始非一也。

　　固一、是之统,皆有其三宗。古学"一"统显,今学"是"统显。古学一统显者,以"一"为统,黜"是"为宗也。新柏拉图主义是也。今学"是"统显者,"一"之义虽隐而未现,仍蕴于"是"统之极处也。大抵西学之流变,必以"一"、"是"之统并观,乃得其全。古学之终,在新柏拉图主义,盖摄古学一切统宗流派于其中也。

　　故新柏拉图派据柏拉图派统宗,判摄亚里士多德及希腊化哲学之统宗矣。此派巨擘固不一而足,支派之间,彼此亦非无差异争辩。然而普罗提诺(Plotinus 一译"柏罗丁")与普罗克洛(Proclus)当为此派并举之大宗师,盖无疑矣。此间唯依其二子之说判断新柏拉图一派。此派以"一"为统。而立三"一"焉。首出至高无上之太一,流溢努斯;努斯流溢宇宙灵魂。流溢也者,如日之于光,③光固出于日,而日未见损耗。光非日,亦非日之活动,亦非日之属性,日无意、无为而光自然流溢矣。太一也

　　① 参见冯友兰,《中国现代哲学史》,前揭,页174,下同。

　　② 参见丁耘,《论西方哲学中国化的三个阶段》,载于《天津社会科学》,2017年第5期,页14-25、页32。

　　③ 参见 Platon,*Politeia*,508b6-7,New York:Oxford University Press,2003,p.253。"那么,目所秉之权能,是否也汲于日,如同从日流溢?"此处所谓 epiruton,意即流溢,为新柏拉图派所宗。而柏拉图之流溢说,亦与前苏格拉底哲人恩倍多克勒解视觉原理之"流射"(aporroas)有渊源。目既如火,则努斯与善,"火日外景"之明也。

者,正巴门尼德、柏拉图一系所谓高于"是"之"一"也。"一"高于"是",故不能以"是"述之。而一切言说(logos),皆落入"是",成"是"者矣。故"太一"实不能说,并太一是太一亦不能说矣。太一非独无名,而且无有,无为。"正因为里面一无所有,所以才能产生万物。换言之,为了'是'能够存在,太一不是'是',而是'是'的生产者。"①唯其无有,故亦不能思,思之则将其转为"是"矣,转为有对待之"非一"矣。"如果你想要抓住'孤立而独一的',就不能思,它是不可思的。"②只能示之以遮诠,勉强云之为"非多",故柏拉图喻之以"日"矣。盖日名"阿波罗"(Apollona/Apollo),字面意即"非多"也。③ 普氏论"一"之不可说,其义与《庄子》可通也。唯"一"已落言诠,"无名"盖亦一"名"耳,一之"不可说"盖亦已说矣,此则为庄生所谓"吊诡"。唯此吊诡,乃能一化多而曼衍万物。普氏则不然,其化万物也据"流溢"。万物自生自化而已。且非直接流溢万物,当以努斯为中介。庄生之吊诡,即太一即名言即万物也。名言即 logos 也,无非 logos 以"是"为枢纽,名言以"名"为枢纽也。而据亚氏,一切名类(范畴),皆"是"之殊义。④ 普氏之学,则即太一即努斯即万有(panta)也。其之所以举 nous 而不举 logos 者,盖欲以判

---

① Plotinus, *the Enneads*, With An English Translation by A. H. Armstrong, London:Harvard University Press V. 2. 1, 1984, pp. 58－59. 下同;中译文见普罗提诺著,石敏敏译:《九章集》,北京:中国社会科学出版社,2009 年,页 562,下同。

② 参见 Plotinus, *Enneads* V. 3. 13, pp. 120－121。中译文见普罗提诺著,石敏敏译:《九章集》,前揭,页 585。

③ 《九章集》谓此为毕达哥拉斯派所说。盖 a-为否定性前缀,希腊文 Polys 意为"多"。参见 Plotinus, *Enneads* V. 5. 6, pp. 174－175. 中译文见普罗提诺著,石敏敏译:《九章集》,前揭,页 606。

④ 参见亚里士多德,《形而上学》第五卷,第十七章。

摄亚里士多德也。

亚里士多德以努斯(思思之思)为第一在体,即心即善,为至高无上者。据亚,则无所谓"超是"之太一矣。柏拉图之统宗必当有所应之。《九章集》就亚摄一归是之例(一在着的人与一人同义)驳之甚详,反立"摄是归一"之说。① 然此等处,尚未真触及亚学。盖亚已承认,此等命题,既可述之以"是",亦可述之以"一"。彼此相蕴,故不必单立其"一"。盖于存在者,说"一"本无非为说"是"也。"是"亦自有统一性。一事物之统一性,自可来自其"是",其"所是"(形式)而已。故普驳亚真吃紧处,不在就事物言一在先或是在先(亚之本义即谓,在事物中,二者无所谓孰在先),唯"太一"与至高之"是者"(第一在体)孰在先也,第一在体是否需"太一"为其原理也。亚氏之第一在体即努斯,故《九章集》之要务,在以"太一"判摄努斯也。判摄也者,非排斥也,唯分别之、对照之,安顿努斯于"太一"之下。如此安顿,则亚氏以努斯为最高原理则已不驳自破矣。普氏之所依,要在《蒂迈欧》及《理想国》。盖后者以努斯观可智思者(noeton),而"善"超乎努斯与可智思者;前者则以努斯为巨匠(demuiour-

---

① 如云"对那些可被称为一的事物,每一个都是一,以此方式:每一个都有自己的所是,以至于其所有之一少些,则其所有之是便少些;其所有之一多些,则其所有之是便多些。"Plotinus, *Enneads* VI. 9. pp. 304 - 305。参见普罗提诺著,石敏敏译:《九章集》,前揭,页923,译文有改动。又,个体之是为多、有部分;而一将这些多结合在一起,一自身无部分,故不同个体之一,与一自身不同。然则亚氏所谓"一人"之也,则与柏氏所论之"一",彼此不同也。参见 Plotinus, *Enneads* VI. 9. 2. pp. 306 - 307。复参见普罗提诺著,石敏敏译:《九章集》,前揭,页924。又普氏以是为类,一不是类。一则高于是。所有他类皆为"是"之种。类从一来,太一超越类,不从类来,类则从太一。参见 Plotinus, *Enneads* VI. 2. 2, pp. 112 - 117;参见普罗提诺著,石敏敏译:《九章集》,前揭,页705 - 706。引者按:以是为类,柏氏之说也,不可据以批亚,亚之"是",类比之统一性,非至大之类也。

gos,音译"德穆革")凝视善而造作宇宙也。普氏之意,亚解努斯与可智思者同一,此本无误;老学园派批评亚氏,以为可智思者在努斯之外,则大误也。在努斯外者,非可智思者,"善"也,太一也。[1] 而其正亚氏之努斯,正《蒂迈欧》之宇宙造主也,必凝视其外之"善"。故依《蒂迈欧》,善、努斯、宇宙乃"一"之三阶也。努斯唯第二阶,非至高无上者也。普氏是真知亚氏者也:"[于亚里士多德]努斯、思维(努斯)活动、可智思者,全都是同一的"[2]其论证也,较《形而上学》第12卷尤见富赡。亚氏之第一在体,固主体、活动、产物之原初同一也。此已预示德国古典哲学之基本洞见。唯在普罗提诺,努斯固次于"太一"者也。"隐德莱希"之一,"合一"也。而"合一"之理,在乎纯粹"独一"。故普氏问曰,亚云努斯自身自足;而努斯所包含者一切皆非自足,然则努斯之自足性何来?[3] 所谓努斯所含者不自足,乃普氏攻亚氏之关键。[4] 盖努斯虽云"合一","一"需"合"者,则其原为"二"。既是可智思者,亦是智思活动。虽内容可一,其形式则有能所二分。此二也,非一也。思乃趋向、匮乏,真自足者不思,唯真一乃可自足。依普氏,努斯上可思太一,下可开宇宙、万有,可谓西学之"一心开二门"。故普云:努斯有两种能力,一种是思考能力,通过这种能力看到自身里面的事物(可智

①　Plotinus, *Enneads* VI.7.35, pp.194-199,参见普罗提诺著,石敏敏译:《九章集》,前揭,页880-881。

②　Plotinus, *Enneads* V.3.5, pp.88-89,见普罗提诺著,石敏敏译:《九章集》,前揭,页571。

③　Plotinus, *Enneads* V.3.15-17, pp.122-133;参见普罗提诺著,石敏敏译:《九章集》,前揭,页586-590。

④　上篇首章(原《生生与造作》)问"努斯"之动与否,亦无非此意也。

思者,"是者"),一种是直接意识和接受能力,借此看到超越于它的事物(超智思者)。①前者清醒,后者迷狂。①前者"合一",且可曼衍差别,流溢万物。后者"归一",融于"太一"。故于普罗提诺,夫哲学也者,不过依灵魂中之努斯归入"太一"之修习而已。

努斯之所以"一心开二门"者,自身形式原为"二"。此乃柏拉图氏"不定的二"之最高解释。"不定的二"之出路亦为二,其止步与转向太一构成"是"。故"是"乃二之闭合于一也,无一则无"是",盖万物会不断二分而散;而此"二"对太一之凝视则构成努斯。故此二"同时成为努斯与是"。②努斯凝视"太一"、努力模仿"太一"。而"太一"与"是"已有别,故努斯终为二门,"合一"必破裂,上则独一,下则万物之多。万物者,一宇宙中之万物也,故亦"一"也。万物非一,能一万物者,宇宙"灵魂"也。努斯赋灵魂予万物,万物有一,乃成有序之宇宙。此固《斐多》、《蒂迈欧》之航程也,而普氏演之以玄理。何谓玄理?乃以一演二,以二演万物之理也。何以从一能演二及万物?能演也者,后者出自前者也。出自也者,如子孙之于祖祢,有所"模仿"也。故普氏云此三阶皆"一"也。彼借柏拉图笔下巴门尼德云,"太一"为纯然之元一(the first One),努斯为"二"之为一、多之为一、即多即一(One-Many),宇宙灵魂乃与多所对之一(One and Many)。③则新柏拉图氏所谓三"本体"(hypostases)者,盖皆一也。唯第三之一乃与质料结合,遂生万物。努斯之于质料结合

---

① 参见普罗提诺著,石敏敏译:《九章集》,前揭,页880-881。
② 同上,页562。
③ 参见同上书,V.1.8,普罗提诺著,石敏敏译:《九章集》,前揭,页555-556。

之所成者,显然者固为宇宙灵魂,而其所包者,亦有人之灵魂焉。万物之中,唯人之灵魂独含努斯,固已高于宇宙矣。人之灵魂可据努斯一超直上,而与"太一"融合矣。故普氏之学,显为三本体,实则有四焉。[①] 人之灵魂之趋向太一者,盖于"宇宙灵魂"有别矣。是已有别因为"二"而分裂。唯人之灵魂,在新柏拉图主义为微言耳。其大义则固"三一体"(trias)[②]焉。

　　新柏拉图主义固西学之正统大宗矣。亚氏统宗不能推翻此统宗,唯能与之相融而已。亚宗大哲黑格尔氏云普罗提诺是新柏拉图派,也是新亚里士多德派,[③]即此意也。据普氏,亚宗既可纳入三一体系,则亚里士多德一脉,所云亦无非哲学,所欠者唯百尺竿头更进一步也。而柏拉图一脉论努斯者,绝不如亚宗。故后学之亚里士多德派反能出大哲,反能真传柏拉图之学者。"柏拉图主义"者顾皆非也,盖皆未能得柏学全体也。柏学之真传,固不在有无"柏拉图派"之名号者也。近人有云:西方哲学皆柏拉图对话之注脚。此言固是,而未彻也。当云西方哲学、科学,皆柏拉图之注脚也;且多为不实不尽、彼此相非之注脚也。柏拉图哲学盖集大成者,广纳前人之说而安顿之。[④] 故注脚也者,多发挥柏氏前人之说,而忽视柏氏之所以安顿、超克也。

---

　　①　灵魂入身,与物身纠缠愈深,则其机能愈下,犹亚里士多德主动努斯、被动努斯、人类灵魂、动物灵魂、植物灵魂等,等而下之之类。兹不赘述,唯依灵魂中努斯定人之灵魂。

　　②　参见黑格尔著,贺麟、王太庆译:《哲学史讲演录》第三卷,前揭,页214。

　　③　参见黑格尔,《哲学史讲演录》第三卷,前揭,页181。而普罗克洛实较普罗提诺尤近亚里士多德也。详见下文。

　　④　黑格尔揶揄曰,如云亚历山大里亚学派为"折中主义",则柏拉图本人亦"折中主义"耳。其实集大成与折中主义固有别也。前者有主导、损益、安顿、超越,后者唯凑泊而已。参见黑格尔,《哲学史讲演录》第三卷,前揭,页175、176。

近代"科学"也者,其所宗无非半部《蒂迈欧》也。法柏拉图所述之毕达哥拉斯派,而遗柏拉图之所以超乎毕达哥拉斯派者也。法万物之数理实在也。而遗"太一"之为数理之原也。其所应即"三一体"之"与多相对之一"也。"科学"之至高理想,即数学化之"宇宙灵魂"、"万物统一"而已。其"一"者,数理关系而已、规律而已、公式而已,此则近代科学兴起之契机也。唯此只柏拉图宗之下半截耳。"文艺复兴"以来,亦有从神学"复兴"柏拉图主义者,如布鲁诺之"太一"说。此则柏拉图宗之上半截也。

盖神学与科学皆柏拉图主义也。人徒知神学为柏拉图主义,未知科学亦为柏拉图主义也。一切其他文明,皆可有"科学思想",而皆必无"科学"也者,盖无此柏拉图主义也。"科学"之兴,必执现象后之真理为实是,必执此真理乃数理,此皆柏拉图所倡者也。尼采所谓"大众之柏拉图主义",本非指神学,盖指基督宗教。然而耶教非如犹太教,能外于"神学"而有者也。唯新柏拉图主义能整合散见于柏氏对话中之"三一体"。唯"三一体"之位格化,乃成基督宗教之"上帝",而非犹太人之上帝也。无柏拉图之学,犹太之统不能与希腊罗马合也。即使偶然合之,亦断不能化出近代科学也。故尼采之攻近代科学、政治也,必遂至柏拉图宗及耶教也。

岂止神学科学,哲学亦然。神学与科学者,皆"哲学"所始包含而后化出者也。亚里士多德之学固包之矣,能化出经院神学,能化出近代哲学,而不能化出近代科学也。盖亚氏之学以"是"为统,以努斯为宗,合近代"我思"出发之旨也。柏拉图宗,以"太一"为宗,三一为体,能化出早期神学,尤能化出近代科学矣。而新柏拉图派判摄亚氏之宗,固包含之矣。故西学者,岂但哲学,包含科学、神学以及政治,可谓皆柏拉图宗之注脚矣。西学大哲,其至高之统,皆在"一"、"是"之间。此出于三一体之上半阙也。其次在数理、宇宙之间。此柏拉图统宗之下半阙也。三一体"表象"化则为宗教、"名理"化则为哲学、"数学化"则为科学、为技术、为现代社会矣。半部《蒂迈欧》化近代科学,半部《理想国》化近代政治,岂偶然哉!

故西学流变,皆柏拉图派内战而已。同宗一派,何以争辩?盖柏氏统宗,于西学至大无外矣、无所不包矣,而西学之有彼此是非者,多各执一端而交相辟之也。其争至深至远者,仍在柏亚统宗之间。"一"与"是"之间、"太一"与"努斯"之间而已。"一"统以"努斯"为二、为不究竟,"是"统则以"一"统为赘疣、为僵化。近代哲学之争,颇能见此。详见下节。西学大哲,有欲调和两造者,终皆不免偏至也。黑格尔调和柏亚,而谢林仍以柏统自居,黜黑格尔为亚统也。此间稍引黑氏之说,以结西方古学统宗。

柏拉图对话应机而撰,散乱其表,一贯其里,唯新柏拉图派能贯其统宗者也。而黑格尔以为,新柏拉图派亦无非新亚里士多德派而已,此非独因黑氏自身之为亚派也。新柏拉图派大宗师如普罗提诺、普罗克洛,解亚氏之学皆精。普罗提诺解亚氏努斯说极精,盖为摄之也。而《九章集》又颇发挥"质料"之说,为论宇宙及恶。而"质料"说起于亚氏,非柏氏也。然而如此等等,虽援亚入柏,无关宏旨也。柏氏宗旨,独在"太一"。黑格尔以为,新柏派之太一说,尤能见亚里士多德之影响也。如黑氏所言不虚,则新柏拉图派盖于宗旨处亦糅合柏亚矣。此处当稍辨黑氏之论。

　　黑格尔自身之学,颇有糅合柏亚处也,详见下文。其自论柏亚关系谓:

　　　　成见以为,柏拉图与亚里士多德之区别,在于前者承认理念(Idee)并只承认理念为前提,反之,后者否认理念,而与现实保持接触……但须知,现实固然是亚里士多德哲学的基本原则,不过他所谓现实不是通常所说的当前直接呈现的材料,而是以理念为现实。亚里士多德批评柏拉图之典,确切点说,仅在于他认为柏拉图的理念只是一种潜能(dynamis,下文涉及“太一”时,又译“权能”,皆一词也),但亚里士多德与柏拉图都共同承认唯有理念才是真理,他所不同于柏拉图之处,即在于认为理念本质上是一种实现(energeia)……①

　　此批评其微妙。柏拉图鲜用“潜能”(权能)概念,固然在《智者》中尝定义“存在”为权能;《理想国》第六卷亦云“善”在尊严与权能上皆超越“在体”(ousia)。② 要皆“力量”之义,于亚氏乃“作用的潜能”之义,盖相当于“始因”。③ 而与亚氏“实现”所对者,潜能一切含义皆摄入其中也。黑氏之意,转为亚氏语言,则当云柏拉图解“理念”为“始因”,亚里士多德解之为“终

---

　　① 黑格尔著,《小逻辑》,前揭,页296－297。译文有改动。
　　② 参见 Platon, *Politeia*, 509b7－9, p. 255。又参柏拉图著,顾寿观译:《理想国》,前揭,页313。
　　③ 参见《形而上学》第五卷第12章、第九卷第1章。

因"（目的因）也。而亚批评柏拉图之"理念"，亦唯将之作为
"分离"的"形式"因，不将柏氏之"理念"当做"潜能"批评也。
而黑氏之语实有所指，然此实非亚里士多德批评柏拉图，乃普罗
克洛批评普罗提诺也。盖新柏拉图主义发挥柏氏之意，极重
"太一"之权能：唯此太一有权能，或太一即为权能。太一无论
有权能或为权能，与"实现"是何关系，则在新柏派之内，有极微
妙之辨证也。因太一乃柏拉图之玄理，而潜能、实现乃亚里士多
德之妙说也。则以潜能抑或实现论太一，为新柏拉图派折中柏
亚二圣之极吃紧处也，纠葛甚微，断非"相契"或"有异"即能解
之也。

　　盖新柏拉图派二宗师，虽同主"大一"，其实于此至极之
处，颇存差异。此差异于一切差异中，亦为至微至极者也。后
学大哲之间至微之异，亦无非笼罩于此差异之下也。如谢林与
黑格尔论自由之不同，如尼采、海德格尔及其流亚昌言"潜
能"。夫新柏拉图派所谓太一也者，于道体学当"即虚静即活
动"理。普罗提诺稍偏虚静，普罗克洛稍偏活动而已。虚静活
动之异，庶几道一之间，故曰至微至极者也。普罗克洛之说，合
乎"即虚静即活动"，近《庸》；普罗提诺之说，与"即"之说远，
唯立高不可攀之"太一"，努斯自生自化，近《庄》之郭注。太一
绝非努斯，绝非万物。太一流溢努斯与万物，非太一之"意必"
也。日月丽天，普照万物，无情无心、自然而然也。太一无思无
虑，无为无名而已。普罗克洛则"即一即多"矣。太一之为一，
必流注于多、遍在万物。故太一必推衍流溢为多；太一必衍为
"三一"；"三一"之中之一，又各有其三一也。"对'太一'的沉
思必始于那一切事物中最高的，终于一切事物中最末的。

'一'之'现有'（hyparxis）①源于至高处，一直进展到最卑微的事物之实在。"②此彻上彻下之"整全之一"也。在普罗克洛，"太一"之所以必进展至一切。盖太一之权能必当实现为"多"。此间不遑多引，且参如下几处，一见《柏拉图之神学》之第三卷第三章：

> 如这一是存在之原因，构成存在，它就必然有一种生产存在之权能……被生产的存在，不是一本身，不过是统一的。它凭着生产并将它显现出来的权能，从"一"获得自己的进程；但它神秘的统一出于"一"的 hyparxis。因而，这个先于权能而存在的一，苏格拉底在《斐勒布》中称为"界限"，而把它生产存在的权能称为"无限"。③

又参同卷第四章：

> 权能在任何地方都是生育进程之原因，是一切多之原因，隐秘的权能是隐秘之多的原因；存在于实现（energia）中的权能，自我显现之权能，是大全-完满（all-perfect）之多之原因。④

---

①　此希腊文术语讨论详见下文。

②　普罗克洛著，石敏敏译：《柏拉图之神学》第一卷、第十一章，北京：中国社会科学出版社，页33，下同；Proclus, *The Theology of Plato*, English translated by Thomas Taylor, UK：The Prometheus Trust ,1995, p. 82，下同。

③　普罗克洛著，石敏敏译：《柏拉图之神学》第三卷第三章，前揭，页140；参见 Proclus, *The Theology of Plato*, p. 190。

④　普罗克洛著，石敏敏译：《柏拉图之神学》第三卷第四章，前揭，页145；参见 Proclus, *The Theology of Plato*, p. 195。

而同卷第一章又云：

　　太一把实存给予多，生产仅次于自己的第二者，这第二者就分出隐秘地预先存在于太一自身中之权能。①

　　原普罗克洛之意，一固先于权能而在；而一之中，又隐含权能矣。则太一与权能，盖不一不二焉。不一者，权能必借"一"之为界限，生万物方能成。万物之成者，定于"一"也。万物之一则出于太一也。万物之生者，出乎权能矣。此不一也。不二者，太一者，独一无二也。后起者必潜伏于其中。据黑格尔，普罗克洛主太一之推衍其多也，即太一必实现其潜能之义，而此皆亚里士多德之理也。②

　　黑氏之说，大体可取，然当有所申益。普罗克洛确较普罗提诺近亚氏，然所近处非独太一实现权能也。普罗提诺固云太一为至高无上之权能，③普罗克洛以一为实现，不独在其与权能之关系，而在其神秘莫测之 hyparxis 概念。此词甚难翻译，英中文译本皆直引而不翻也。此词盖 hypo 与 arche 所合成。Hypo 意"在下"，arche 意"开始"、"本原"、"始基"。两者合，"初始"之"本"，盖"始之基"、"始之始"、"元始"之意也。希腊文工具书常释为"初始"、"存在"、"始有"、"财产"也。兼有

────────────

① 普罗克洛著，石敏敏译：《柏拉图之神学》第三卷第一章，前揭，页126；又参见 Proclus, The *Theology of Plato*, p. 174。

② 参见黑格尔著，贺麟、王太庆译：《哲学史讲演录》第三卷，前揭，页213。

③ 参见普罗提诺著，石敏敏译：《九章集》，前揭，页588；又参见 Plotinus, *Enneads* V. 3. 16, pp. 126－127。

"存在"、"财富"之意,与 ousia 同。然而于普罗克洛术语系统中,此术语乃于 dynamis(权能、潜能)对也。"太一"即 hyparxis,然隐含权能。第二阶分其权能、命其权能。普罗克洛据《斐勒布》解无限为权能,而非质料。① 又据《智者》解"存在"为权能;则太一含无限权能,第一权能在存在。而万有之生据权能,据"存在",万有之成据 hyparxis。故定于一,成其所是,方有万有。万有不独"存在"而已,必各正性命,②是其所是也。存在、权能能定其"存在",不能定其所是,唯 hyparxis 能定其所是也。Hyparxis 即太一也。故归根结底,万有之所是,定于"一"也。而无限权能潜伏于太一之中。则万有之有,归根结底,亦太一也。生生之所成、生生之不息,要皆归于太一也。太一即一即无限也。

　　普罗克洛此解极微也。不从柏亚二子之说入手,不能领会其妙。于柏拉图宗,普罗克洛乃判教定宗者。普罗提诺重《巴门尼德》、《理想国》、《蒂迈欧》、《智者》诸篇,普罗克洛则援《斐勒布》入此诸篇矣。《巴》、《理》篇立太一及善高于"存在";《智者》以"存在"为潜能。《蒂迈欧》立努斯凝视善造作万有。而普罗克洛援《斐勒布》,则立无限权能矣。新柏拉图派之权能,于亚里士多德当主动潜能,绝非质料。而"无限",于柏拉图处当"质料"之义而无"质料"之名,在亚里士多德处则其名其义皆为

----

　　① "无限不是界限的质料,而是其权能;界限也不是无限之形式,而是其 hyparxis",普罗克洛著,石敏敏译:《柏拉图之神学》,前揭,页 146;参见 Proclus, *The Theology of Plato*, p. 195。普氏之解《斐勒布》之"无限"说背其原意矣。即令近古新柏拉图派之斐奇诺,亦解《斐勒布》之无限为质料也。详见下。

　　② 参上文解"乾道变化,各正性命"之"正"以"止于一"之处。

"质料"①也,皆为受动潜能矣。则"无限之主动潜能",非柏亚二氏之所能道,而普罗克洛之大贡献也。然此贡献在普罗提诺即有,普罗克洛之贡献,能以此洞见妙解柏拉图诸篇而合之也。综合柏氏了不了义诸篇,尚非普罗克洛之至大贡献。其至大贡献,在综合柏氏诸篇,立太一之无限权能;复综合柏亚,立太一无限权能之 hyparxis。普罗提诺之综合柏亚,据太一判摄努斯而已。普罗克洛之综合柏亚,判摄努斯低于太一也与前贤同。②而普罗提诺之立太一,绝不用亚之学理;于柏氏,亦唯取其遮诠,太一无名无有,无思无为而已。普罗克洛则不然,于太一虽黜努斯之名,而未黜努斯之理。努斯之理者,实现也、存有性也。普罗克洛之立太一,唯立存在义,不立虚无义。更有甚者,除无限

---

① Apeiron(无限、无界限,音译"阿派朗"),柏拉图于《斐勒布》(*Philebus*)24b - 25a 论之,此处盖亦质料也。参见 Gosling, Justin CB, Plato: *Philebus, translated with notes and commentary*, New York: Oxford University Press, 1975, pp. 15 - 16。亚里士多德于《形而上学》第一卷第五章论之。于亚氏,无限对应质料:"巴门尼德似乎专注与作为逻各斯的一,麦里梭则注意于作为质料的一。因之前者谓一有限,后者谓一无限。"参见亚里士多德,《形而上学》,986b18 - 21。希德对照本,前揭,页 34。又参亚里士多德著,李真译:《形而上学》,上海:上海人民出版社,2005 年,页 30,下同。亚里士多德亦以柏拉图之无限为"大及小",要亦质料也。参见亚里士多德,《物理学》,203a15 - 16;又参见 Hussey, Edward ed, *Physics*: Books III and IV. Vol. 2, New York: Oxford University Press, 1993, p. 7。关于柏拉图《斐勒布》之无限学说及其与亚里士多德之关系,又参伯纳德特著,郑海娟译:《生活的悲剧与喜剧——柏拉图的〈斐勒布〉》,上海:华东师范大学出版社,2016 年,页 27 脚注,下同。文艺复兴时新柏拉图派斐奇诺则据《斐勒布》及《巴门尼德》篇 137c - 142b 谓,柏拉图有双重无限学说,第一当质料,第二则当神。实《巴门尼德》篇彼处之含"一无限"之论证,盖推出一不复为一,故"一是"不可能者。充其量即麦里梭之无限的"一"也。解此为积极的、非质料的无限性,本即当追溯至希腊化时代之新柏拉图派也。参见斐奇诺著,赵精兵译:《至善与快乐——柏拉图〈斐勒布〉义疏》,上海:华东师范大学出版社,2014 年,页 195,下同。又参柏拉图著,陈康译:《巴曼尼德斯篇》,前揭,页 123。

② 参见普罗克洛著,石敏敏译:《柏拉图之神学》第二卷第四章,前揭,页 97;又参见 Proclus, *The Theology of Plato*, p. 145。

权能外,亦表太一实现义也。且其实现之义,较权能尤重。太一
即实现,即万物实现之理。而权能之义,虽具,隐也。此处黑格
尔之评论极是,唯黑氏只见权能之 energeia 之说。Energeia 固为
"实现",然而在普罗克洛已落一头地,乃大全实现之理,非太一
所具之实现之理也。

　　在普罗克洛,太一之为实现之理,即上所述,学者于兹生惑
之 hyparxis 也。英译者托马斯·泰勒(Thomas Taylor)注此词
曰:"Hyparxis 盖任何本性之巅峰状态,或可谓其本质之繁荣状
态也。(Hyparxis, is the summit of any nature, or blossom, as it
were, of its essence.)"①此大旨未差,唯语焉不详,当细究之。
泰勒之注,其词其义,皆源于亚里士多德也。亚氏《形而上学》
第十二卷以潜能与实现之说解第一在体(ousia,或可译为"实
体")问题。其中一备选在体即"本性,亦即'这一个',盖生之所
成者,即其'繁荣'状态也。"(hei de physis kai tode ti,eis hen,kai
heixis tis)②亚氏原文唯有"本性"、"这一个"、"所入"、"那状
态"。译文中其他概念,皆历代译者所自补者。"所入"之谓语,
英译者多补以"变化"(change),德译者则补以"生成"(wird)。
"状态"一词,在亚氏为持久者,罗斯(Ross)增益其文曰"正面状
态"(positive state),有"繁荣"意在焉。本性即此正常繁荣状态
也,否则即可谓未"成性"。亚氏之学,万物生长所趋者,正事物
之"繁荣兴旺"状态也。则本性不外乎"成性",不外乎"实现"
也。此亦引出《形而上学》第十二卷所言之"实现"(energeia) 先

---

①　Proclus, *The Theology of Plato*, p.55。中译文见普罗克洛著,石敏敏译:《柏
拉图之神学》,前揭,页6。译文有改动。

②　亚里士多德,《形而上学》,1070a12,希德对照本,S.238、239。

于潜能之说。故泰勒之解,乃以"实现"义解 hyparxis。此解不误也,唯仍未以之与 energeia 有所区别,且未涉出处。普罗克洛亦用后者,然仍不如前者之尊也。此前诺斯替派亦用 hyparxis 一词,持字面义,谓"始基之前"也。[①] 此意于普氏著中未全合,唯泰勒所指之"实现"义合也。故 hyparxis 之为哲学概念,恐非源于诺斯替派,实源于亚里士多德《形而上学》第九卷第 6 章。第十二卷用潜能实现之说解第一本体。之所以能用者,缘第九卷已竟论其说也。而此卷第 6 章,始解说"实现"也。Hyparxis 也者,其要义盖即出自此章"实现"之说也。此处解(energeia)为 to hyparchein to pragma。[②] 普罗克洛以名词 hyparxis 出之,亚里士多德多以相应动词 hypachein 出之。词态有别,概念则一也。亚里士多德研究者于此概念皆重视不足,大抵泛译为实存(existence)。中译随之译为"存在"。较新者体会古希腊原文,译为"出现"。[③] 此词于各语种工具书中固有开始存在、开始出现、是、有、(财产之)现有等多义。而哲人用名,唯可参之于辞典,终当定之于原出处上下文,此亦训诂之常例耳。而 existence 之属,皆出自拉丁语文对希腊哲学基本名相之译解,已非希腊人

① 参见黑格尔著,贺麟、王太庆译:《哲学史讲演录》第三卷,前揭,页 172。

② 亚里士多德,《形而上学》,1048a30,希德对照本,S. 114、115。

③ 英译中,较老之 Ross 译本,最近之 Makin 译本,皆译此句为:"实现即事物之 existence。(the existence of a thing)"。Ross 译文见 Aristotle, *The Complete Works of Aristotle*, *volume two*, p. 1655。也参见 Makin, Stephen, ed. Aristotle: *Metaphysics Theta: Translated with an introduction and commentary*. New York: Oxford University Press, 2006, p. 7; 对该处的评注见页 151。德译本亦译为此词,无非转为动词:existiere。见希德对照本,前揭,S. 115。中译为"存在"者,见亚里士多德著,吴寿彭译:《形而上学》,北京:商务印书馆,1995 年,页 177,下同。"出现",见亚里士多德著,李真译:《形而上学》,前揭,页 271。

之纯矣。其名自身,亦自有源流、正异。如径以 existence 译 hyparxis,则亚氏精卓之见,恐混同于后人庸解矣。故此词深义,当别有所见。Existence 不足以述谓太一,而 hyparxis 在普罗克洛固可贯乎太一及万有矣。此哲人之解哲人也。亚氏研究者则鲜能检讨。当前似唯新锐 Menn 注意及此。彼译解此词为预先存有(be there beforehand)之类,而非泛泛所谓 be 或 exist。[①] 彼极注意以 arche(本原)解第十二卷。而 hyparcho 字面之意,固为在下之 arche(本原)也。本著基于《形而上学》的九卷第 6 章之出处,参酌其诸义,译此词为"现有"。现有摄"实现"义,亦有"现存财产"义,此固通于 ousia 也。而 ousia 偏"状态"义,hyparxis 则兼活动、状态而言。此亦中文"现"字微妙之处。云现有摄"实现"义者,盖亚氏原意,非以实现规定现有,乃以现有规定实现也。故现有乃实现之所以为实现也。

译此词为"现有",于《形而上学》第九卷上引文之原义,固可通也。Menn 细绎第九卷第 6 章之文,以为亚氏彼处既云实现为事物之 hyparxis,而非如赫尔墨斯雕像在大理石之中、半线在整线中之在,则此二者之"潜在",盖亦 hyparchei 之一义也。故亦可云某物潜伏地 hypatchei。[②] 又通论此处之"潜在"、"实现"谓,此皆为从副词抽象而得之名词,乃存在(being)之两种相反的意义。[③]

---

① 惜乎 Menn 之研究似未公开出版,唯自公布于网站。参见 Menn, Stephen. *The Aim and the Argument of Aristotle's Metaphysics*(unpublished, available at: https://www. philosophie. huberlin. de/de/lehrbereiche/-antike/mitarbeiter/menn/contents), IIIβ2b: From eternal motion to its *ἀρχή*, 页 13,脚注第 25,下同。

② 参见 Menn, Stephen, The Aim and the Argument of Aristotle's Metaphysics, IIIa: MetaphysicsΘ: *ἐνεργεία* and *δύναμις* 之 IIIa2: Θ1 −6: *τὸ ὄν δύναμις*, and the concept of *ἐνεργεία*, p. 19。

③ 参见同上,页 20。

故潜隐者如雕像、半线亦有 present、exist 之义。《形而上学》第五卷第 7 章(关于 to on)亦举此二喻,以明潜在与实现各自为"是"与"存在"(to einai…kai to on)之一义。① Menn 氏则以两处合解,以为 hyparxis 实同于 to on 矣。故彼始有较深理解,然终亦落于俗解、误解矣。以之可解为"预先存有"者,虽较深而不确也,盖第七卷第 9 章有"prohyparchein"一词,可解为"预先存有"也。② Pro-为"预先",则 hyparch 当对"存有"矣。其以为"潜在"亦可用此词者,则于原文尤据也。第九卷第 6 章1048a30 之文,当读为"实现"乃事物之"现有",非如雕像、半线等潜有也。Hyparchein 只用于"现有",不用于潜在也。此非孤证也。盖《形而上学》一书,以 hyparcho 表"现有"者在在皆是也,研究者多忽之,译者虽多译出"现有"之意,前后译名不一也。此间略引数处,以证普罗克洛解之精卓。

第一处,第五卷第 16 章,论 teleion(可译为"完成的"或"完善的")概念。其第三义云"已达成一良好目的,可谓完成。"③所谓"达成",希腊原文即"hyparchei"。德文、英文译本通做"具有"(hat、have),与中文皆为译出"目的"实现之字义,而此条"实现"之义,本固显然也。

---

①　参见亚里士多德,《形而上学》1017b1-2。希德对照本,S. 204。此处之例,亦为赫尔墨斯雕像及半线。第五卷第 7 章亦有与第九卷第 6 章有别者。后者但言实体,前者其非但言"实体"分为潜在与(以雕像半线喻之)此例,亦言非实体。故以"是"、"存在"两述之也。其次,潜在、实现,第五卷第 7 章皆表之以副词,具云 dynamei 与 entelecheia。第三,此间"实现"之副词,非 energeia,而是"隐德莱希",可更确切地译为"完成"。

②　参见亚里士多德,《形而上学》,1034b12-17。

③　亚里士多德,《形而上学》,1021b23-24,希德对照本,SS. 228-229。中译文见亚里士多德著,李真译:《形而上学》,前揭,页150。译文有所改动。

　　第二处,第五卷第 4 章,"自然"概念条目,"……尽管它们自然地由之生成或存在的东西已经呈现……"①中文译为"呈现"者,原文为 hyparchontos。此处德文多译为"现成"(vorhanden),英文译为"在场呈现"(present),皆揭示其"现有"之义矣。唯他处未曾统一也。

　　此二处皆见于第五卷。第七卷则尤繁也。此间亦只能稍举数例。第 17 章云"……为什么这些质料是一所房子? 因为呈现出来的是一所房子的本质。"②"呈现"即 hyparchei。此处德文译为"持存"(besteht),而英译则仍为"在场呈现"(present)。第16 章,"进而,一不能同时存在于多中,而普遍者(katholon)则可同时呈现于多中。所以显然,没有普遍者在个别者之旁分离地呈现。"③此句二"呈现",皆 hyparchei。而中、德、英译本皆分为二译。前一中译作"出现",德译为"现成"(vorhanden),英译为"在场呈现"(present)后一中译为"存在",德、英皆为"实存"(exists、existiert)。

　　如上,hyparchei 于《形而上学》中,凡与"存有"有关者,其义一贯也,大抵皆"现有"也。④ 而诸译本虽应之以不同译名,亦皆具"现有"之义也。故 Menn 所谓潜在亦可用此词者,非也。此词于亚氏,用而勿论,能摄 energeia,较之更为基本,至要之名也。

―――――――――

　　① 同上书,1015a4。见希德对照本,S. 190、191。中译文见亚里士多德著,李真译:《形而上学》,前揭,页 123。

　　② 同上书,1041b5－6,见希德对照本,SS. 74－77。参见亚里士多德著,李真译:《形而上学》,前揭,页 237。译文有改动。

　　③ 同上书,1040b26－27,见希德对照本,SS. 72－73。参见见亚里士多德著,李真译:《形而上学》,前揭,页 235,译文有改动。

　　④ 另一用法则多与"归属"有关。此亦"财产"、"现货"义之所出也。"归属"归根结底源于"现有",甲属乙,即甲在乙中"现有"也。

虽然,亦非独属最高本体也,遑论亚里士多德所坚拒之"太一"耳。而普罗克洛之用 hyparxis,则属太一及其流亚,而欲与 energeia 有所区隔也。故此词即同"实现"、"显在",可体之为呈现而有之意。

明乎此,乃知普罗克洛已转用亚里士多德矣。太一之即一即无限也,意同乎即现有即权能也。即现有即权能,无非亚氏之实现潜能术语耳。唯亚氏之至高者,唯实现义,无潜能义。新柏拉图派转赋至高者以主动潜能,则相应之实现,名之为更基本之现有,而有别乎万有之 energeia 也。故普罗克洛之解太一也,欲合二元而立一本。亚里士多德合形质为隐德莱希,固立其一也。而普氏所合之二元非形质也,近理气也。盖质为被动潜能,气则近主动权能矣。唯权能如何潜伏于太一现有之中,是其未及者也。

综上,普罗提诺主太一之清净无为,唯无限权能。普罗克洛主太一刚健有为,即权能即现有。前者太一无,不可以存在目之;后者无之无,存在之原也。故新柏拉图二宗师皆主流溢说也,无为亦流溢说,无限实现亦流溢说也。后人如谢林纠结于流溢说,先用而后排,排而后复不得不用者,皆因所谓"流溢说"未必定于一解也,[①]即使新柏拉图派,亦大相径庭矣。要之,新柏拉图派皆主一也,普罗提诺主独一;普罗克洛则主即独

---

① 参见先刚:《永恒与时间:谢林哲学研究》,北京:商务印书馆,2008 年,页 143-150,下同。复参谢林著,先刚译:《世界时代》,前揭。世界之时代,即非太一之时代,亦非努斯之时代,而是新柏拉图主义第三"一"之时代也。唯时代乃世界之时代,则《蒂迈欧》篇只传半部,宜矣。唯谢林之贡献,在演证此"时代"到来之理,源于太一及"二"(Zweyheit)也。流溢与否、太一无为抑或有为,皆此一、二之间之问题也。

一即合一即整全一也。独一则无为;合一则无为而无不为。超绝独一,万有自化。有为之一,必推一至多。一必化为三一体之大全也。

　　从新柏拉图派所主三一体之分崩,可解今学也。近世哲人之宗新柏拉图派者,谢林其显,黑格尔其隐也。谢林近普罗提诺,黑格尔近普罗克洛。[①] 谢林强调柏亚之别,黑格尔否定柏亚之别,皆因普罗克洛之学之转用亚里士多德也。而黑格尔较之尤近亚里士多德,不主太一高于努斯,乃主即太一即努斯矣。太一于黑格尔之学当"实体"、努斯于黑格尔之学当"主体"也。黑格尔哲学之大成,在"即实体即主体"之悟也。此不许太一与努斯为二,是真立太一,否其二本也。故其虽推崇普罗克洛,复明确主张,普氏似将多视为现成,与一多之际,反复推论彼此联系;故其辩证法,不无"外在"。[②] 普氏此处,盖亦柏拉图之余绪也。黑格尔批评《巴门尼德》篇,以"一"与"是"为二,外在推衍关系,亦此意也。[③] 故主一者,反以一与努斯、一与二、一与是、一与多为二也。黑格尔不主一,乃真主一也,盖其以主体(努斯)与实体(太一),皆为第一原理,二之即非也。以分裂为原,一即二,是黑格尔哲学之枢机也。

　　故黑格尔判新柏拉图派为古学之完成,极尽推崇,而不无微词焉:

────────────

　　① 其较小者如三一体复分为各三一体;如以努斯不为二,而为回到自身者皆黑格尔宗普罗克洛之处也。其至大者即以太一为实现,皆宗亚里士多德及普罗克洛者也。三一体与努斯之回到自身,其原即亚里士多德之"实现"原理与hyparchein耳。
　　② 参见黑格尔,贺麟、王太庆译:《哲学史讲演录》第三卷,前揭,页210、213。
　　③ 同上,页222。

　　这些亚历山大里亚的哲人说出了自在的具体的总体性；他们理解了精神的本性。但是第一，他们没有从无限主体性的深度，从绝对的分裂（Bruch）出发，第二，也没达到绝对的（抽象的）自由、自我、主体的无限价值的观念。①

　　黑格尔之所以表彰新柏拉图派者，即绝对知识之所在也。即令黑氏本人学说，亦无非道出具体的全体性本身而已。而新柏拉图派与黑格尔哲学之别，或毋宁西方古学与今学之别，在于始点及终点。今学必始于分裂。黑格尔所云"绝对的分裂"，或所谓"无限主体性"之深度，即其《精神现象学》所谓"二分"也。据普罗提诺之"三一"体，此二分原即"努斯"之理也。故曰"绝对的"。而据普罗克洛之努斯说，此二分仍能回到自身，故分裂必再次统一，此即新柏拉图之"一"也。普罗提诺之再次统一依个人灵魂之修习，普罗克洛则依努斯矣。唯黑格尔之再次统一，虽唯统一于具体全体性，亦当经所谓"绝对自由"而已。黑格尔所谓统一，于黑格尔之后复崩解分裂矣。故西学诸宗，可谓统于新柏拉图派之太一，复兴于黑格尔哲学之绝对。而西方今学，亦可谓兴于太一之分裂，复转于黑格尔哲学之再次分裂矣。而无论其统其分，其一其二，皆不出一统之宗也。

---

　　①　参见黑格尔，贺麟、王太庆译：《哲学史讲演录》第三卷，前揭，页229，译文有改动。又见 G. W. F. Hegel, *Vorlesungen über die Geschichte der Philosophie II*, Frankfurt/Main: Suhrkamp, 1971, Bd 19, S. 488。

第三节　学　变

西学之变，其显然者，至中古一变，至近世又一巨变。其学虽变，统宗则未变也。盖统宗之为统宗，唯有显隐、消长、正奇，而其本根则静矣。古今学变，于其统宗中盖亦有本矣。故依尼采、海德格尔溯及希腊则是，以为古今根本断裂则非。盖柏拉图宗以其"二"之说，摄一切断裂。"断裂"者，非断裂也，分裂也，犹《天下》所谓"道术"之裂，分其统宗之一曲而光大之而已。西学之统不出"一"、"是"显隐；西学之宗不出柏、亚消长。

古学统宗，大成于柏拉图宗，故其学变也必始于柏拉图宗。中古西学，始于柏拉图宗，终于亚里士多德宗。近世西学，复始于柏拉图宗，后裂为"科学"、"哲学"二支。"科学"终于柏拉图宗之一曲，"哲学"终于亚里士多德宗之诸支也。亚里士多德派于今学之"科学"为奇，于"哲学"为正。柏拉图派于今学之"科学"为正，于"哲学"为奇也。于古学及中古之学能辨柏亚之宗，固非难事。于今学中辨柏亚统宗，则非常事也。今学，柏拉图宗之沉降，亚里士多德宗之发扬也。此处限于篇幅，略示其要。

柏拉图之学，以太一为统。新柏拉图派，复以太一下摄努斯、宇宙灵魂，摄亚里士多德及斯多亚之学于其下。耶教之兴，以太一为神，以三一体调和一神三位焉。此后虽他教辨二圣相契，耶教仍以柏拉图为正宗焉。逮至中古盛期，耶教倚重亚氏，则神学之统，实已从太一降至努斯矣。"文艺复兴"之于哲学也者，柏拉图宗之"复兴"也；于政治也者，色诺芬之复兴也。而柏拉图复兴，了非全体，唯《蒂迈欧》之学也。《蒂迈欧》之"复兴"

者,亦了非"太一"之为道体,而重"太一"之为数原也。固亦重柏拉图之神学也,柏拉图之神学,较亚里士多德之神学,能立数理实在也。故柏拉图宗之复兴,实柏拉图宗所含之毕达哥拉斯派之复兴。而《蒂迈欧》所示超数理之努斯、太一,殆与此数理断裂也。故中古亚学之兴,西学之重不在太一,而降至努斯,"是统"遂显。托马斯、苏阿雷斯等纷纷辨析存在、本质矣,合一、是、善矣。近世柏学复兴,西学之正宗,实未复立此太一,乃再降一格至宇宙矣。故谢林名之为"世界(宇宙)时代"也。彼以玄理演之,此处以"降格"述之而已。唯以宇宙实在为数理,乃有"现代"科学。数学史家以为"复兴"后之数学,较柏拉图时代之数学,更具"抽象",遂执此为"古今"之变矣。① 此说固是,而掩柏拉图哲学自身抽象之势也。柏拉图哲学抽象之势可成耶教,而耶教复以其抽象反哺柏拉图之学也。柏拉图哲学之抽象之势可成近代数学,而近代数学亦可反哺柏拉图主义也。故曰"科学"终于柏拉图之一曲,无大过也。亚里士多德宗,于"科学"贡献"质料"及"动因"矣,而不能以之"数理"化,且更执"目的因",则仍为"自然哲学",不得为"自然科学"矣。至于视"宇宙"为一大数据体、为所造之机器,"灵魂"、"智能"等亦能同趋于数,则柏拉图宗固蕴此趋势矣。虽柏拉图宗亦倚"善"、"努斯"等有以制之,皆不如亚里士多德宗依靠"生命"之理也。"生命"之理,"隐德莱希"之理,在亚宗固了义也。柏拉图宗固亦以一大"生命"体视宇宙,非其了义也,复当释之以"一"及诸数、形

---

① Jacob Klein, *Greek Mathematical Thought and the Origin of Algebra*, trans by Eva Brann, New York: Dover Publications, Inc, 1968.

之原也。在亚宗，"质料"、"动力"等皆能纳入"隐德莱希"之通理；在柏拉图之流亚，"质料"无非数理单位，"动力"无非数理关系中一初始参数也。于宇宙问题，宗柏者终能成科学，为正；宗亚者唯成"自然哲学"，为奇也。而以柏为宗之"自然哲学"，如谢林、黑格尔等，既未沉降至数理实在，复以努斯（思维）活动之理统摄宇宙，故实亦近亚氏之统也。

"哲学"之复兴，亦始于柏拉图之宗，而终于亚里士多德之宗也。何以始于柏拉图之宗？盖新柏拉图派以"努斯"为二分也。何以终于亚里士多德之宗？盖亚里士多德以"努斯"为合一也。近世哲学，始于分裂，大成于统一也，虽皆"努斯"之事，而前以柏拉图之意，后以亚里士多德之意也。黑格尔之后，此合一复裂。一复裂为二，从亚氏之合一，裂为普罗提诺三一体中"第四原理"矣。固西学起伏，自古典时期以降，皆启于柏拉图之宗、成于亚里士多德之宗；复裂于柏、成于亚也。

近世哲学，黑格尔固表彰笛卡尔为近世哲学之出发点，盖其"我思"为"内在性"（Innerlichkeit）之原则。① 而黑格尔于新柏拉图派则谓其未能从"分裂"出发，故不能达到"现代"之价值也。一则无内外，有内外则已分。故"我思"之所以能言"内在"，即其已然"分裂"也。故如视之以"三一"，新柏拉图派盖直接从"太一"出发，而近世哲学（非独笛卡尔，乃一切近世哲学）则降一格从"不定的二"出发也。唯此"二"之解，有高卑之别而已。庸卑者解之为"大"、"小"；高明者解之为"努斯"、

① 参见黑格尔，贺麟、王太庆译：《哲学史讲演录》第四卷，前揭，页59。又参G. W. F. Hegel, *Vorlesungen über die Geschichte der Philosophie III*, Frankfurt/Main：Suhrkamp, 1971, Bd 20, S. 120。

"意识"、生命、此在。新柏拉图派于"二"之解较老学园派尤高明，盖于普罗提诺即"努斯"实所潜蕴者也。努斯发为"思"，"思"也者，有能所也。能所固为二也。此二之趋一，在普罗提诺为努斯之思太一；此二之趋多，在普罗提诺为努斯之思自身内诸有。笛卡尔之"我思"，不必"太一"即能趋一也。盖"我思"表"能思"，而"我思"既为命题，则表"所思"。故"我思"隐"我思'我思'"，能所合一矣。此脉衍之于德国古典哲学，则为"自身意识"。"我思"哲学也者，不必思太一，凭自身即可为一矣。"我思"之原理，即"太一"之原理也。俗所谓"太一"，非真思"太一"也。盖"太一"为所思，与能思对，与思者对。有所对即非太一，此理与《庄子》云"一"不可言同，故普罗提诺云"太一"不可思也。而"我"无太一之名，含太一之理也。[①] 凡说"我"者，说者必与所说者同，思"我"者，能思与所思则同。故思"一"，非真能"一"也；思"我"，乃真"一"也。此"我思"由二而一之理也。而"我思"亦"思"矣。"思"出乎努斯，努斯所含者，"我思"亦具矣。故笛卡尔"我思"乃蕴三义。一为思我，盖能所同也；一为思他物，盖能所异也；一为思太一，盖超越能所也。后二义为新柏拉图派所固有之矣。第一义为亚里士多德努斯之义，新柏拉图如普罗提诺等批评甚精，要之不许合一为至高之太一焉。然努斯之"一"固从"太一"流溢，非己能独有也。于亚里士多德，此努斯为宇宙本体，可谓努斯之为性；于笛卡尔，"我思"限于灵魂，可谓努斯之为心也。普罗提诺三一

---

① 拙文《论海德格尔对康德时间学说的现象学阐释》，已稍论及我思之统一性与太一之关系焉，而未及努斯与太一之关系。参见本书附录之二。

之中,努斯不能独赋予个人"灵魂"之中也。后者乃"我们之支配原理",不可归之于大全也。① 至于斯宾诺莎,以思维为实体之样态,则与其谓之心,不如谓之性矣。

笛卡尔之"我思"三义,于"一"皆有所涉矣。"我思"之有一,明也。而"我思"之一,为其所本具,抑或从"太一"而来,则异说分歧矣。盖近世德国之学必云其一为"我思"乃至自我所独具,乃至此自我即为上帝。② 笛卡尔之以为"我思"则我在,思在固直接一矣。而此一在笛卡尔非原初之"太一"矣。笛卡尔哲学,如有蕴乎"太一",必上帝也。笛氏云,如无上帝,则此一瞬间之我,与下一瞬间之我,亦不可"一"矣。③ 上帝赋"我"以"一",正"太一"赋"努斯"以"一"之余续也。故笛卡尔氏之我思之必需思"上帝",与其起疑情也通,皆因我思"欠缺"也。④我思欠缺者,盖我之"是"欠缺也、有限也。夫怀疑者,因欠缺也;夫欠缺者,盖"二"之也。⑤ 怀疑者,我之思也。欠缺者,我之在也。故"我"之"思"固二之,"我"之"在"亦二之也。"思"之二,黑格尔哲学终合之以一。"在"之二,黑格尔哲学之后近世

---

① 参见 Plotinus, *Enneads*, III. 1. 4, pp. 18 - 19;普罗提诺著,石敏敏译:《九章集》,前揭,页214。

② 参见本书附录之二。尤参其内对康德《纯粹理性批判》先验演绎之解释。以自我即为自因,对应于斯宾诺莎之上帝者,参见费希特,《全部知识学的基础》之第1节。参见费希特著,梁志学编译:《费希特文集》第一卷,北京:商务印书馆,2014年,页510,下同。

③ 参见笛卡尔,《第一哲学沉思集》之第三沉思,笛卡尔著,庞景仁译:《第一哲学沉思集》,北京:商务印书馆,1996年,页50,下同。

④ 参见笛卡尔著,庞景仁译:《第一哲学沉思集》,前揭,页46、47。

⑤ 黑格尔之论古代怀疑论,亦有可用于笛卡尔者。黑格尔据德文词义,谓"怀疑"(Zweifel)无非游移于"二"(Zwei)。参见黑格尔著,贺麟、王太庆译:《哲学史讲演录》第三卷,前揭,页119、120。

西学之嚆矢也。海德格尔之学之本，即此"在"之二也。究其源，固当远溯至柏拉图宗，近则渊源乎笛卡尔矣。故笛卡尔哲学之"二"，非独思之能所为二、我思与所思之他物为二也。其首义乃我思与太一之二也、分裂也。能所之二、对太一之二，皆努斯古义所备者也。而笛卡尔又立思维与广延平行为二。思维如形式、广延如质料。能思赋予形式以"动力"，所思即"形式"也。故所思并非质料，不可以"我思"化之，始终与"思维"并列也。故于笛卡尔之学，一有三义，二亦有三义焉。而"二"之三义，并非不可统合于"一"之三义也。能所之二，或可弥合于自我之一、"我思"之"我"；"我思"之残缺，或可弥合于我之思"太一"。思维、广延之二，则弥合于"太一"也。而"自我之一"，据笛卡尔复可追溯至"太一"，则笛卡尔哲学之二，归根结底均可弥合于"太一"也。唯如何解此"太一"，自埃利亚派起即或解为名理（logos），或解为质料（hyle）矣。[1]近世哲学亦无非如此。笛卡尔之自然学也，合柏拉图宗之"数理"与亚里士多德宗之"物质"而为。固逐灵魂于宇宙矣，而思维、广延均可一于上帝。则笛卡尔式"自然"，毋须"努斯"即可交通"太一"矣。新柏拉图之统，太一、努斯、宇宙灵魂，经笛卡尔则为上帝、思维、物质矣。古学者，安顿彼三"一"也，今学者，安顿此三"一"也。安顿也者，以其中一"一"，统摄三"一"也。近世哲学起于"思维"，近世科学起于"物质"也。思维原理，二中之一、多中之一也；物质原理，数理关系也。二者皆柏拉图宗之理，而前者尤能纳入亚里士多

---

[1]　亚里士多德云："巴门尼德似乎专注于作为名理（logon）的一，麦里梭（Melissos）则注意作为质料的一。"，亚里士多德，《形而上学》986b20，希德对照本，S. 34。中译本参见亚里士多德著，李真译：《形而上学》，前揭，页30。译文有改动。

德宗矣。

故近世哲学绝未破"是之统",尤未破"一之统"也。其学之转者,在另启一宗解"一"解"是",且解"一"、"是"关系也。其起点固为"分裂",为二;而其所求则为"统一",为一。近世哲学也者,可谓"即二"立"一"者也。上文已示,自笛卡尔以降,此"一"及"二"之解可予多解。其间至要者有二途焉。一途解"一"为我,则"二"解为意识之对立、我之断裂、残缺、死亡、此岸,或一言以蔽之,"有限性"。一途解"一"解为"太一"、实体、上帝、整全,则"二"解为实体自身之分裂(Entzweiung,字面意思即"二分"、"二之"),或无限的主体性。[1] 实体之"一"、"二"与"自我"之"一"、"二"虽能相通,亦能相隔,故不可混同也。下详。

其解"一"也以"自"(Selbst、self)者,如笛卡尔、霍布斯等。其立"一"也,笛卡尔以"我思"、霍布斯以"自保"。笛、霍学虽有异,其原理则同也。其"自"也,无非一为"思维",一为"生命"。"思维"与"生命"之理,归根结底盖皆德国古典哲学所谓"我等于我","我是我"也。"我等于我"非"某物等于某物"之运用"同一律"者,盖我始非一物,即一原初关系也,此关系即"一"而已,故"我"如不能自设为"我",则非我矣。自设之前,无我也;自思之前,无我也;自保之前,无我也。而我之等于我,其原理为直接或仍需中介者;或原理直接,展开则需中介者,此后学之所必争者也。笛卡尔与霍布斯之学,维持自身不

---

① 参见 Hegel, *Phaenomenologie des Geist*, Hamburg：Verlag von Felix Meiner, 1952, S. 20。中译文参见黑格尔著,先刚译:《精神现象学》,前揭,页12。

断不灭，皆需高于"自身"之"太一"也，在笛卡尔曰上帝，在霍布斯曰国家也。霍布斯之"努力"（conatus）与笛卡尔之"我思"同，能直接成己，未能究竟成己也。国家之理固与上帝同，故黑格尔以国家为上帝在尘世（新柏拉图派之"宇宙"）中之行进也。

　　斯宾诺莎之学，黑格尔固以之为即近世之埃利亚派矣。[1]黑氏此解有是处，有非处，亦有不得不转说处。盖斯宾诺莎之实体，固近乎巴氏之太一矣。然则当如斯宾诺莎解巴氏之"思""有"相同说。故思有之同，非黑格尔所属意之"思有"之合一（隐德莱希）也，而皆一于高于思、有之"太一"。盖黑氏之解，亚里士多德之宗也，合一为至高，故努斯或"思"则为至高者也；斯宾诺莎之解，柏拉图之宗也，高于努斯之"太一"至高。黑格尔以亚里士多德之宗逆转斯宾诺莎之学；谢林以柏拉图之宗顺推斯宾诺莎之学也。而德国古典哲学之所以仍未穷尽斯氏者，在斯综合笛卡尔、霍布斯而犹有所转之也。斯氏既顺笛卡尔"我思"之"上帝观念"之说（仿佛努斯之思"太一"）立唯一"实体"；又顺霍布斯"自保"之说立万有之持续存在。则斯氏既立"太一"，而又非以此"太一"直接保证万有持续之"一"也。否则万有之"自"实不能立。如"自"不立，则"自保"无从谈起。故黑格尔云斯宾诺莎实非"无神论"，而是"无世界论"，[2]有偏矣。无世界论者，实是巴门尼德，而斯虽立太一，柏拉图、新柏拉图派

---

① 参见黑格尔著，贺麟、王太庆译：《哲学史讲演录》第四卷，前揭，页101－102。黑格尔谓，即实体是东方的观点，主体是西方的观点。此其历史哲学与哲学史"中国"论之所出也。

② 参见黑格尔著，贺麟、王太庆译：《哲学史讲演录》第四卷，前揭，页129。

之"世界"仍不可抹杀也。非独如此,斯宾诺莎立万有自"一"之理,在权能;①自保之理,在努力(conatus,德译为 Streben)。② 故在斯宾诺莎,万有皆有自保其一之"势"矣。此说固有取于霍布斯,而斯氏推之入形而上学矣,遂不为笛卡尔藩篱所限,下开以"潜能"解"一"之宗。德国古典哲学等以"理念"、"努斯"解一,犹"理宗"、"心宗"也。斯宾诺莎、尼采等以"权能"解一,犹"气宗"也。此固转新柏拉图派之"宇宙灵魂",而赋万有各正性命。其性则定乎"潜能"矣。以无限"潜能"立实体,以有限潜能赋万有也。上文已示,以"太一"为无限潜能之说,固新柏拉图派之旧说也,而普罗提诺、普罗克洛虽皆立无限潜能,前者未以之为必实现于万有,后者则必实现之也。故黑格尔近乎后,谢林近乎前也。而斯宾诺莎坚拒亚里士多德目的因之说,保持潜能之为潜能,盖即保持其"无限性"也。潜能之实现,则"总体性"也。故斯宾诺莎近普罗提诺,而谢林实先绍斯氏也。黑格尔以实体即主体,则以亚氏之学转之也。黑格尔哲学理念之一既崩,唯斯氏一脉以潜能为一存焉。斯氏哲学,复以万有各正性命潜能之一,为"近代科学"奠基矣。"原子论"如有严肃哲学内容,不过非独"太一"存在,万有亦各各为一也。古原子论兴于巴门尼德之后。巴氏主独一,原子论主"诸一"也。③ 故斯宾诺莎之学,

---

① 参见斯宾诺莎,《伦理学》,第一部分,命题十一之别证,以及命题三十四。斯宾诺莎著,贺麟译:《伦理学》,前揭,页 12、35、36。权能,potentia,德译为 Macht。中文译为"力量"。亦可曰权力、潜能、势。此词于希腊哲学当 dynamis,即上文所论新柏拉图主义之"权能"也。

② 参见斯宾诺莎著,贺麟译:《伦理学》第三部分,命题六至九,前揭,页 105、106。

③ 参见黑格尔著,贺麟译:《小逻辑》,前揭,页 214 – 216。

可蕴原子论也。而原子论未必能尽其"持续存在"之学也。"运动"状态之"持续存在"，即"惯性"也。此亦斯学之余绪耳。宗潜能者从"存在"立一，德国古典哲学正统从"思维"立一，彼此义理皆可包对方。黑格尔之后，或以"存在"为更本源者，此则斯氏之学复兴之机也。故笛卡尔、斯宾诺莎之学，近世哲学之柏拉图宗也。皆以"太一"为尊，以"努斯"为次也。至于彼等仍以"实体"解太一者，则以"一"为统，以"是"为宗也。"实体"之为名相，固大成于业里士多德。而以此"实体"为无限者，超于思维、广延，乃至为无限潜能者，则实已破亚里士多德之宗也。柏拉图及新柏拉图派复有"不定的二"之说。笛卡尔颇应此机，斯宾诺莎虽稍晦，然此机仍贯于近世哲学矣。

　　"我思"之理，固蕴"二"也，然而其义较深，皆有辨证推衍。"我思"与"太一"，固为"二"也，然而"太一"有对则"非一"，故"太一"与"我思"，于"太一"视之则当非"二"也。此固黑格尔之学脉也。即二而归一也。而持"我思"与"太一"毕竟为二，"太一"乃至为"无"者，固康德之学也。然如善加疏解，此亦无非普罗提诺"努斯"认识自身内万有，努斯思太一而太一不可思之义也。而康德同代之柏拉图派攻之甚急，盖康德欲以此不可思之太一立黑格尔所谓"现代价值"也。而康德哲学之所以为谢林、黑格尔所推阐者，毕竟能合乎柏拉图、亚里士多德之宗也。此仍当从"我思"之"二"述之。

　　"我思"之"二"之首义，非"我思"与"太一"为二，而在乎"我思"之能所为"二"，此固普罗提诺已示之义也。稍后黑格尔一言以蔽之曰："精神之直接定在亦即意识，包含两个环节,一个是'知',一个是否定'知'的对象性。"①又云,"所谓意识的立场,就是不仅知道对象性与自己对立,而且知道自己与对象性对立。"②唯"意识"亦含其"一"矣。黑格尔论"意识"之一,归根结底乃"意识"与"太一"不可为二,意识之"自性"(Selbst)就是绝对。然此究系终点,非始点也。始点则为"意识"自身之本质。于黑格尔,"意识"之本质即其运动也。此运动固扬弃自身之对立、之"二"也。在康德则不然。"二"不过能所,不过自我与对象。而"二"之所含,为二"一"也。我与对象,各为一也。而其之所以为一则不同。夫自我也者,固"表象"也。然其表象源于一活动。此活动即对"杂多"之"综合的统一"。无此活动,即无"我"表象可言。故自我之一实指"一"产生自我表象之活动,盖即稍后费希特所谓"本源行动"、"事实行动"者也。而此活动之为一也,必据对象概念,将杂多统一于对象概念之下。于康德,认识之可能,固在于自身意识之统一,而其统一之为"客观的",即在于自身意识必在"对象"概念之下统一杂多也。故思维之能所可"二",认识之能所虽"不一",亦"不二"也。认识据对象故,对象概念需思维之一故。思维之为思维,"一之"(vereinigen,俗译"联合")也。"是"(ist)无非标志其"一"也。③"存在"则直观与概念之"一"也。因之,无论 Sein 取"是"或"存在"义,皆当还原为"一"之诸义而已。康德谓:"存在论……这一傲慢的名称当代之那谦虚的名字,即只不过是纯粹知性的一种分

---

① 黑格尔著,先刚译:《精神现象学》,前揭,页23。译文有改动。
② 同上,页17。译文有改动。
③ 参见康德,《纯粹理性批判》,B136 – B142。

析论而已。"①而此分析论所揭示之至高原理,无非"综合统一"而已。② 故康德哲学,庶几以"一"摄"是"者也。海德格尔之解有偏,③盖彼虽未昧于"一"统,而雅不欲表彰之也。康德诸范畴固于亚里士多德有所推进,全部《纯粹理性批判》则意在考察柏拉图之统而已。④ 述之以新柏拉图派之说,努斯(在康德为自身意识)之理固为"一",然不可认识"太一",唯能认识努斯之内之"多"也。故努斯于康德断为"知性"、"理性"二橛,正合普罗提诺所谓努斯之双重意义。⑤ 唯康德之立努斯之"一"也,较新柏拉图派、笛卡尔等尤有所进也。盖思维之"一之"也必据"对象"。而"对象"固非思维自身,乃思维之对方。则思维之"一之",必已预设"二之"。而此"一之"与"二之"为一理之两面也。对象亦一"概念",出乎思维自身。思维于思维自身,独一无二也。故对象必思维自身所化现。故在此"一之"、"二之"之先,思维必将自身化为自身之对。故"二之",即思维"一之"之方式也。有本源之一之,则必有二之。有此二之,方有综合的"一之"。康德所谓认识之"最高原理"之前,"一之"必以"二之"而成也。此固非康德所说,而亦其说之所蕴,而为费希特、谢林所发,尤为黑格尔所光大也。此"一"与"二"之"内在"联系,已非黑格尔所批评之柏拉图氏

①　康德,《纯粹理性批判》,A247/B303。

②　同上,B132 – B139。

③　参见海德格尔著,王庆节译:《康德与形而上学疑难》,上海:上海译文出版社,2011 年,下同。

④　参见康德,《纯粹理性批判》,A312/B368 – A320/B377。

⑤　参见普罗提诺著,石敏敏译:《九章集》,前揭,页 586 – 590;Plotinus, *Enneads* V. 3. 15 – 17, pp. 122 – 133。

"外在"结合所能笼罩矣。虽然,此犹为一、二之间事也,虽逾柏拉图之说,而未离柏拉图之宗也,亦未入亚里士多德之宗也。

康德之入亚里士多德之宗也,不在范畴论,唯在《判断力批判》。谢林、黑格尔及海德格尔之重此书也,尤过《纯粹理性批判》。《判断力批判》之意,在于探究"生命"时"不得不"引入之"合目的性",尤在于"不得不"将"自然"整体视为一合目的之"大生命"。此固已非纯从"质料"、"动力"、"数理形式"出发之自然观矣,故于近代"科学"必为"奇"也。"反思的判断力"者,以生命之原理释生命也,不以数理释生命也。生命之原理,即"隐德莱希"矣。故此为亚氏之宗而非柏氏之宗明矣。隐德莱希即努斯之至理也。努斯之为隐德莱希,尤能包摄康德"自身意识"之"一化"矣。且努斯非独在"心"、在"主观",尤可在"性",兼摄主客矣。据"合目的性"固可直入亚里士多德之门矣。故黑格尔之表彰康德,在其用亚里士多德;黑氏之批判康德,在其用亚里士多德而未彻也。观其驳康德之大要处,皆依"思"、"有"合一,依隐德莱希之说也。谢林之自然说,始依《蒂迈欧》,亦可为亚氏之解也,盖《蒂迈欧》之论证有三,其一固以"努斯"为自然之原也。此与亚氏之学,亦一步之遥耳。盖皆苏格拉底"次航"之统绪也。晚期谢氏乃从新柏拉图派入手,从太一之自由入手,则自然既非或使,则近乎莫为也。盖或使必通向从亚氏之实现说,通向黑格尔之逻辑必然性。而谢林亦不欲从老学园派之数理入手也。则其重无限潜能,重"自由",不亦宜乎? 不亦更近普罗提诺乎?

近世哲学,于黑格尔系统造乎其极矣。① 其学纵包古今,横贯东西,集乎大成者也。黑格尔哲学,非徒包康德、费希特与斯宾诺莎者也,乃融贯柏拉图与亚里士多德者也。人读《精神现象学》序言,每以为"实体"说指斯宾诺莎、"主体"说指康德及费希特。非也。原文立"主体"概念而涉其名者,亚里士多德也。②此间无暇细考原文,且总论黑格尔之系统。黑格尔哲学,近世哲学之集大成者也。黑格尔判古学,则以新柏拉图主义为古代哲学之集大成者也。新柏拉图主义融贯柏拉图、亚里士多德之宗及斯多亚派。彼派以柏拉图之太一为尊、亚里士多德之努斯其二、斯多亚派之宇宙逻各斯为三,而贯之以柏拉图。盖柏拉图系统,有太一、有努斯、有宇宙灵魂矣。亚里士多德无太一,斯多亚派并努斯亦无。故三一者,唯贯之以柏拉图之系统。而其"贯"之法,则为"流溢"矣。唯新柏拉图派各宗师,对"流溢"之理解不同。黑格尔称道普罗提诺融合柏亚,其实普氏仍据柏宗判摄亚宗也。黑格尔本人盖真融合柏亚矣。黑格尔对新柏拉图三一体系之憾,在未从"绝对的分裂"出发。而其自身之体系,真从此"绝对的分裂"出发矣。唯此始点与三一体之关系则为双重矣;新柏拉图派及柏拉图宗之三一体,于黑格尔系统中,亦有承有转矣。黑格尔可谓内容不许三一,形式处处三一;总体不许三一,局部处处三一也。内容不许三一者,黑格尔哲学之绝对即绝

---

① 黑格尔哲学史讲演录谓其最近哲学或为"新哲学",或为"现代的"(modern)哲学。参见 G. W. F. Hegel, *Vorlesungen über die Geschichte der Philosophie III*, Frankfurt/Main;Suhrkamp, 1971, Bd 20, S. 59 S. 123。最后的哲学,乃大写之唯一哲学的历史的顶点,而非仅西方哲学史的顶点。此地只论黑格尔的最后系统,盖即《精神现象学》所通向之系统。

② 参见黑格尔著,先刚译:《精神现象学》,前揭,页14。

对精神;绝对精神即绝对知识;绝对知识即黑格尔哲学。绝对当
"太一",绝对精神当"努斯"。新柏拉图派谓太一高于努斯,在
黑格尔则绝不许太一与努斯之间有断裂也。《精神现象学》序
之名言"依我之见……一切的关键在于,不仅把那真的理解和
表述为实体,同样也要理解和表述为主体"[1]无非此意也。黑氏
自释云:

> 进而言之,活生生的实体是那个在真理中作为**主体**的
> 存在,换言之是那个在真理中是现实的存在——仅当它是
> 那设定自己自身的运动,或一个以自己自身为中介转变为
> 他者的运动。实体作为主体是纯粹的**单纯否定性**,正因如
> 此它是单纯者之二分(Entzweiung);或对立设定着的双重
> 化(Verdopplung),而此双重化重新是对漠不相关的差异性
> 及其对立的否定;只有这个重建建立自己的相同性或在他
> 在中的自身反映——而非一个原初的或直接的统一性本
> 身——才是那真的。[2]

实体之为主体盖即"二分"也。而未作为主体之实体,则
"太一"也。斯宾诺莎之原,即埃利亚派之原也。[3] 此一也(思维
与广延之统一),非二(思维与广延)也。一如非二,则一与二为

---

① 黑格尔著,先刚译:《精神现象学》,前揭,页11。译文有改动。见 G. W. F. Hegel, *Phaenomenologie des Geistes*, Verlag von Felix Mainer in Hamburg, 1952, S. 19。

② 黑格尔著,先刚译:《精神现象学》,前揭,页12。译文有改动。见 G. W. F. Hegel, *Phaenomenologie des Geistes*, S. 120。

③ 参见黑格尔著,贺麟、王太庆译:《哲学史讲演录》第四卷,前揭,页101-103。

二也。如实体即主体,则"太一"与"二分",不二也。此真太一矣。谢林则绝不许融贯一与二,故谢林唯有绝对、绝对同一,而无绝对"精神"也。① 太一与努斯不二,努斯与宇宙灵魂亦不二矣。故"三一体"之间,不可断裂,"三一"整体之生成(Werden)乃为真"一"也。此原则较近普罗克洛而推之尤彻也。故曰黑格尔系统,内容、总体唯"绝对精神"也,绝不许三一也。形式"三一"者,逻辑学当太一、努斯、逻各斯,显之于逻各斯也。而逻各斯为名理,名理固不能"动"。名理之动,"活动"也、努斯也。名理支离,万物之名理也,"形式逻辑"也。于黑格尔逻辑学,万物之全乃绝对,一切名之实唯一也、绝对也、"太一"也。故曰逻辑学实"太一、努斯、逻各斯"之合,于新柏拉图主义之三一体则当太一。自然哲学所知者,宇宙灵魂。精神哲学所知者,努斯。盖黑格尔之努斯说,从普罗克洛,不从普罗提诺,以为"努斯"乃回到自身之环节,当据三不据二。② 然而黑氏又赞普罗克洛之"太一"必实现,且明示其为亚里士多德之说。③ 隐德莱希者,盖宇宙性体之主动"努斯"也。故太一即努斯焉。终固为努斯,始亦无非努斯也。故曰逻辑学含"努斯"隐潜之实,精神哲学显努斯实现之名也。此黑格尔系统至大之"三一"。其系统之内,处处三一。三一其表也,"一"由"三"方可成己乃其实也。此固亚里士多德隐德莱希之说,以普罗克洛之形式表之也。

---

① 见谢林对"绝对精神"之批评。参见谢林著,先刚译:《近代哲学史》,北京:北京大学出版社,2016 年,页 186 - 187,下同。
② 参见黑格尔著,贺麟、王太庆译:《哲学史讲演录》第三卷,前揭,页 220。
③ 同上,页 213。

　　"一"由"三"方可成己,需"二"也。"二"非独其一"环节",乃"一"活动之机也。离己方能成己,离己为"二",成己为"三"也。夫离己者,无非"一"也。故此"一"必"二"分、分裂也。前文已示,于黑格尔,"意识"之理即"对立"。对立即"二"之义也。既有意识,则"太一"已离己矣。太一必"离己",此太一所含之理也。太一已离己,此所给定之事也。事不外乎理,"实体"之分裂,固不止于意识之对立。而意识之对立,既含于实体之理中,亦为实体自知为"绝对"、为"一"之出发点。既有意识,则"一"绝不能劈头而立。此即《精神现象学》之所以作,新柏拉图派及谢林之所以必为黑氏非议也。黑格尔所谓必以"绝对的分裂"为起点,盖无疑矣。

　　虽然,此意仍当有辨。盖分裂与"绝对的分裂"不同,意识之对立与实体之为主体不同也。在黑格尔,意识之对立于理固出于实体之分裂,而意识终当认识其"己"(Selbst)为绝对,为"太一"也。至此则意识不复为"二",不复为意识矣。此即《精神现象学》之终了,亦意识之"成己"也。然入《逻辑学》乃至全部"体系"之后,"实体"亦必不断"分裂",唯"分裂"乃能运动,按三一而不断成己也。实体之分裂,在谢林亦早已经有之,即"自我之自身对象化"。[①] 此固可追溯至康定先验演绎所立之"统觉之综合的统一性"与"自身意识之客观的统一性"。[②] 然康德此理,不过意识之理,非"实体"之理也。谢林之理,盖"实

────────────

　　① 参见谢林著,梁志学、石泉译:《先验唯心论体系》,北京:商务印书馆,1981年,页 30－32,下同。

　　② 参见康德,《纯粹理性批判》,B132－B140。参见康德著,邓晓芒译:《纯粹理性批判》,前揭,页 89－94。

体"之理也。康德、费希特仅于"心体"观此理,必至谢林,乃能从"实体"观此理矣。此近溯而已。如若远溯,必当于新柏拉图派之"流溢说"观之。唯谢林早期以此"流溢"为"必然",则为黑格尔所同,亦为黑格尔所摄也。盖近普罗克洛也。此一"流溢",必为亚里士多德之"隐德莱希"所摄。谢林后期乃以此"流溢"为"自由",太一之为无限潜能,自能无为、无名、无思,盖近普罗提诺矣。则实体之分裂,于新柏拉图系统首现于"流溢",普罗提诺盖明示努斯为"二"矣。意识之分裂,则灵魂内事。上文已示,个人灵魂在普罗提诺,可谓隐秘之"第四"项。意识之分裂与实体之分裂,固非一也。前者有限性,后者真无限之始也。在黑格尔,意识之分裂固能收入实体之运动(实体之为主体)之中也。如此则意识分裂乃为实体所扬弃。实体之运动最终成己为绝对理念之自觉,太一闭合于努斯而成己。于是"二"皆归一,究竟不过为"始",绝非其"终"也。故黑格尔之学,可判为"一"之统,努斯之宗也。始于一之二,终于二之一而已。故曰"即二见一"、"即努斯即太一"、"即精神见绝对"、"即主体即实体"、"即欲望即自足"之学也。黑格尔之学虽属"一"之统,而所立之"一",非超绝无为之"太一",乃成全自身之隐德莱希,归根结底,亚里士多德之合"一"也。故黑格尔之学,以亚里士多德之宗摄柏拉图之宗也。晚期谢林则以柏拉图之宗摄亚里士多德之宗也。纵观近世哲学之大宗,或知其一而守其二,康德是也;或仍主形而上学,径直以"思维"为至高无上之"一",黑格尔哲学是也;或以物质为"一";或以超思维及物质之"绝对"为一,斯宾诺莎是也。一切主"一"者,皆不出新柏拉图派三"一"之范围。而黑格尔集其大成,故曰亚里士多德为正,柏拉图为奇也。

第四节　崩　解

　　上文已示,中古以降,西方哲学各期,皆始于柏拉图宗,终于亚里士多德宗也。亚里士多德宗之"一"合之,柏拉图宗之"二"复裂之也。今学之第一期,终于黑格尔系统,盖终于亚里士多德之宗矣;而今学之第二期,复始于晚期谢林也,则亦复始于晚期谢林也。黑格尔哲学"绝对"之崩解,复崩于"分裂"。柏拉图宗之"二",能摄一切"分裂"之理也。

　　谢林既以"绝对统一"为始,何以能裂黑格尔之学? 亚里士多德与黑格尔之努斯、主体,不亦"分裂"、"二分"乎? 黑格尔哲学不始于"绝对分裂"耶? 何以复为柏拉图哲学之"二"所摄? 西学"一"、"二"间之玄理,莫微于此也。盖黑格尔哲学所谓主体之"二分",实体之为主体也,实体离己,乃为成己而已。故"分裂"即所谓"为己存在"(Fuersichsein,"自为存在")也。实体之分裂者,一之二也;分裂之合乎目的、成其自身者,二之一也。按之以新柏拉图派,一之二者,太一之二也;二之一者,一于努斯也。前"一"为"太一",后"一"为努斯也。黑格尔表彰普罗克洛从亚里士多德,以努斯为第三项,为"太一"之回到自身也。一当实体、二当主体,第三者当绝对也。故亚里士多德、黑格尔之宗,实体与主体一也,则一与二,不二也。[①] 柏拉图宗则不然,其元必"一"与"(不定)的二"也。一与二对,则二既不出于一、亦不归

_____

　　① 　参上文论及《庄子·大宗师》:"其一也一,其不一也一。其一与天为徒,其不一与人为徒,天与人不相胜也,是之谓真人。"之处。

于一矣。二不出于一，故"一"清净无为也，可为可不为也，真"自由"也。此晚期谢林哲学之枢机。二不归于一，则二始终与一对也。"分裂"常在也。故于"一"、"二"之间，亚里士多德、黑格尔之统立"二"之"一"也；柏拉图、谢林之统立"二"对"一"也。"二"不可收入"一"。"二"固为起点，"一"亦非"终点"，盖有"终点"即有隐德莱希，入亚里士多德之统矣，摄"二"归"一"矣。故"二"与"一"对，则无所谓"终点"也。易之以今语，"一"谓"统一"、"二"为"分裂"。"统一"与"分裂"直接固"分裂"也，始点固"分裂"也。如"统一"与"分裂"之间终于"统一"，则"分裂"即"统一"之一种方式也；最终必扬弃"分裂"而"统一"焉。此"统一"非僵化孤悬之"太一"，而即是"统一"活动，隐德莱希焉。此即亚里士多德、黑格尔之统。如"统一"与"分裂"究竟"分裂"，则"分裂"固亦为始点矣，而其已含与"统一"之对，固曰"分裂"也。此"分裂"唯逃逸于"统一"之外，不能为"统一"所收。故亦非"统一"所化，非"统一"之一种方式也。故"二"当自本自根，别无起源也。此即柏拉图口传学说之"不定的二"应有之最高意义。柏拉图于《巴门尼德》云，唯"是"不同于"一"，"一是"方能推衍万理，乃至万物。"是"于"理念数"为"二"也。①此即上文所谓"二本"之学之至高形态。破二本之方，虽变状百出，归根结底，于西学无非亚里士多德"隐德莱希"之理；于中学无非"即虚静即活动即存有"之义也。②

　　与一所对之二，即"分裂"之元也。有此"二"，则"绝对"之

---

①　参见克莱因著，成官泯译：《柏拉图的三部曲——〈泰阿泰德〉、〈智者〉与〈政治家〉》，前揭，页69。此盖与新柏拉图派不谋而合矣。

②　参见本论下篇之第二章第三节。

"一"必崩解。"绝对"之"崩解","一"之再分裂也。此"分裂"已非黑格尔实体之主体所能笼罩。与其谓之"绝对之分裂",毋宁谓"分裂自身即是绝对"、即是"原理"矣。盖主"二"与"一"之对。则"二"与"一"之间即"二"也,即"分裂"也。此大分裂固含"一",而绝不能如笛卡尔、斯宾诺莎,将此"二"摄入此"一"也。故此"二"与"一"不"一",于黑格尔断非"主体"之"分裂"也明矣。如必欲于黑氏之学中觅相应之名,当曰"意识"或"有限性"。此即普罗提诺之个人灵魂也。故黑格尔哲学之后,绝对精神系统崩解,自黑格尔派裂为"实体"、"自身意识"始,不断二分,"自身意识"一支不断分裂,直至欲望、意识而后止。"实体"一支复不断分裂,直至"此在"(Dasein)、"变易"(Werden)、"存在"(Sein)而后止。盖皆崩解至黑格尔哲学之原点矣。黑格尔后之哲学,大抵皆部分的黑格尔哲学彼此讨伐而已。然如不以"二"为原则,则黑格尔哲学决不会裂为部分。黑格尔唯以"二"为起点,而绝非以"二"为原则矣。故部分的黑格尔派,实无一黑格尔派也。黑格尔之后之哲学彼此相攻,实则原理全同,皆某种"二"也,皆有限者也。有论者以为皆从晚期谢林出,①良有以也。谢林哲学固由亚里士多德之宗返回柏拉图之宗矣。② 青年谢林以自我客观化为第一原理,则"二"出乎"一"矣。晚年谢林则重立"一"与"二"之对也。则归根结底,

---

① 参见 Manfred Frank. *Der unendliche Mangel an Sein*, Münhcen：Wilhelm Fink Verlag, 1992, S. 255 – 360。复参 Schulz, Walter. *Die Vollendung des Deutsche Idealismus in der Spätphilosophie Schellings.* Pfullingen：Neske Verlag, 1975, S. 271 – 306。

② 关于谢林的柏拉图研究,参见 Michael Franz, *Schellings Tuebinger Platon-Studien*, Göttingen：Vandenhoeck & Ruprecht, 1996。

以"二"独立于"一"焉。后世一切反黑格尔之哲学，无论其原理如何，无非立"理念"、"太一"不可消融之"分裂"而已。质料（物质）也、潜能（权力）也、恶也、无限性也、意识也、潜意识也、此在也、时间性也。其皆对"理念"、"隐德莱希"、"总体性"、"自我"、"存在者整全"、"精神"、"总体性"之分裂也。此"分裂"之于黑格尔，盖"意识"之分裂，非"实体"之为"主体"之分裂也。唯黑氏之《精神现象学》，意识之分裂最终必在绝对知识中扬弃为一。意识哲学终究为精神哲学。而后世之意识哲学，始终为意识哲学也。故后学有用"意识"之名者，亦多转其名用"欲望"者，盖欲望唯能暂时满足，无法究竟满足，始终保持其为分裂者也。

新康德派之后，西学所复兴者，其机为柏拉图之"二"，其学渐复演为亚里士多德之学也。现象学以能思所思（noesis-noema）解意向性，其所出者似亚氏《论灵魂》之努斯学说。存在论启于亚氏论"存在"之多重含义。海氏之此在，于亚氏之"明智"、"始因"皆有渊源。① 并分析派之语义、语法分析，亦始于亚氏之名理学。今学始于柏拉图，终于亚里士多德，似颇似中古以降哲学之轨辙。其实大不然也。盖亚里士多德之为亚里士多德者，不在其支离之学也，唯在其"隐德莱希"之"合一"也。部分之黑格尔派即非黑格尔派，支离之亚里士多德派亦实非亚里士多德派也。哲学之今学固以亚里士多德为正、柏拉图为奇也。而后于黑格尔之学，正则其表，奇则其里也。海德格尔一脉，乃至列维纳斯之流，皆二与一对，一不开二，二不归一之学也。此

---

① 参见本论上篇第一章。

固出于谢林矣。谢林早年立"出于一之二"、"一开二"、"一之为
二"为本，盖为摄万有归"绝对同一"矣。晚期谢林则一与二对
峙，唯二显此一，唯一显于此二，而既不收此二，亦不归于此二，
唯显之而已。彼尝试多方，无非不欲太一复推演为多而已。海
德格尔《存在与时间》之后之"转向"（Kehre）盖多有类于谢林
矣。海氏之此在，固非谢林之先验自我矣，而其"绽出"、超越，
亦"二"也，唯决非"一"之"二"也，绝不立"绝对同一"也。唯从
"二"始，近乎《精神现象学》之"意识"，而非《先验唯心论体系》
之"自我"也。而此在之原，唯"二"也、无"一"之"二"也，绝不
许立"二"上之一。《存在与时间》之"存在"，盖此在之在也，虽
重"存在一般"，而必就此在之在问及也。故曰"基础存在论"
也。而其"转向"则谓，"基础存在论并未穷尽形而上学的概
念"，存在论转变（metabole）之后，当以"存在者之整全（das
Seiende im Ganzen）"为主题，[①]此一本己的问题论（Problematik）
即为"元存在论"（Metontologie）。[②] 故基本存在论向元存在论之
转（Kehre）与变（metabole/Umschlag），即立此"存在者之整全"
为主题也。存在者之整全也，盖"一"之一义也。基本存在论之
此在对自身存在方式之问，乃转变为向此"存在者整体"之问
矣。故海氏以诺瓦利斯之乡愁（Heimweh）为爱智慧之基调（Gr-
undstimmung）。乡愁即在存在者整全中生存着而有上述所谓
"本己的问题"："我们称之为世界的这种'整全'意味着什么。"

---

① M. Heidegger, *Metaphysische Anfangsgründe der Logik im Ausgang von Leibniz.*
Gesamtausgabe 26. Frankfurt am Main：Vittorio Klostermann，GA26，1978，S. 199。

② 或可译为"超存在论"。盖海氏之转向乃以 Metaphysik 前缀之 meta 为"超
越"也。

此一挥之不去的追问中即发生人之"有限性",随之有人之"孤独化",每个人都作为某一"独一"(ein Einzige)而面对整全。[①]独一对整体既为形而上学之基调,则形而上学的概念都是包含整全(das Ganze)之概念。概念含整全者为"总念"(In-begriff)。而此整全,唯于有限生存中面对,则形而上学亦必概念化此生存矣。故形而上学之概念,均含生存与整全之二重性,此二重性相互依赖、显示:

> 它们每一个向来都将概念化把握着的人及其此在总含于自身中(begreifen in sich)……以这样的方式,即没有后者就没有前者,反之亦然。没有爱着智慧的生存之总念就是没有整全之概念。形而上学地思在双重意义上为总念之思:走向整全的与透彻把握生存的。[②]

故基本存在论转为元存在论,遂蕴于形而上学之中。形而上学之概念必含此双重性,即生存之总念(Inbegriff)与整全之概念(Begriff)。形而上学出乎生存,不出乎整全(此与黑格尔绝对知识大相径庭),故整全之概念,即发乎生存之总念而已。生存也者,有限性也,二也。存在者之整全也者,一也。故形而上学之基本概念,不出二与一也。二即独一(ein Einzige),一即整体。两者相对,似皆悖也。独体而面对整体,有所面对而"独",一悖也;整体外有独一而又为其"整",又一悖也。何以有此悖

---

① 参见 M. Heidegger, *Grundbegriffe der Metaphysik*. Gesamtausgabe 29/30. Frankfurt am Main: Vittorio Klostermann, GA29/30, 1983, S. 12, S. 199。

② 同上,S. 13。

也？盖即分裂也。此分裂之元，即新柏拉图派太一与二之对。太一有对，仍为太一也。甚至唯其有对，方谓之"太一"，高居万有之上而超越也；二虽可为"独一"之一，仍为其"二"也。二之为"二"有双重之义，一为自身超越，胡塞尔所谓"意向性"、《存在与时间》所谓此在，皆此意也。大体可溯至黑格尔所谓"意识"之本而已，与马克思所谓"对象化"活动，皆同一鼻孔出气也。虽有对，仍为"自身"之理，故海氏检讨《存在与时间》仍未全脱"主体性"也。此为"分裂"之第一义。"二"或"分裂"之第二义，在此"二"全体与"太一"为对。即上文所谓"一"与"二"即成一大"二"也。[①] 普罗提诺云宇宙中之个人灵魂，可一超直入"太一"。此即独体对太一之基本局面也。唯海德格尔不立"三一体"，不立太一、努斯。柏拉图宗近世沉降，唯存宇宙（世界），尚无灵魂。海氏所对之世界，其无宇宙灵魂乃与"科学世界"全同。则其觅"一"也，不可从"存在者之整全"之外复立"太一"焉。故生存之对整全，二之对一而已。海氏超越之说，前期为此在之自身超越，后期乃为此"一"对此在之超越也。后期之"存在论差异"，非泛泛所谓存在者与存在之差异也，乃存在者整全与存在之差异也。此盖即柏拉图《巴门尼德》篇云"一"与"是"之差异也。揆柏拉图之义，乃一超越是也。而海氏之学，则"是"超越"一"亦。盖海氏学无"太一"，存在（是）所超越者，存在者之整全也。虽不立太一，而其架构仍从新柏拉图派来。唯存在者之整全虽亦可据新柏拉图"三一"解为"一"，其终无"太一"之卓绝超越性。故海氏存在者整全之存在，反较存在

---

① 参见本论下篇第二章第三节。

者整全,尤能稍得"太一"之义也。唯存在者整全之存在,犹累于此存在者也,其超越之卓绝性、全然异在性未足也。前不及谢林之太一,后不及列维纳斯之大异在他者也。则海氏终不能立一与世界毫无干系之"太一"。后期海氏更依柏拉图之学,反复超越,其所立之 Ereignis,给出(gibt)世界者也,要之即世界而超世界者也。

故海氏之学固发之以"二"也。而前后期察此"二"之方有深别矣。前期唯以"是"("在"),后期援引"一"焉。前期海氏更近亚里士多德之宗,于"是"及"时"察其"二"也。此在也者,"绽出"也者,皆"二"之"是"也。此"二"固亦"自身超越"也,然无非"在世",有其"对方"而已。固非黑格尔"主体"之分裂,仍未能与德国古典哲学之"对象化"、"客观化"彻底撇清也。故海氏仍冀藉康德之先验想象力发挥此在、时间性之理也。海氏学之"转"也、"变"也,盖由基本存在论之"二"转为元存在论之"二"也。基本存在论之二,此在也,"存在于世界之中"也。自身即超越也。元存在论之二,此二之"二"理,非仅在自身,非徒为自身超越之二,乃二与一之对也。前期虽云存在于世界之中,此世界盖"境域"也,转变期则判世界为"整全"。于康德,前期之此在更近乎先验想象力,后期此在更近理性;于亚里士多德,前期此在更近明智,后期则更近于努斯也。前期据亚里士多德之明智立此在,后期独一与整全对、二与一对,则入柏拉图之宗也。海氏晚期作品,与柏拉图日喻反复搏斗,尤甚于突破亚里士多德也。

前引海氏之问,云"一"与"二"彼此相依也。有一方有二。非云生存包入整全中也,乃云唯有绝对差异之一,与其所对之二方显也,二之为"差异"原则亦方显也。二之自身,有此一之显方牵引而有也。故云有一方有二,非云先有一孤一,后有二。亦可谓有二方有一。二给予,故一给予也。二之自身超越,既含自身,亦含异在也。非但为世界之中存在,且面对一存在也。拟之于黑格尔《现象学》,此"二"乃近乎求知的意识经验本身,而非意识章之意识。然而其经验着的意识自身绝非大全。二之自身与大全面面相觑,以差异各成各显而已。

故海氏之学既立,"欲望"遂成"形而上学"的,分裂之为绝对,乃不复仅为起点焉。合一之说、终成之说即不复能立。潜能、质料、偶然乃立也。当世哲学,颠倒、分解之亚里士多德宗也。显用亚氏名相也,密因柏氏之理也。如海德格尔大谈其"在",似亚里士多德"是"统之集大成焉,以"在体"为"在场性",以"存在论"差异而有越乎亚氏。其实"存在论"差异,可隐溯至柏拉图宗之"一"、"是"之别,及"异"之通种焉;可隐溯至新柏拉图宗之解"二"也。故此"差异"于柏拉图宗不绝如线而保之也。故"是"之为"二",优入柏拉图之宗矣。海德格尔虽掩其迹,列维纳斯则颇发之也。[①]

故"是"统非无"一"也,摄之以"是"也,以之为"即活动即存在"之"合一"也;"一"统非无"是"也,摄之以"理念数"也,以之为后于"太一"之"二"也。此二统之微,在是否立乎"超越"于是者也。故"一"、"是"显隐之间,仍不得不辨章其统宗也。海德格尔,当世西学之大宗也,"是"统其显,"一"统其微也,亚

---

① 关于列维纳斯对海德格尔的入室操戈,及对柏拉图的纠结阐释,参见列维纳斯著,朱刚译:《总体与无限》,北京:北京大学出版社,2016 年,页 14 - 20、31、38、39 等,下同。

里士多德宗其显,柏拉图宗其微也。近代科学以降,立唯一"宇宙"、"世界",而不立"灵魂",唯以数理以之为"律法"者。立"宇宙"而不立宇宙之"灵魂"、"目的",则亚里士多德之宗也全黜;不立"宇宙"灵魂而立数理法则,则柏拉图之宗也尚余。谢林、黑格尔之自然哲学也,无非欲据努斯演宇宙,深入其内,声光化电、机械生命、宏观微观无不兼顾,盖重启阿那克萨戈拉、苏格拉底之航程也,而未据数理,此途终废也。故曰近世科学,柏拉图宗为正,亚里士多德宗为奇也。

柏拉图宗之三一体,亦仅余宇宙而已,宇宙仅余数理而已,数理转为抽象符号,此虽非古典柏拉图派所知,仍可为近世柏拉图派所发也。抽象符号之于古代"自然数",犹理念数之于"理念"也。于柏拉图宗,"事物"之规定,皆出乎"理念"而已。故抽象符号,无"理念"也。而符号虽无"理念"之规定,其"等同"、"差异"、"大"、"小"、"先"、"后"非"种"而何?此仍为"理念"也,无非"形式"理念,而其间关系,乃据"理念数"。抽象符号,归根结底,可思为"一",而非"实质"理念矣。故近世数学,仍不出柏拉图宗矣。盖"数理"化即"整体化"之一种方式也。立形式因、目的因,则实质规定不可尽去,整体乃万物之综合、非万物皆为"一"也。数理则化实质规定入符号,复援符号为算式矣。宇宙无非一算式也,算式不可尽去质料,然已化"形式"为"算式"。形式之间不可归一也,算式之间乃可化约也,算式约为至简之一,则宇宙则不得不为一"整体"矣。海氏之前期哲学,尚有世内在者与世界之别,世界则为"境域"。"转"、"变"之后,则世界唯计为一整体。海氏固非因数理计此世界为一整体矣,然而据亚里士多德、黑格尔之宗,世界如生命,断不至于撤去规定笼统概视此世界为一形式整体。独一所直面之"整体"，柏拉图宗近世所变之"数理"化宇宙之整体也。而此整体复暗合新柏拉图派宇宙内个人灵魂一超直入"太一"之机。整体悬置世界、整体推衍世界，此断非黑格尔所能赞成也，①此即亚里士多德欲以"经验"遍察世界之发心。盖非经验不能知具体形式规定。隐德莱希遍在万物之形式，非清虚一大而已。新柏拉图派则举宇宙统论其"灵魂"焉。而近世如笛卡尔之怀疑、胡塞尔之"中止判断"、海德格尔之"畏"、"有限化"，皆举"世界"统观之也。此非亚里士多德之流亚，唯新柏拉图派之苗裔也。唯宇宙为整体，乃可悬置；唯宇宙可悬置，宇宙内之个人"灵魂"乃能径直越过宇宙、努斯，一超直入"太一"也。海德格尔之学，盖已如柏拉图宗悬其宇宙整体，而又不如柏拉图宗立太一、努斯，则唯余一无所抵达之超越、纯乎其纯之超越矣。此超越可云自身之超越，而不可云超越之自身。前者有所超越，后者盖仍止于自身焉。而超越虽无所抵达，亦恬然不居其所成，故此超越所能抵达者，唯此世界及给出世界之 es。② 世界可说，es 不可名也。此 es 于海氏固非柏拉图之太一、亚里士多德之努斯也。故其之所以能有限化之悬置世界也，以世界之笼统；而其之所以可开显世界也，以此世界之生生，天地神人各成其位。故世界非不可说也，唯不可据名理说也，固可诗云之（dichten）也。则世界之在也，

---

①　"当我说'全部动物'时，这个词组不能被当作是一部动物学。"见黑格尔著，先刚译：《精神现象学》，前揭，页13。

②　德文 es gibt，即最通行之表达："有"。字面直译为"它给出"。此"它"乃"形式主语"，给出者之虚位也。此词即海氏后期哲学所谓 Ereignis（"发生"）之前身。Es gibt 暗示一给出世界者而绝不属此世界、绝不现身者。

已非名理之"是"，而是自开显、自发生之"有"矣。故海德格尔
始转亚里士多德；而对此作为整体之"世界"，于此"世界时代"，
终转柏拉图之宗也。其力也巨，其转也微。虽其微也，仍有迹可
循，有象可解也。

　　海氏之学，于西学之内固亦衰矣。当世哲学主流，据名理支
解哲学，而又欲据名理复合哲学也。名曰从黑格尔之宗，实未能
得隐德莱希之妙也。黑格尔固有整体之名理也，名理与世界为
二，即非整体。以名理思整体，必即名理而超名理，悟名理能纳
其非名理，非名理实依名理方能得之。此固非"分析"、知解能
立也。故曰当世哲学主流，亚里士多德宗之余也。今世科学主
流，柏拉图宗之余也。唯知名理，不知隐德莱希，岂非亚氏之余？
唯知数理，不知宇宙灵魂；唯知"一"为数原，不知尚有等同于
"善"之"太一"，岂非柏氏之余？

　　西学统宗，综上粗定。虽概观泛览，亦不碍判摄如下。

　　西学之元，见道以一，其正统以名理（logos）发之。一之于
名理，可转为是，可超于是。其超于是者，亦唯以名理、从"是"
上升言之。① 故西学之统，即一即言即是也，或曰即太一即名理
即存在也。"是"有多义，在体（ousia）为大，形质为要。合形质
为一，则为隐德莱希。"一"、"是"二统并起，互含互摄，此显彼
隐。"一"统不废名理，尤开数理，"是"统独偏名理。西学流变，
此起彼伏。集大成者，合其二统，而不能无偏至。亚里士多德以
名理求"是"为哲学，黑格尔以名理求"一"为哲学，海德格尔以
非名理、元名理求"是"为哲学。近人以数理求"是"为科学矣。

---

　　① 参见柏拉图，《巴曼尼德斯》。

黑格尔摄数理于名理之下,为逻辑学之"量论"。今之逻辑学乃摄名理于数理之下,为"符号"、"形式"矣。而数理、名理高下之端倪,早蕴于柏拉图、亚里士多德宗之间矣。柏拉图之宗,虽亦摄数于理之下,①然未必了义教也。柏拉图了义教,复摄理于"理念数"之下,虽不同于算术之数,然而毕竟亦为数而已。如柏拉图之宗尚保有太一、努斯二阶之"一",则数理、名理之争未必如今日之局也。奈何柏拉图宗唯存宇宙数理法则、世界整体与一孤魂独体之对,则名理必摄数理之下也。何耶?盖亚里士多德、黑格尔及康德皆以名理(形式、目的、理念)为自然之实在也,而自然科学正统乃以数理为自然之实在。此"世界时代"又以自然为"唯一"的"一",则实在必全为数理而非名理亦。名理(logos)自身亦可"数理"化,努斯如撇去"隐德莱希"之义,亦无非名理而已,亦绝非不可"数理"化矣。故"客观精神"之为社会实在亦"数理"化矣,"主观精神"亦"数理"化为非出乎自然、乃出乎造作之"智能"矣。故太一名理化、灵魂智能(努斯)化、努斯名理化、名理"数理"化、数理实在化、中介无限化,此即西学最终之状也。盖远缘统宗,近因学变,不得不如此也。道体无外,此亦无非道体学之变状也。

---

①　参见《理想国》线喻之第三段。参见柏拉图,《理想国》,510c‑511b。中译本见,柏拉图著,顾寿观译:《理想国》,前揭,页316‑317。

结　　语

　　明儒罗近溪尝向他的一个老学生学《易》。此人起个话头问:"伏羲平地着此一画,何也?"《学案》说近溪"累呈注脚",始终不契。① 这位胡先生后来向近溪传授了什么心得,这里无意考索。他提的这个问题,正好拿来为这部《道体学引论》做一小结。

　　所谓"平地一画",在《易》当是一阳初起,为乾卦之初九。故《周易》六十四卦,可谓起于此爻。无此"一画",无《易》可言。但这"平地一画",也可看成"一"字。《说文解字》卷首说:"惟初大极,道立于一,造分天地,化成万物。"②也可谓一切文字,起于此"一画"。一与阳爻的对应,也正是扬子云《太玄》的出发点。③ 这种对应意味着,文字与易象同表天地万物及其物

---

① 参见黄宗羲,《明儒学案》卷三十四,《泰州学案三·参政罗近溪先生汝芳》,前揭,页761。

② 《说文解字注》,前揭,页1。

③ 司马光《说玄》云:"《易》与《太玄》大抵道同而法异。《易》画有二,曰阳与阴。《玄》画有三,曰一曰二曰三……"扬雄撰,司马光集注,刘韶军点校:《太玄集注》,北京:中华书局,1998年,页3,下同。

则。所以司马温公说二者"道同而法异"。表天地万物,则首当示天地万物之所以起。万物至繁。至繁出乎至简。至简不过"一"。一无可损。即令损至于"无",无之为"言",也是"一"而已。然则一或阳爻,即天地之所以起也。既是天地万物之所以起,故必先于天地万物也。

即此而想,胡先生"平地一画"之说,不无可疑。此一画既先于天地,何来"平地"之说? 然而旁参《说文》,此疑可释。《说文》云此一画,"造分天地"。所谓"平地一画",只就这个象说。"一"这个字或者这个象,"水平"横画。在《说文》,横画就是始分天地。上、下,是六书"指事"的范例。须先有一画,而后可以指事上下。[①] 其实上下就是天地。[②] 天地本无形可言,不能象形,只能指事。据"一"这个字指了天地,据一分了天地。然而就字言,这个"一"字,也是在上下"之间"显的,无非此时的上下,尚未被指事突显。就此而言,没有天地,也就没有"一"。一与天地是并起的。它把自己显示为先于天地的、先天的。但没有天地,它也无法显示自己,所以同样也是后天的。这个道理,对于《易》与《说文》,都是可用以发明的。

"一"这个字是六书元始,先于六书而不入六书。[③] "一"不

---

①　参见《说文解字注》,前揭,页1、2。上、下皆从"一"。

②　"上,高也";"下,底也"。同上。

③　段玉裁则注为:"一之形,于六书为指事。",《说文解字注》,前揭,页1。段氏自云:"象形者实有其物,日月是也。指事者不泥其物而言其事。上下是也"。又云:"天地为形,天在上,地在下"。同上,页1。语若天地为实物也。《说文》首句"造分天地,化成万物",明白区分天地与万物,接续《易》、《庸》、《庄》等传统,绝不以天地为"物"也。天地既非万物,则无形可象,或可指事而已。而此"一"亦非所谓"不泥于物"。盖一是化成万物者。尚未有物,无所谓"泥"与"不泥"。

是象形。天地未分,万物未化,有何形可象?"一"也不是指事。朱子说"物,犹事也"。① 无物可形,也就无事可指。② 须先有一,才有"上"、"下"那样的一切指事。如定要以六书名之,那么只能说,"一"是大象无形之太上象形,元象形。"一"也是无事可指的太上指事,元指事。

"一"这个字与"形"、"事"("物")的关系就是一与道体的关系,阳与易道的关系。"一"这个字的道理,就是"形而上者谓之道"。"一"不是"形",但仍是原初显现。唯其显现,道乃能立,天地乃分,万物乃化。"一"所象的、所指的,可以是"无形"、是"无",也可以是"全"。为什么是"全"? 无可画之地(就是浑然未分之"上下"),怎么会有这"平地一画"? 而无此"一画",有何"全"乃至"无"可言? 无论"形而上"之"道"是"全"还是"无",它的示现,就是"一画"。这个"一画"是"象",它可以是"平地一画"也就是水平线段,也可以不是。可以是一点,可以是一个圆圈,可以是一个神圣的语音,也可以是"Sein"这个直接而无规定的概念,也可以在那上面打叉。诸如此类。总之,它必须是一个简单的指"示"。没有这个指示或者说"记"号,什么都没有,没有无,没有全,只有"无记"之顽空。甚至"无记"就已经是一个"记"了。要指示一片白地,就得在上面"画"一道。要指示全、无、道,都得那么"一画"。指示白地的、白地上的这一道,当然不是白地。但是,道体学的基本问题就在于,指出道的那

---

① 《四书章句集注》本,前揭,页5。
② 徐铉校定宋本《说文解字》首句作"惟初太始……"。据《乾凿度》,"太始"为"形之始",犹可以"形"捉摸这"一"。段注本则易之以"惟初大极……",则纯先于"形"者,参见下篇第二章第三节的有关讨论。

个,是不是"道"? 属不属于"道"? "道"可不可以不需要这个"指",仍然自成其道? 道与一的关系,一与"在"的关系,也都不外于这些问题。

　　道如是"全",那么这"一画",一定属于道。道如是"无",那么这"一画",一定不是"道"。如无此"一画",无论"道"意味着什么,它都无法示现、无法"开始",没有"立"脚点,不能成道。这就是诸典中"形而上者谓之道"、"道始于一"、"道立于一"的意思,乃至"苟不至德,至道不凝"的意思。

　　所以无形必即形象而显,无必即有而显,全必即分而显。道体必即一而显。天道必即诚而显。以"形而上者谓之道"解,一不是这"一画"自己,而是它所指示的,是无,是全。以"形而下者谓之器"解,它是"一画",它和这"一画"籍之能画的"空处"、"白地"已有差别。这里的"上"、"下"就是《说文》的"指事"。无非"上"则此"形"无事可指,即一即无。此"一"是大象无形之形。"下"则此"形"自成一事,一与无不同,乃有"二"。即一即二。此"一"则是有形之始,自指是指事之始。有了"二",就有作为原理的"差别",那就可以有该有的一切。这一切始于"一画"之自指,自以为"事",或自以为"是",除了那超于"一切"的。

　　以上这些,只能解释罗近溪所苦的问题的一半:已经画成的"一画"与道体之关系;而不能解释那个问题的整体:伏羲那样的圣人"着此一画"是什么意思。

　　"着"是圣人最初的"行"、"知"乃至"文"。这些出乎圣人之"德"。圣人之"德",得了道体之一,故必"着此一画"。圣人固可幽潜玄德,冥默不示其道。而圣人自己,本就是道体之"一画"，本就是道之"示"。"德"就是"得"。既得其一，必失其本来之无。所以圣人必不能隐。"天生德于予"，故"吾无隐乎尔"。圣人就是道体之隐无可隐。如执道体唯虚静一义，必以圣人为道之贼。而以道体为生生者，则必以圣人为道之凝、性为天之所命。

那么，"着此一画"的，是道之凝，还是道之贼？没有一画，道体也就显现不了，哪怕是作为"不可显现者"显现；万物也无法显现。而没有圣人"着此一画"，也就没有这"一画"。这些能推出，没有圣人道体就无法显现吗？如果"圣人"云云说的无非是人的最高意义，那么能推出，没有人，道体就无法显现吗？

道体一定要显现吗？道体不是谢林指责的必然性。道体当然可以显现，可以不显现。也可以通过显现万物而把自己显现为"无可显现"。事情仅仅在于，一切已经"发生"了。"发生"就是唯一真正的"事情"。显现、不显现、显现为"无可显现"都是被"给予"的，都是"天命之谓性"。时乎"命"乎。当此"时"也，对于道体的无为、虚静或者自由，只能追想；对于道体的有为、活动、存有，则必须担当与叙述。道可现为"二"，而不可本于"二"。则无为而有为，虚静而存存，皆流行也，皆道体也。

或者还应该反过来想，没有"着此一画"，没有道体之显现、天地万物之生成，还能理解"有人"这回事吗？《文言》云："夫大人者……先天而天弗违，后天而奉天时。"[1]圣人着此一画，既是先天也是后天。无此一画，则无天地可言，故先天。无天地，则

---

[1]　《周易正义》，前揭，页23。

无人可生、画无可画,故后天。《中庸》云,"天命之谓性",又说,"致中和,天地位焉,万物育焉"。① 无非也是人既先天,亦后天之义。所以《繫辞》说了"天地设位,易行乎其中矣"之后,立刻说"成性存存,道义之门"。② 成性存存不是让人不断地成为他小体的自己。成性存存就是让天地不断成位,万物不断化育。这样才是"生生之谓易"。只有生生之谓易,易才能"行乎其中"。所以成性存存就是继之者善,就是阳之始生、复生。平地着一画,就是人之为人,天之成天,天命之谓性。

一切的始现就是有了人。而既然有了人,道体就已经显现了。道体之显现,就是道体的仁。"仁者,人也"。③ 道体如是仁体,那么人就不可能是什么偶在,而是出于自由之必定存在。人如是偶在,道体就不可能是仁体,而只是一气屈伸。既然道体的显现就是道体之仁,所以一阳初起的那"一画",就是"元者善之长也"。④ 这也是《繫辞》虽暗示仁者未见全体,却仍许"生生"为易的道理。

以上所说,也就是道体学之所以可以开始。所有的问题、义理与开显,都包含在这"平地一画",或者道体之始现中。

---

① 《四书章句集注》本,前揭,页20、21。
② 《周易正义》,前揭,页274。
③ 《中庸・第二十章》,《四书章句集注》本,前揭,页33。
④ 《周易正义》,前揭,页12。

哲学与体用
——评陈来教授《仁学本体论》

　　陈来先生的新著《仁学本体论》可说是我国本世纪出现的第一部纯粹哲学作品。陈先生治中国哲学史及中国思想史多年，著作等身，学界对他的研究路数和学术风格应该说已经比较熟悉了。但此书出版，足以新人耳目。我作为陈先生旧著的受惠者，拜读之下，且惊且喜。惊喜之余，更欲对此书之意涵，有所申论。以下从内外两层分说。

　　外在方面，指此书的取向、进路对于当前中国思想及中国"哲学"大势的意义。内在方面，则涉及此书的具体立论。内外当然无可分裂。一般而言，书的内在方面更重要一些。不过轻重缓急，端赖时势。斯时斯地，此书之外在意义格外值得重视。

　　陈先生的治学，在我国的学科分类中属于"中国哲学史"这门"二级学科"。同时也可算作广义的"中国思想史"研究。近年兴起的"国学"特别是"儒学"潮流，对陈先生的全部著述，当然也要参究引述。因此，陈先生的学术工作，可谓交汇、牵动了"中国哲学史"、"中国思想史"、"儒学"等多重学术思想脉络。

不过,《仁学本体论》在其意图和效果上,不同于以往的任何一部陈著。打个比方,旧著大体是在冯友兰先生几种《中国哲学史》的工作范围内展开。即令颇树已义,也不过是老田地里养出了新花果。《仁学本体论》则更接近冯先生的《贞元六书》,属于体系性的贡献。如今冯、陈格局大略相似,但入路乃有差别。冯先生的入路是从哲学到哲学史。陈先生反之,是从哲学史到哲学。

冯先生其实是以《六书》尤其《新理学》为本,整理哲学史的。哲学史是解释历史上所发生的哲学。解释中最重要的不是材料,而是处理材料时所依的哲学见地。冯先生几种《中国哲学史》之见地,根子在其体系。而其能入哲学(非哲学史)之门,契机在于学习形式逻辑时顿悟概念之纯粹性(对此冯有回忆)。

陈先生则不同。他最早的学术贡献,是对朱子书信编年的考证。其史学工夫之强,足以掩盖其概念分析的能力。其实,无论治晦庵、阳明、船山还是先秦简帛,均非单纯的考证爬梳即能胜任的,还须同时糅合概念分析与生命体会的方法。而陈先生的著作虽有思辨与体会的方法论底色,却仍以史学论著的面目出现。甚至在这部纯粹哲学论著中仍然如此。陈先生在哲学史研究中,淡化概念论证、强化历史叙述的方法,原是他力图摆脱冯友兰哲学先行的哲学史工作方式的努力。这种努力是有效的,也是有影响的。但在纯粹哲学的构建中,明确提出史学叙述而非概念论证是"必须"的,[1]或仍属空谷足音。

_____

① 《仁学本体论》,前揭,页23-25。

　　不能仅从方法论的转向去理解作者对历史叙述的强调。陈先生其实提出了另一种哲学观:非概念中心的哲学非但是可能的,而且是"中国哲学"有史以来的正统。此正统非但可以回应,而且可以化解概念中心的哲学形态。

　　因之,从哲学史到哲学,在陈先生并不是断裂性的进展。而哲学史研究对其哲学研究的影响,也不象表面看起来那么简单。说得彻底些,并不是哲学史研究影响了哲学,甚至也不是浸淫哲学史的多年积累让作者在哲学创建时能自如地调动各种资源。《仁学本体论》的大意义在于,陈先生是把在其哲学史工作中本来就内蕴或随之成熟的"哲学史的哲学"自然延伸到了纯粹哲学的王国。如果说冯友兰先生的几种《中国哲学史》是"哲学化的哲学史",那么《仁学本体论》可谓创建了"哲学史化的哲学"。两者虽然都是哲学史与哲学的统一,但其风味与底蕴则有所不同。冯先生的著作,风味的中国性重于其底蕴的中国性。陈先生则反之。《仁学本体论》的发心,就是接住李泽厚抛出的问题("中国哲学如何登场?"),探索具有真正中国性的哲学。① 此著的方法论,是隶属于中国性及其主旨(仁体)的。

　　这里,我将通过历史叙述进行哲思的一系哲学,称为"叙述的哲学";将以概念说理为主轴建立的哲学,称为"概念的哲学"。"概念的哲学"包括分析哲学,但也包括以其他的方式进行概念思考的哲学。例如,熊十力、冯友兰先生的哲学也是典型的"概念哲学"。而李泽厚、牟宗三、唐君毅的哲学,则多少算

---

　　①　《仁学本体论》,前揭,页501。

"叙述的哲学"。西方哲学则大多是概念哲学。也有不少哲学家是以叙述带出概念的。

《仁学本体论》的出现表明,哲学仍可被选择为中国思想的恰当形态。李泽厚的时代过去之后,随着中国学界风气和格局的变化,中国哲学可谓命悬一线,不绝如缕。其原因大体有三:

第一,由于哲学鲜明的西学渊源,对中国哲学自身"合法性"的质疑并未从根本上消除,而是以新的形态潜藏了下来。

第二,近年来,儒学复兴运动实已进入了经学乃至儒教复兴阶段。经学传统及理学的工夫论传统同样质疑将传统学术思想"哲学化"的现代学科建制。

第三,由于当前西方哲学格局的变化,即使中国思想保有"哲学化"的余地,局面与出路仍颇复杂。

"哲学"云云,当前大体已分三途。一为逐渐坐大之分析派。此派小智间间,别无他技,唯将科学方法中最初步浅显者用于哲学。故论理细密而套路简单,虽器狭才庸,亦可入门。易学易用,浸浸然遂为大派。此派对哲学史文本,中如孟子,西如柏拉图,均以彼派之格套,还原为论证而后加以绳墨。其中不能论证化者,一概斥为"非哲学"。又一为逐渐式微之欧陆派。此派原本高明丰富。亦即立意高远、立论多方,善于将非概念的东西(历史、现象、生命、体验、情感、意志、政治等等)概念化。而高明难继,丰富难择,遂后学凋零。前后两派,不无分河饮水之势。后一派又衍出政治哲学一支,对哲学之显,有所限制。此三派对中国思想之哲学化,都有各自方案。分析派与政治派均有落入窠臼格套趋势,其"哲学化"实新经院化。欧陆派之总问题源自西方哲学之正统(本体论、形而上学)。其具体学说虽多有可采,而其总问题则与中国思想尚隔一间。①

在这样的形势下,《仁学本体论》的出现表明,中国哲学毕竟迈出了方向性的一步。这是续中国哲学慧命的一步。没有这一步,中国哲学的道路要么踏上歧途,要么逐渐掩没在时代杂草之中。

《仁学本体论》以自立学统、自做主宰的方式不言而喻地回应了"中国哲学合法性"的问题。这个方式可以同时回应中国哲学界内部的质疑与来自经学复兴运动的质疑。

合法来自"正统"。建立传统就是建立合法性。需要争辩的合法性已经是第二义的。从不被争辩、而在争辩时被默默当作背景的合法性才是第一义的。背景就是正统,就是最原始、最广大的共识。建立正统依靠的不是"论证"(因为论证就带入了争辩的可能性),而是"历史叙述"。在这种哲学中,最彻底的批评不是激烈争辩,而是不齿、不提及,也就是不列入正统。②"叙述"本是源自"经学"的方式(在西学那里是诗、神话与法典的方式)。陈先生是以经学的方式回应了中国学术只属于经学、不属于哲学的质疑。在陈先生建立的儒学正统里,他是接着朱子、熊十力、梁漱溟、和李泽厚叙述中国之道的。这在首章"明体第一"中昭然可见。冯友兰则在此章末尾被判为非儒家的中国哲学。

同时,陈先生对西方哲学的传统仍有所回应。这些回应似乎零散即兴,但关键处都点到了,其格局是全面的。在对西方哲

---

① 此一间是否仅如陈著所云:存有问题是误入歧途,则可再商量。
② 注意《仁学本体论》对牟宗三思想的沉默。

学多有回遮、吸纳的同时,陈著最重要的一个表态是:研究西方哲学的根本问题("存在"问题)对于中国哲学来说是误入歧途的。这就将中国思想"哲学化"在当前涉及的麻烦都清理了一遍。

把大而化之的古今中西问题聚集、收拢在经学、理学与哲学之间。不仅主张,而且推进了中国思想的哲学化。不仅让中国哲学包摄了西方哲学的一些重要学说,而且把这些学说纳入一种更为本源的思考中,从而更新了哲学本身的形态。所有这些,大概就是《仁学本体论》最大的外在意义。

外在意义是自其内核焕发的。《仁学本体论》的立意,是要把仁体演为宇宙的本体、道学的正脉、普遍的价值基础。按叙述哲学的方法,前两个意图可合并实现。全书正文凡十二章。前十一章贯彻了前两个意图。终章用力于第三个意图。

《仁学本体论》的思想来源丰富,而统绪清晰。渊源虽富,并不碍作者折中损益、取舍进退。简单地说,《仁学本体论》的基本作法是在分头推进的基础上,一方面综合了熊十力的宇宙论和李泽厚的情本体论,①另一方面将这种综合直接追溯到朱子之仁学。② 这种综合是创造性的;这种追溯以及推进③则表明,这种创造性并非一己才力的表现,而是符合正统的。此综合他人或者可及,此追溯当世非陈来不办。④

---

①　"后期熊十力的体用论与后期李泽厚的情本体论是我们正面面对的中国现代哲学本体论的主要场景,对此两者本体论的反应与回应构成了我们的仁体论建构最初的基本思路。"《仁学本体论》,前揭,页62。

②　《仁学本体论》,前揭,页38–47。

③　同上,页215。

④　既有此一溯,牟宗三必不能得位于此书矣。

　　陈先生的直接发心是把李氏的情本体从其心理学、文化学的人本主义背景下解脱出来,①提到熊氏宇宙本体的境地中考量。李氏情本体说的弱点是担当不起宇宙化生的大用,故情本体充其量是心体,并非真的"本体"。熊氏本体说发明《大易》生生之理甚明,而其障在于偏说成物势用(一翕一辟),未从仁德体会生生之理,故所立终非仁体。陈著俾二子相济,唯以仁德大用逆证生生之体实即仁体。此的是明道血脉,而提至晦庵格局矣。依识仁血脉正熊氏之偏,凭宇宙格局充李氏之狭,②是陈氏之学也。

　　陈著用力,本在体用之间。述用易,明体难,即用明体尤难。清通晓畅,素为陈著之长。此书则不乏深邃繁细,偶有未臻圆熟,多在论体处,不得不然。近儒论体用,无出熊十力之右者,故陈著纠熊处较拓李处尤费周章。熊学一脉,传至境外,多依西学(康德及怀特海等)立论。故陈著又不得不旁通西学,为化解康德,前追斯宾诺莎,后引海德格尔及现代犹太诸哲。用心良苦,援奥良多,而理脉丝毫不乱:引海德格尔等,为摄用;述斯宾诺莎,为定体。③

　　限于篇幅,本文且就体用及仁体等,略做评点。

　　第一条,关于本体、实体、主体、体用之体。

---

　　①　《仁学本体论》,前揭,页501、502。

　　②　"对李泽厚的情本体哲学下一转语,便是我们的使命"(《仁学本体论》,前揭,页418)。此转语就是把仁体也理解为"人与宇宙的共在"。

　　③　此法甚古,大可玩味。当代西方哲学盖反之。实以斯宾诺莎之"用"(欲望),进海德格尔之"体"(存有一般)之境地。破体用二分,亦从此途。

　　"体"、"用"论式，虽可远溯至汉代道教（魏伯阳）、魏晋玄学（王弼），而其大成，当在隋唐佛学。佛家多"体"、"用"、"性"、"相"并举。或说"体性"，以对"相用"。佛家重"性、相"，理学重"体、用"。而彼此又非全不相涉。朱子批评佛家"作用是性"，欧阳竟无以"体用"圆满并摄孔佛。是"体用"亦可用于佛学，"性相"亦可用于理学。本、体，对末、用而言，道、体，对器、用而言。道器本末始终之对，源自先秦原典。而合道、体、本，齐器、用、末，则是后世踵事增华。实体、实学，是理学为辟佛，强调此体本非虚空。本体对工夫，参入心性，是理学修证语。以上是中国学术史之固有涵义。

　　洎乎西学东渐，体用之义渐迁。张文襄说"中西体用"，庶几仍可入旧义。严几道驳以"牛马体用"，是误形器为体、功能为用，已与宋学不合。虽汉唐古注，亦偶见以"体"为"形体"，而此非张之原意可知。西方哲学典籍大量汉译之后，本体、实体之意更转繁复。大体先是以中格西，将 ousia、substance、onta 等一系列源于古希腊哲学对"存有"之主词化解释之西方哲学基本概念，译为"体"。但这些"体"均不与"用"、"器"、"末"、"相"、"工夫"相对，而是与"属性"、"样态"、"思维"、"真理"、"现象"等相对。

　　名相译释，非同小可。自此一变，本为以中格西产物之"实体"、"本体"等回过头来入室操戈、代西格中，全盘换了问题，反以"体用"之"体"、"道器"之"道"问的即是"存有"、"主词"、"基础"。种种紊乱，因此而生。而此种紊乱，又非单纯纠正解释可解。此间涉及中西思想各自脉络的本源性问题。西方哲学之"实体"，本源自陈著自始即排斥之"存有"问题。而陈著所之赞许苏格拉底之"善"，①亦绝非与"存有"问题毫不相涉。西学中作为宇宙原理之"善"，不可能缺少"存有"而成立。故引"实体"入儒学成立仁学的体用论，当对存有问题有所化解，而非仅判为歧途便可了事。

陈著化用斯宾诺莎之实体说，为接续熊十力，立本体兼摄心、物。此法固妙，在陈氏亦非权宜，然立此超越道体，或亦可有他方，不必牵涉西学（详见下文诸条）。而援斯入儒，亦带入其系统之固有问题，亦有其他牵扯，不得久立。

熊门后学如牟宗三等，本援康入儒，其弊在以心统天。牟遂跳出朱陆，据明道一脉极力浚通心体性体，盖有所憾也。康德费希特之后，德国哲学亦有此憾，故亦有斯宾诺莎主义之复兴。其"实体"固超越心、物，而非康德"实体"范畴所能笼罩。而斯氏"实体"之门，亦从"自然"可入，乃至"除自然外没有上帝"。然此亦非了局。逮黑格尔出，以"不仅将真理理解与表述为实体，而且也理解与表述为主体"统摄康费与斯氏。

揆诸陈意，当以牟氏为康德主义或曰主体主义的新儒家，则陈氏无疑为斯宾诺莎主义或实体主义的新儒家。陈著抨击主体主义儒家甚力，如将甘泉、阳明之争归为实体与主体之争。② 若陈氏只说"实体"，当仅为斯宾诺莎主义。议者如径从黑格尔哲学出发批评，彼未必领受。而作者今并举"实体"、"主体"，则当已接受黑格尔之判教。既已接受黑格尔，则不得不接受黑格尔对斯宾诺莎之了断：绝对［"道体"、"全体"］不

---

① 《仁学本体论》，前揭，页74。
② 同上，页205－206。

落实体、主体二边。实体主义之新儒家必被"绝对主义"所扬弃。如作者以为,斯宾诺莎之"实体"既已超越"心"、"物",其实已含主体,当是"绝对",则作者实如众多学者,误解黑格尔之"主体"概念。此主体决非实指"思维"或"心",而是"思维"的原理——"活动性"。这概念表面来自费希特,其实来自亚里士多德。相反,阳明学归诸"心"之当下呈现(在黑格尔那里叫做"直接性")原理,黑格尔则归诸"实体"。黑格尔之主体性,与"心"之关系,远不如与"生生"之关系密切。和亚里士多德一样,黑格尔哲学关涉的是体用问题,而绝非"心"、"物"或"心"、"性"问题。心体与性体都可以或是"实体",或是"主体"。

对理学而言,既没有独立于体用问题之外的心物问题,也不可误于译名,将"体用"问题误为"实体"、"样态"。斯宾诺莎以及一切摆脱心学思考神学的西方哲学的症结所在,就是体用二分,断为两橛。论及体用,陈先生一如牟宗三,尊怀特海。而西哲论体用,无出亚里士多德与黑格尔之右者。可惜陈先生与黑格尔失之交臂,犹如牟早年错失亚里士多德一样。

第二条,"体""用"之间。

摄用定体之旨,在理学当为"体用不二、显微无间"。如何证其"不二"?古人首重默识、工夫。今人则不得不主说道理。熊氏借华严宗"大海沤"之喻,发挥大易生生之理。[1] 牟氏承其

---

[1] 故欧阳竟无责之不当以新唯识论自命,毋宁为"新贤首宗"。

师说,变其名相,乃以"即活动即存有"为基本架构。此架构可
溯至亚里士多德。[①] 熊牟之说,实可贯通,要之基础存有(实体)
不离活动而在,本体不离显现而有。[②]

陈著亦推进熊说,然不取刹那不息意,[③]唯取包摄心、物意。
陈著以仁说生生,固比熊借刹那说为正。然陈又借朱子立仁体。
仁在朱子只是一气流行,非体上事。而陈说仁体,以理、气为用。
如只在气上说流行,则仁只是用,不是体。如立仁为体,实当在
体上说流行。则或从气本论,或依熊牟解。陈著只说"实体必
有流行发用",[④]此一"必"字,如何成立? 迄无演证。斯宾诺莎
如真能有此一"必",不待黑格尔批判矣。不依熊牟,立体用不
二,流行主宰不二,须得在体上说气。故明儒多立气本,以为性
体。蕺山以气摄心,船山以气摄理,皆是明证。而陈著引朱子
后,续引明儒中王门弟子,[⑤]似乎两下无间。是陈先生仍立朱子
门墙下,不欲人说其发皇气论欤?

体用论难立,难在极易断为两橛。离活动建立之实体,是
"基础"。离显现建立之本体,是"本质",皆离用之体也。如欲
破体用二分,须立二旨:实体不离活动而在、本体不离显现而有。
西方哲学中,黑格尔辩证法建立前理,兼摄后理。现象学成立后
理。二宗皆可溯至亚里士多德,然后知活动就是显现、实体就是

---

① 参见拙文,《生生与造作》,见丁耘,《中道之国》,前揭,页255。
② 陈解熊不同于牟,虽亦反复强调体用不二,但似未完全去除"现象之后"的
本体观、"流行之基"的实体观。盖因朱子、斯宾诺莎不能尽脱此气味欤?
③ 非但不取,对熊氏借佛家"刹那刹那"所说"不息"之意,实有微词。见《仁
学本体论》,前揭,页68、69。
④ 《仁学本体论》,前揭,页225。
⑤ 同上,页64。

心体。中国思想中，破体用二分，门径尤多。佛家及心学传统中，在在皆是。心物、心理、理气、知行、天人，不是不可说，要在当摄于体用论下，从体用不二看，面目自然不同。

体用之学，可分四支。有即用见体之学，有据体演用之学。有见体而后据之演用（诚则明矣），有演用而后即之见体（明则诚矣）。后二支乃圆转为全体大用矣。古今之学，多前二支。儒家之用，要在心、气。佛道两家，研幾虑深，转为念、息。姑置勿论。

气是仁体由天向人发用，由上而下。心是仁体由人向天发用，由下而上。前者鱼跃在渊，后者鸢飞戾天，上下察也。体之大用，唯定在心，此孟学正脉（详见第四条）。[①] 仁体发用，在恻隐之心。恻隐是仁之"端倪"，即仁体之显现。在心性上说，体用不二。在工夫上说，知行合一。就仁体说，不可离仁之显现识仁。离仁之显现，就是不仁（无知觉），不仁其实无仁。欲仁而仁至。仁就在这个"欲"上有，而不在对"仁"字之考释、了别、思辨上有。[②] 此是从仁体说。从宇宙本体说，天地是乾坤之体，乾坤是天地之用。乾即健，坤即顺。即用定体，不健非天，不流非川。非先有个昭昭之天，而后发现它一直"行健"，才是不已之天。天就是"行健"名词化、主词化了。凡行健必是天。人能行健，亦是天德。此理西哲以火燃、河流、日照、目视、心思等喻出之。火即是燃，日即是照。非先有个太阳，而后发现它也能照亮

---

① 告子曰：不得于心，勿求于气。孟子是之。

② 识仁是存恻隐之心、尽恻隐之心。不是识"仁"这个字。此文字学之所以为"小学"者。此学只是入道之门，未立大体。极而言之，不识字，不碍其为大人。识字，不碍其为小人。盖儒门之"学"，原非读书识字可尽其义。此固是极而言之。亲教圣人，旷世难遇。唯典册是学，而后德性可尊。

发热。川不舍昼夜，道行之而成。先从流行，方能见道。即此大用，方能定体。

悟性到处，即用定体。义理熟时，据体演用。顿悟本体，先于演证名相，方是真儒学。否则只是戏论（概念游戏、思辨哲学）。近人之中，熊梁即用定体，引人观道。金冯据体演用，空口论道。如金岳霖劈头即说"道曰势、曰能"。冯友兰先从"逻辑"上造出"大全"概念，[①]而后独断地（即"形而上学"地）说它"也"是流行不已的。[②] 诚如黑格尔所云，哲学就是要破除这个"也"。熊梁或仅望道而未之见，而金冯实不知有望道一事。陈著大处用熊、排冯，吃紧处似仍未脱冯学气味。因工夫论史料揣摩极熟，故较冯为优，能在大处用熊而不为所缚。而其纠熊时，暗袭冯学。详下。

第三条，翕、辟、动、静与存有问题。

陈著以仁体纠熊之生生本体。生生原即仁体，而熊以不息、不已，而非以仁之发用揭明此体。体用不二，熊既未由仁入体，故其生生本体在陈即有所偏。即有取于生重，有取于成轻；有取于元重，有取于贞轻；变动迁流意重，收摄保合意轻。在熊氏，一翕一辟之间，辟为主，翕为次。此虽《易》语，而熊实以佛家刹那说贯通《大易》变易说而建立。陈著先破刹那说，后纠翕辟说。前多引西哲，发挥连续性之理。后多引理学，以为翕辟之间，当以翕为主。而仁之为宇宙原理，相当于稳定、同一、存有，故翕与仁合。

陈纠熊翕辟说处，丝毫未及冯学。然陈之纠熊，与晚年冯友

---

① 此诚康德所谓"纯粹理性之先验幻相"。
② 犹陈著所谓"实体必是流行发用的。"此是论断，而非实证。

兰以"仇必和而解"商兑毛泽东"仇必仇到底"之绝对变动观,实出同一意趣。翕、辟、仇、和,都既是宇宙本体,又摄历史现象。辟于唯物辩证法,相当于运动、斗争;翕相当于静止、同一。于历史唯物论,辟相当于革命、阶级斗争,翕相当于仁政、阶级和解。以翕为主,即以静为主。以翕为仁,即以和谐为政。此的是袭冯之处,而运用高明。冯氏用"静"、"和",仍囿于唯物辩证法藩篱。陈氏说翕、仁,则主说宇宙,更独标仁,直续理学正脉矣。西哲本源自存有问题,陈著虽判为歧途,而翕辟动静,实通存有/变易问题。总熊冯陈而论之,可谓熊主变易(生生、辟),冯主存有(终极、"底"、理)。陈阳用熊学,阴袭冯学。主存有而名之为翕。陈之转熊学,用依李(情感),而体实有取于冯(收聚、静止)。

　　西学于变易,定之以存有、实体等。苏格拉底定之以善。陈摄翕归仁,与苏氏通。宜其对苏氏青眼有加矣。而苏氏以一切知识围绕"善",生活优劣,决于对善持臆见,抑或真知。而此知是思想、理智事。陈虽于知行有间(如论明道处追问:"什么是仁"),特因孟子、明道一脉,终不昧于西学,决定了然"识仁"、"明善"不在界说,而在存心、尽心矣。要言之,变易流转,陈以为当定之以仁。故实体于工夫言,即至善心体、本体;仁体于存有问题言,即实体、本体。此一路向,陈仅点到为止,及其至也,似可包摄中西而周圆无碍矣。然陈于熊氏翕辟说下转语处,窃以为义有未安。容略说之。

　　熊十力翕辟之说,本以衍乾坤大义,以辟说乾,以翕说坤。此盖已乱《易》语。《繫辞》曰:"夫坤,其静也翕,其动也辟,是以广生焉"。是翕辟皆坤元之德。而"阖户谓之坤,辟户谓之乾,一阖一辟谓之变"。揆熊之意,当云阖辟,而非翕辟。熊云翕辟,实即阖辟,亦即乾坤,要之主变也。变易非不干存有,而是否定("辟")存有。如以"变"否定存有,逻辑上必当后于存有,此即落黑格尔逻辑学。然在此逻辑学,后起者必是在先者之真理。[①] 论先后,有先于变。论轻重,变重于有。《易》固以为乾尊坤卑。且非以逻辑秩序排诸卦象,故乾元亦居首。变易之中,以辟为主,以翕为次,即以乾、阳为主,以坤、阴为次也。易固有三义,然变易先于不易。神无方而易无体,不容实体据变易之外、变易之上,此固《易》理也。

而陈攻熊云,当以翕为主、辟为次。谓逻辑上亦当先有所翕,方有所辟,故翕当为主,辟当为次。[②] 此逻辑非《易》之逻辑,亦非黑格尔之逻辑。盖于黑格尔,先后实不与主次相应。陈著之翕辟说,实以存有为主,变易为次。[③] 此是冯学,非易学也。以冯学攻熊学可,以之为易学而攻熊学则不可。而陈著雅不欲绍继冯学,于存有、变易语焉而不详,唯以张大仁体为务。以仁释翕,乃云以翕为主,即以仁为主也。此释于陈著之内,已不周延,[④]恐亦非

---

①　黑格尔谓,变易是第一条具体的真理。盖有无皆抽象,不可自立,必过渡至对方。

②　《仁学本体论》,前揭,页67。

③　以唯物辩证法术语云,即静止为绝对,运动为相对。

④　"此一翕作为宇宙的本质倾向即是仁的根源性表现,或者说,翕即是仁在宇宙的表现"(《仁学本体论》,前揭,页65)。"翕即是聚合、关联、维系、吸引,即是仁。"(《仁学本体论》,前揭,页68)。"在宇宙论上,生生即辟,一体即翕,皆仁之体用。"(《仁学本体论》,前揭,页39)。"仁是生生流行之总体,故乾坤并建乃可当仁,此专言之仁也。偏言之,乾主生,坤主爱,并建言仁……"(同上)。"辟是离散、消耗、个体化。一体是翕,离散是辟,皆宇宙大仁之体现。"(《仁学本体论》,前揭,页65)。如翕、辟皆是仁之体现,特言翕(聚合、关联)为仁有何意义? 个体亦是一体,不自聚其体,何来个体? 辟既为离散,如何能"个体化"? 上引合观,不无未澈难周之处,盖作者未能始终一贯,以《易》之本意释翕辟仁知。

《易》之本意。《繫辞》云：

> 一阴一阳之谓道，继之者善也，成之者性也。仁者见之
> 谓之仁，知者见之谓之知。

李道平疏曰，"仁者偏于阳，见阳之息谓之仁，故仁者观道，谓道为仁。知者偏于阴，见阴之藏谓之知。故知者观道，谓道为知也。"[①]李疏虽本虞翻，而此处可与王注孔疏相通。"辟户谓之乾"，王弼注曰："乾道施生"。孔颖达疏曰："辟户，曰吐生万物也，若室之开辟其户……"。孔疏《乾·文言》引庄氏云："'元者善之长者'……善之大者，莫善施生，元为施生之宗"。又疏"乾元亨利贞"，引《子夏易传》云"元，始也。"故辟、开、元、始通，为施生、始生之意。"元者善之长也"，《乾·文言》自释为"君子体仁足以长人"，孔疏曰："施于王事言之，元则仁也……"是辟翕之间，辟属乾而有始生之意，仁也。仁意本始生开辟，扩充推演之后，方包摄终成收聚。此意陈著所引《朱子语类》甚明：

> 仁义如阴阳，只是一气。阳是正长底气，阴是方消底气；仁便是方生底义，义便是收回头底仁。[②]

故经学、理学传统中，开辟、始生属仁，翕阖、终成属义或知甚明。如张大仁德，则礼义知信均是仁，翕阖终成亦可繫于仁。

---

① 李道平，《周易集解纂疏》，前揭，页 560－561。
② 《仁学本体论》，前揭，页 214。

而此是发皇之语,已落第二义。开辟乃仁之原意,不可掩也。陈著据理学史,将仁之始终二义,归为"生生之仁"、"一体之仁",而翕、辟俱摄其下。此固有本。然而正因如此,不宜在翕辟之间,复为抑扬。果欲抑扬,当随周家之《易》,扬乾始生之辟,抑坤终成之翕。何以故?生生为元、为本,无生生即无一体。生生开辟肇始、越自通他,感通所止,乃有不为形骸所限之一体。

陈著于经学、理学虽熟极而流,而不甚囿于家法,于朱子乃至五经,皆有所月旦。[①] 故陈著能以"哲学"再释经典,得失功罪,恐皆在此。陈云翕是聚合、辟是离散、乾主生等,尚见古意;云翕是关联、辟是消耗及个体化、坤主爱,则是以"现代哲学"阐发经之旧辞矣。此等运用,盖包含极严肃之意图,不可轻诋。如力守旧义,论不破经,固是理学旧业。即令颇按新调,当非浮泛,而亦有所指。如以辟为个体化,以翕为一体化而归之于仁,此固是宇宙论层面事,意在以仁纠正个体主义之价值论。然据旧籍原义,亦可另作"哲学"阐发。辟是超克、敞开、自身超越,而翕是建立界限、止于自身之内。此如用于思考存有乃至价值问题,当别有所见,兹不赘。

第四条,心学与仁体。

陈著最醒目之贡献,在跳出心学理学、理本气本之争,以超越仁体统摄心物、理气,将中国哲学史上这些"本体"尽数黜为仁体之用。开此生面,自是大宗匠手笔。

---

① "《繫辞》的作者已经接近到仁体的大用的认识,但尚有所未达"(《仁学本体论》,前揭,页112),"这是朱子仁学不彻底的表现"(同上,页215)等等。熊氏释经,自无此语。此是冯友兰式"演进"的哲学史语言。

　　陈非但欲跳出理学(理气之争),且欲跳出西方哲学东来后之基本争论(唯物唯心之争)。其筚路蓝缕之功,当属熊氏。熊学主旨,乃以体用论跳出理学(其门弟子皆属此列);而以实体兼摄心物者,是熊氏以其余力回应西学,此为其门人所未及者。然心物之对,虽出自《大学》,且列入阳明学公案,按诸儒学统绪,允非心学基本问题。朱陆之心、理,二程之心、天,孟子之心、性、天,均为心学传统所涉之大问题。心物问题,隶属于其下。遑论西方哲学基本问题,非中文字面之唯物、唯心可尽。陈著黜心为用,固有得于熊氏。然非欲回应西学,而欲以跳出心学、理学之争。黜心为用,指仁为体。则心亦为仁体之流行发用耳,一如理气等。

　　体用之学,可简别为四,已见于上文。据此观之,心学偏即用见体,理学偏据体演用。气学两可。养气、观生观复,则前支。论气、说虚说象,则后支。孟前诸子,多即用见体。① 周张之后,多据体演用。明道、象山、阳明,复孟之学也。至于群经,多即用见体。《易》、《庸》体用圆满、诚明相倚,是后二支之学。

　　按此统绪判之,陈著本意,在体用圆满。即依熊氏即用所见之体,而后据而演之。唯熊以生生为全体、不息为大用,海水为全体,海沤为大用。是全体大用而又体用不二。而陈以仁体为全体,心、物、理、气俱各为用。是有全体,无大用,而体用不必无二矣。下分大用、全体而略说之。

　　先说大用。心学无他,以心为大用,心体为全体尔。以心体为全体,固是心宗之偏。而以心为大用、即心见体,则的是孟学

_____

　　① 　此夫子之所以罕言性与命与仁,子贡之所以不得闻性与天道也。

精义、明道阳明血脉矣。孟子之于性、天，唯凭四心，单刀直入。尽心、知性、知天、存心、养性、事天。则四心非大用而何？宗孟者即此大用而见全体，无非尽心而已矣。① 明道识得仁体，是尽了恻隐之心。阳明识得明觉，是尽了是非之心。明道见仁，阳明见知。四心在孟子似无分轩轾，而明道唯尽恻隐之心以识仁，盖有以矣。以仁体为性为天，虽不中，亦不远矣。以明觉为性，恐近佛性。以明觉为天，则偏甚。诸卦中乾卦为大，乾德中元德据首。乾者，天也。乾之元，仁也。立仁知天，孟学也，亦固易理也。明道《识仁》、《定性》，贯通《易》、《孟》之学。乾元四德，元亨利贞，《文言》配仁义礼信，固未及"知"。而《定性书》引孟子恶智之凿语，又以定者必"以明觉为自然"。是明道有深造于知者之学而遗之也。仁者通，通者内外两忘（去内外，即"辟"义之一）。而"两忘，则澄然无事矣。无事则定，定则明"。② 兴于恻隐之心、以仁为己任者，必自然而明。兴于是非之心、省察克治、以明觉为务者，明觉可得，以明觉为自然不可得。以心之灵明仰天之高可得，③尽此灵明以知天之生生仁体不可得。故阳明学纠葛之多，远甚于明道学。阳明宗有弊，在不尽恻隐之心以知性知天。④ 经明道淘洗，全体大用在心，心之大端在恻隐，乃卓然不可掩之孟子精义。

---

① 尽四心，《中庸》总名之为"诚之"（"择善而固执之"），所谓"唯天下至诚为能尽其性。能尽其性……则可以赞天地之化育。可以赞天地之化育，则可以与天地参矣"。

② 程明道，《答横渠张子厚先生书》（《定性书》）。

③ 阳明曰："天没有我的灵明，谁去仰它的高。"

④ 象山并江右，尚尊《书》所谓"上帝临汝，无贰尔心"。是心宗固有其正知见也。

　　阳明宗有弊，明道、孟子何辜？乃朱子则并明道而远之。朱子攻《识仁》，因明道隐去所即之用，单说见体效验。此篇隐去其用，非明道之学凭空见体耳。明道本从恻隐之心、天地生气入仁体。明道观天地生气，是观其生意、仁德，仍是天地之恻隐。故明道学所即之用，以心为主。陈著以仁为全体，自是明道遗意。而以宇宙论接引此仁体，故尚理气。此欲以朱子之用，接明道之体耳。两下所合者，唯一气耳。故陈著黜心学甚力。黜心学，非仅黜陆王也，必黜孟子。黜孟子，全体之大用不依四心，则儒家工夫难立。工夫不立，说仁统诸德，难有着落。

　　再说全体。儒家论体之典，高明圆满，不过《易》、《庸》。《庸》以"诚"为体。所谓"天地之道，可一言而尽也：其为物不贰，则其生物不测"，又：

　　诚者，天之道也，诚之者，人之道也。诚者，不勉而中，不思而得，从容中道，圣人也；诚之者，择善而固执之者也。

　　"诚"原即"信"（《说文》诚信互训）。于乾元四德，信配贞，仁配元。乾元统此四德，遥应坤元。《中庸》诚学及陈著仁学，皆张大乾元四德之一，而为全体之指。"诚"之原意，只是"贞成"。而《中庸》亦赋"不息不殆"之意（"至诚无息"）。不息不殆，原属"生生"。《易》以生摄成，《庸》以成摄生，皆生成全体也，不落一边。

　　元亨利贞，仁本配元，于四时配春。如以始生为全体，则秋冬之肃杀零落闭藏，在全体之内否？故以仁为全体，为《易》所不许。欲立仁为宇宙之单独原理，必赋它意，犹"诚"亦当禀"生生不息"之意。全体之全，须于一正一反现之。故《易》立乾坤二元，又说一阴一阳，一阖一辟。熊氏以一翕一辟说全体，亦是此理。以仁为全体,当将非仁(义礼智信)乃至不仁,①统合、涵摄于全体之下。

仁者之学,在《易》即非全体之学。《繫辞》论道体云:

一阴一阳之谓道,继之者善也,成之者性也。仁者见之谓之仁,知者见之谓之知,百姓日用而不知,故君子之道鲜矣。显诸仁,藏诸用,鼓万物而不与圣人同忧……

此论极微妙曲折。可与《庸》相参,两处皆论君子之道焉,"君子之道,费而隐。夫妇之愚,可以与知焉,及其至也,虽圣人亦有所不知焉",及"夫微之显。诚之不可掩,如此夫"。

《庸》云费而隐,《易》云显而藏;《庸》云微之显、诚不可掩,《易》云显诸仁;《庸》云夫妇之愚可以与知,《易》云百姓日用而不知;《庸》云及其至也虽圣人有所不知,《易》云鼓万物而不与圣人同忧。《庸》之诚体,广大精微。虽精微,而不可掩,愚夫妇可知。虽不可掩,天地莫之能载,故圣人难知。《易》《庸》大同处显豁如此,小异处则更堪玩味。

《易》于《庸》意,必云"诚者见之谓之诚。"《庸》于《易》意,必云"仁之不可掩,如此夫。"而毕竟《易》自《易》、《庸》自《庸》。《庸》云"莫见乎隐,莫显乎微",故隐微者尽现于诚矣。《庸》固云道大,圣人有所不知,而"诚者,天之道也……诚者,不勉而中,不思而得,从容中道,圣人也"。圣人不知者,因道之大("故君子语大,天下莫能载焉"),非因道之隐。大至无穷、不测,亦

---

①　老氏所谓,"天地不仁,以万物为刍狗",是见天地消磨万物一面。儒家谓"天地之大德曰生",是见天地化育万物一面。仁者唯见其生,正是仁之为仁,自非仁者之过。唯欲将仁发皇为全体,则此全体之仁,须对"以万物为刍狗"一面,有所化解、包摄、超克。

可一言而蔽之曰"诚"。虽圣人难知,道无非诚体。而《易》云道体"显诸仁",非显者即仁也(如同《庸》言,当云"仁之不可掩也如此")。既说仁者见之谓之仁,知者见之谓之知,则全体自非仁可以尽。又说鼓万物而不与圣人同忧。此非因其大,乃因其隐,非仁心可揣摩忖度。道"显诸仁"者,仁为全体之大用,依仁可优入道体,非仁即道体也。

　　陈著以心、物、理、气为仁体之用,而于诸用等量齐观。《易》则以仁、知为道体之用。而诸用之中,以仁为其皇皇大者,一超直上,优入道境,顿现全体。是道体有生生之仁,而不拘于生生。有成性之知,而不限于成性。全体对大用而言为"无限",此方是斯宾诺莎之奥义。① 于《易》,唯仁可当全体之大用耳。仅由仁窥体,此体可强名曰仁体。此体是仁体而超仁体者也。故《易》之为学,即仁见全体也,仁而超仁者也。仁者之学,固为《易》所许。而以仁体为全体,非《易》所许也。陈公大著,允为仁者之学也。

---

① 用斯宾诺莎的术语说,道体是实体(substantia)而仁体只是样态(modus)。化用笛卡尔-斯宾诺莎运用过的经院哲学术语,道体对仁而言,不是"形式的"(formal),而是"超越的"(eminent,或译"卓越的")。换言之,仁体这个谓词不足以尽道体,道体的实在性比仁体更为完满。

论海德格尔对康德时间
学说的现象学阐释①

现象学运动,至少在其德国阶段,确实与康德哲学产生了多重明确的联系。由于现象学是在新康德主义统治的时代崛起的,它必然要或直接或间接地针对康德哲学提出自己的原则。在德国现象学运动的几位奠基者那里,这种针对性都有更自觉、更具体的体现。这种针对性围绕的是哪些议题呢?这种哲学史关涉的哲学意义究竟何在呢?

胡塞尔在《逻辑研究》不止一处的重要语境中指涉了康德。《第六研究》中,在论命题中"存在"(或"是")的意向特征时,简略阐释了所谓康德的存在论题("Sein 显然不是一个实在的谓词")。在《第五研究》的结尾,他针对始于康德,流行于康德之后,并通过布伦塔诺进入现象学关键处的表象(Vorstellung)概念给出了现象学的清理。与此相关,在《第六研究》第二版的结

---

① 本文底稿是在 2012 年现象学年会(主题"现象学与康德哲学")上的发言稿。报告时蒙邓晓芒、张庆熊、倪梁康、张祥龙等教授加以指教。新版改动较大。没有王庆节教授的邀请,就没有这次修改。特对上述各位教授表示感谢。

尾,胡塞尔抱怨说康德从未真正弄清楚"直观"与"思维"的差别。① 然而,在"先验还原"的工作领域内,胡塞尔对康德的评价就变得积极了。在大《观念》的某些总体性描述中,他一方面宣称,现象学是整个近代哲学的"隐秘憧憬",一方面又说,康德《纯粹理性批判》的 A 版演绎已经是先验现象学的工作了。② 康德——即使是新康德主义解释后的康德——对先验现象学产生了近乎决定性的影响,远不止提供一条先验还原的"康德式道路"那么简单。

对于和海德格尔一样重视《逻辑研究》超过大《观念》的马克斯·舍勒而言,康德仍然扮演着《逻辑研究》中那个被批判的角色,无非是从一般的意向性领域限制到了伦理意向性而已。一般意向行为仍然不外乎形式与质料之关系。在舍勒那里,质料的范例是"情感"。

很清楚,胡塞尔及舍勒与康德发生争辩的唯一问题是感性-知性,或者说形式-质料、思维-直观的关系。这是《逻辑研究》的意向性学说必然导致的哲学史结果。而胡塞尔对康德的认肯,则是在自我、意识与现象的关系上。先验自我在康德那里就是纯思维,则现象学家们不同的康德兴趣指向了一个共通点——思维或自我。胡塞尔本人的变化彰显的是思维(自我)与直观(物)之间的张力。所有这些,从康德哲学的视野看,都

---

① 参见 Hua Band XIX/1, SS. 520 − 529, 及 Hua Band XIX/2, SS. 730 − 733; 亦参 Husserl, E. Husserliana 19, 1 − 2. *Logische Untersuchungen. Zweiter Band. Untersuchungen zur Phänomenologie und Theorie der Erkenntnis.* Ed. Ursula Panzer. The Hague: Martinus Nijhoff, 1984。

② 参见胡塞尔,李幼蒸译:《纯粹现象学通论》(下文简称《观念 I》),北京:商务印书馆,1996 年,页 160f,下同。

严格地引出了康德哲学自身的内在问题，即如何全面地理解、平衡知性与感性、思维与直观、自我与物之间的关系。现象学运动的哲学史地位恰恰在于，以一种比新康德主义更本源的方式，再次表述与进入康德哲学的内在问题。

海德格尔的康德兴趣则更为复杂。他对康德的直接涉及总表现为"阐释"，而不是直率的批评或简单的认肯。① 更严重的是，海氏关注的问题看起来并不像胡塞尔那样切中康德哲学自身的关键。海德格尔的康德兴趣，属于他"存在与时间"研究的一个侧面。时间在康德那里从属于感性论，或毋宁说属于知性与感性之间的关系。至于存在，康德甚至根本未将之问题化，而只是在先验辨证论（也就是理性之批判）中，作为上帝理念的一个有待检验的谓词考察的。在理性论语境下，上帝乃至一切理念本身之成为问题，绝然比存在问题重大得多。《纯粹理性批判》之所以是"理性批判"，正在于对提出理念的能力的批判，而不是对提出"存在"谓词的能力的考察。

"存在与时间"这议题，从康德哲学的内在脉络来看，甚至是怪诞的。海氏所感兴趣的所谓"存在论题"，在康德那里首先繫于上帝的理念，因而属于理性论。而"时间论题"则首先属于感性。康德哲学有感性与知性之间的问题（先验想象力），有知性与理性之间的问题（目的论判断力），却无法不通过知性，将

---

①　以下这个例子颇能体现海德格尔康德阐释的风格，即他总是试图超然于现象学的单纯批评或新康德主义的单纯依赖之上。《康德与形而上学问题》是题献给早逝的舍勒的。但他对于舍勒对康德实践哲学的犀利批评，却有更曲折的辩护。与海德格尔的阐释相比，舍勒的批评仍显得对康德缺乏深入而体贴的理解。参见海德格尔著，丁耘译，《现象学之基本问题》（以下简称 GA24），前揭，页 181。

感性与理性直接联在一起提出问题。这种怪诞感,也许可以通过以下的解释得到一定程度的缓解,即海德格尔在"存在与时间"的标题下,关于时间所说的内容,其实是"时间性"(Zeitlichkeit)以及时相性(Temporalitaet),这些在康德那里对应于图型法或先验想象力,因此仍然属于知性与感性之间的议题。但这种解释并没有消解进一步的疑惑。即使将"时间"问题拉升到先验想象力,从考察"上帝存在论题"出发来逼出康德存在论的海德格尔,为何要挖掘知性与感性之间的能力(先验想象力-时间性)以便解决属于理性的问题(上帝-存在)?为何他至少在《存在与时间》时期丝毫没有理会康德本人通过批判目的论判断力(也就是知性-理性之间的能力)以回应上帝-存在问题的努力?这里的关键之处在于,海德格尔对康德的推进与黑格尔不同,海氏顺着存在论题,把"存在"从无限者(理念)那里驱逐出来,交给了有限者(图型)——无限者并未消失,但必定出现于有限者之为有限者的存在之中。因此,从康德哲学看,海德格尔在"存在与时间"这个名目下涉及的内容,仍与胡塞尔等相同,属于知性-感性学说。无非海氏以此在之存在或时间性的名目,而非意向性或还原自我的名目,把知性-感性的关系重新阐释了。依据海氏对康德的阐释,既非作为知性原则的统觉或自我,亦非作为知性籍之超越到无限理念的(目的论)判断力,而是作为知性与感性中介的先验想象力成了本源性的。但这样一来,海德格尔就把自己置于和整个德国观念论(一言以蔽之,那正是试图仅仅通过彻底化自我之无限性以认识无限理念,从而推进康德的努力)的尖锐对立之中。而这个对立是从对处于有限/无限张力之中的自我的考察开始的。

事情不止于此。通过更换问题进行重新阐释,海德格尔把康德哲学拉到了一个更为开阔的问题视野中。尽管存在问题不是德国观念论表现出来的最高关注,但它的确是亚里士多德开创的形而上学传统的最高问题。存在史解释在某个面相下就是亚里士多德阐释。海氏把存在问题作为阐释康德的主导线索,在某种意义上就把其康德阐释变成了亚里士多德阐释的一个环节——即使他认为康德极其难得地触动了亚里士多德的时间学说。与康德相比,黑格尔更受亚里士多德的支配。①

海德格尔有两个坚固的大判断作为他全部哲学史解释的前提与目标。其一是,存在问题(无论以何形态出现)是哲学的唯一问题。② 其二是,形而上学传统忽视存在论差异,将存在领悟为存在者(整体)。但形而上学作为对存在的遮蔽,本身来自存在之天命。

在"存在与时间"时期,时间问题是海德格尔拆毁形而上学史,进入并解释存在论差异的主导线索。形而上学本体论之时间论秘密在于,从时相之"当前性"出发领会存在一般。是以解构形而上学史、进入存在论差异、从存在者中解开存在,必从时间问题入手,③所谓咽喉上落刀是也。海德格尔对亚里士多德与康德等的阐释,亦被这一思路笼罩。

然而,就具体的哲学史境况来看,此一思路的问题在于,古希腊哲学中,将"存在之为存在"(to on hei on)作为最高问

---

① 参见海德格尔,GA24,SS. 306 - 312。并参 M. Heidegger, *Sein und Zeit*, Tüebingen: Max Niemeyer Verlag, 2001,S.23 以及 S.432(以下简称 SuZ)。

② GA 24,S12.

③ 参见同上,SS. 305 - 307。

题定于一尊者,仅亚里士多德一家言耳。即使首提"存在"概念的埃利亚学派,也有"一"及隐含之"思"与存在并驾齐驱。苏格拉底-柏拉图一系更益之以"善"及"心"。即便在亚里士多德系统中,存在-本体亦只提出问题,而此问题之最终解决,则不依存在,而依前人所提之"思"及"善"。① 海氏之解说,似对其中的丰富、复杂和曲折有所牺牲,甚而至于,将根本罔顾"存在"的前苏格拉底哲人均判为以其特有概念在回应亚里士多德所体的存在问题。此事或正说明了他欲拆毁的"形而上学"传统之强大。至于康德及德国观念论,其本身即包含了对古希腊哲学中那种丰富性的继承、回应与转化。没有"一"(统一性)与"思"(我思、思维、统觉),康德哲学的原则是无法确立的。在康德及黑格尔那里,"存在"甚至"时间"本身反倒要放到"一"与"思"之下才能得到理解。这在知性对先验想象力的作用,先验想象力对时间状态的规定中,都不难寻绎出来。

综上所述,可以得到这样几个引导性的论点。

首先,现象学运动其他成员对康德的阐释背后,是对亚里士多德问题的不自觉回应。胡塞尔及舍勒所撼动的不仅是知性与感性的康德式分别,更是对形式与质料的亚里士多德式分别。胡塞尔先验现象学的灵魂——行思-所思(Noesis-Noema)学说,涉及的也不仅是笛卡尔,而是对亚里士多德形而上学-灵魂论中心-思学说的回应。② 而按照亚里士多德的解释,思包含纯形式

----

① 参见丁耘:《哲学在中国思想中重新开始的可能性》,载于《中国社会科学》,2013 年第四期,页 10 - 11、页 20。
② 参见亚里士多德,《论灵魂》,407a5 - 10。

的方面。①

其次,海德格尔对康德的阐释,则是自觉地将之拉到亚里士多德哲学另一维度的问题域中,但极少顾及这个维度的引导性概念——存在与本体——与前一维度的形式尤其是思维之间在亚里士多德那里的本质关系。关于心思与本体之原初关系,他几乎没有表现出他惯常的耐心,去进入亚里士多德本人的精密理路,而只是在巴门尼德有关"思与在"的残篇那里逗留。

第三,康德与德国观念论比海德格尔本人更明确地体现了亚里士多德乃至全部古希腊哲学的丰富性。正是康德恢复了思维与形式、思维与存在的本质联系,而不仅是在"存在"这个词上打转。

第四,德国观念论在康德哲学那里发端的"思维与存在"主题与海德格尔同样在康德那里挖掘的"存在与时间"主题就构成了阐释古希腊哲学的伟大竞争。后者蕴含了现象学运动试图越过德国观念论,激进地重构甚至推进希腊哲学基本问题的努力。而前者以思维而非存在为引导,在希腊哲学本身的丰富性中,或许赢获了其他的东西,打开了不同的视域。

康德的"时间"学说——就图型论而非感性论而言——在康德哲学那里有着特殊的位置,对胡塞尔及舍勒的攻击来说,它联系了"思维"同"直观";对海德格尔的阐释来说,它凝结了"思维"同"存在"——不仅是德国观念论意义上,更是海德格尔意义上的。因此,对康德的时间学说的阐释就提供了一条希望之路,不仅可以展示与剖析现象学运动在德国观念论与古希腊哲

———————————

① 参见亚里士多德,《论灵魂》,第 3 卷,第 4、6 章。

学之间的紧张,不仅可以介入现象学运动与德国观念论的伟大竞争,甚或可在某个不可逆料的方向,为我们打开重新激活哲学的全部复杂、触摸哲学的某种限度的视野。我们据此将海德格尔对康德时间学说的解释作为再解释的素材,以期得到比海氏在康德那里所得到的更多的东西。

一、此在、时间性与时相性:《存在与时间》中的康德阐释如何推进到《康德书》中的康德阐释

海德格尔在其论著与授课中对康德做过多次阐释。但从与"存在与时间"这个主题的相关性来看,《存在与时间》、《现象学之基本问题》、《康德与形而上学问题》及《路标》中的《康德的存在论题》①一文,构成了一个相对独立的互文脉络。

在海德格尔那里,对时间问题的处理从来是接近存在问题的一个入路——在《存在与时间》指示的整个计划中,这甚至是唯一的入路。此书交代得非常清楚

"长期以来,'时间'就充当着一种存在论的(ontologisches)或毋宁说存在者的(ontisches)标准,以对不同的存在者领域做素朴的区分。"②非但如此,"存在"自身之意义,也植根于时间现象中包含的时间领悟,以至于"只有着眼于时间,存在才成了可

---

① 海氏本人在《康德与形而上学》的初版序言里将此书的问题和《存在与时间》没有完成的"第二部分"以及《论根据的本质》一文联系起来。但后者仅在论及"世界"概念时讨论了康德。弗赖堡大学1935-1936年的冬季学期讲义《追问物》(die Frgae nach dem Ding)则从"物自身"角度切入《纯批》的先验分析论。《论根据本质》中的康德部分仅涉及了整个"存在与时间"计划的一个分问题。而《追问物》的主题已不属于"存在与时间"计划。故这两种文献本文予以搁置。

② SuZ, S.18.

把捉的。"①而时间——无论据本真时间观还是庸常时间概念（der vulgaere Zeitbegriff，一译流俗时间）——源出于时间性。所有以生存论面目出现的此在分析论的目标，就是通过揭示生存中的本源时间现象，阐明此在之存在建制无非就是时间性。"生存论分析的结果就是……此在之存在建制（存在宪法）植根于时间性之中。"②这层意思有时甚至表达得更为直率："把此在解释为时间性……"③

此在对"存在"一般发问之可能性同样存在论地包含在时间性中。当时间性作为存在领悟（而不是对存在者之存在的领悟）的境域条件时，它就被称为"时相性"："时相性这个术语应该表明，生存分析论中的时间性展示了我们由之领会存在之境域。"④时间性与时相性的区别对应着此在与此在之存在追问的区别。时间性还包含了对各种存在者存在之领悟条件，而时相性只是存在领悟的时间性条件。因此毫不奇怪，海德格尔对时间性与时相性的阐发正是"存在论差异"的首要内容。他所指责西方形而上学传统抹杀"存在论差异"，将存在一般领悟为存在者（甚至是现成存在者），其根源在于，通过源出于时间性的庸常时间而非本源时间去领会存在。在海德格尔看来，源初于亚里士多德的庸常时间概念的要义是将时间领会为"现在序列"（die Jetztefolge）。即使黑格尔的时间学说仍在这个时间观内打转。当前性就是现成存在者的时间性质。这就是说，传统

---

① Ibid, S. 19.
② GA 24, S. 306.
③ SuZ, S. 17.
④ GA 24, SS. 306 - 307.

形而上学的根本问题,在于没有正视时相性,因而不能开启一种可能,从本源时间上去领会存在。

正是在这样的背景上,康德的重要性突显了出来。《纯粹理性批判》的"图型法",把所有纯粹知性概念(范畴)的图型都解释为"时间规定"——其中也包括了对可能存在、现实存在与必然存在的解释。① 而产生这些图型也就是"时间规定"的,是先验想象力(创生性想象力)。既然图型包含对存在的时间规定,而先验想象力是这些规定的源头,则一目了然的是,对海德格尔"基本存在论"的计划而言,图型对应着"时相性",先验想象力对应着"时间性"。正是在这个意义上,海德格尔高度评价了康德,认为只有他在存在解释和完整的时间现象之间建立了明确的联系,而不是不自觉地被某种时间样态支配了存在解释。

> 曾经向时间性的这一维度方向[丁按:即时相性维度]探索了一程的第一个人与唯一的人,是康德……只有当时相性问题之提法已经确定之时,才能成功地引入光明来照亮图型论的晦暗之处。②

然而,在《存在与时间》的康德阐释中,获得高度评价的也只是时相性那个维度,而非全部时间性。在海氏那里,时间性是此在分析论的结果,没有对不同存在方式的辨析,是无法窥见完整的时间性的。康德耽搁了(仅仅是耽搁了!)此在分析论,其

---

① 参见 Kant, I, *Kritik der reinen Vernunft*, (以下简称 KrdrV) Hamburg: Felix Meiner Verlag, 1976, 37a, A138/B177 - A139/B178。

② SuZ, S. 23.

"我在"之说受笛卡尔"我思""确定性"原则之牵累,致使其没有去追问"我在"之"在"的含义。这个 res cogitans(能思之物)之存在,依然受古代存在论的支配。后者将存在之意义规定为 ousia 或 parousia。这两个概念在亚里士多德哲学中一般可被译解为"实体"(或"本体")与"临在"。而海德格尔则精密地对译为 Anwesenheit(在场性),这就将存在论与时间论在本源上绾合在一起。由此海德格尔断言道:

> [被规定为实体或临在的]存在之意义……在存在论-时相性上意谓着"在场性"。在其存在中的存在者被把握为"在场性",亦即,存在者是就特定的时间样态,"现前"(Gegenwart)得到领会的。①

海氏的阐述很清楚,在"我在"那里透露的康德之存在领会,仍然受制于在场性;进一步说,受制于被"现前"主宰的"庸常时间观"。虽然此时间观仍源于时间性,但也遮蔽了那个"绽出"的本源时间性。于是,在《存在与时间》一书中,康德被阐释为虽在"时相性"上获得了空前的突破,却在"时间性"上被其存在观所累,仍在"庸常时间观"里打转。这就不难理解,此书的完整计划,仅仅是挖掘康德图型论里的以引出"时相性"问题,而将其"我在"论置于笛卡尔之下给予清算。② 这就是说,在"存在与时间"这个问题的索引下,《存在与时间》这部著作积极评

---

① SuZ, S. 25.
② 参见 SuZ,第八节,SS. 40-41.

价了康德学说的对"时间"方面的某些贡献,而淡化处理了其"存在"方面。

但细心推敲之下,这种处理不乏令人困惑处,需要再思。

首先,康德之所以在"时相性"方面值得肯定,恰恰因为时相性是存在领悟的时间性条件。如康德在存在领悟上并无什么特殊的可取之处,其图型法-时相性学说又有什么可称道的呢?对这个困惑或可如此解释,康德图型论的贡献或者并不在于点出了不同于前人的存在领悟,而在于首先将"存在"与"时间"联系了起来。但这个解释仍无法澄清这样一个明显的矛盾:海德格尔据以批评康德存在观的是其"我在"说,也就是知性(思维)自身之存在;而康德图型论涉及的是运用于经验对象之存在样态。两者既然不是一回事,那么仅据康德的统觉学说去判断其存在观对时间学说有什么不良影响,多少有些不公正。因此,在《现象学之基本问题》中,在"康德的存在论题"的名下,海德格尔放弃了纯粹统觉这个靶子,从"我在"之"在",转向了康德在分析"上帝存在"这一命题时透露的一般存在观("存在显然不是一个实在的谓词")。而这就与图型论里涉及的存在样态相应了。

其次,康德的图型是先验想象力的产物,是知性先天地刺激内感官带来的结果。[①] 这同样完全是主观之内的事。图型说值得肯定,也就意味着先验想象力意义上的主观有可取之处。但如将康德的主体学说全于"我在"名义下大加挞伐,就会牺牲先验想象力因而牺牲图型说本身。按照海德格尔自身的理路就更

---

① 参见 KrdrV, A140/B179。

清楚,时相性就是存在领悟维度上的时间性,如有人于时间性学说全然受制于传统,同时却在时相性方面突破了传统,则此事殊不可解。唯一可能的解释反而是,时相性上的突破恰恰说明了时间性上有所突破。时间性上的突破恰恰说明在主体之存在方式问题上有突破。这就是说,海德格尔同样必须放弃统觉,转而到先验想象力中去寻觅康德时间学说突破的真正源头。

　　这就是《存在与时间》之后继续的康德阐释的内在机缘。海德格尔之康德阐释的基本机理就是"存在与时间"计划的几个基本环节——存在、此在-时间性、时相性。时相性在康德阐释那里找到的对应者始终是图型说。但《存在与时间》一书把存在、此在-时间性都塞到康德的统觉说那里加以批判。而其后的阐释,为存在找到的是"康德的存在论题",为此在-时间性找到的对应物则是先验想象力。前者在《现象学之基本问题》那里发挥了重要的引导作用,后者则是《康德与形而上学问题》(下文或简称为《康德书》)的阐释中心。《基本问题》从康德之"存在"论题始,以略论康德之"时间"学说终。它比所有其他康德阐释都自觉强调了康德那里的存在"与"时间之关联及其在哲学史上的渊源与殊特。而《康德书》的全部目标就是重新回到被《存在与时间》导论指责的康德"我在"学说上,试图在激进地颠倒其与内感自我之关系的基础上,推阐其全部的"时间"学说。本文旨在探讨对康德时间学说的现象学阐释,故在文本指涉上,以《康德书》为主。

　　从文本上考察,《康德书》究竟是在《存在与时间》的哪一点切入,以便改动与推进《存在与时间》的康德阐释呢?

　　《存在与时间》导论部分对康德的基本指责是耽误了此在

分析论,未能进入对自我之存在的存在论追问。而这个耽误是受笛卡尔之累。在海德格尔看来,笛卡尔所谓"我在"是"能思的物"之在,这个存在其实是被制造之在,这是一个成见,既可追溯到古代存在概念的一个环节,同时也对后世带来了决定性的影响:

> ……后世就从这个成见出发才把对心灵(Gemuet)的专题化存在论的分析论耽搁下去的;此分析论本应以存在之问为线索,并同时成为对沿袭下来的古代存在论的批判性争辩。①

以"心灵"这个概念为衔接,可与此段文本合榫的是《康德与形而上学问题》第 34 节的这段话:

> 但这样,一下子就清楚了,作为纯粹自身激发(或译自我刺激、自我感触)的时间并不在纯粹统觉"一旁"的"心灵"中出现,相反,它作为自身性(Selbstheit)之可能性之根据,早已存于纯粹统觉之中,而且,心灵也正因为如此,才能被称为心灵。②

把这两处引文及其上下文相互对照,可以得到这样两个结论——这清楚地提示我们,《存在与时间》之外的工作是如何回

---

① SuZ, S. 25.

② M. Heidegger, *Kant und das Problem der Metaphysik*, Frankfurt am Main: Vittorio Klostermann, GA3(下文简称 GA3), 1991, S. 191。

应与推进此书的康德阐释的。

一方面,就《存在与时间》的引文可以确认,海德格尔希望在康德那里找到的、可以容纳此在分析论的突破口是"心灵"这个概念——与统觉、自我以及自身意识相比,此概念很容易被忽视。[①] 要弥补笛卡尔对康德的"耽误",要做的事情是从存在之问着眼,推进康德本应进行的、在"心灵"名下的"此在分析论"。且同时与古代存在论进行争辩。《康德与形而上学》就是延续康德的"心灵-此在分析论"——但限于阐释的对象,还不曾直接以"存在"引导阐释,而是反过来通过阐释引导出存在之问。《现象学之基本问题》是把康德学说置于和古代存在论的联系中,且明确地依"存在"概念引导这种联系。

另一方面,《康德与形而上学问题》之引文非但在一定程度上洗刷了《存在与时间》对康德之统觉说耽误此在分析论的指责,且倾向于更深入地理解统觉学说,在统觉之内(而非之旁)挖掘心灵(对应于此在)之本性。而此工作的引导线索正是(作为纯粹自身激发产物的)时间。

所谓纯粹自身激发(康德更愿意将之称为"内在激发"[②])是康德用来解释知性为何能先天地规定作为内感形式的时间的最关键根据。我们且来观察康德本人在时间与统觉关系上的犹疑试探。依此方可看到,海德格尔是在什么方向上用力的。

---

① 《纯粹理性批判》中的"心灵"概念,所在多有。比较关键的地方首先是在先验感性论的一开始,用以界定感性能力。参见 A19/B33。更为重要的则是第一版先验演绎中被删除的部分,论心有三种能力,即感官、想象力与统觉。参见 A94。这是以某种激进的方式把统觉摄于心之下。海德格尔最重视此类方式,他要进一步证明的无非是心其实就是想象力,因而统觉也在想象力之下。

② 例如,参见 KrdrV,B156。

二、康德哲学与庸常时间观——《纯粹理性批判》A、B 两版演绎中的时间问题

在时间学说史中,唯一被海德格尔认为有迹象突破庸常时间观的就是康德。《存在与时间》只是指点出了这一议题,《康德与形而上学问题》则致力于阐发此点。本文第一部分已经展现了两个文本的多方面关系。这一部分关注的则是,康德哲学是否、并且如何突破了庸常时间观,以及这种突破的限度何在?海德格尔对康德这种突破的展示与阐发的得失何在? 为此,首先必须了解,时间问题在第一批判中——特别是在先验分析论中——是如何出现和解决的。

康德为第一批判提出的引导性问题是:先天综合判断是何以可能的?① 先天综合判断是关于经验之对象之先天的判断。也就是说,它一方面是先天的,即不能来自经验;一方面又仅关乎可能经验之对象,而非超越的对象。

> 借助于感性,对象被给予我们,且只有感性才给我们提供直观;但这些直观通过知性而被思维。但一切思维必须……与感性发生关系,因为以别的方式不能有任何对象被给予我们。②

作为关于经验对象的先天知识,先天综合判断中包含着对

---

① 参见《纯粹理性批判》之导言,特别其第 V 部分。
② 同上,A19/B33.

纯粹直观的思维。根据先验感性论,此类直观就是时间与空间表象。①

因此,先天综合判断只能来自于思维形式对对象所与形式的先天规定,或者说判断能力对感性形式的先天规定。在先验感性论中,一切对象(而不仅仅是内感对象)归根结底都是通过内感形式也就是时间被给予的。因而,先天综合判断之可能性,最终在于思维对时间的先天规定。由于经验对象只能通过时间被给予,那么思维对于时间的先天规定,就是对于经验对象之被认识的先大条件。

诚如亨利希所言,第一批判的核心是(纯粹知性概念或范畴之)先验演绎。② 康德"把对概念能够先天地和对象发生关系的方式所做的解释称之为对这些概念的先验演绎"。③ 严格地说,纯粹感性概念(时间、空间)和纯粹知性概念(诸范畴),都需要先验演绎,虽然它们同对象先天发生关系的方式有所不同。知性必须首先获得其对象,再以思维机能加以规定。而可能经验的对象只能通过感性而非思维自身被给予。因此,纯粹知性概念的对象关涉性必须首先包含纯粹知性概念的直观关涉性。范畴之先验演绎,作为知性对于经验对象之先天有效性的证明,是无法绕开范畴同直观的关系的。因此先验演绎的入手部分在于揭示直观对于思维(统觉)的从属性。又因为感性直观的形式归根结底是时间,④因此范畴之先验演绎必定以统觉与时间

---

① 同上,A20/B35。

② 参见 D. Henrich, The Proof-Structure of Kant's Transcendental Deduction, in: *Review of Metaphysics*, Bd. XXII, 1969, p. 640。

③ KrdrV, A85/B117.

④ 同上, A34/B50 - 51。

的关系为旨归。第一批判两个版本的先验演绎,无论其内容有
多少改动,它们在第一批判整体中的使命是一致的,因而其出入
端未尝改动。两版先验演绎均从统觉与直观的关系入(第16
节),以统觉对时间的关系出(作为时间规定的范畴之图型),就
是这个道理。

两版演绎都必须建立在范畴(统觉)与直观(时间)的关系
之上。而两版的差别,在于对此关系的具体阐述发生了变化。

(一) A版演绎中的时间问题

第一版演绎建立在这样的前提上:"心灵"有三种能力,即
感官、想象力和统觉。这三种能力是层累地被奠基的。感官是
杂多之概观(Synopsis)的能力;想象力是综合杂多的能力;统觉
是对被综合的杂多进行统一的能力。这三种能力(康德有时也
在广义上称之为"三种综合",以与狭义的想象力之综合区别开
来①),就其先天方面而言,是经验的可能性之根据,因而也就是
经验对象之可能性之根据。因为,"一般可能经验之先天条件
也就是经验之对象之可能性条件。"②初看起来,康德是并列了
三种不同的能力,而仅仅第二种能力(想象力之再生的综
合)——由于再生产了前一个瞬间——才与时间有明确的联
系。实际上,这三种能力的前两种是密不可分地交织在一起的。
前两种交织于一体的综合之产物正是时间。而第三种综合,其
根据只是统觉。在第一版演绎那里,这三种能力的内在关系,就

----

① KrdrV, A97.

② 参见同上,A111。

是时间与统觉之关系。

杂多之概观本身,内在地拥有其时间特性。

> 每一个直观里都包含一种杂多,但如果心没有在诸印象的彼此后继序列中区分时间,这种杂多却并不能被表象为杂多:因为每个表象作为被包含在一个瞬间(Augenblick)中的东西,永远无非只是绝对的统一性。①

康德(无论是知性的还是感性的,是纯粹的还是经验的)表象学说的入路当然是统一与杂多的内在关系。这一学说也是对传统"一"与"多"之形而上学-神学-逻辑关系的推进。但统一与杂多的内在关系在康德那里是被直接描述的。这意味着,在现象学上,它首先是一种时间关系。

在对直观之领会或概观的描述中,统一与杂多(一与多)在表象上的关系仅仅从时间方面得到了刻画。统一就是当下的瞬间、现前。作为纯粹的现前,其中包含的部分是"同时"的,以致它们可算做"同一个瞬间"之内的东西。现前之内在同时性,就是表象作为瞬间之"统一性"。然而,另一方面,直观表象是一个在自身之内包含了杂多的统一体。这统一与杂多的关系——从现象学的描述而非概念的思辨看——正是一个瞬间之同时性与诸多瞬间之不同时性的关系。任何一个现前,就其必然包含杂多而言,意味着将不同时的诸多瞬间(先前的诸多瞬间)同时

---

① A99,楷体强调为原文所加。

地在当前唤起并整合在一个同时瞬间之内的"综合"。换言之，直观之综合中已经包含了对"先前"的再现。否则它就不可能是包含杂多的表象，而只是一个绝对统一体。

第一版演绎论及先验想象力之再生的综合时则曰：

> 如果我在思想中引一条直线……我也首先必须把这些杂多表象一个跟在另一个之后把握在思想中。但假如我总是把先行的那个表象……从思想中丢失了，并且我在进到继起的表象时没有把先行的表象再生出来，那就永远不会产生一个完整的表象……甚至就连空间和时间[楷体强调为引者所加]这两个最纯粹和最初的基本表象也不可能产生。

这段话的意思无非有两层，即，没有同时（一个）与继起（另一个）。注意继起作为另一个要和前一个同时把握，这是更高意义的同时），就没有纯粹时间表象；产生继起与同时的（同时作为现在只能作为刚刚逝去的现在把握。现在的独特性在于它只能通过继起把握——这点决定着时间的变易特性）则是想象力（之再生的综合）。这与感性论的时间阐明发生了明显的——或者说表面的——不一致。

可以试着为康德解释此处表面的不一致，即前者说的是时间内状态的同时与继起，以时间表象为前提。后者说的是产生时间表象的同时与继起，时间表象以之为前提。前者的想象不是先验的，后者则是。

此解释康德本人未必接受。他明确说过，只有一个时间，不同的时间是同一个时间的不同部分,①但我们可以反对的就是,康德本人就给出了不止一个意义上的时间。清理康德给出的不同时间,这就是时间现象学工作的第一步。但即使如此解释,也无法消除这里出现的崭新的东西,即想象首先产生的、先于纯粹时间表象的同时与继起。我们把这叫作原初时态。它不是属于、而是先于完整的时间表象。该时间表象本身先于基于此表象的一切时间规定,因此原初时态先于图型意义上的内感时间。再生的综合②无非就是产生这个原初时态。也就是在对先行者的"再生"区分出与"现在"不同的另一个现在。诚如亚里士多德所云,时间在于"现在"之区别。此区别同时也是对两个现在的保留。没有这种区别,就没有时间。

无论如何,想象力之再生的综合,是将之前的瞬间与当前综合起来,因此产生时间表象本身的能力。按照康德为时间表象确认的两个基本特征——同时与继起而言,同时性(一个瞬间之内的杂多是同时的)由感官之概观的综合做出,继起则由想象力之再生的综合做出。但是,再生的综合非但再-生产了逝去的表象,而且是在当前依据当前做出这个表象的。没有过去,自然没有继起。没有当前,也就没有继起。只有把过去保留在当前之中并与当前分别开来,才有继起可言。另一方面,时间是绝对的流逝与转变,当前直接地就是绝对的另一个,是把握不住的。被时间意识以为抓住的当前,无非是刚过去的瞬间。于是,没有继起,也就没有当前。继起与当前的俱起,才是

---

① 参见 KrdrV, A31/B47。
② "……因而想象力的再生的综合属于心灵之先验行动……", KrdrV, A102。当据原文解,不从 Riehl 之校。

时间表象完整的现象学本质。康德以非现象学的术语同样发现了这个本源性时间现象,正因如此,康德才说:"把握(又译领会)之综合与再生的综合,是不可分割地联结在一起的。"①在 A 版中,康德很快将这两种不可分割的能力全部归并到想象力的名目之下。② 然则可以确定,单单想象力就可以相当于对康德而言的完整的时间意识。③ 在康德那里,想象力对时间表象的构造,被称为对杂多的综合,也就是将不同瞬间结合在同一个瞬间——当前之内。与此呼应,B 版将想象力解说为"把一个对象甚至当它不现前(gegenwart)时也在直观中表象出来的能力"。④这就说,想象力就是基于已逝去的诸多先前(杂多)来构造"现前"的能力。想象力对现前的构造有两层含义,其一是先前的杂多在当前被同时唤起。其二就是统一了所有这些杂多的那一个当下现前。也就是 A 版所谓"一个瞬间"。想象力就是构造当前-瞬间的能力。

于是,心之三重综合能力中,前两重可被归并为想象力或者"时间意识"。现当考察第三重:概念中认定的综合。

康德在认定的综合中说的无非是,意识到当前所思的东西就是前一瞬间所思的东西的能力。在这个阶段呈现的是"综合的统一"。也就是克服了时间流逝的、完全摆脱感性杂多带来的时间性因素的概念性的东西。盖前两种能力产生的均是有时间性的表象,随时呈现、随时流转、刹那刹那、彼此外在、仍只是

---

① 同上,A102。
② "想象力直接施加在知觉上的行动我称之为领会。"KrdrV,A120。
③ 关于未来维度的缺乏以及海德格尔的辩护性解释,参见下文。
④ 同上,B151。

杂多而不能为一。例如即使概观一物,此物之样貌其实取决于
看之时间、位置等等而呈现为杂多。即只惊鸿一瞥,看时呈现,
与回忆时之呈现,处于不同时刻,就表象-念头说,异非同、二非
一。而此物为同一物。然则此物之自身同一,不可从概观、再生
之综合来。统一绝不从杂多来。想象力之综合带来的是作为前
后秩序的"时间"。而概念机能或统觉之统一所带来的则是处
于不同时刻(瞬间)的表象的"同一"。和"瞬间"本身一样,描
述现象学地看,该同一也是对杂多的综合统一。差别在于,瞬间
之统一——在 B 版中被称为"形象的综合"(synthesis spe-
ciosa)——仅仅依据量的先后秩序。而认定之综合——相当于
B 版中的"智性的综合"(synthesis intellectualis)①——则超越了
彼此依据时间秩序展现的诸多表象之差异,指向一个依据概念
内容规定的"极"。按照胡塞尔现象学的视角,概念认定的综合
所带来仿佛正是在时间这个赫拉克利特之流中保持不变的"意
向对象"。发现与承认这个"统一",对于批判哲学和现象学都
是意义重大的起点。差别仅仅在于,康德将此"统一"的根据追
溯到纯粹统觉,而非意向性上。胡塞尔曾经将德国观念论的对
象化学说指责为[神话式的]"概念构成",以与他自己的"意识
构成"相对照。② 但对此概括,仍需补充说:在康德那里,概念和
意识是难以割裂的。意识的统一性和统一方式只能来自概念。

---

① 参见 KrdrV,B151。

② 参见 Hua,Band VI,SS. 203 – 206。参见 Husserl, E. Husserliana 6, *Die Krisis
der europäischen Wissenschaften und die transzendentale Phänomenologie. Eine Einleitung
in diephänomenologische Philosophie.* Ed. Walter Biemel. The Hague: Martinus Nijhoff,
1954, rpt. 1962。

而概念的统一机能正是做出"一个意识"。在康德哲学那里，"概念"之类的东西不是本质直观的意向对象，而是意向性本身成立的根据。

概念的机能就是意识之统一，而概念就是意识统一之方式。概念不同于在内感中所遇到的、束缚于时刻之时间性表象。将两个时刻的表象认同为一，这个能力绝不可来自感性（感性的形式是时间，时间的诸时刻之间之关系是"彼此外在之杂多"），只能来自统觉。无统觉之统一、无概念，认识是不可能的。概念认同这个环节涉及的是：外于时间性的东西（某种意义上的"永恒的"东西），如何在时间性表象的基础上构造起来，却又不能还原为时间性表象，而是与时间性表象（即杂多表象）之间处于质料与形式的关系。形式与质料即使合为一体，形式即使在质料的基底上呈现，也绝不能还原为质料。

在 B 版演绎那里消失的 A 版道路的标志是，先论想象力，后发现统觉；更重要的，在 A 版中，知识的原理是由统觉和想象力共同构成的。切不可被康德的片言只语误导，以为仅只想象力就构成了知识之基础。康德固然提到了这句令海德格尔兴味盎然的话："想象力之纯粹的（创生性的）综合之必然统一这条原则先于（vor）统觉而成了一切知识的……可能性基础。"①但康德的这个论点，只是他在以下两种可能中暂时尝试的一个：即（纯粹统觉之）综合统一性要么以（先验想象力之纯粹）综合为前提，要么包含这样一种综合。所谓"先于统觉"，就是统觉以想象力之综合统一为前提。海德格

----

① KrdrV, A118. 并参 GA3, S80。

尔运用了这个解释,并将上述两种可能性视为典型的康德式摇摆的标志。① 在一定程度上,我们可以同意海氏的解说。而且可以补充说,B版演绎正是展开了另一种可能性,即统觉之统一性包含了想象力之综合。但康德既然在A版中列出了两种可能,就不会不加交代地断然走其中的一条道路。对所谓"包含"和"前提",当再深求一步。

值得提请注意的是康德在同一小节里的另外说法:

> 既然统觉之本源的统一性是一切知识的可能性的基础,那么想象力之综合的先验统一就是一切可能知识之纯形式……②

这才是A版演绎关于统觉和想象力之先验成就之间关系的完整看法,即两者都是知识的可能性之基础,只是后者偏于形式方面,可谓"形式基础"。③ 这样来看,所谓"前提"和"包含",可谓并行不悖。形式基础可以是全部基础的在形式上的"前提"。反过来也可以说,完整基础"包含"着其形式方面。要透彻解释这个"先于"或"前提",必须同时参考B版演绎。下文会显示,"vor"绝不意味着,先于统觉或思维的东西可以单独存在。

严格地说,康德归给先验想象力的大多只是"纯粹综合"这样一个谨慎的用语。在B版中则更为谨慎地区分了综合和统一。但在A版演绎的特定上下文中"纯粹综合"和"综合统一"

---

① 参见GA3,同上页。
② KrdrV,A118.
③ 这只是纯粹直观的形式。在此形式中,被给予性与被规定性是合一的。

往往置换使用,难以区分。"纯粹综合"与"综合统一"的区分或可从先验想象力的成就上窥见端倪。纯粹综合的结果仅是具有前后秩序的"本源时间"。而综合统一属于概念机能。诸多具有内在前后秩序的时间表象(仅是领会与再生之产物)则同属一个唯一的前后秩序(唯一的、统一的前后秩序包含了概念认同)。此唯一秩序之统一性源于量范畴。另一方面,想象力的综合统一意味着各范畴对应之图型,意味着作为图型内容之时间规定而非单纯的时间。无论如何,想象力拥有统一性可以得到多方确认,现在的问题仅仅是,想象力之统一性是本源的吗?如果不是,源于何处?

海德格尔之康德阐释的核心工作是赋予先验想象力以"本源"的地位。但这样一来,他必须面对想象力的综合统一特性。换言之,他非但要论证统觉与想象力共属一体,且前者源出于后者。

但是,在康德那里非常清楚,即使想象力之综合统一在某种解释下"先于"统觉,这也决不意味着哪怕 A 版赋予了这个统一性本身以独立的地位。恰恰相反,"对诸表象的综合是基于想象力,但想象力之综合统一……则基于统觉之统一。"[①]统觉是一切表象中"统一性"的来源。在这个问题上,A、B 两版毫无二致。为解决这个麻烦,海德格尔只有一个选择,正如他所做的那样,用巧妙的但破坏康德论证肌理的旁证暗示统觉就是想象力。[②]

---

① KrdrV,A155/B194.
② 参见 GA3,S191 - 194。

（二）B 版演绎中的统觉–想象力问题及其时间论意蕴。

那么,对康德自己而言,统觉之统一性与想象力的关系究竟如何?要搞清楚这点,无法绕开 B 版演绎。在那里,统觉(和范畴一起)受到了首要关注,得到了远远多于想象力的阐述。这种与 A 版大不相同的论述次序和比重,并不说明康德回避统觉与想象力的关系。毋宁说,正由于从统一性入手,康德更简练清晰地解决了想象力本身的综合统一性问题。

关于统一性,A 版首先阐明了概念之认同综合源于统觉。但仅仅这点尚非先验演绎。此演绎的关键在于统觉必须统摄直观中的杂多因而获得对象性。A 版在发现统觉之统一性之后很远的地方才揭示了,正是纯粹统觉为一切可能直观中杂多带来了综合统一,并将这条立为"重大原理"(而非 B 版的"最高原理")。①

B 版则在引出统觉的那节(也就是先验演绎真正开始的那节)劈头就谈统觉对直观的统摄关系,且将此条进一步立为知性之"最高原理"。② 这种论证方式本身,就是调整 A 版中统觉与想象力关系的最重要步骤——因为这一关系恰恰建立在统觉对直观的统摄之内。

康德统觉学说中那些带来深远纠葛的观点并不出自 A 版,

———————————

① A103 开始着手引出统觉。A116–117 才论证统觉对直观的统摄性。

② 参见 KrdrV,B132–139,虽然时空作为被给予性是感性上的"最高原理"。但下文可以看到,被给予性必然从属于被规定性,后者要追溯到作为"统觉之本源的综合统一性"之知性上的"最高原理"。因此 B 版实际上是将后者作为最高之中的最高。

恰恰出自 B 版演绎的开头几节。这些纠葛和费解归根结底是因为康德在那里不是仅就着概念机能,而是主要就着和直观的关系考察统觉。而想象力其实正是统觉与直观之关系本身——康德并非仅在提及想象力时才开始谈论它的!

B 版演绎有一个著名的开头:

> "我思"必定伴随我的一切表象;因为否则的话,某种完全不可能被思维的东西就会在我里面被表象出来;这等于说,这表象要么就是不可能的,要么至少对于我来说就是无。能够先于(vor)思维被给予的表象叫作直观。所以,直观的一切杂多,在它们被发现于其中的那同一个主体里,与"我思"有一必然的关系。①

这开头所属的第 16 节,其标题虽为"统觉之本源的综合统一性",其内容通篇说的倒是统觉和直观之必然关系。这段引文非常清楚,提出"我思"伴随我的一切表象,就是为了推出这个结论——"我思"伴随直观之一切杂多。②"伴随"这个概念虽引起了康德阐释者们的很大兴趣,但据其文义,伴随这个术语是用来提示此节下文所说的(直观与统觉之)"必然关系",意即——更为重要的——在此节末尾结论部分说的,直观对统觉之"从属"关系。③

---

① KrdrV,B132.

② 有学者把这解析为由四个命题的构成的完整论证,结论就是统觉与直观有必然之关系。参见 Konrad Cramer, Ueber Kants Satz: Das: Ich denke, muss alle meine Vorstellungen begleiten koennen, in *Theorie der Sukjektivitaet*, herausgegeben von K. Cramer etc, Frankfurt am Main: Suhrkamp, 1987, S.167。

③ KrdrV,B135.

　　扣着此节的开头引文及末尾与它的呼应,可以引出这样几层重要的意思:首先,此节的大意,在于论证一切直观必定从属于统觉。不仅是从统觉方面出发,论证思维必定要和直观发生先验关系(其实,从统觉出发和对象发生先验关系才是先验演绎的正面目标)。复给出一个更强的论证,即这个必然关系不是两端的平等联系。从直观方面说,这个必然关系恰恰是一切直观必然从属于统觉。其基本论据是,如直观——或一切表象——不从属于统觉(思维),那么它们要么自在地是无,要么对我(思维)是无。这个强论证推进了第一批判一开始就作为基本框架引入的"被给予"(直观)与"被规定"(思维)。① 这里所主张的实质上是,如不属于"思维",那么"被给予"的东西等于是无。

　　其次,应该提请那些和海德格尔一样偏爱 A 版"想象力先于统觉"命题的阐释者高度注意的是,那个引人遐想的"先于"一词在这里又出现了——"能够先于(vor)思维被给予的表象叫作直观"。但任何读懂了此句上下文的人都不会认为,康德在这里主张,直观是作为思维"前提"的本源性的东西。对于为 A 版给出透彻修改的康德来说,重复一个和 A 版同样的关键词的用意是难道不清楚吗? 即通过再次提及"先于",明确调整对于 A 版之"先于"的理解。两个版本的"先于"说的是同样的东西,即直观(想象力)在思维(统觉)之外,但并不独立存在,而是依

---

　　① 黑格尔对此解释得最通透"我'是作为主体的思维"、"在人的一切直观中都有思维。同样,思维是贯穿在每一精神活动和在一切意志、欲望中的普遍的东西。"这些观点就是康德第 16 节开头论证的化用。参见黑格尔,《小逻辑》,前揭,页71－72、81－82。

赖于统觉。但这个道理在 A 版几乎无法被抓住,只有通过 B 版
第 16 节才说清楚了。

康德始论统觉,就没有搁置想象力。而是在此节末尾已悄悄
地引入了想象力论题。"……一切被给予我的表象都必须从属于
它[指统觉之本源的综合统一],但也必须由一个综合来纳入它之
下。"①这里的综合,和 A 版一样,完整的说法就是"想象力之纯粹
综合。"这就是说,一切表象(在这里尤其指直观表象)只有通过想
象力之综合才能与统觉之本源的综合统一发生关系。

第三,那么,回到 A 版演绎那个致命的问题——想象力之
统一性何来?

直观对思维的必然从属意味着,直观之被给予与基于思维
之被规定,只能在反思上区分,却不能在现象上分离。不存在只
被给予、却不为了思维而有的直观。直观,作为一个直观被给予
的同时,就是统一的,因而也就是被规定的东西。直观自身就是
内在地统一的。从统一性出发,康德这样强调直观本身的"被
规定性":"所以一切杂多只要在'一个'(Eine,原文不定冠词大
写)经验性直观中被给予了,也就在判断的诸逻辑机能上被规
定了……"②想象力——按照 A 版,其成就是当前-先前的内在
秩序——作为对直观杂多之综合,同样内在地具有统摄之品格。
直观之统一性(作为自身相同的、对思维而言的一个直观)在时
间论上的特征是,它属于一个瞬间(作为自身相同的瞬间,向客

---

① KrdrV, B135－136.
② KrdrV, B143. 参见亨利希对康蒲斯密的批评。前者认为不定冠词标志的是
统一性,而非量范畴中的单一性。参见 Henrich · D, The Proof-Structure of Kant's
Transcendental Deduction,前揭, p.645。

观时刻过渡的关键环节)。正如 A 版演绎精辟指出的,一个瞬间必定内在地具有统一性。①

此间方可重新提出那个问题,想象力作为其成就的时间秩序,其统一性何来?

对此,康德在 B 版中回答得更为深入和清晰,在上文所引段落之后,他还有画龙点睛的一句,直观作为被给予者"也就在判断的诸逻辑机能上被规定了,也就是由这一机能带到某个一般意识上来了。"②这也就是别处所云"在一个意识中联结起来。"③直观作为杂多之综合统一体(产生时间表象的想象力就是对直观杂多的综合统一行动的),其统一性来自统觉。更确切地说,就来自直观之杂多被带入或被联结入"一个意识"。这层意思还被表达为"全都属于一个自身意识"、"集合在一个普遍的自身意识之中"。④

这"一个意识"之"一个",仍然只是标志着质而非量的统一性(即单一性)。此冠词名词化之后,就是作为与"存在"概念同时产生并长期纠缠的"太一"(hen)概念。⑤ 它在哲学史上拥有

————————

① KrdrV A99.

② 同上,B143。

③ 同上,B137。

④ 同上,B132。

⑤ 参见 W. Beierwaltes, *Denken des Einen, Studien zur neuplatonischen Philosophie und ihrer Wirkungsgeschichte*, Frankfurt: Vittorio Klostermann, 1985,特别是其导论,SS. 9-13。如欲指出此书缺憾,较重要的或有二处。第一,没有把近代哲学尤其德国观念论纳入视野,虽然它以黑格尔的这句话为题辞"整个哲学无非就是对统一性(Einheit)之规定的研究。"(S9)。第二,未将一、是、思的主题追溯到毕达哥拉斯派、埃利亚学派与柏拉图。正是巴门尼德赋予太一概念最深远的内涵。或许就是这个理由,柏拉图那些谈论"一"与"是"之关系的对话多数繫于埃利亚学派名下,参见《巴门尼德篇》、《智者篇》等等。

从埃利亚学派、毕达哥拉斯派到柏拉图哲学乃至新柏拉图主义的丰富脉络。此概念一向与"多"对举出现。康德运用这对颇具哲学史渊源的"统一"与"杂多"概念作为整个先验演绎的支柱。这更多地意味着，康德的统觉-时间学说本身就是对"一/多"学说的创造性阐释。

据此传统看康德，可以将"太一"解释为"整全/一切"，或至少将"太一"理解为"整全"之抽去部分之多的纯粹超越形式。① 将统一性解释为整全建立自身的活动特性。这样，所谓"被联结到一个意识"之中，无非指的是，意识作为整全之自身建立，就是作为整体的活动自身。被意识到就是被联结到"一个意识之中"，即指被整体纳入自身。分析的统一性盖指必然按时间被区分开（属于不同时刻的）的两个表象在概念上被等同起来。② 但这种统一必以此为前提：一切时间上被区分为多的表象必须被联系在"一个意识"即意识整体之内。则意识整体之"一"是最高的条件。因之综合的统一性（即意识整体自身的同一性，而非任何表象之间的同一性）是分析的统一性之前提。整体之自身等同有异于部分之间的等同，因为所有部分都是可以在时间上区分开来的（这就是康德说的杂多），而意识整体——犹如时间本身的整体——则无法在时间上被区分。有

---

① 黑格尔在某些地方（并非处处），将太一（hen）译解为"大全"（das All）而非一。参见海德格尔对此的批评，《黑格尔与希腊人》，《路标》，前揭，页510。实际上黑格尔对古代哲学的基本概念的翻译往往是灵活的，要视上下文而定。例如 nous 概念至少有三种德文翻译（理性、精神、理智等）。对 hen 的不同翻译只是透露了"一"与"全"本身就有密切的逻辑关系。康德仅在量范畴中处理了这一关系，参见 KrdrV，B106、B110f。

② 参见 KrdrV，A103。

时间性的、被区分开的杂多都只是整体之部分，而不是整体自身。先验的意识不在时间中，时间倒是在可被理解为绝对现在的先验意识之中。① 只有整体自身才具有纯粹的、无杂多的、数的同一性。因此，被联结或综合到一个意识之中，意味着部分对整体及其形式的关系。整全是多与一之综合。整全之形式是就纯粹的"一"。于是，被综合到一个意识中，也就意味着对不包含杂多之综合的单纯的"一"之关系。用康德的话说，这就是"对'我思'这个一（Eine）的必然关系。"②

"我思"作为具有数的同一性的表象，是严格自身同一的。也就是说，"我思"既非杂多，也不可能包含杂多，更不可能作为杂多被其他表象所包含。因而，"我思"不是可流逝、可被一再唤起和重复的内感知。"我思"作为整体意义上的一，至大无外，不能作为意识整体部分的表象包含在其他更高的表象之中（这就叫无法"被更高的表象所伴随"）。"我思"之所以如此，因为它是对意识整体自身的表象，而非属于意识整体的表象。③而一切其他表象，都是杂多，所以作为部分属于意识整体。理性心理学的谬误推理，以及自然反思导致的"无穷倒退"，其症结就在于把"我思"当成内感知，换言之当成作为部分属于意识整体的杂多表象。

明白"我思"之为单纯"太一"的意蕴，就可据此重新分析 B 版演绎那著名的首句："'我思'必定能够伴随我的一切表象"。

---

① 绝对的活生生的当前或者在先验意识中，或者就是先验意识，或者是对先验意识的另一种理解。

② KrdrV，B140，在新柏拉图主义统绪中，Eine 这个词该翻为"太一"。

③ 该表象如果部分化，就是无穷倒退。也可以说是整体之拓展活动。

说"我思"可以伴随我的一切表象,这当然意味着,我思不属于"一切表象"。难道有什么表象不属于"一切"吗?只有"一切"(Alle)作为整体所依据的形式——"一"。属于一切表象的,是一切中之部分(多)。不属于"一切"的,是一切自身转化成整全后之"一"。我思表象——康德早已指出它是单纯的"一"——就是一切之一,而非一切中之一。

据此前推一步,随同我思得到的我"在",就是意识整体之在。而非具有时间性的杂多之在。但我之"在"(bin)之中,仍有时间性的东西在统觉中突显出来:这个在(bin),正是存在之"单数第一人称现在时"。我在之"现在时",难道不正说明这个意识整体之"我",这个思维或统觉本身具有"时间性"吗?据此推衍统觉本身的这个时间性,难道不是对仅从想象力入手考察时间性的海德格尔式进路——这是《康德书》的核心工作——的最好补充吗?不也是对他把"我在"当作"受创造的在"(意即部分之存在)观点的最好检讨吗?

这一追问标志着研究已进入了另一脉络,即"现前"(Gegenwart或"当前")与时间之关系——这一关系,与海德格尔用以给康德哲学定位的整个形而上学史论断(关于时间-当前-在场-存在之关联)只一尘之隔。如果说康德的"我思"学说承接的是"太一/整全"学说,那么其从"现在时"理解"一之存在"正是"太一"学说的另一面相。在首先提出太一-存在-当前之关联的埃利亚学派那里,对"当前"可以有两种理解,一方面是"无时间性"(我们照着黑格尔称之为"绝对现在"),①另一面则是

---

① 参见黑格尔,梁志学等译:《自然哲学》,北京:商务印书馆,2006年,页51。

"与过去未来并列的时态"(可称为相对现在)。前者意味着永恒,而后者意味着时间。在后者那里,永恒成了永久、意即"充满时间轴",成了"过去、未来、存在都存在。"

在巴门尼德的经典表述中,存在之用当前式,所表达的恰恰是无时间性。其主语就是作为不可动变、不可对待之整全"太一"。① 康德对自我之在的用法,就是在这个意义上运用的。因为康德式的自我,和笛卡尔那种存在于每一时刻上因而断裂为杂多的自我不同,② 不是时间内的存在者。作为一切统一者之统一性的来源,康德式自我具有大全之纯粹形式(太一),故只能以无时间性的现在时来表达。

到这一步,本文这一部分的问题才获得了基本的澄清。统觉意味着自身无杂多的、单纯的"统一性"。从时间论来看,这个统觉归属于绝对"现在"。而想象力意味着对杂多的统一后的结果,意味着(据 A 版演绎)相对现在。绝对现在意味着一与是,换言之意味着无对立、不变化。而相对现在意味着区分、杂

---

① Ernst Heitsch: *Gegenwart und Evidenz bei Parmenides*. Wiesbaden: Verl. der Akademie d. Wissenschaften u. d. Literatur, 1970。并参,同一作者,"Sein und Gegenwart im frühgriechischen Denken", in: *Gymn*. 78, 1971。关于永久与永恒之区别在埃利亚学派内部的体现,例如可以参见 Owen, G. E. L., "Plato and Parmenides on the timeless present", in: *The Monist* 50(3), 1966, pp. 317 - 340. 关于无时间性之现前意义上的永恒与充满时间维之永久之间的差别,特别参见 pp. 323 - 325。在这个问题上,维特根斯坦的以下命题很有帮助:"如果把永恒不是理解为无限的时间绵延(Zeitdauer),而是理解为无时间性(Unzeitlichkeit),那么谁现在活着,谁就永恒地活着。"*Tractatus*, 6.4311(参见维特根斯坦著,郭英译:《逻辑哲学论》,北京:商务印书馆,1985 年,页 96。译文有改动)。这个命题清楚地在永恒-永久-现前三者之间建立了联系(虽然没有揭示这一联系)。就此而言,新柏拉图主义虽然区分了永恒和永久,但没有通过"现前性"达到这种区分。在这一点上,奥古斯丁才是深得巴门尼德-柏拉图遗意的。

② 参见笛卡尔,《第一哲学沉思集》之"第三沉思",前揭,页 50。

多、变化,换言之时间的性质。既然统觉的产物是作为无时间性之现在的"一",而想象力的产物是"在场-现前"。① 那么从时间论看,统觉与时间的关系,实可转化为现-在之两重意义之间的关系。

如果从整个时间学说史及其海德格尔诠释来看,现在之两重意义就带来了极大的兴味和挑战。亚里士多德为建立所谓庸常时间观所提的论证支柱不恰恰就是现在之两重性(现在同一即无时间。时间意味着现在之区分)吗?② 然则,海德格尔为何认为康德且唯有康德突破了庸常时间观?

这是因为,在康德多方面的时间学说中,并非仅就现在谈论时间,而是将现在以及时间与主体在本质上关联起来。现在这两重性正意味着主体之两重性。这正是康德的卓异处。除了一些富有灵感的指点,亚里士多德没有明确将现在与灵魂、意识或思想联系起来。做出这种联系的是奥古斯丁-胡塞尔统绪。但此联系的意图在于从相对时间中发现绝对现在,或者作为活生生的当前性的绝对意识。换言之,此做法基本是还原式的,从时间经过绝对当前性到达永恒或绝对意识。反向的考察极为薄弱。康德先验分析论的整个秩序则是从统觉到时间,从绝对现在到构成时间本质的相对现在。且这种理路,完全是从主体方面得到奠基的。在统觉与想象力之间的时间论题为主体性造成了裂痕。仅作为思维的先验主体不得不面临双重化。对现在与主体的这种康德式关联——现在之区分,必然导致自我之自身

---

① 参见 KrdrV,B151。
② 参见亚里士多德,《物理学》,218a。

限制与自身区分,这才是海氏在康德那里所发现的最可宝贵的东西。这也是进入康德想象力学说的前提。

（三）　自身激发、有限性与时间性。

　　B 版演绎已经阐明,一切直观都被统觉伴随。直观一旦被给予,就已经在统觉的功用下得到了规定。这样,先天综合判断的直接前提就是一类兼有被给予性与被规定性的东西。即纯粹范畴和纯粹直观之间的中介。哪怕在将想象力尽量纳入知性的 B 版演绎中,知性也无法吸收直观。① 在所谓想象力的名义之下,知性不是产生直观,而是产生被规定的直观,或直观的被规定方式。知性在想象力的名义下实行的是"行动"（规定。）被规定的直观只有通过想象力的先验综合才可能。这里必须提请注意的是,时间本身不仅是纯粹直观,而且是被规定的直观。② 作为时间表象的图型,正是所与性与被规定性的统一。康德阐释者们的所有问题都在重新挑破已被康德统一起来的所与性与被规定性。德国观念论将前者归诸后者,海德格尔则相反。但对于康德本人而言,两者之间的这个统一才是独立的。没有这个统一,先天综合判断就没有直接的原理。认识（就之做出知识）就是知性去规定被直观给予的。而先天综合判断之所以是先天地客观有效的,并非由于它仅依赖于知性,而在于知性可以先天运用于经验对象之被给予的条件之上。换言之知性可先天地规定感性之形式条件——这也就是规定经验对象之被给予的形式

---

① 参见 KrdrV,B153。

② 参见同上,B154。

条件。

知性对感性的先天作用，产生的结果就是对作为感性一般形式之时间之各种规定。这也就是纯粹知性概念之图型法。一切图型无非是某种时间规定。图型正是知性与感性的中介，是把概念和直观统一起来的第三方。图型之"时间性"，来自感性之形式条件，也就是作为纯粹直观的时间表象；而图型之"规定"，则来自知性先天地对作为内感形式的时间的作用。这种作用，就知性那方面看，称为纯粹知性概念之图型法，把此作用追溯到作为知性与感性之外的第三种独立机能，那么此机能就叫作先验想象力。对象通过纯粹知性概念只是被思维，通过直观只是被给予，通过图型才是被认识。因此先验想象力，作为纯粹知性与感性的先验结合，才是严格意义的认识机能本身。

无论《纯粹理性批判》在其第一版与第二版之间就统觉与想象力的关系做了多大调整，可以确定，图型（时间规定）来自知性去先天地规定内感形式，也就是在没有物自身激发的情形下，主体的知性去认识主体的感性条件——行规定的是主体知性，被规定的是主体之感性形式。即使想象力不再被立为是心灵中独立的认识源泉，知性对内感之激发之义仍不会收到影响。例如在海德格尔颇有微词的第二版，有这样的概括——

> 所以知性在想象力之先验综合这个名称下，对于被动的主体（其权能即知性），实行着这样一种行动，对此我们有权说，内感官由此受到了激发。①

––––––––––

① 参见 KrdrV，B154。

这立刻产生了一个问题,这个行思维的我(知性)与行直观的我,以及通过直观被给予了的我,如何区别开来,而又可均被称之为我?[①] 康德充分了解此问题的困难,同时他将主体之内的困难(主体的双重运用)转成了主体被客体化的困难:

> 行思维的我如何与直观自身的我……区别开来,而又与后者作为同一个主体是相同的……这困难不多不少正是如下困难:即我对我自身如何可能是一个客体,且是一个直观和内知觉的客体。[②]

但康德并未解决这个困难,而只是说"这实际上必定如此",正如外感规定是用来在受到外部激发的情况下认识客体的,对我们自身的认识也只能通过内感规定实现。这就是说,主体只能被认识为"显像"(Erscheinung)[③]只能通过时间认识。不能进一步解决的东西,就是"本源现象",法尔如是,没有更本源的东西去解释它。

我对我自身在内感中的显现因而是本源性的,这个本源性的"纯粹自身激发"区别了四者:我思(思维着的我,思维本身、自我)、我直观(直观着的我)、被直观的因而被认识的我(我之

---

① 参见同上书,B155。实际上第二十四节的结尾与整个第二十五节,都是为了解决这一困难的。

② KrdrV,B155-156。如不从 Vaihinger 校,则"行思维的我"当作"思维我的我",以与"直观自身的我"相对照。

③ KrdrV,B156.

显像)、与我自身(与我之显像对应的、和物自身一般激发外感
一般激发了内感的我自身,在康德那里绝不同于我思)。① 在康
德对自我做出这些区分的时候,他运用了一些对于海德格尔来
说十分敏感的术语:

> [为了认识我们自己,除了统觉之统一意即思维外,还
> 需要我们对我们自己给予的内直观,]所以,虽然我本己的
> 此在(mein eigens Dasein)并非显像……但我的此在这一规
> 定却只有适应于内感的形式、按照我所联结的那杂多在内
> 直观中被给予的特殊方式才能发生(geschehen)。②

上面标出了那些对于海德格尔的读者来说十分熟悉的、
对基本存在论来说十分关键的概念(此在与发生或演历),
虽然康德的译者不会径直把 Dasein 翻为"此在"或"亲在"
等。对持"基本存在论"态度的康德阐释者来说,这里最有
兴味的不仅是术语,更是在术语下展示的思想生机。从海氏
眼光看,康德在这里说的无非是,虽然此在自身不是在时间
中被给予的显像,但"此在只能按照时间发生"。时间性的
机制不同样如此吗? 按照时间发生——或者用海德格尔的
术语说,时间化(Zeitigung,一译到时)——正是自我之自身
激发。

在批判哲学之内,人类的直观都不是理智直观,都来自某

---

① KrdrV,第二十五节开头。
② KrdrV,B157 - 158.

某对主体之激发(Affektion,或译刺激、感触,也可译为感发)。外感质料来自物自身对主体之激发,内感质料(情绪等等),源于自我对自身之激发。按照康德的处理,对时间或空间表象之规定(例如去认识作为几何学概念的直线),也来自内在的激发(即所谓自身激发,因无感性质料,是为"纯粹自身激发")。倘非如此,仅凭感性自身的能力(接受性而非自发性,无法综合因而无法联结),连一个简单的几何学表象(例如直线)都是无法做出的:"因此,知性决非在内感官中已经发现了对杂多的这样一类联结,而是通过它激发内感官而产生了这种联结。"①

如果说,没有质料的纯粹表象(作为时间规定)来源于自身激发,那么,这种自身激发所包含的首先是,统觉必须将内感官视为自身。换言之,在一切产生时间规定的自身激发之前,必须预设产生时间这个内感形式本身的纯粹自身激发。即将不在时间中的(或者说处于绝对现在中)的统觉自身激发为能够产生全部时间规定的纯粹内感官。这就是说,思维或自我,将自身限制为想象力或时间性。在此前提下,所有特定的时间规定,才得以可能。

对康德而言,纯粹自身激发是范畴图型化之先验条件。自我将自身限制为内感、自我将自身限制为想象力或"时间性"、自我将自身限制为可有直观对象者——这三者是一回事。统觉将自身限制为"时间性",才能产生特定的时间规定,范畴才能通过图型认识对象。认识客体的先验条件正是自我的时间化-

① KrdrV,B155.

对象化。自我首先将自己在自身激发中对象化为与自己相同的（都是我）、但又区别着的（单纯自身联系着的、统一着的思维之我与必有对象性的直观之我）。从这种原初的、作为纯粹统觉的自我到可拥有对象之自我才是认识纯粹异己对象（客体）之条件。统一性转为有对立的二——杂多之始基。

上文第（二）部分依当前性之两歧性考察了康德先验演绎学说的时间论意蕴。顺此理路，可以相应地将从纯粹统觉到先验想象力的纯粹自身激发学说在时间论说上的意涵把握为：从"我在"那里透露的绝对的当前性（Gegenwart）到在先验想象力定义中的、将非当前的东西构造在当前中的当前化（Ver-gegenwart）。从当前性到当前化，或者说从至大无外的绝对现在，到与过去及未来交织的相对现在（也就是时间轴）的机理，被康德从主体性方面理解为"自身激发"。要之，无对象之纯粹自我将自身有限化为有对象之自我，其时间性意义即在于绝对当前之相对化、现在之差异化、此在之时间化。这就是从德国观念论的自身联系（综合统一）到海德格尔的自身绽出的义理机制。依此机制，康德被海德格尔认为突破了亚里士多德以降的庸常时间观。

在此，我们依以上对康德统觉与想象力学说时间论意蕴的研究，对康德与所谓庸常时间观之关系做一小结，然后进入对海德格尔阐释的评论。

在海德格尔看来，源于亚里士多德的所谓庸常时间观，其精义无非是将时间领会为"现在序列"。据亚里士多德本人的时间定义，时间是"运动上被计的数"。① 仅当现在（海德格尔解释

---

①　参见亚里士多德，《物理学》第四卷，第十一章。

为当前）能被区别出来，计数才是可能的。因此，所谓"现前之序列"，其实是对运动计数的时间观之内所包含着的。

从表面看，亚里士多德式时间定义的要素是运动、数以及作为该定义前提的现在。虽然在康德时间学说那里找不到对此三点明确的继承性，但仍有踪迹可寻。康德在先验感性论中对时间的先天性的定义，意味着明确拒绝了被他视为经验的"运动或变化"对于作为纯粹表象的时间的定义权。[①] 但另一方面，他却在先验感性论之外援引了某种先验的、智性之内的"运动"来解说时间。[②] 这点与其说是向亚里士多德经典的时间定义靠拢，不如说是某种接近亚氏"没有灵魂就没有数"或奥古斯丁"灵魂之延展性"之类观点的迹象。这种"运动"属于产生"相继"也就是在诸现在中进行"区别"的主体活动。但其背后仍有更为本源的东西。

至于数与时间的关系，康德则完全颠倒了亚里士多德，将数追溯到产生时间本身的直观中去。[③]

从运动与数这两个亚氏时间定义的构成要素看，康德显然已经倒转了亚氏的时间定义。但这些并非海氏在解读康德时注重的。他用庸常时间观概括的并非亚氏时间定义本身，而是作为此定义前提的"现在序列"。没有那个"现在序列"，计数是不可能的。运动是连续不可分的，[④]数则是离散的。任何对连续体的度量，都必须首先将之分割，赋予界限。现在，

---

① 参见 KrdrV，A41/B52。
② 同上，B154－155。
③ 同上，A143/B182。
④ 参见亚里士多德，《物理学》，219a10。

就是度量活动赋予连续体的界限。连续体的可度量性,才是时间在其表面定义背后被理解为"现前之序列"的要义。这与为度量之故不得不将直线理解为"点之序列"①的道理是相通的。

　　然而,度量界限意义上的"当前"或"现在"在亚里士多德那里还不是最本源的考察。关于现在,他首先这样发问,它们是同一的呢? 还是有区别的?② 这个追问当然为计数活动奠定了基础,但还包含了更多的东西。这就是现在两歧性之内部关联。计数活动的前提就是对相对现在观之建立。现在之同一与差异的提出,意味着亚里士多德的视野中本来就有绝对现在观。他在现在观两歧性之间的思辨,显示了他与奥古斯丁的绝对现在观之间,并非全然隔离。③ 既然亚里士多德,或者说庸常时间观,同样包含了现在之两歧性,那么,康德那里所展现的对庸常时间观的突破,并不仅在于从原则上承认现在之区别,而在于给予此区别更深的解释。对于亚里士多德时间学说而言,康德的解释意味着在《形而上学》第十二卷-《论灵魂》第三卷的"思想自身的思想"与《物理学》中灵魂的计数理智活动(dianoia)之间,也就是智觉与思考这两种灵魂活动之间,完成了从统觉式绝对现在到想象力之相对现在的过渡。绝对的、至大无外、总是自身同一的现在之所以能够自身区别为相对的、在序

---

　　① 严格地说,点与现在作为离散的"单子",只是直线或时间之类连续体的"界限",连续体只是通过离散的东西得到度量,却不是离散的东西构成的序列。"现在不是时间的部分……就象点不是直线的部分一样"。《物理学》,220a。

　　② 参见亚里士多德,《物理学》218a。

　　③ 海德格尔实际上承认了这一点,但没有给出理由。参见 GA24,S. 310。

列中彼此外在的现在,其要义在于"思想自身的思想"有了对方。或者说,自身联系、自足的自我,被限制成自身超越、自身绽出的此在。这,就是海德格尔眼中的那个康德真正突破亚里士多德的地方。

三、有限、无限与绽出:评海德格尔对康德时间观的阐发与批评

（一）海德格尔对先验想象力之时间性的解释与弥补

现在可以回过头来认真审视海德格尔之康德阐释的论旨了:

> 但这样,一下子就清楚了,作为纯粹自身激发(或译自我刺激、自我感触)的时间并不在纯粹统觉"一旁"的"心灵"中出现,相反,它作为自身性(Selbstheit)之可能性之根据,早已存于纯粹统觉之中,而且,心灵也正因为如此,才能被称为心灵。

正如这几个句子所展示的,海氏阐释的精义就是在康德的统觉学说本身中(而非仅仅在想象力中)找到本真时间性的起源,而引导着这种寻觅的乃是:纯粹自身激发对于统觉本身具有的建基意义。

统觉是第一批判的 A、B 两版演绎共同重视的原理,在后一个版本中,统觉的地位更为重要。然而,海德格尔对《纯粹理性批判》第一版先验演绎的重视程度,恰等于他对第二版演绎的敌视程度。如果说胡塞尔已把 A 版演绎看成"现象学的"工作了,那海德格尔可以说已将之视为"基本存在论的"较深层面的

工作了(比《存在与时间》那些迷人的生存论分析在哲学上更为重要)。但同样,海德格尔对等地把第二版看成黑格尔逻辑学的(也就是思维、知性或无限自我的)预先胜利。①

就康德哲学的内在脉络来看,海德格尔的这种处理方式,无疑宣告康德调和知性和想象力工作的失败。被康德在第二版全部调整的内容,本应是海德格尔式基本存在论阐释主要依赖的文本。但让人略觉奇怪的是,即使海德格尔对此做了细密的阐释,却把其关键的论点(即自我之有限化-时间化)落实在并非A版独有的"纯粹自身激发"之上。当然,这一论点的引入,恰恰是以对A版演绎的精心阐微为铺垫的。

康德本人在第一版序言中就区分过主观和客观演绎,即客观演绎关注知性的对象,范畴之客观有效性,而主观演绎则着眼于知性本身,"它的可能性和它立足于其上的认识能力"②这种"知性立足于其上"的认识能力,在A版演绎的引导部分,被归为"心灵"之三种本源的源泉(彼此独立的能力),具体为感官(对杂多的先天概观)、想象力(对这种杂多的综合)、统觉(对这种综合的统一)。③

对这三重认识能力的描述和彼此之间紧密而细微的内在关系的梳理,构成了A版演绎独具的内容。由于一切知识都是心之变样,因而属于内感,而内感的形式是时间,因此康德强调说,表象必须"在时间中整理、结合和发生关系"。这对海德格尔来说是令人兴奋的。因为它既将所有的认识能力都归给"心灵"

---

① 参见,GA3,S.244。
② KrdrV,A XVII.
③ 参见同上,A94之脚注。此脚注第二版删去。

（心灵是可被激发以至产生直观可能性的、有限的"自我"），更把这种能力的实现归于某种时间的事情。

按照海德格尔康德阐释的基本规划,是把先验想象力尽量地阐释为时间性。康德在这里的工作在一定程度上满足了这个意图:对当前与过去的构造都已出现,且不可分割地交织在一起。但他也在很大程度上,没有完全满足这个意图:即一方面,只有对当前和过去的构造,而缺乏对未来的构造;另一方面,想象力在这里只是再生了过去,无法被转释为完整的时间性。

海德格尔如何弥补这两个缺陷的呢?想象力的问题容易解决,他将作为图型之全部源泉的创生性先验想象力而非此间的再生性想象力解释为完整的时间性即可。麻烦在于时间性的未来向度何处寻觅?

海德格尔从康德的《形而上学讲义》中发现那里的想象力学说包含对未来的形-象(Vorbildung)。这固然是正确的,但问题在于,他现在面对的是《纯粹理性批判》。此书涉及时间向度的,只有直观与再生的想象力,且根本没有明确使用现在-过去-未来这样的时态。这或者是因为,创生性想象力产生的图型虽然是"时间规定",但作为运用于经验对象的、源于知性之"客观统一"的时间规定,其中不应该包含实际上只能用于"主观统一"的三种时态。而 A 版演绎部分论及的第三种认识能力,叫作概念中认同的综合,此综合产生的是克服了时间影响的"同一性",恰恰开始出现了"外于时间"的东西,海德格尔却试图从中寻找向着"未来向度"的绽出。①

────────────

① GA3,S. 183.

　　康德在认同的综合中说的无非是,意识到当前所思的东西就是前一瞬间所思的东西的能力。在这个阶段呈现的是"综合的统一"。源于概念机能而非想象力。概念机能也就是统觉。概念就是统一之方式。概念之为概念,不同于时间性表象,在内感中所遇到的都是束缚于时刻之时间性表象。将两个时刻的表象认同为一,这个能力绝不可来自感性(感性的形式是时间,时间的诸时刻之间之关系是"彼此外在之杂多"),只能来自统觉。无统觉之统一,无概念,认识是不可能的。统觉之统一,此干"未来"的事? 毋宁说,这个环节涉及的是:外于时间性的东西(一定意义上的永恒的东西),如何在时间性表象的基础上构造起来,却又不能还原为时间性表象,与时间性表象(意即杂多表象)之间处于质料与形式的关系。形式与质料即使何为一体,形式即使在质料的基底上呈现,也不能还原为质料。海德格尔对这个环节的解释,不能令人满意。但他紧接着把统觉归摄入想象力的工作,却恰可用于解释认同之综合,足以弥补此缺憾。

　　就对三种认识能力的阐发而言,康德其实更接近胡塞尔现象学。前两种认识能力类似内时间意识现象学层面的工作——知觉当前、持留过去。对于客观化立义来说的、抽去了意向形式的质料,在内时间意识的层面看,仍具最基本的意向形式,即在内时间意识中呈现的时间意向性的形式(知觉、原呈现、持留记忆、回忆、前瞻等)。胡塞尔在《内时间意识现象学》中的工作,也和康德此间类似,对过去和当前的构造描述入微,对未来不加重视,但其他文本则否。而康德第三认识能力则相当于胡塞尔大《观念》中还原出的客观化意向性。胡塞尔本人对此两个层面之间的渊源有清楚的自觉和提示。①

(二) 纯粹自身激发与自我对象化问题:论海德格尔与德国观
##　　念论的分歧

　　海德格尔的阐释,就总体意图而言,实际上是对第二版演绎的彻底颠倒,他工作中的关键部分是把统觉混同于乃至归摄于想象力之下,以为无时间性的东西是从时间性(确切地说,是从时间性的一个样态——当前性)衍生出来的,统一性就是当前性,而当前性只是特定样态的绽出,因此"统一性"没有独立的来源,换言之不是最本源的。本源的倒是时间性。就海氏本人言,这一理路丝毫不乱。但要就阐释康德论证此理,可依赖的文本实非上述认同之综合,而是纯粹自身激发。

　　海德格尔在对纯粹自身激发意即心灵学说的阐释中,将康德哲学的贡献彻底-激进化了。他敏锐地抓住了康德对自我与时间的各自描述的相通之处,试图据此论证自我与时间之本源的自同性(urspruengliche Selbigkeit)。②

　　一是"因为持立常驻的自我(das stehende und bleibende Ich,)——纯粹统觉——构成了我们一切表象的关联者"。③

　　另一是"时间不流逝……时间本身是不变的和常驻的(bleibende)"。④

　　康德前者说的"我思"必定可能伴随一切表象(此间所谓一切表

---

① 参见胡塞尔,《观念 I》,第 81 节。
② GA3,S192.
③ KrdrV A123;GA3,S.192.
④ KRDRvA143/B183;GA3,S.192.

象之关联者),而自身为同一(表现为我等于我这个分析命题之综合统一)。我思之持立常驻,表明毫无时间性的东西,与时间性分离,是统一性之源-体。上文已将之解释为太一自身的绝对当前性。

而时间之常驻,是说时间是"实体"范畴本身的图型。实体是主词,其图型就是时间中一切变化中不变之基底。按照康德哲学,实体图型之持续,本身是统觉之统一性在图型中的体现。如将时间之持续与统觉之统一性混同,无异于将形而上学之灵魂实体与纯粹自我混同。时间的常驻性正是充满时间维的"永久性",这与源于绝对当前之永恒性仍差别。

更有甚者,如按海德格尔的一贯处理,那种将时间本身视为常驻的观点,恰恰是相对现在独大为绝对现在之结果,是把时间之绽出机制牺牲在"当前-在场"中了。"我思"之在,"我在",在《存在与时间》中被斥之为中世纪-笛卡尔式"受造存在"的东西,归诸当前-在场的东西,在这里却被论证自我同于时间。这些地方的海氏阐释,细细推敲,都是缺乏足够说服力的。因为,"但我们在内直观中根本没有什么常驻性的东西,因为自我就是对我之思维之意识。"①

海德格尔对此并非毫无觉察,因而他更多地强调,自我的这个常驻必定在同表象的关联中呈现。他抓住了自我的出场依赖于"让对象化"这个事实,来提示"'持立的和常驻的'自我所意谓的无非是自我在时间(亦即作为本源时间)之本源的构形(uspru-englichen Bilden)中构形了那个对某某的让对象化及其境域。"②

---

① KrdrV,B413.
② GA3,S.193.

我持驻不是自我极,而是揭示了一个境域,对象在此境域中方可被经验为自身同一的。① 这就从根本上解释了此前难以解释的"认同之综合"问题。将"自我"阐释为境域,与本文第二部分将之阐释为整全之一,实可相通。因为整全与境域的存在方式与自身统一方式均不同于、且先于整全与境域之内的东西。

海德格尔在这里阐释的微妙之处在于,康德之"我思必然能够伴随一切表象",被他十分聪明地转成了一切表象必然可能伴随我思。即我思必定拥有不同于自身的其他表象、拥有"对方"。经此一转,自我就只能在一个对方-境域中把自己呈现为持驻的。持驻引入,则当前引入。境域引入,则一切原初时态引入。一切原初时态引入,则时间性引入矣。

自我之必定有对方-境域,是为自身超越。自身超越的机制,在于时间性之绽出。自我伴随着境域呈现,意味着这个自身超越也还返回到自身上来。② 这个结构,与在一个绝对的现在中把握包含现在-过去-未来的完整时间境域,何其相似。而这个境域,也就是经验对象之可被表象性,在康德那里是自我作为心灵将自身激发的结果。那个与时间同源的自我,乃是有限自我。有限自我之在,不是被创造之在(现成之在),而是源于时间性的自我超越-绽出,也就是此在。海德格尔最重视的就是统觉之自身激发学说中所蕴涵的自我有限化机制。在康德哲学内部,这个机制正是先验想象力——作为一切时间表象的创生者——产生于统觉之内(而非"之旁")的论证。因之,对海德格

① GA3,S.193.
② 同上,S.192。

尔来说,自我有限化-先验想象力正是此在-时间性的前身。

回到第一批判本身,原理分析论的实质结论无非是,一切先天综合知识之至高原理在于:自我将自身限制为一个有限的自我,即感性本身。但自我之有限性究竟是否有更高的来源(即无限者——思维——之自我限制),还是真正的“基本”(基本存在论之所以为其基本):这就是海德格尔与德国观念论争辩的实质。转为康德哲学之内的概念,这争辩即在于,本源究竟是思维,还是想象力?转为海德格尔的术语,这争辩就是,本源究竟是“我思”意义上的主体,还是时间性意义上的此在?

对于这样一个本源性的先验条件(它是先天综合判断之所以可能的最切近的根据),德国观念论和基本存在论都能得到各自需要的东西。

德国观念论可以抽出这样的原理,自我之对象化是对象本身的机理。自我设定自我,是自我认识非我之条件。但这种理解,是用统觉之先验综合下贯到纯粹自身激发,牺牲了这样一个事实——自我的对象化在康德那里并非指自我产生对象的概念(先验对象＝X),而是产生作为直观主体的我。自我的对象化不是概念化,而是直观化、“时间化”。德国观念论把康德哲学在所与和规定、直观和思维、我思和我思所伴随的直观表象之间建立的基本界限抹杀了。

对于基本存在论,则反过来,强调自我本身(在纯粹自身激发-先验想象力那里)成为“时间”本身,才是自我超越自身到对象那里去的条件。有对象(“意向性”)奠基于自我成为时间(“时间性”)。

这里更透彻地分析一下康德的纯粹自身激发的意蕴、困境与不足。希望通过这种分析,德国观念论与基本存在论的出处与分野或可被康德阐释的内在之光照亮。

纯粹的自身激发,对于康德哲学而言,意味着纯粹直观的出现。纯粹直观虽非感性直观,却仍然是有所朝向的。与德国观念论的指摘不同,纯粹直观并非探视我自身的理智直观,而是探视我之显现条件之直观。纯粹直观同样是受对象限制的——这个对象被思维为与思维同一的我,却被直观为与思维不同的内感对象,因其作为直观不同于思维。自我作为思维本是纯粹的自发性,却只能作为接受性直观自身,并且将自身直观为一般感性,也就是对非我-自身之接受性。这就是说,自我自在地是自发性(无限性),但对自己而言(自为地)却是接受性(被自己限制的有限性),这个对自己的接受性同时也是对他物的纯粹接受性(被他物限制的有限性)。总之,认识之原理,在于无限自我之有限化。德国观念论对此强调的是无限自我之自身限制。基本存在论强调的是,有限自我自身就是第一"前提"。

在康德那里,自我之对象化(时间表象就是这个对象化的产物)是经验对象之被认识之先验条件。当自我作为直观被给予思维后,作为直观的自我才能成为认识物之显像之先验原理。在纯粹自身激发中包含了双重对象化:即时间化与经验对象化。时间化是经验对象化的条件:自我将自身对象化为时间;在作为图型的时间规定中,可以发现经验对象(物之显像)被认识之先验条件。问题在于,这个自我之时间化本身之机能是什么?《纯粹理性批判》第一、二版之间的主要改动,在于纯粹知性概念的先验演绎。这两个版本都明确将自我之时间化称为先验想象力或"创生性的想象力"。这种想象力是范畴图型法的来源。

两版的差别在于想象力的地位。在第二版演绎中,康德云"知性在想象力之先验综合这个名义下"激发内感。换言之取消了想象力的单独地位。德国观念论更多地依靠第二版演绎背后的原理,也就是将出发点建立在思维自我上,而基本存在论更依靠第一版演绎,将出发点建立在作为先验想象力的时间化、有限化自我上。非但如此,基本存在论还要将思维自我,摄于时间化的有限自我之下——"我在"之本质出自时间样态。

(三) 纯粹自身激发与有限/无限问题:再论海德格尔与德国观
　　　念论的分歧

在海德格尔对先验演绎以及图型论的内在阐释中,将时间追踪到纯粹自身激发。这本不无依据。但他进一步将纯粹自身激发追溯到自我的有限性,并因而与通向"存在问题"的"无限性"牵连起来,这就得小心对待了。

在《康德与形而上学问题》的结尾,海德格尔终于罕见地触及了"无限"——他的康德阐释的关键词"有限性"的对方——来引发存在之问:

> 根据人的最内在的有限性,即他需要"存在论",亦即,根据他需要存在之领悟,将其把握为"创造性的"并因而是"无限性"的——但在关于无限的本质之理念所如此极端排斥的正是"存在论"的地方,这样说有意义吗? 有权利吗?
>
> 如果没有一种"被预设的"的无限性,此在之中的有限性还能哪怕仅仅作为难题(Problem)被发展出来吗? ……

这样"被设定的"无限性意味着什么？在所有这些问题性（Fraglichkeit）中，带有其原初冲击性与宽广性的存在问题（Seinsfrage）会重新脱颖而出吗？①

这段引文实质上就是康德书的终结。它正出现在对从《纯粹理性批判》第二版到黑格尔逻辑学的德国观念论传统的检讨之后。这一传统在（展露在时间性与先验想象力那里的）此在之有限性"大大动摇了理性与知性之统治"之后，又回到了"知性"和逻辑在形而上学中的统治。海德格尔援引了黑格尔《大逻辑》导论中关于逻辑学的这样一段话：

因此，逻辑学要作为纯粹理性的体系、纯粹思维的王国来把握。这个王国就是真理……这个内容就是上帝的展现，就象他在创造自然和创造某种有限精神之前的永恒本质中所是的那样。②

他就此质问道：

还有什么比这更有说服力的证据，来证明隶属于人的本性的形而上学，乃至"人的本性"自身，其自明性是如何之少吗？③

---

① GA3，S. 246.
② GA3，S. 244，黑格尔引文参见黑格尔著，杨一之译：《逻辑学》，北京：商务印书馆，1982年，页31，下同。
③ GA3，S. 244.

这两段话合勘,可以显露海氏康德阐释的几层究竟涵。其一,此在之有限性("人的本性")之中——通过存在之领悟——包含或预设了有无限性。其二,这种预设和包含本身就意味着原初的存在问题,因而有限性"之内"的无限性是(基本)存在论意义上的;其三,德国观念论牺牲了康德自身激发学说中的"有限性"动机。在知性与逻辑的统治下,上帝展现而人的本性晦暗不彰。

但如回到德国观念论的问题脉络,就会发现海德格尔此间陷入或展现了一个奇妙的纽结。他对之完全保持沉默的是,康德与黑格尔用知性-理性进入的主题,不是别的,正是他在全书接近、在这里逗留的有限-无限问题。在他作为标靶的黑格尔引文中,围绕着的难道不正是"无限"吗?黑格尔逻辑学与康德先验逻辑的根本区别在于,后者是属于知性因而属于有限的,前者则属于理性因而是关乎无限者的。在对这个基本区别丝毫不加鉴别的情形下,把黑格尔的逻辑学与纯思维王国作为康德知性学说的延伸,是一种极严重的误导——

> 须知,一说到思维,我们必须把有限的、单纯知性的思维与无限的理性的思维区别开……真理本身是无限的,它是不能用有限的范畴表达并带进意识的。[1]

在黑格尔看来,正是康德,最早明确提出知性和理性区别,而这也就是有限与无限的区别。"康德明确地指出,知性以有

---

[1] 《小逻辑》,前揭,页96,译文有改动。

限的和有条件的事物为对象,而理性则以无限的和无条件的事物为对象"。① 除了将康德那里谨慎的术语有条件/无条件等同于他自己术语体系中的有限/无限,黑格尔在这里的概括是完全准确的。理性的对象——理念就是无限者,这是康德与黑格尔的共同出发点。他们的区别在于,康德认为思维只能用以规定被给予的东西,因而只属于有限的知性,而黑格尔的真正工作恰在于把思维从知性那里提升到理性,将无限性赋予了思维,因而等同了理念与思维。这样一来,理念的无限王国就是思维的王国。看似研究思维的逻辑学就成了"研究纯粹理念的科学",②换言之,关于无限者的科学。

于是,从海德格尔的阐释进路看,德国观念论的问题不在于接近无限,而在于以一种偏离人之本性(也就是此在)的方式接近无限,在于将源于"先验想象力"的、"被预设的"无限性转赋思维了。这既是思维的自身僭越,也是无限性的错误显露,更是(在海氏解释的纯粹自身激发-先验想象力中的)本然有限性的遮蔽。

这个进路,作为海德格尔的自身阐释,没有丝毫不妥。但当他试图将康德阐释中引出这个进路时,就会遇到一个麻烦。而这个麻烦有利于黑格尔,而不是海德格尔。

海德格尔是从对先验想象力——"时间性"这个概念的康德式表达——的细密追究中清洗出有限性的。这个"预设了无限性"的有限性,其存在方式在存在论上就是存在之悟与存在

---

① 　同上书,页126。
② 　《小逻辑》,前揭,页63。

之问。换言之,有限性自身就是向着无限超越的。有限性自身内在地就包含着——或毋宁说就是——对无限性的关系。然而,就海德格尔阐发出这个论旨的康德文本而言,先验想象力或自身激发中,并不包含这种对无限性的关系。有限与无限的关系,在康德那里毋宁说是知性与理性的关系,两者的中介并非先验想象力,而是"目的论判断力"。[①] 先验想象力是感性与知性之间的能力,包含的是思维与经验对象之间的,因而就是有限存在与内在的、有限对象之间的先验关系,而非有限与无限之间的超越关系。

这与其说是海德格尔文本抉择的错误,不如说是诠释学上某种奇妙的拓扑学转换。这意味着,海德格尔一方面接过了德国观念论的无限性话头,并将之与存在问题接榫。[②] 另一方面,却有意破坏了康德哲学的内在机理,以自己的方式——这个方式就是基本存在论的出发点——将想象力-时间性嫁接上无限性-存在问题。这个嫁接本身就已不言而喻地包含了对黑格尔乃至整个德国观念论的批判。

德国观念论对海德格尔这个进路的可能批评,可分为两端。

---

① 参见康德著,邓晓芒译:《判断力批判》第一版序言,前揭,页 2,下同。正因为如此,在黑格尔对康德的苛评中,仅把《判断力批判》一书视为"达到了思辨的高度"。因为那里无限性并不处于和有限性的外在对立之中。参见《小逻辑》,前揭,页 144。

② 从康德哲学的脉络,特别从海氏对黑格尔的直接批评来看,作为康德书阐释意图关键词的"有限性"以及无限性概念在这里直接来自德国观念论。甚至可以说这对概念的用法更接近于黑格尔而非康德。在这里没有任何希腊哲学或其他传统的意涵窜入。皮罗的考证是缺乏焦点的。参见氏著,"海德格尔和关于有限性的思想",见刘小枫选编,海德格尔等著,孙周兴等译:《海德格尔与有限性思想》,北京:华夏出版社,2002 年,页 78–99,下同。

　　一方面,无限性与存在问题的接榫,在康德黑格尔哲学的内部,是有其根据的,但其偏重正好颠倒。在《现象学之基本问题》-康德书的时期之后三十余年,海德格尔又回到了康德的存在论题。这次他悄悄进入了那个更合适的文本——《判断力批判》,在被谢林称赞过的第76节做了停留。表面上仅仅为了重复《基本问题》中出现过的解释:在康德那里,无论可能存在还是现实存在,存在之意都是"设定"(或译断定)。① 但深意在于借助康德在那里对概念(可能存在)与直观(现实存在)两分的界限的检讨,重新提出"思想与存在"的关系问题。这个问题及其出现的有关文本,是比康德书末尾更合适的地方,来同德国观念论对话。《判断力批判》正是德国观念论展开其关于无限-有限思辨的真正起点。存在论题在这里之所以被重新思考,恰恰因为它属于无限者或理念。对于无限者、绝对必然存在者而言,可能性与现实性,或者说思想与存在的分别是失效的。② 换言之,存在论题在德国观念论那里确实与无限性密切联系,但必须置于其下。存在与思想的同一性恰恰是对于无限者(超越的存在者)而言的真理。黑格尔逻辑学之所以可以成为关于无限者的科学,正因为对于无限者(理念)来说,思想和存在是同一的。

---

　　① 参见海德格尔,"康德的存在论题",见《路标》,前揭,页549-551。
　　② 康德那里的意思实际上已和自己批判上帝存在之本体论证明时相反,倒与捍卫此证明的黑格尔暗合。即对于超越的存在者而言,"一百塔勒"那里所有的可能性与现实性的区分是失效的。参见黑格尔,《哲学史讲演录》第四卷,前揭,页283-286。相反,海德格尔从这里读出的康德存在观和"一百塔勒"之例完全一样。对海德格尔来说,超验的存在者的存在方式与经验对象的存在方式的差异根本不具有基本存在论上的意义。

另一方面,海德格尔将先验想象力或纯粹自身激发作为阐发(以存在之问的方式预设了无限性的)有限性的依靠。对此康德文本无法提供直接的证据。纯粹自身激发是思维自我的自身限制。思维至少在康德那里还没有无限者的资格。如依靠黑格尔将思维提升为无限者,那么海德格尔到哪里去发现有限存在的那个自明性呢? 这种将时间追溯到有限内在地包含的对无限的关系的进路,可以在其激进化形态中得到澄清甚至辩护。列维纳,这位依傍海德格尔因而经常对他做批评式推进的犹太现象学家,同样运用激发(affect)解释本真的时间性。但他明确拒绝了"自身激发"。指出激发必定是被他者(无限者、上帝)导致。按照列维纳,激发一词已经表明了,他者无法"进入"自身。① 在他看来,"他者在自同中"(the Other-in-the-Same)才是首要的范畴。时间是无限者这个"更多"在有限者这个"较少"中的爆破,因而"时间就可归结为无限者之'存在'方式。这也是承受无限者的方式:耐心"。②

列维纳的这种更彻底的海派阐释,当能弥补海德格尔本人的缺陷,将时间归为无限者在有限那里的现身。但这样一来他必须让无限性超越海氏的存在,又突破必定将无限性转为"总体性"的德国观念论的纯思维,于是也就破坏了作为阐释对象的康德文本。

列维纳或者跳出了作为康德阐释者的海德格尔,但是否跳出了那个不依傍康德思索有限性的海德格尔? 不好说。几乎在

---

① Levinas,E,*God, Death and Time*, trans by B. Bergo, Stanford: Stanford University Press,2000,p. 115.

② 同上,p. 116。

他出版康德书的同时,海德格尔在 1929‒30 的冬季学期的讲座里,这样描述有限性:"有限性不是属性……而是我们存在之基本方式。"、"我们自身就是这个'在路上',这个过渡、这个'既非这一,亦非他者'"(Weder das Eine,noch Das Andere)……"这个非(Nicht)之不安息……我们称之为有限性"①他者本来就是在欠缺中所拥有者。无非海氏说了欠缺,列氏说了拥有。本真的时间性是此在之绽出。从自身性去思考绽出,必定无法绕开自身的对方——他者。康德时间学说的全部意义或者在于有机会通过"激发"学说释放出"他者"的动机。因而突破了源于亚里士多德的所谓"庸常的时间观"。其之所以庸常,缘于把时间看成"现在之序列"。

　　但现在是什么? 这仍然处在晦暗之中。现在似乎是自身封闭,天然与他者绝缘的东西?② 或者,还是应该回到亚里士多德那里,随着他发问,"现在究竟是自同者和同一个呢? 抑或永远是他者复他者(allo kai allo)?"③

---

①　GA 29/30,S. 8.

②　"在每一个现在中现在都是现在,因而它持续地作为自同的东西在场着……"SuZ,S. 423。

③　亚里士多德,《物理学》,218a10‒11。

参考文献

古　籍

经部

1. 朱熹撰,徐德明校点:《四书章句集注》本,上海:上海古籍出版社,2001 年。

2. 朱熹撰:《四书或问》,上海:上海古籍出版社,2001 年。

3. 胡广撰修,《四书大全》,山东:山东友谊书社,1989 年。

4. 王夫之著,王孝鱼点校:《读四书大全说》,北京:中华书局,1975 年。

5. 唐文治著,崔雁南整理:《四书大义·大学大义·中庸大义》,上海:上海人民出版社,2018 年。

6. 胡自逢:《周易郑氏学》,台北:文史哲出版社,1990 年。

7. 王弼注,孔颖达疏:《周易正义》(十三经注疏标点本),北京:北京大学出版社,1999 年。

8. 朱熹撰,廖明春点校:《周易本义》,北京:北京大学出版社,1992年。

9. 来知德撰,张万彬点校:《周易集注》,北京:九州出版社,2004年。

10. 李光地撰,刘大钧整理:《康熙御纂周易折中》,四川:巴蜀书社,2013年。

11. 潘仕成辑,惠栋撰:《海山仙馆丛书卷4·易大义》,道光27年。

12. 焦循撰,陈居渊校点:《雕菰楼易学五种》,江苏:凤凰出版社,2012年。

13. 李道平撰,潘雨廷点校:《周易集解纂疏》,北京:中华书局,1994年。

14. 林忠军著:《〈易纬〉导读》,山东:齐鲁书社,2002年版。

15. 孔安国传,孔颖达疏,廖明春、陈明整理:《尚书正义》(十三经注疏标点本),北京:北京大学出版社,1999年。

16. 王夫之撰,王孝鱼点校:《尚书引义》,北京:中华书局,1962年。

17. 马瑞辰撰,陈金生点校:《毛诗传笺通释》,北京:中华书局,1989年。

18. 何休注、徐彦疏、刁小龙整理:《春秋公羊传注疏》,上海:上海古籍出版社,2014年。

19. 陈澔撰:《礼记集说》,铜版《四书五经》,上海:世界书局,民国二十五年。

20. 孙希旦撰,沈啸寰、王星贤点校:《礼记集解》,北京:中华书局,1989年。

21. 朱彬撰:《礼记训纂》,北京:中华书局,1996 年。

22. 方向东撰:《大戴礼记汇校集解》,北京:中华书局,2008 年。

23. 许慎撰,徐铉等校定:《说文解字》,北京:中华书局,1985 年。

24. 许慎撰,段玉裁注:《说文解字注》,上海:上海古籍出版社,1981 年。

25. 阮元主编,《经籍纂诂》,上海:上海古籍出版社,1989 年。

史部

26. 司马迁撰,中华书局编辑部点校:《史记》,北京:中华书局,1953 年。

27. 章学诚著,叶瑛校注:《文史通义校注》,北京:中华书局,1985 年。

子部

28. 王卡点校:《老子道德经河上公章句》,北京:中华书局,1997 年。

29. 严尊:《老子指归》,北京:中华书局,1994 年。

30. 郭象注,成玄英疏,曹础基、黄兰发点校:《南华真经注疏》,北京:中华书局,1998 年。

31. 郭庆藩撰,王孝鱼点校:《庄子集释》,北京:中华书局,2012 年。

32. 王先谦撰,沈啸寰点校:《庄子集解》,北京:中华书局,

1987 年。

33. 刘武撰,沈啸寰点校:《庄子集解内篇补正》,北京:中华书局,1987 年。

34. 钟泰撰:《庄子发微》,上海:上海古籍出版社,2002 年。

35. 王叔岷撰:《庄子校诠》,北京:中华书局,2007 年。

36. 方勇撰:《庄子纂要》,北京:学苑出版社,2012 年。

37. 慎到著,許富宏校注:《慎子集校集注》,北京:中华书局,2013 年。

38. 黎翔凤撰,梁运华整理:《管子校注》,北京;中华书局,2004 年。

39. 王先谦撰,沈啸寰、王星贤点校:《荀子集解》,北京:中华书局,1988 年。

40. 吕不韦编,许维遹集释,梁运华整理:《吕氏春秋集释》,北京:中华书局,2009 年。

41. 王先慎撰,钟哲点校:《韩非子集解》,北京:中华书局,1998 年。

42. 李零:《郭店竹简校读记》(增订本),北京:中国人民大学出版社,2007 年。

43. 刘文典撰:《淮南鸿烈集解》,北京:中华书局,1989 年。

44. 董仲舒、苏舆撰,锺哲点校:《春秋繁露义证》,北京:中华书局,1992 年。

45. 扬雄撰,司马光集注,刘韶军点校:《太玄集注》,北京:中华书局,1998 年。

46. 王弼著,楼宇烈校释:《王弼集校释》,北京:中华书局,1999 年。

47. 柳宗元著:《柳宗元集》,北京:中华书局,1979 年。

48. 周敦颐著,陈克明点校:《周敦颐集》,北京:中华书局, 1990 年。

49. 周敦颐撰,徐洪兴导读:《周子〈通书〉》,上海:上海古籍出版社,2000 年。

50. 张载著,张锡琛点校:《张载集》,北京:中华书局, 1978 年。

51. 程颢、程颐著,王孝鱼点校:《二程集》,北京:中华书局, 2004 年。

52. 程颢、程颐著,朱熹编,宋时烈分类重编:《程书分类》, 上海:上海辞书出版社,2006 年。

53. 弘学等整理:圆悟克勤禅师——《碧岩录·心要·语录》,四川:巴蜀书社,2006 年。

54. 朱熹著,朱杰人等主编:《朱子全书》,上海:上海古籍出版社,2010 年。

55. 黎靖德编,王星贤点校:《朱子语类》,北京:中华书局, 1986 年。

56. 陆九渊著,钟哲点校:《陆九渊集》,北京:中华书局, 1980 年。

57. 王守仁撰,吴光等编校:《王阳明全集》,上海:上海古籍出版社,1992 年。

58. 王守仁著,王晓昕、赵平略点校:《王文成公全书》,北京:中华书局,2015 年。

59. 陈荣捷撰:《王阳明传习录详注集评》,台北:台湾学生书局,1983 年。

60. 罗钦顺著，阎韬点校：《困知记》，北京：中华书局，2013 年。

61. 吴光主编：《刘宗周全集》，杭州：浙江古籍出版社，2007 年。

62. 黄宗羲原撰，全祖望补修，陈金生、梁运华点校：《宋元学案》，北京：中华书局，1986 年。

63. 黄宗羲撰，沈芝盈点校：《明儒学案》，北京：中华书局，2008 年。

64. 王夫之撰，船山全书编辑委员会编校：《船山全书》，湖南：岳麓书社，2011 年。

65. 王夫之著，王孝鱼点校：《老子衍·庄子通》，北京：中华书局，1988 年。

66. 王夫之撰，王孝鱼点校：《张子正蒙注》，北京：中华书局，1975 年。

67. 王夫之撰，严寿澄导读：《船山思问录》，上海：上海古籍出版社，2000 年。

68. 钱大昕撰，吕友仁校点：《潜研堂集》，上海：上海古籍出版社，2009 年。

西学部

69. Aristotle, *The Complete Works of Aristotle. The Revised Oxford Translation*, Barnes, Jonathan (ed.), Princeton: Princeton University Press, 1984 (sixth printing with corrections 1995).

70. Aristoteles, *Metaphysik*, Neubearbeitung der Üebesetzung

von H. Bonitz, Hamburg : Felix Meiner Verlag, 1989.

71. Makin, Stephen, ed. Aristotle: *Metaphysics Theta*: *Translated with an introduction and commentary*. New York: Oxford University Press, 2006.

72. 亚里士多德著, 李真译:《形而上学》, 上海: 上海人民出版社, 2005 年。

73. 亚里士多德著, 吴寿彭译:《形而上学》, 北京: 商务印书馆, 1995 年。

74. Aristoteles, *Üeber die Seele*, Griechisch-Deutsch, Mit Einleitung, Üebesetzung (nach W. Theiler) und Kommentar herausgegeben von Horst Seidl, Griechischer Text in der Edition von Wilhelm Biehl u. Otto Apelt, Hamburg : Felix Meiner Verlag, 1995.

75. Shields Christopher, *Aristotle*: *De Anima*, *Translated with an Introduction and Commentary*, Oxford: Clarendon Press, 2016.

76. Hussey, Edward ed, *Physics*: Books III and IV. Vol. 2, New York: Oxford University Press, 1993.

77. Ross, W. D. *Aristotle's Physics*. A Revised Text with Introduction and Commentary. Oxford: Clarendon press, 1936.

78. Burnet, J. (ed) *Platonis Opera*, Oxford: Clarendon Press, 1903.

79. Slings, S. R. *Platonis Rempublicam recognovit brevique adnotatione critica instrvxit S. R. Slings*. Oxford: Oxford University press, 2003.

80. Plato, *Complete Works*, ed by J. M. Cooper, Indianapolis: Hackett Publishing Company.

81. Gosling, Justin CB, Plato: *Philebus*, *translated with notes and commentary*, New York: Oxford University Press, 1975.

82. Hackforth, R. *Plato's Phaedo*. Translated, with Introduction and Commentary, Cambridge: Cambridge University Press, 1955.

83. Platon, *Politeia*, New York: Oxford University Press, 2003.

84. 柏拉图著, 顾寿观译:《理想国》, 湖南: 岳麓书社, 2010 年。

85. 柏拉图著, 陈康译:《巴曼尼得斯篇》, 北京: 商务印书馆, 1982 年。

86. 柏拉图著, 方书春译:《范畴篇 解释篇》, 北京: 商务印书馆, 1986 年。

87. 柏拉图著, 洪涛译:《政治家》, 上海: 上海人民出版社, 2006 年。

88. 柏拉图著, 王太庆译:《柏拉图对话集》, 北京: 商务印书馆, 2004 年。

89. 柏拉图著, 詹文杰译:《智者》, 北京: 商务印书馆, 2012 年。

90. 布伦塔诺著, 溥林译:《根据亚里士多德论"是者"的多重含义》, 北京: 商务印书馆, 2015 年。

91. Diels, H. (ed.) revised by W. Kranz, *Die Fragmente der Vorsokratiker*, Berlin: Weidmannsche Verlagsbuchhandlung. 1961.

92. 笛卡尔著, 庞景仁译:《第一哲学沉思集》, 北京: 商务印书馆, 1996 年。

93. 斐奇诺著,赵精兵译:《至善与快乐——柏拉图〈斐勒布〉义疏》,上海:华东师范大学出版社,2014 年。

94. 费希特著,梁志学编译:《费希特文集》,北京:商务印书馆,2014 年。

95. Hegel, G. W. F. *Phaenomenologie des Geist*, Hamburg: Verlag von Felix Meiner, 1952, S20.

96. 黑格尔著,先刚译:《精神现象学》,北京:人民出版社,2013 年。

97. Hegel, G. W. F. *Vorlesungen über die Geschichte der Philosophie II*, Frankfurt/Main: Suhrkamp, 1971, Bd 19.

98. Hegel, G. W. F. *Vorlesungen über die Geschichte der Philosophie III*, Frankfurt/Main : Suhrkamp, 1971, Bd 20.

99. 黑格尔著,贺麟、王太庆译:《哲学史讲演录》,北京:商务印书馆,1978 年。

100. 黑格尔著,贺麟译:《小逻辑》,北京:商务印书馆,1980 年。

101. 黑格尔著,杨一之译:《逻辑学》,北京:商务印书馆,1982 年。

102. Heidegger, *Beitraege zur Philosophie (Vom Ereignis)*, Frankfurt : Vittorio Klostermann Verlag, GA 65, 2003.

103. Heidegger, M. *Aristoteles, Metapysik, θ1—3 Vom Wesen und Wirklichkeit der Kraft*, Frankfurt: Vittorio Klostermann Vertlag, GA33, 1981.

104. Heidegger, M. *Grundbegriffe der Metaphysik.* Frankfurt am Main: Vittorio Klostermann, GA 29/30, 1983.

105. Heidegger, M. *Metaphysische Anfangsgründe der Logik im Ausgang von Leibniz*. Frankfurt am Main: Vittorio Klostermann, GA 26, 1978.

106. Heidegger, M. *Platon: Sophistes*. Frankfurt: Vittorio Klostermann Vertlag, GA19, 1992.

107. Heidegger, *Sein und Zeit*, Tuebingen: Max Niemeyer Verlag, 2001.

108. 海德格尔著,陈嘉映、王庆节译:《存在与时间》,北京:生活·读书·新知三联书店,1987 年。

109. Heidegger, M. *Kant und das Problem der Metaphysik*, Frankfurt am Main: Vittorio Klostermann, GA3,1991.

110. 海德格尔著,王庆节译:《康德与形而上学疑难》,上海:上海译文出版社,2011 年。

111. Heidegger, *Zur Sache des Denkens*, Tuebingen: Max Niemeyer Verlag,1969.

112. 海德格尔著,丁耘译:《现象学之基本问题》,上海:上海译文出版社,2008 年。

113. 海德格尔著,孙周兴选编:《海德格尔选集》,上海:上海三联书店,1996 年。

114. 海德格尔著,孙周兴译:《路标》,北京:商务印书馆,2000 年。

115. 海德格尔著,熊伟译:《形而上学导论》,北京:商务印书馆,1996 年。

116. Husserl, E. Husserliana 19, 1—2. *Logische Untersuchungen. Zweiter Band. Untersuchungen zur Phänomenologie und*

Theorie der Erkenntnis. Ed. Ursula Panzer. The Hague: Martinus Nijhoff, 1984.

117. Husserl, E. Husserliana 6, *Die Krisis der europäischen Wissenschaften und die transzendentale Phänomenologie. Eine Einleitung in diephänomenologische Philosophie.* Ed. Walter Biemel. The Hague: Martinus Nijhoff, 1954, rpt. 1962.

118. 胡塞尔,李幼烝译:《纯粹现象学通论》,北京:商务印书馆,1996 年。

119. 基尔克、拉文、斯科菲尔德编,聂敏里译:《前苏格拉底哲学家:原文精选的批评史》,上海:华东师范大学出版社,2014 年。

120. Kant, I. *Kritik der reinen Vernunft*, Hamburg: Felix Meiner Verlag,1976.

121. 康德著,邓晓芒译:《纯粹理性批判》,北京:人民出版社,2004 年。

122. 康德著,邓晓芒译:《判断力批判》,北京:人民出版社,2002 年。

123. Levinas, E. *God, Death and Time*, trans by B. Bergo, Stanford: Stanford University Press,2000.

124. 列维纳斯著,朱刚译:《总体与无限》,北京:北京大学出版社,2016 年。

125. 麦金太尔著,宋继杰译:《追寻美德》,南京:译林出版社,2008 年。

126. 纳托尔普著,溥林译:《柏拉图的理念学说》,北京:商务印书馆,2018 年。

127. 尼采著,李超杰译:《希腊悲剧时代的哲学》,北京:商务印书馆,2006 年。

128. Plotinus, *the Enneads*, With An English Translation by A. H. Armstrong, London ; Harvard University Press, 1984.

129. 普罗提诺著,石敏敏译:《九章集》,北京:中国社会科学出版社,2009 年。

130. Proclus, *The Theology of Plato*, English translated by Thomas Taylor, UK: The Prometheus Trust ,1995.

131. 普罗克洛著,石敏敏译:《柏拉图之神学》第一卷、第十一章,北京:中国社会科学出版社。

132. Quine, W. V. O. *Methods of Logic*, London; Harvard University Press, 1982.

133. 斯宾诺莎著,贺麟译:《伦理学》,北京:商务印书馆,1991 年。

134. 谢林著,梁志学、石泉译:《先验唯心论体系》,北京:商务印书馆,1981 年。

135. 谢林著,先刚译:《近代哲学史》,北京:北京大学出版社,2016 年。

136. 谢林著,先刚译:《世界时代》,北京:北京大学出版社,2018 年。

近人与今人著述

1. Beierwaltes, W. *Denken des Einen, Studien zur neuplatonischen Philosophie und ihrer Wirkungsgeschichte*, Frankfurt : Vittorio

Klostermann, 1985.

2. Beierwaltes, Werner, *Denken des Einen, Studien zur neu-platonischen Philosophie und ihrer Wirkungsgeschichte*, Frankfurt/ Main: Klostermann, 1985.

3. Brogan, W. the Place of Aristotle in the Development of Heidegger's Phenomenology , in*Reading Heidegger from the Start*: *Essays in His Earliest Thought*, ed By T. Kisiel and J. van Buren, New York: State University of New York Press, 1994.

4. Ernst Heitsch. *Gegenwart und Evidenz bei Parmenides*. Wiesbaden: Verl. der Akademie d. Wissenschaften u. d. Literatur, 1970.

5. Ernst Heitsch. Sein und Gegenwart im frühgriechischen Denken, in: *Gymn*. 78, 1971.

6. Henrich, D. The Proof-Structure of Kant's Transcendental Deduction, in:*Review of Metaphysics*, Bd. XXII, 1969.

7. Jacob Klein, *Greek Mathematical Thought and the Origin of Algebra*, trans by Eva Brann, New York: Dover Publications, Inc, 1968.

8. Konrad Cramer. Ueber Kants Satz: Das: Ich denke, muss alle meine Vorstellungen begleiten koennen, in *Theorie der Sukjektivitaet*, herausgegeben von K. Cramer etc, Frankfurt am Main: Suhrkamp, 1987.

9. Manfred Frank. *Der unendliche Mangel an Sein*, München: Wilhelm Fink Verlag, 1992.

10. Menn, Stephen. *The Aim and the Argument of Aristotle's*

Metaphysics(unpublished, available at: https://www. philosophie. huberlin. de/de/lehrbereiche/-antike/mitarbeiter/menn/contents).

11. Michael Franz. *Schellings Tuebinger Platon-Studien*, Göttingen: Vandenhoeck & Ruprecht, 1996.

12. Owen, G. E. L. Plato and Parmenides on the timeless present, in: *The Monist* 50(3), 1966.

13. Schuermann, R. *Heidegger on Being and Acting: From Principles to Anarchy*, Bloomington: Indiana University Press, 1990.

14. Schulz, Walter. *Die Vollendung des Deutsche Idealismus in der Spätphilosophie Schellings*. Pfullingen: Neske Verlag, 1975.

15. Volpi, F. Being and Time: a ' Translation ' of the Nicomachean Ethics? in*Reading Heidegger from the Start: Essays in His Earliest Thought*, ed By T. Kisiel and J. van Buren, New York: State University of New York Press, 1994.

16. 白奚:《稷下学研究:中国古代的思想自由与百家争鸣》,北京:生活·读书·新知·三联书店,1998 年。

17. 伯纳德特著,郑海娟译:《生活的悲剧与喜剧——柏拉图的〈斐勒布〉》,上海:华东师范大学出版社,2016 年。

18. 陈来:《仁学本体论》,北京:生活·读书·新知三联书店,2014 年。

19. 陈少明:《〈齐物论〉及其影响》,北京:北京大学出版社,2004 年。

20. 丁耘:"《易传》与生生——回应吴飞教授"。载于《哲学研究》2018 年第一期,页 41—49。

21. 丁耘:"《庄子·天下》中的'齐物'问题",载于《思想与文化》辑刊第 23 辑,2019 年。

22. 丁耘:"道、一、气学——以刘咸炘之庄学为中心",载于《古典学研究》第一辑,上海:华东师范大学出版社,2018 年。

23. 丁耘:"论海德格尔对康德时间学说的现象学阐释",载于王庆节、张任之编,《海德格尔·翻译、解释与理解》,北京:生活·读书·新知三联书店,2017 年。

24. 丁耘:"论西方哲学中国化的三个阶段",载于《天津社会科学》,2017 年第 5 期,页 14—25、页 32。

25. 丁耘:"哲学与体用——评陈来教授《仁学本体论》",载于《哲学门》总第三十一辑,2015 年 6 月,北京:北京大学出版社,页 279—294。

26. 丁耘:"哲学在中国思想中重新开始的可能性",载于《中国社会科学》2013 年第 4 期,页 4—27、页 204。

27. 丁耘:《儒家与启蒙》,北京:生活·读书·新知三联书店,2011 年。

28. 丁耘:《中道之国》,福州:福建教育出版社,2015 年。

29. 冯友兰:《三松堂全集》,郑州:河南人民出版社,2000 年。

30. 冯友兰:《中国现代哲学史》,广州:广东人民出版社,1999 年。

31. 冯友兰:《中国哲学史新编》上卷,北京:人民出版社,2001 年。

32. 傅斯年:《傅斯年全集》,湖南:湖南教育出版社,2000 年。

33. 顾颉刚:《古史论文集》,北京:中华书局,1996 年。

34. 郭沫若:《郭沫若全集》历史编,北京:人民出版社, 1982 年。

35. 贺麟:《近代唯心论简释》,北京:商务印书馆,2011 年。

36. 华喆:《礼是郑学》,北京:生活·读书·新知三联书店, 2018 年。

37. 黄曙辉编校:《刘咸炘学术论集》,广西:广西师范大学 出版社,2007 年。

38. 金德建:《先秦诸子杂考》,河南:中州书画社,1982 年。

39. 克莱因著,成官泯译:《柏拉图的三部曲——〈泰阿泰 德〉、〈智者〉与〈政治家〉》,上海:华东师范大学出版社, 2009 年。

40. 劳思光:《新编中国哲学史》,广西:广西师范大学出版 社,2005 年。

41. 劳思光:《新编中国哲学史》,台北:三民书局,2004 年。

42. 李存山:"庄子思想中的道、一、气——比照郭店楚简 《老子》和《太一生水》",见《中国哲学史》第四辑,2001 年。

43. 李学勤:"荆门郭店楚简所见关尹遗说",收于《郭店楚 简研究》(《中国哲学》第二十辑),沈阳:辽宁教育出版社, 1999 年。

44. 刘咸炘:《推十书》,上海:上海科学技术文献出版社, 2009 年。

45. 刘小枫选编,海德格尔等著,孙周兴等译:《海德格尔与 有限性思想》,北京:华夏出版社,2002 年。

46. 吕思勉:《吕思勉全集》,上海:上海古籍出版社,

2005 年。

47. 迈克尔·弗雷德著,聂敏里译:"一般的和特殊的形而上学的统一性",载于《世界哲学》,2014 年第 2 期,,页 5—15。

48. 蒙文通:《蒙文通文集》,成都:巴蜀书社,1987 年。

49. 蒙文通辑:《蒙文通文集》,四川:巴蜀书社,2001 年。

50. 牟宗三:《从陆象山到刘蕺山》,《牟宗三先生全集》第八册,台北:联经出版事业有限公司,2003 年。

51. 牟宗三:《四因说讲演录》,上海:上海古籍出版社,1998 年。

52. 牟宗三:《心体与性体》,上海:上海古籍出版社,1999 年。

53. 欧阳竟无:《欧阳竟无集》,北京:中国社会科学出版社,1996 年。

54. 钱钟书:《管锥编》,北京:生活·读书·新知·三联书店,2001 年。

55. 裘锡圭:"说'建之以常无有'",《复旦学报》,2009 年第 1 期,页 1—3、页 11。

56. 王蘧常:《诸子学派要诠》,北京:中华书局,1987 年。

57. 王叔岷:《先秦道法思想讲稿》,北京:中华书局,2007 年。

58. 先刚:《柏拉图的本原学说》,北京:生活·读书·新知三联书店,2014 年。

59. 先刚:《永恒与时间:谢林哲学研究》,北京:商务印书馆,2008 年。

60. 熊十力著,萧萐父主编:《熊十力全集》,湖北:湖北教育出版社,2001 年。

　　61. 杨儒宾:《儒门中的庄子》,台北:联经出版事业股份有限公司,2016 年。

　　62. 杨树达:《周易古义·老子古义》,上海:上海古籍出版社,2006 年。

　　63. 张舜徽:《周秦道论发微》,北京:中华书局,1982 年。

　　64. 哲学研究编辑部编:《庄子哲学讨论集》,北京:中华书局,1962 年。

后　　记

从动笔扩充《生生与造作》开始，书稿的写作时断时续，前后大概五年有余。这个时长，包括稿子最后的篇幅，都大大超出了原先的预期。好在全书思路仍然保持了一贯。这或是因为，此书篇幅虽一再超出界限，但始终没有偏离基本问题与基本文本。有的文本解释，前后表述虽有变化，但也不外合乎义理的展开与推进，仍然服从于一个整体的论述方略。

正文之后，以两篇旧撰为附录，充作全书整体思路的背景。附录一草就于此书撰写期间。附录二晚于《生生与造作》，早于全书其他部分，或者说主体部分。对于读解《道体学引论》的西学论述，附录二当能提供些许帮助。对于此书的中学论述，附录一也有参考意义。

由于此书的表述，或归根结底由于此书的方法及结论，问世之后或许有各种反应。也许会有一些争议，也许会有半途而废的阅读，也许会有耐心反复的读解，也许会有会心的解释，也许会有比较缓慢但深刻的推进。所有这些，既难以逆料，也不难想见。对于此书引发的一时反应，作者当然不会无动于衷，但也不会期许过高。此书的撰写方式对于现代读者确实可算一种考验。不过说到底，此书与其说考验读者，不如说考验作者；与其说考验作者已成的写作，不如说考验作者将行的思索。《道体学引论》毕竟只是一部引论，它开启的道路仍需要继续推进。作者肯定希望越来越多的人行进在这条道路上，但没有理由不自己继续开疆拓土，哪怕仍然暂时孤独。比起热闹非凡的喧攘、谬托知己的扰乱，孤军奋战几乎可以算作幸福。

此书最终得以完成，首先要感谢"六点"的倪为国先生多年的敦促和耐心的等待。单从他组稿的坚决和等候的毅力看，倪先生就可身处当今真正的出版家之列。正文完成以后，我指导的硕士研究生苏杭同学主动请缨，帮助充实与核对注释引文。由于他对我的研究方式和论述习惯较为熟悉，经我提议，出版社同意，请他做此书的特约编辑。编校工作非常繁琐辛劳，没有苏杭同学的热情付出同专业支持，此书的出版恐怕会拖延很久。在此衷心表示感谢。这里也要感谢陈哲泓先生，他原来负责此稿的编辑，做了不少前期工作。

《引论》上篇关于《庄子》的两节，曾以其他标题在《古典学研究》及《思想与文化》两种辑刊发表过。下篇也有短于一节的零星内容，在发表于《哲学研究》和《杭州师范大学学报》上的两篇文章中曾经用到。

书稿撰写期间，李为学、谷继明两位先生分别允许我阅读了他们正在点校的唐文治与惠栋的《中庸》注疏，对我撰写下篇第三章有所启发。这里由衷地感谢他们的慨然相助。全书缘于《生生与造作》，而此文缘于柯锦华女士与莫斌先生。全书两篇附录,缘于陈来、王庆节二先生。此地向以上四位表示谢意。

在长期的研究工作中,张奇峰、苏杭、王涛、李鹃、陆建松、邹辉杰、郝春鹏、高桦、陈勇、徐逸飞、张云翼、邵奇慧、张鹏等学友在资料收集以及其他方面给予了许多可贵的帮助。没有他们,研究无疑会不时陷入僵局。当然,在这方面曾施援手的远不止以上列名诸位,这里并致谢忱。

去岁仲春,蒙甘阳、吴飞两位教授的垂青,为拙文《哲学与体用》,也就是本书的附录一,组织过一次会讲。除他们两位外,杨立华、唐文明、李猛、吴增定、朱刚、韩潮诸教授也都指点良多。会中所论,与本书主旨的收束也有一定关系。刘小枫教授、冯金红女士与舒炜先生一直关心此稿。这些年来与张志强、贺照田、江湄、吴增定、先刚、干春松、唐文明、陈壁生等诸位同道的交流也让我受益良多。

在此向以上诸位表示感谢。天不丧斯文。他们的存在,当然不仅是我个人的幸运。

多年来学术思想上的砥砺与酝酿,离不开师友的关怀和鼓励。我所在的大学和城市的那些师长和朋友们对我是尤其珍贵、难以替代的。

常恨拙稿成篇缓慢,思考亦未臻纯熟。家严已步入耄耋之年。《生生与造作》完成之际,久染沉疴的先慈仍然在世。而今全书杀青,其墓木已拱矣……

丁　耘

2019 年 2 月 15 日(岁在己亥,正月十一)

图书在版编目(CIP)数据

道体学引论/ 丁耘著.
--上海:华东师范大学出版社,2019
ISBN 978-7-5675-9239-1

Ⅰ.①道… Ⅱ.①丁… Ⅲ.①哲学思想—研究—中国 Ⅳ.①B2

中国版本图书馆 CIP 数据核字(2019)第 091594 号

华东师范大学出版社六点分社

企划人 倪为国

本书著作权、版式和装帧设计受世界版权公约和中华人民共和国著作权法保护

道体学引论

著　　者　丁　耘
责任编辑　倪为国　彭文曼
特约编辑　苏　杭
封面设计　吴元瑛

出版发行　华东师范大学出版社
社　　址　上海市中山北路 3663 号　邮编　200062
网　　址　www.ecnupress.com.cn
电　　话　021-60821666　行政传真　021-62572105
客服电话　021-62865537
门市(邮购)电话　021-62869887
地　　址　上海市中山北路 3663 号华东师范大学校内先锋路口
网　　店　http://hdsdcbs.tmall.com

印　刷　者　上海盛隆印务有限公司
开　　本　890×1240　1/32
插　　页　2
印　　张　16.75
字　　数　330 千字
版　　次　2019 年 8 月第 1 版
印　　次　2021 年 1 月第 2 次
书　　号　ISBN 978-7-5675-9239-1/B · 1193
定　　价　98.00 元

出版人　王　焰

(如发现本版图书有印订质量问题,请寄回本社客服中心调换或电话 021-62865537 联系)